G.A.W.

Häuser Menschen Schicksale

©Buchverlag Basler Zeitung
Druck: Basler Zeitung
Gestaltung: Fritz Schenk
Printed in Switzerland
ISBN 3 85815 126 2

G.A.W.

Zur Erinnerung an Gustaf Adolf Wanner
herausgegeben von
Mascha Wanner-Jasińska
mit Fotos von Peter Armbruster

Häuser Menschen Schicksale

Zum Geleit

Zeitungsartikel sind gewöhnlich für den Tag geschrieben. Bei Gustaf Adolf Wanner gilt diese Regel jedoch nicht. Seine Journalistik wirkt über den Tag hinaus. Unvergessen sind seine vielen Geburtstagsartikel und Nekrologe, von Meisterhand gestaltete und liebevoll ausgemalte Porträts baslerischer Persönlichkeiten. In diesen biographischen Artikeln verbanden sich aufs schönste Wanners profunde familiengeschichtliche Kenntnisse mit seiner echten Anteilnahme am Mitmenschen und seiner tiefen Liebe zur Wahlheimat Basel. Seinen zahlreichen Lesern die Vergangenheit dieser Stadt und ihrer Bewohner nahezubringen und das Fortwirken der Geschichte in der Gegenwart vor Augen zu führen, dieses Anliegen prägte auch seine Monographien über Basler Häuser, die während Jahren jede Samstagsausgabe der Basler Nachrichten und der Basler Zeitung zierten. Ein kostbarer Schatz aus dem Basler Staatsarchiv, vorab aus dessen Historischem Grundbuch, wurde damit in mühevoller Kleinarbeit Stück für Stück ans Licht der Öffentlichkeit gehoben und durch die anschauliche Erzählung der mit den Häusern verknüpften menschlichen Schicksale zu neuem Leben erweckt. Der Verfasser hat sich selber mit dem Gedanken befasst, diese Beiträge zur Basler Stadtgeschichte einmal gesammelt, vollumfänglich oder auswahlweise in Buchform erscheinen zu lassen.

Die Basler Zeitung ist Gustaf Adolf Wanner dankbar dafür, dass er, in einem Alter, in dem er sich den wohlverdienten Ruhestand hätte gönnen können, seine ganze Arbeitskraft und seine reichen Geistesgaben bis zuletzt zum Wohle der Zeitung und zur Freude ihrer Leser eingesetzt hat. Es war daher unserem Verlag ein Bedürfnis, mit der Herausgabe dieses Buches des vor einem Jahr verstorbenen hochgeschätzten Mitarbeiters zu gedenken.

H.-R. Hagemann

Basel, im September 1985

Vorwort

Die vorliegende Sammlung bildet nur einen kleinen Teil des umfassenden, vielgestaltigen Œuvres, das ihr Autor mit unermüdlichem Eifer und nie erlahmender Sorgfalt im Laufe eines knappen halben Jahrhunderts geschaffen hat.

Der Verfasser

Gustaf Adolf Wanner gehört zu jener stolzen Reihe von Zuzügern, die seit der Reformationszeit für die Stadt Basel auf allen Lebensgebieten Bedeutendes geleistet und ihr wertvolle Impulse geschenkt haben. Am 31. Januar 1911 im schaffhausischen Beggingen geboren, kam er dank der Berufung seines Vaters 1928 nach Basel, beendete hier 1930 mit der Matur am Humanistischen Gymnasium die Schulzeit, wandte sich dann dem Studium der Geschichte zu und schloss es 1938 mit dem Doktorat ab.

Er fühlte sich als Wahlbasler mit der Stadt, ihrem Wesen, ihrer Tradition und ihrer Kultur derart verbunden, dass er ihr Bürgerrecht erwarb und sein ganzes Wirken in ihren Dienst stellte. Diesen Dienst leistete er vor allem als Historiker und Biograph – im Wissen darum, dass die Existenz des Menschen in der Vergangenheit wurzelt und dass sich echtes Heimatgefühl nur dort einstellt, wo die Vergangenheit wahrgenommen und bewusst erlebt wird. Zu solchem Erleben verhalf Gustaf Adolf Wanner mit Tausenden von Zeitungsartikeln und mit Dutzenden von Schriften, die sich alle nicht nur durch die Güte des Inhalts, sondern ebensosehr durch die Gepflegtheit der Sprache auszeichnen.

Sein grösstes Wirkungsfeld beackerte er als Journalist und Redaktor, seit den späten dreissiger Jahren bis 1944 und von 1963 bis 1976 bei den Basler Nachrichten und von 1976 bis zu seinem Ende bei der Basler Zeitung. Seine hauptsächlichen «Spezialitäten» waren erstens Geburtstagsartikel und Nachrufe für Basler Persönlichkeiten – darunter wahre Kabinettstücke der Menschenschilderung, zweitens ausgewogene Parlamentsberichte (Grosser Rat, Weiterer Bürgerrat, Kirchensynode) und drittens Monographien über alte Basler Häuser. Seine Beiträge zeichnete er zumeist mit «G.A.W.», einer Signatur, die als eigentliches Qualitätssignet galt.

Wanners immenses historisches Wissen kam auch seinen zahlreichen grösseren Werken zustatten. Deren wichtigste sind die grossangelegte und bisher unübertroffene, die Zeitgeschichte miteinbeziehende Biographie Christoph Merians (1958), die Geschichte der Basler Handelsgesellschaft (1959) und das glänzend zusammenfassende Buch «Zunftkraft und Zunftstolz» (1976). Ausserdem schuf er viele Firmen- und Familiendarstellungen, als letzte die Geschichte der Familie Holzach (1982), ausserdem mehrere Lebensbilder.

Trotz der Belastung, welche die Bewältigung des riesigen publizistischen Pensums verursachte, übernahm er zusätzlich manche ehrenamtliche Verpflichtung. So wirkte er von 1949 bis 1958 als Konsul von Dänemark und Schweden, von 1964 bis zu seinem Tod als Konsul von Finnland. 1965 bis 1981 gehörte er dem Weitern Bürgerrat an und präsidierte diesen von 1978 bis 1981. Ferner war er Mitglied des Rotary-Clubs Basel sowie der Akademischen Zunft, der er von 1969 bis 1980 als redegewandter Meister vorstand. Mit Recht wurden ihm denn auch einige hohe Auszeichnungen zuteil, so durch Finnland die Ernennung zum Kommandeur des finnischen Löwen, durch Frankreich die Ernennung zum Officier dans l'ordre des Palmes académiques und zum Chevalier dans l'ordre national du Mérite sowie durch die Johann-Wolfgang-von-Goethe-Stiftung 1977 der Oberrheinische Kulturpreis. – Am 14. September 1984 starb er, nachdem er bis fast zuletzt unermüdlich tätig gewesen war.

Häuser, Menschen, Schicksale

Schon zu Lebzeiten des Autors hatten oft und immer wieder Leser den Wunsch geäussert, seine Zeitungsartikel über alte Basler Häuser möchten einmal in Buchform herausgegeben werden. Diesen Wunsch erfüllt die vorliegende Anthologie, wenn auch nur partiell. Alle Hausmonographien zusammen würden nämlich mehrere Bände füllen. Immerhin vereinigt unser Buch etwa einen Zehntel der Artikel, die während gut zweier Jahrzehnte entstanden und zum Teil in den Basler Nachrichten, zum Teil in der Basler Zeitung, vereinzelt auch im Basler Kirchenboten erschienen sind. Die Auswahl besorgte die Frau des Autors, Mascha Wanner-Jasińska, und zwar so, dass das ganze Grossbasler und Kleinbasler Altstadtgebiet in ähnlicher Dichte abgedeckt wird. Ausserdem stellte sie aufgrund der vom Staatsarchiv Basel-Stadt geführten Register ein Gesamtverzeichnis der Hausgeschichten zusammen, das allerdings zwangsläufig nicht völlig lückenlos ist, aber doch dem Leser erlaubt, die meisten in unserem Band nicht publizierten Artikel aufzufinden. – Bei der Redigierung wurde der ursprüngliche Text im Prinzip voll respektiert. Kürzungen, Zusätze und Änderungen waren indessen dort notwendig, wo an den Tag gebundene Bezüge eliminiert, Irrtümer korrigiert und seit der Niederschrift erfolgte Wandlungen berücksichtigt werden mussten. – Die Abbildungen sind zum grössten Teil eigens hergestellte Neuaufnahmen aus dem Jahr 1985.

Noch ein Wort zu den Hausgeschichten selbst. Sie behandeln, wie der Titel der Sammlung verheisst, die Geschichte der einzelnen Häuser, ihrer Besitzer und ihrer Bewohner sowie deren gelegentlich wechselvolle Schicksale. Es geht dem Autor primär um die Häuser als Gehäuse biographischer, historischer Ge- und Begebenheiten und weniger um die Häuser als Objekte der kunst- und architekturgeschichtlichen Betrachtung.

Gustaf Adolf Wanner gewann den Stoff für seine mit pulsierendem Leben erfüllten Darstellungen einerseits aus gründlichem Studium der Akten und Urkunden, zumal des Historischen Grundbuchs im Staatsarchiv, anderseits aus seinen stupenden familien- und wirtschaftsgeschichtlichen Kenntnissen, die er nicht etwa in Ordnern und Kartotheken, sondern in seinem unübertrefflichen Gedächtnis gespeichert hatte.

Möge nun diese Sammlung über den Tod des Verfassers hinaus vielen Baslern und Freunden unserer Stadt besinnliche Unterhaltung, Belehrung und Freude schenken!

Rudolf Suter

«Auf Burg» am Münster

Die Vergangenheit der Liegenschaft «Auf Burg» am Münsterplatz (Nr. 4/5), dem künftigen Domizil der Musikhandschriftensammlung von Paul Sacher, umschliesst ein faszinierendes Stück Basler Kultur- und Familiengeschichte. Mit dem Erwerb des Strawinsky-Nachlasses durch den grossen Mäzen ist das Haus «Auf Burg» ins Blickfeld des öffentlichen Interesses gerückt.

Die Liegenschaft Münsterplatz 4/5 ist das Doppelhaus in der Ecke zwischen den Annexen des an der Stelle der einstigen Kapelle der St. Johanns-Bruderschaft errichteten «Bachofenhauses», des heutigen Sitzes des Erziehungsdepartements (Nr. 2), und dem auf der Nordfront anschliessenden Riegelbau (Nr. 6), welcher bis vor kurzem das Juristische Seminar unserer Universität beherbergte. Die heutige Bezeichnung «Auf Burg» stammt erst aus dem 19. Jahrhundert; bis dahin hiess das Haus «Unter den Linden», weil der Münsterplatz ebenso wie die Pfalz ursprünglich mit Linden bepflanzt war.

«Des Erzpriesters Richterhüsli»

Mit den angrenzenden Gebäuden gehörte vor der Reformation auch die Liegenschaft «Auf Burg» zum Komplex des Domstifts. Vermutlich befand sich daselbst die Wohnung des Kaplans, worüber wir indessen keine nähere Kunde besitzen. Besser unterrichtet sind wir über das heutige Seminargebäude, das nachweisbar schon im 14. Jahrhundert von Juristen bevölkert wurde: Es war die Kanzlei des bischöflichen Gerichts, «des Erzpriesters Richterhüsli», wie es in den Quellen heisst. Im August 1449, so berichtet die Chronik des Münsterkaplans und Kämmerers der St. Johanns-Bruderschaft Erhard von Appenwiler, wurde dieses Haus durch einen grossen Sturmwind völlig zerstört; doch scheint es bald hernach wieder aufgebaut worden zu sein. Von 1532 bis 1730 waren die Liegenschaften mit den heutigen Nummern 4/5 und 6 in einer Hand vereinigt. Im erstgenannten Jahr hatte der «Hintersäss» Marx Stürler das «Hus Linden St. Johanns-Capelle» sowie «des Erzpriesters Richterhüsli an der Rheinhalden» im Austausch gegen die Hofstatt «zum Hirzfeld» in der «Lamartergasse», der heutigen Streitgasse, erworben.

Prominente Bewohner und Gläubiger

Zu Ende des 16. Jahrhunderts stand die Doppelliegenschaft «Unter den Linden» im Besitz von Johann Jacob Grynaeus (1540–1617), der seit 1586 als Professor für Neues Testament und Antistes der Basler Kirche wirkte und durch seinen energischen Widerstand gegen den lutherischen Konfessionalismus seines Vorgängers Simon Sulzer die kirchliche Entwicklung Basels in die Bahnen einer ausgeprägt reformiert-calvinistischen Richtung lenkte.

Aus dem langen Zeitraum, in dem das Doppelhaus der Handwerkerfamilie Hentzgin oder Heinzgi gehörte, interessieren uns weniger die Eigentümer selbst als deren Hypothekargläubiger. Zu ihnen zählte 1652 Margaretha Curione, die Witwe des berühmten Orientalisten Johannes Buxtorf I. und Enkelin des piemontesischen Edelmanns Celio Secundo Curione, welcher, der Häresie verdächtigt, sich über die Alpen geflüchtet und 1546 als Professor der Rhetorik in Basel eine Stätte des Wirkens gefunden hatte. Über Margaretha Curione reicht auch die Stammtafel Jacob Burckhardt bis auf den italienischen Humanisten zurück. Noch 1663 war die Liegenschaft hypothekarisch belastet zugunsten des drei Jahre später verstorbenen grossen Bürgermeisters Johann Rudolf Wettstein.

1730 sah sich der Schreiner Hans Jacob Hentzgin gezwungen, das grössere Haus zu verkaufen, während das ehemalige Richterhaus weiter im Besitz seiner Familie verblieb. 1758 zog «Unter den Linden» «Ihro Excellenz Professor Johann Jacob Huber» (1733–1798) ein. Die für einen Universitätslehrer ungewohnte Titulatur erklärt sich aus der Stellung, die der Käufer des Hauses seit 1756 als Astronom Friedrichs des Grossen und Mitglied der Akademie am Berliner Hof bekleidet hatte; doch war er bereits nach zwei Jahren in die Vaterstadt zurückgekehrt, wo er seither ein stilles Gelehrtendasein führte.

Schon 1760 erlebte das Haus eine weitere Handänderung: Es ging über an die Mutter des Ratsschreibers Isaak Iselin, Anna Maria Iselin-Burckhardt (1711–1769), die kurz zuvor das «Klösterli» in der St. Johanns-Vorstadt verkauft hatte. Nach ihrem Hinschied übernahm der Sohn das Haus selbst; doch behielt er als Wohnung seinen Amtssitz im heute verschwundenen «Schönauerhof» an der Rittergasse bei.

Neubau 1844–1846

Nach mehrfachem weiterem Besitzerwechsel wurde das Haus «Unter den Linden» 1843 erworben durch Maria Burckhardt-Hess (1805–1856), die Witwe des hochbegabten, aber bereits mit 30 Jahren verstorbenen Professors der Jurisprudenz und Ratsherrn Christoph Burckhardt, der bei der Staatstrennung als Jurist die Interessen der Universität mit ausserordentlichem Geschick verfochten und sich kurz vor seinem Tod noch massgebend an der Gründung der Freiwilligen Akademischen Gesellschaft beteiligt hatte. Seine Frau war die Tochter des Schriftstellers David Hess im Zürcher «Beckenhof», der sich nach dem Verlust seiner ersten Gattin eine Tochter des Ratsherrn Peter Vischer-Sarasin im «Blauen Haus» am Rheinsprung zur Lebensgefährtin gewählt hatte.

Maria Burckhardt-Hess liess das alte Haus «Unter den Linden» abbrechen und 1844–1846 durch den heutigen klassizistischen Neubau ersetzen; auf sie geht auch die neue Bezeichnung «Auf Burg» zurück. Ihr Architekt war nach den Feststellungen von Hans Eppens der wenig bekannte Steinmetz Georg Friedrich Frey an der «Neuen Vorstadt», der heutigen Hebelstrasse.

Der Ehe Burckhardt-Hess entsprossen drei Kinder, die nach dem Tod der Mutter alle im Haus hinter der ehemaligen St. Johanns-Kapelle lebten: Maria Margaretha (1831–1908), die Gattin des Philosophieprofessors Carl Steffensen (1816–1888), Adolf (1834–

1886), der spätere Präsident des Waisenamtes, und die erst nach dem Tod des Vaters geborene Elise (1836–1912), die Gattin des Ratsherrn und späteren Regierungsrats Carl Burckhardt (1831–1901). In der Folge zogen die beiden jüngeren Geschwister aus, womit das Haus «Auf Burg» Steffensen und seiner Gattin allein zufiel. Jetzt war auch Platz für eine der interessantesten Frauengestalten des alten Basels, Charlotte Kestner (1788–1877), die zu Ende der 1860er Jahre auf dem Münsterplatz ihre letzte Wohnstätte fand und hier im Alter von nahezu 90 Jahren verschied. Sie war die Tochter von Charlotte Kestner-Buff, der Lotte von Goethes «Werther», und das Patenkind der Mutter des Dichters, der liebenswerten «Frau Rat». Mit ihr wehte im Haus «Auf Burg» noch ein Hauch vom Geist der Goethezeit.

Nach seiner Verheiratung mit Helene Schazmann nahm 1891 auch der Sohn von Carl Burckhardt-Burckhardt, der Zivilgerichtspräsident und spätere Regierungsrat Professor Carl Christoph Burckhardt, Wohnsitz im Haus auf dem Münsterplatz; dort verlebte der Sohn, der Diplomat, Historiker und Schriftsteller Carl Jacob Burckhardt, die Jahre der Kindheit.

Vergabung an die Freiwillige Akademische Gesellschaft

1888 war der Hausherr Carl Steffensen Charlotte Kestner im Tod nachgefolgt; seine Gattin aber überlebte ihn um genau zwei Jahrzehnte. Als sie am 2. März 1908 verschied, wurde bekannt, dass sie die Liegenschaft «Auf Burg» testamentarisch der Freiwilligen Akademischen Gesellschaft vermacht hatte. «Da sich mein seliger Vater, Ratsherr und Professor Christoph Burckhardt, noch im letzten Jahr seines Lebens 1835 mit lebhaftem Interesse bei der Gründung der Akademischen Gesellschaft beteiligt hat als Stütze der ihm sehr am Herzen liegenden Universität», lesen wir im letzten Willen von Maria Margaretha Steffensen-Burckhardt, «so haben mein lieber Mann und ich beim 50jährigen Jubiläum dieser Gesellschaft im Jahr 1885 im Andenken an ihn diesen Beschluss gefasst.» Ihre Stiftung verband die Testatorin mit der Bestimmung, dass Wohnungen für Professoren oder Professoren-Witwen im Haus eingerichtet und «zu einem billigen, von der Gesellschaft zu bestimmenden Mietzins» vermietet werden sollten. So wurde das Haus 1909 an den Romanisten Professor Ernst Tappolet, später an den Schweizer Historiker Professor Emil Dürr und nach dessen Tod an Professor Werner Kaegi vermietet.

Als sich dann die Freiwillige Akademische Gesellschaft wegen der mit dem Unterhalt des Hauses verbundenen hohen Kosten dazu entschliessen musste, die Liegenschaft zu verkaufen, ermöglichte es Paul Sacher durch deren Erwerb seinem Freund Kaegi in grosszügiger Weise, dort weiter zu verbleiben und, aller Sorgen enthoben, sein Meisterwerk über Jacob Burckhardt in Ruhe der Vollendung entgegenzuführen. Erst nach dem Tod Werner Kaegis trat Paul Sacher an die Verwirklichung seiner Idee heran, das Haus durch einen zweckmässigen Umbau seiner Sammlung von Musikerhandschriften dienstbar zu machen. Mit ihr soll an dieser Stätte auch die 20 000 Bände umfassende Bibliothek des Biographen Jacob Burckhardts vereinigt werden – des grossen Sohnes unserer Stadt, der auf dem Weg ins alte Kollegiengebäude am Rheinsprung Tag für Tag mit der schweren Mappe von Reproduktionen berühmter Kunstwerke unterm Arm über den Münsterplatz schritt, den Platz, wo der Geist Basels in besonderer Weise lebt und webt ...

Einst Pfrundhaus «zum Heiligen Geist»

Vor dem Tag, an dem die Christenheit der Ausgiessung des Heiligen Geistes gedenkt, wenden wir unsere Aufmerksamkeit dem Haus zu, das vor der Reformation zur Pfründe des Heiliggeist-Altars im Münster gehörte: der Liegenschaft «zum blauen Berg» am ehemaligen «Spittelsprung», dem heutigen Domizil der Buchhandlung Münsterberg.

Vor seinem Tod im Jahr 1344 stiftete der Ritter Nicolaus zer Kinden im Münster zu Ehren des Heiligen Geistes einen Altar, der an der Säule neben der Fröweler-Kapelle auf der Südseite der Kathedrale errichtet wurde. 1346 vermehrte seine Gattin Clementa von Tegerfelden diese Stiftung durch eine zweite Pfründe; damit belehnt wurde in der Folge der aus Münchenstein stammende Domkaplan Hartmann von Herlisheim, der als Pfrundhaus des Altars 1404 die heutige Liegenschaft Münsterberg 15 erwarb. Ihre erste Erwähnung stammt von 1357, dem Jahr nach dem grossen Erdbeben, in dem sie durch Johannes den Snetzer von Freiburg neu überbaut wurde. Gleich den benachbarten Hofstätten bildete sie ein Lehen des Spitals, das sich ursprünglich auf dem Areal zwischen Barfüsserplatz und Freier Strasse befand und erst in den 1840er Jahren in den Markgräflerhof an der Hebelstrasse verlegt wurde; von ihm trug der Münsterberg bis in die Mitte des 19. Jahrhunderts hinein die Bezeichnung «Spittelsprung».

Vermutlich der Sohn von Johannes Snetzer war der in Basel von 1402 bis 1421 nachweisbare Maler Clewi Snetzer, der die Liegenschaft am Münsterberg mit der Zustimmung des Spitalmeisters Heinrich Oesterreicher an Hartmann von Herlisheim veräusserte. Unter seinen geistlichen Nachfolgern begegnen wir 1487 «dem ehrsamen und wohlgelehrten Herrn Johannes Herborn, der Künsten Meister und der heiligen Geschrifft Baccalaureus». Als Sohn eines Wagners hatte er 1469 seine Studien an der hiesigen Universität begonnen und 1474 den Titel eines Magisters der freien Künste und 1480 denjenigen eines Baccalaureus biblicus erworben; im Sommersemester 1483 und im Wintersemester 1498 bekleidete er das Rektorat der Hochschule. 1486 gelangte er als erster in den Genuss der frühesten privaten Donation an die Universität, jener Kollegiatur, welche von der auch als grosse Wohltäterin des Kartäuserklosters bekannten Margaretha Brand, genannt die Lostorfin, gestiftet wurde.

«Weil nichts dienlicher sei zum Heil der Seelen als Lehre und Unterweisung in der Heiligen Schrift», hatte sie 1467 durch testamentarische Verfügung einen jährlichen Zins von 24 Gulden legiert für einen Lehrstuhl, auf dem ein frommer, züchtiger und geschickter Mann die Heilige Schrift vortrage. Die zwei ältesten Doktoren der Theologischen Fakultät, der amtierende Oberstzunftmeister und der Älteste aus dem Geschlecht der Stifterin sollten die Dozentur vergeben an einen Magister der freien Künste, der zugleich Weltpriester sei; doch sollte keiner länger als zwölf Jahre Träger des Stipendiums bleiben, da diese Zeitspanne bei fleissigem Studium ausreichen müsse, um Doktor zu werden und eine ehrliche Stellung zu erwerben...

Winzer vom Lac Léman

Johannes Herborn, der ums Jahr 1524 gestorben sein muss, hatte 1519 von der «Münsterfabrik», dem Bauhaus der Kathedrale, «Schaltenbrands Hof», den jetzigen «Delphin» an der Rittergasse, als Lehen erhalten und damals vermutlich das bescheidenere Haus am Spittelsprung verlassen. Dort wurde er abgelöst durch Peter Gebwiler, der noch 1529 als Domkaplan erwähnt wird. Nach dem Sieg der Reformation nahm zunächst «des Wächters Tochtermann» Einsitz im Haus «zum obern Hochberg», wie die Liegenschaft damals hiess; 1536 aber verkaufte sie das Domstift an den Rebmann Laurenz Vauty von Lausanne. Dass sich Rebleute aus der Gegend des Lac Léman im 16. Jahrhundert in Basel niederliessen, war keine Seltenheit; in den Mitgliederaufnahmen der Rebleutenzunft spiegelt sich dieser starke Zustrom von Welschen deutlich. Auf einen weiteren Rebmann namens Moritz Oeder folgten 1548 der Zimmermann Martin Räm, «irgend von Ulm herein bürtig», wie Christian Wurstisen in seiner Münsterbeschreibung sagt, und dann ein Drucker, zwei Kornmesser sowie der Schneider und Stadtknecht Hermann Friedmann. 1583 erscheint erstmals der Hausname «zum blauen Berg», der fortan die Bezeichnung «Oberer Hochberg» verdrängt.

Gründer der «Leipziger Illustrierte»

Friedmanns Witwe, die «ehren- und tugendsame» Margaretha Staehelin, eine Tochter des Münzmeisters Bartholomäus Staehelin, eines Urenkels des 1520 in Basel eingebürgerten Stammvaters der Familie, verkaufte das Haus 1705 an den Kornschreiber Jacob Sonntag. Von ihm gelangte es 1724 an den Magister Johannes Wiegand, der zunächst als Provisor der Töchterschule zu Barfüssern und Sigrist zu St. Martin amtete, bis er 1737 zum Präzeptor der sechsten Klasse des Gymnasiums gewählt wurde. Nach seinem Tod ging der «Blaue Berg» über an Hans Franz Bleyenstein, Pfarrer zu Läufelfingen, und von diesem an Emanuel Liechtenhan, Sigrist zu Barfüssern und im Spital, dem der Spitalpfarrer Johann Philipp Herport den Ankauf durch ein Darlehen von 600 Pfund ermöglicht hatte. Liechtenhans Witwe gab die Liegenschaft «mit Einschluss eines kupfernen Bauchkessels (Waschkessels) und des Geliegers im Keller» 1763 weiter an den Schuhmacher Ludwig Ernst-Heitz.

Ihm folgte als Eigentümer des Hauses 1811 der Leinenweber Konrad Weber aus Siblingen im Kanton Schaffhausen, der Vater des nachmals berühmt gewordenen Johann Jacob Weber, der seit 1843 die «Leipziger Illustrierte», die erste illustrierte Zeitung des deutschen Sprachgebietes, herausgab, welche bis in die Zeit des Zweiten Weltkrieges hinein das führende Blatt dieser Gattung blieb. 1803 geboren, hatte er bei Emanuel Thurneysen in Basel eine Lehre als Buchhändler durchlaufen, sich dann in Lausanne, Lyon und Paris sowie im Herder-Verlag in Freiburg im Breisgau weiter ausgebildet und hierauf nach anfänglicher Tätigkeit im Verlag von Breitkopf & Härtel in Leipzig dort 1834 eine eigene Firma gegründet, die er und seine direkten Nachkommen zu einem weltbekannten Verlags- und Zeitungshaus ausbauten, welches bis 1946 Bestand hatte. Der «Blaue Berg», in dem Johann Jacob Weber seine Jugendjahre verbrachte, wurde nach dem Falliment des Landjägers Johannes Gally von Eggiwyl im Kanton Bern 1864 vom Baukollegium erworben und ist seither im Besitz des Staates geblieben; heute bildet er das reizvolle Domizil der Buchhandlung Münsterberg.

«Im Höfli» an der Rittergasse

Mit dem Erwerb des «Eptingerhofs» ist auch das an den Garten der Dompropstei angrenzende Nebenhaus an der Rittergasse an die Ehinger-Bank übergegangen. Seine Bezeichnung «Im Höfli» ist nicht zurückzuführen auf das Höflein hinter dem Haus, sondern auf einen späten Eigentümer und Bewohner, den Arzt Ludwig Imhoff-Heitz (1801–1868); nach ihm heisst die Liegenschaft noch heute «Im Höfli».

Mit der ursprünglich nicht nach dem St. Alban-Graben, sondern nach der Rittergasse orientierten Dompropstei war eine schon im Jahr 1283 bezeugte Kapelle verbunden; dazu gehörte in ihrer unmittelbaren Nachbarschaft das Haus des Kaplans, welcher an dem der Jungfrau Maria geweihten Altar des kleinen Gotteshauses amtete. Das «Höfli» bildete somit bis zur Reformation einen Bestandteil des ausgedehnten Grundbesitzes des Domstifts. Nahezu vier Dezennien, von 1480 bis 1518, wohnte Petrus Brun in diesem Pfrundhaus der von ihm betreuten Kaplanei, einer der wenigen Angehörigen des Domkapitels, die ihr goldenes Priesterjubiläum mit feierlichem Zeremoniell begehen konnten. Brun stiftete einen Zins von 18 Pfennig, der auf jede Fronfasten vom Haus an der Rittergasse zu entrichten war, und verband damit die Auflage, dass in der Marienkapelle des Münsters täglich das «Salve regina» gesungen werden sollte.

In bürgerlichem Besitz

Nach der Reformation verkaufte das Domstift die Liegenschaft 1532 an Marx Stürchler, «Hintersass zu Basel». Von dessen Witwe ging sie acht Jahre später über an den Leutpriester Heinrich Schilling, der schon als Kirchherr von Aarau dem neuen Glauben zugetan gewesen war und wegen seiner Teilnahme an der auch von Johannes Oekolampad besuchten Berner Disputation aus seinem Amt entfernt werden sollte. Er wandte sich hierauf ins Baselbiet, wurde 1529 Schlossprediger auf der Farnsburg, 1532 Geistlicher von Munzach und 1536 Pfarrer zu Sissach. Unter seinen Nachfolgern im Besitz des «Höflis» begegnen wir nochmals einem Geistlichen, Matthias Rottenmundt, «Verkünder göttlichen Wortes zu Rümblickhen», der das Haus 1587 erwarb: denn die Pfarrer auf der Landschaft verfügten gerne auch über ein Pied-à-terre in der Stadt.

1639 verkaufte der Kürschnermeister Gabriel Wick zusammen mit dem Armbruster Felix Thommen das Anwesen an Sebastian Faesch und Theobald Beck. Faesch, ein Sohn des kinderreichen Bürgermeisters Johann Rudolf Faesch-Gebweiler, hatte den Buchhandel erlernt und war zunächst in Heidelberg und Speyer sesshaft gewesen und später Bürgermeister von Frankenthal geworden; während des Dreissigjährigen Krieges aber, in dem die Stadt schwer verheert wurde, flüchtete er nach Basel, wo er den Buchhandel aufgab und das Amt eines Schaffners des aufgehobenen Kartäuserklosters übernahm. Der Miteigentümer der Liegenschaft, Theobald Beck, war verheiratet mit Lucia Henric-Petri; offenbar durch sie gelangte das Haus 1679 an Dr. Jacob Henric-Petri, den Verfasser der Schmähschrift «Basel-Babel», der 1693 der Verfolgung des Rates durch die Flucht ins Ausland entging und zwei Jahre später in Wien verschied.

Nach verschiedenen weiteren Handänderungen veräusserte die Witwe des Pfarrers Friedrich Seiler-Socin zu St. Peter das «Höfli» 1725 an den Kunstmaler Johann Jacob Wannenwetsch-Hosch, einen Sohn des Glasmalers Hans Jörg Wannenwetsch III. Er betrieb eine brotlose Kunst; denn nach seinem Hinschied brachten seine Gläubiger die Liegenschaft zur Zwangsversteigerung, bei der sie der Chirurg Nicolas Passavant für die «Frau Capitaine-Lieutenant Kramerin» erstand; ihr Gatte war, wie es in der Leichenrede heisst, dreissig Jahre lang als «eifriger christlicher Offizier» in französischen Diensten gestanden, aber 1744 einem «Schlagfuss» erlegen. Noch zweimal nach ihr wurde das Haus zum Witwensitz: 1757 für die Gattin des verstorbenen Handelsherrn Philipp Heinrich Fürstenberger «zum Luft» und zwei Jahre hernach für die Frau des Dompropsteischaffners Nikolaus Sonntag, die älteste Tochter des Professors Johann Rudolf Iselin, des bekannten Herausgebers einer früheren «Basler Zeitung» im «Weissen Bär» am Schlüsselberg.

Stadtarzt ohne Honorar

Von 1782 bis 1784 beherbergte das «Höfli» den letzten Stadtarzt vor der Revolution, Johann Ludwig Buxtorf-Christ, der 1777 auch die Funktionen eines Spitalmedicus übernahm, welche bisher turnusgemäss ein Professor der Medizin ausgeübt hatte. Ebenso erteilte er in seinen letzten Lebensjahren als Dozent der Medizinischen Fakultät einen «Cursus obstetricus», das heisst einen Kurs für Geburtshilfe, und einen weiteren «Cursus pro Verbi Divini ministris extra urbem» (für die Diener am göttlichen Wort ausserhalb der Stadt), in dem er den Landpfarrern Anweisungen zu erster ärztlicher Hilfe für ihre getreuen Schäflein erteilte. Während der Helvetik wurde Buxtorf trotz inständigem Bitten sein bescheidenes Honorar von hundert Pfund mehrfach nicht ausbezahlt. «Seit Jahresfrist», klagte er 1800 in einem Brief an den Bürgermeister, «habe ich keinen Heller von meinem Gehalt zu beziehen gehabt. Da die öffentlichen Stadtkeller, wie verlautet, geleert sind, so bleibt auch mein Competenz-Weinfass, welches sechs Saum trinkbaren Weines enthalten sollte, seit einem Jahr gantz leer. Ich setzte mich darüber hinweg, ward ein Philosoph und trinke von der Zeit an bey meinen frugalen Mahlzeiten hell klares, gesundes Brunnenwasser. Indessen eingedenk, das St. Paul auch ein Medicus war, thu ich um meines alten schwachen Magens willen zuweilen des Abends bei Freunden den Durst mit altem Wein styllen.» Auch andere Entschädigungen in natura wurden dem Stadtarzt vorenthalten, beispielsweise «zwey Zentner köstliche, schmackhafte Butter...».

Ein Arzt war, wie einleitend erwähnt, ebenso der Namengeber der «Behausung hinter dem Münster»: Ludwig Imhoff-Heitz, der 1841 ihr Eigentümer wurde. Imhoff war 1826 an der hiesigen Universität zum Dr. med promoviert worden, wobei er versprechen musste, innert Jahresfrist eine Dissertation einzureichen! Bereits

im folgenden Jahr habilitierte er sich für Zoologie, die damals noch zum Bereich der Medizinischen Fakultät gehörte. 1866 verlieh ihm die Universität den Dr. phil. h. c.

«Dieter Basilius Deifel»

Der letzte stadtbekannte Bewohner «Im Höfli» war der 1948 verstorbene Maler Rudolf Löw, der in den 1940er Jahren dort hauste. Er hatte seinerzeit den Unterricht Franz Schiders an der hiesigen Gewerbeschule genossen, hatte dann zusammen mit Carl Burckhardt und Heinrich Altherr in München studiert und war später in Paris in den Bannkreis des Impressionismus geraten, der sich bei ihm zu einem gebändigten Naturalismus fortentwickelte. Als Landschafter, der sich durch die Weite des Blicks und tonige Farbgebung auszeichnete, wie als gesuchter Porträtist und vorzüglicher Radierer lebt er in der Erinnerung der älteren Generationen fort, aber auch als vielseitig interessierter Wissenschafter, der sich in Farbenlehre und Optik, in Anatomie und Geologie umfassende Kenntnisse angeeignet hatte. In späteren Jahren wagte er selbst den Schritt in die Schriftstellerei mit seiner grossen Roman-Trilogie «Häuser über dem Rhein». Im Schicksal des jungen Musikers Dieter Basilius Deifel, das darin geschildert wird, spiegelt sich Löws eigenes Leben und Wesen, zugleich aber auch der Charakter der Vaterstadt in der Sicht des hochbegabten Künstlers, der, unbeirrt und unbeirrbar, zeitlebens seine eigenen Wege ging. Wer ihn gekannt hat, wird ihm beim Gang durch die Rittergasse gerne einen Augenblick stillen Gedenkens schenken...

«Zum grossen hintern Ramstein»

Spricht man heute vom Ramsteinerhof, so steigt vor dem innern Auge das Bild des prachtvollen Sitzes über dem Rhein auf, der zu den grossartigsten Bauten des Basler Dixhuitième zählt, jener genialen Schöpfung des Ingenieurs und Architekten Johann Carl Hemeling, dessen Pläne vom Jahre 1730 bis heute erhalten geblieben sind. Sein Bauherr war der Rechenrat Samuel Burckhardt-Zaeslin (1692–1766), der vornehmste Grandseigneur seiner Zeit, der sich durch den Betrieb des Salzwerks in Bruchsal und mehrerer Eisenschmelzen einen für die damaligen Verhältnisse ungewohnten Reichtum erworben hatte und durch seinen glanzvoll-pompösen Lebensstil selbst die Hofhaltung des Markgrafen von Baden im Palais an der «Neuen Vorstadt», der heutigen Hebelstrasse, in den Schatten stellte.

«Bi dem Rhintürlin...»

Der Bau, der sich im Mittelalter an der Stelle des heutigen Barockpalais erhob, stand bis zum Jahre 1522 im Besitz der zum Ministerialadel der Bischöfe von Basel gehörenden Herren von Ramstein, die ursprünglich auch den Hof zur Rechten des «Gässleins», den jetzigen Hohenfirstenhof, ihr eigen nannten; er hiess – im Gegensatz zum Ramsteinerhof, dem «Grossen hintern Ramstein» – «zum kleinen hintern Ramstein». Ins Licht der historischen Überlieferung tritt die Liegenschaft erstmals anno 1327, als Burkhard Werner von Ramstein, der 1314 das Bürgermeisteramt bekleidet hatte, Haus und Hof «bi dem Rhintürlin vor des Propstes Hof über» (das heisst schräg gegenüber der Dompropstei, die damals nicht nach dem St. Alban-Graben, sondern nach der Rittergasse hin orientiert war) veräusserte. Der Verkauf erfolgte fünf Jahre vor dem Tod des Bürgermeisters, der im Herbst 1332 durch den Markgrafen Rudolf II. von Hochberg, den Herrn zu Rötteln und Sausenberg, erstochen wurde. Wohl bald hernach nahmen die Ramsteiner dafür blutige Rache: Ein Edelknecht von Ramstein erschlug einen Markgrafen von Rötteln; die Familie aber stiftete als Sühne für diese Tat eine Pfründe am Marienaltar in der St. Johanns-Kapelle auf dem Münsterplatz, deren Stelle heute das «Bachofenhaus», der Sitz des Erziehungsdepartements, einnimmt.

«Wider die Heidenschaft...»

Von seinem Hof «in St. Ulrichsgassen» (das heisst in der Gasse neben der alten Leutkirche zu St. Ulrich, die auf dem Areal der heutigen Turnhalle an der Rittergasse stand) hatte Burkhard Werner von Ramstein den Nonnen zu St. Clara einen Zins von 30 Schilling gestiftet, damit zu seinem und seiner Frau Seelenheil jedes Jahr eine Messe gelesen werde. Die Verpflichtung zur Zahlung dieses Zinses übernahm in der Folge Henman von Ramstein, der wie sein gleichnamiger Vater ebenfalls zur Bürgermeisterwürde aufgestiegen war. Vor ihm war auf dem «Grossen hintern Ramstein» ein uns nicht näher bekannter Ulrich, genannt Buman, gesessen, vermutlich ein Angehöriger des Domkapitels; zu seiner Jahrzeit musste von dem Haus «neben dem Rheintürlein, welches einst dem seligen Wernher von Ramstein gehört hat», dem Domstift Jahr für Jahr ein Ohm (150 Liter) Wein entrichtet werden. Mit einem weitern Zins von vier Schilling zugunsten des Domstifts wurde die Liegenschaft belastet beim Hinschied von Elisabeth, der Gattin des Ritters Hugo von Ratzolsdorf. Für die Abhaltung ihrer Jahrzeit erhielten die Kanoniker und die Priester je zwei Schilling von Haus und Hof genannt «zem hindern Ramstein», auf der Seite des Münsters; später wurde dieser Zins bezahlt von den Reben «in der Kuchi» (vermutlich in der Gegend der heutigen Küchengasse), welche damals Konrad Lupsinger bebaute. Der Übergang des Ramsteinerhofs von Hugo von Ratzolsdorf an Henman von Ramstein ist durch keine schriftliche Kunde bezeugt; doch steht fest, dass Henman die Liegenschaft wieder in den Besitz seiner Familie gebracht hat. 1396 folgte er dem Ruf zum Kampf «wider die Heidenschaft», in dem er als Streiter gegen die Türken bei Nikopolis den Tod fand. Die Erben, die er vor seinem Auszug eingesetzt hatte, ermächtigten Henmans Mutter Agnes von Wessenberg, den Hof an ihren zweiten Gatten, den Ritter Rudolf Vitztum, um 400 Gulden zu verkaufen, damit sie den Erlös dazu verwende, «ihres Sohns Seelgeräte auszurichten», wie er ihr dies bei seinem Abschied für den Fall, dass er nicht mehr zurückkehren sollte, nahegelegt hatte. Damals waren vom Hof fünfzehn Schilling zu entrichten an die Frauen von St. Clara und je fünf an die Herren von St. Alban, das Spital «an den Schwellen» und «die armen Lüten an der Birs», das heisst an das Siechenhaus zu St. Jakob.

Der Ramsteinerhof wird päpstliche Residenz

Rudolf Vitztum vererbte den Ramsteinerhof mit Gebäuden und Garten an seine Freunde Petermann und Richard von Wattwiler; diese verkauften ihn 1407 um 420 Gulden an den Ritter Cuntzmann von Ramstein, welcher 1445 ebenfalls die Stufe des Bürgermeistertums erreichen sollte. Er war der Vater jenes tapferen Heinrich von Ramstein, welcher sich 1428 dem Portugiesen Juan de Merlo zu dem glanzvollen Turnier auf dem Münsterplatz stellte. Zwölf Jahre hernach widerfuhr dem Ramsteinerhof höchste Ehre: Der während des Konzils am 5. November 1439 zum Papst erkorene Herzog Amadeus von Savoyen, der den Namen Felix V. wählte, nahm nach seinem feierlichen Einzug in Basel am 24. Juli 1440 dort Quartier. Bis Ende 1442 blieb der Hof Heinrich von Ramsteins päpstliche Residenz, wofür dessen Besitzer durch den städtischen Rat gebührend honoriert wurde: «Heinrich von Ramstein geben 300 Guldin, als unser Heiliger Vatter der Babst in seinem Hofe liit», lesen wir in den Protokollen des Konzils vom Jahre 1440/41; im darauffolgenden Jahr wurde die Vergütung auf 270 Gulden herabgesetzt und für 1442 noch eine Entschädigung von 95 Gulden ausbezahlt. Aber bereits 1444 hob ein langwieriger Streit zwischen der Stadt und Heinrich von Ramstein an. Beschuldigt, den Armagnaken bei ihrem Einfall behilflich gewesen zu sein, wurde er aus der Stadt verbannt und Haus, Hof und Gut mit Beschlag belegt. Jetzt meldeten sich sämtliche

Gläubiger, deren Forderungen er nicht gedeckt hatte, mit ihren Ansprüchen, und andere, die während des Krieges Verluste im Elsass erlitten hatten, wollten sich an ihm schadlos halten, unter andern der Brotbeck Peter Wüst, der sich bereits anschickte, die Hand auf den Ramsteinerhof zu legen. Ein Schiedsspruch von 1447 setzte indessen solchen Übergriffen ein Ende: Zwar wurde Heinrich von Ramstein, der jetzt auf dem ihm durch Herzog Sigmund von Österreich verpfändeten Schloss Altkirch sass, mit allen seinen Gegenklagen abgewiesen; doch sollte ihm sein Hof über dem Rhein wieder übergeben werden.

Kaiserlicher Besuch bei Conrad von Ramstein

Nochmals leuchtete der Glanz der Ramsteiner auf beim Besuch Kaiser Friedrichs III. in Basel vom Jahre 1473. Dem Kaiser selbst war zwar während des hiesigen Aufenthalts der Bischofshof als Quartier angewiesen worden; im Ramsteinerhof aber stieg sein Sohn und Thronfolger Maximilian bei Conrad von Ramstein, dem damaligen Besitzer, ab. Dann aber schritt der Niedergang des Geschlechts rasch voran: Nachdem schon 1491 seine missliche finanzielle Lage Conrad dazu gezwungen hatte, den «Kleinen hintern Ramstein» zu veräussern, erlosch zu Beginn des 16. Jahrhunderts der Stern der Familie endgültig. 1518 hatte Christoph von Ramstein, der als österreichischer Amtmann des Sundgaus meist in Altkirch lebte, das Schloss Ramstein, die Burg seiner Altvordern, an Basel verkauft, und 1523 war er genötigt, auch die Herrschaft Ramstein mit den Dörfern Lauwil und Bretzwil um 3000 Gulden und ein für seine Gattin Christiane von Rhein bestimmtes Damastkleid an die Stadt abzutreten. In diesem Prunkgewande ritt die arme Christiane, «noch bis zum bittern Ende den Schein alter Grösse wahrend» (Andreas Heusler), aus dem Schloss in die Fremde. Auch der Weg nach Basel stand ihr nicht mehr offen; denn ein Jahr zuvor hatte sich ihr Gemahl auch des «Grossen hintern Ramsteins» entäussern müssen.

In bürgerlichem Besitz

Der erste bürgerliche Besitzer der Liegenschaft wurde damit Lux Zeigler, seines Zeichens Oberstzunftmeister, der indessen wegen seiner Treue zum alten Glauben bei der Bürgerschaft in Ungnade fiel und 1529 aus dem städtischen Regiment ausscheiden musste. Bereits 1527 hatte er seinen Sitz an seine Gattin Margaretha Meier von Hüningen um 600 Gulden abgetreten, sich aber für den Fall, dass sie ihm im Tode vorangehen sollte, dessen lebenslängliche Nutzniessung vorbehalten. Über den Ratsherrn Niklaus Escher gelangte der Hof 1542 um 1100 Gulden an den dem breisgauischen Adel entstammenden Hans Friedrich von Landeck, dessen Sohn ihn 1562 für 2000 Gulden weitergab an den Stadtwechsler und Oberstzunftmeister Franz Rechburger-Iselin. Bereits ein Jahr nach seinem Einzug wurde das Haus nochmals die Stätte eines Kaiserbesuchs, des letzten, den Basel erleben sollte: Ferdinand I., der die Nacht vom 8./9. Januar 1563 im «Utenheimerhof», dem heutigen Hohenfirstenhof, verbracht hatte, nahm am Morgen im Ramsteinerhof, wo man – wohl nicht zum Wohlgefallen der reformierten Geistlichkeit – einen Altar hatte errichten müssen, an einer solennen Messe teil. «In des Rechburgers Hof» schlug 1627 auch der Graf von Löwenstein sein «Losament» auf, als er mit Weib und Kind nach Basel flüchtete, weil er in die Acht erklärt und «in Leopoldi Ungnad» gefallen war. Unter den Handänderungen des 17. Jahrhunderts ist wohl die bedeutsamste der Übergang der Liegenschaft an den Hauptmann Hieronymus Beck und den Spezierer, Gewürzkrämer und Deputaten Onophrion Merian-Beck, den Schwiegersohn des Ratsherrn Johann Jakob Beck-Rechburger, vom Jahre 1629; damals betrug der Kaufpreis 4000 Gulden. Merian scheint seinen Verwandten bald aus der Miteigentümerschaft entlassen zu haben; denn nach seinem Tod im Jahre 1663 vererbte sich der Hof uneingeschränkt auf seinen Sohn Hans Jakob, der den väterlichen Handel fortführte und dem Gemeinwesen in der Charge eines Gerichtsherrn der mindern Stadt diente. Auf ihn und den Enkel, der wiederum den Namen des Grossvaters Onophrion trug, folgte als Besitzer 1720 der badische Hofrat Christoph Burckhardt-Merian, der 1731 nach Frauenfeld übersiedelte und demzufolge den Ramsteinerhof seinem Sohn, dem eingangs erwähnten Samuel Burckhardt-Zaeslin, überliess. Mit ihm beginnt ein neues Kapitel in der Geschichte des «Grossen hintern Ramstein»...

Prunkstück des Basler Dixhuitième

Der Grosse Ramsteinerhof von Johann Carl Hemeling

Um das Jahr 1728 erteilte der damals 36jährige Rechenrat Samuel Burckhardt-Zaeslin dem Ingenieur und Architekten Johann Carl Hemeling den Auftrag, anstelle des Hofes «zum grossen hintern Ramstein» über dem Rhein einen Neubau im Stil der Zeit zu errichten; dessen Pläne vom Jahr 1730 sind bis heute erhalten geblieben. Sie waren lange Zeit sozusagen die einzigen Zeugnisse vom Wirken dieses genialen Künstlers; erst durch die Forschungen von Professor Hans Reinhardt ist das Dunkel, das über Hemelings Persönlichkeit und Lebensumständen lag, erhellt worden.

Wer war Johann Carl Hemeling?

Johann Carl Hemeling war der Sohn des badischen Amtmanns Conrad Justus Hemeling (1660–1738), der 1690 von Markgraf Friedrich Magnus im hiesigen «Markgräflerhof» zum Erzieher der Prinzen Christoph und Karl Anton bestellt worden war und später in Graben und Durlach wirkte. In Graben wurde Johann Carl anno 1702 geboren. Die ersten Anregungen, Architekt zu werden, mag er von dem der Familie befreundeten Hofbaumeister des Markgrafen, dem 1720 verstorbenen Belgier Thomas Lefebvre, empfangen haben, der unter anderm sehr schöne Entwürfe für ein fürstliches Landhaus in Lörrach schuf, wo sich Friedrich Magnus ursprünglich niederzulassen gedachte; doch zog er in der Folge das sicherere Basel vor. Hemelings eigentlicher Lehrmeister aber war der bedeutende Architekt Hans Michael Ludwig Rohrer, der 1723 durch den Bischof von Speyer, Hugo von Schönborn, an den Schlossbau in Bruchsal, die bedeutendste Unternehmung der Gegend in jener Zeit, berufen und gleichzeitig mit der Erstellung einer «Eremitage», eines feinen Lustschlössleins bei Waghäusel, beauftragt wurde. Den Entwurf der Pläne für den letztgenannten Bau hat Rohrer offenbar Hemeling überlassen, dessen künstlerische Signatur sie tragen. Schon im Jahr 1723 war Johann Carl Hemeling dann für den Sohn von Friedrich Magnus, den Markgrafen Carl Wilhelm, tätig; für dessen neugegründete Residenz von Karlsruhe entwarf er Zeichnungen der Menagerien im fächerförmigen Schlosspark des herrschaftlichen Flügels des Schlosses, der Orangerie und des Saals im Ballhaus; überdies baute er von 1724 bis 1726 das Bad zu Langensteinach. Anfang 1728 – in der Zwischenzeit hatte er sich vermutlich in Wien aufgehalten – erschien Hemeling erstmals in Basel, um für Carl Wilhelm im «Markgräflerhof» einen Archivbau zu projektieren, der indessen vorerst nicht ausgeführt wurde. Seine Anwesenheit in unserer Stadt machte sich der für die Vorbereitung der Ratsgeschäfte zuständige Ausschuss der «Dreizehnerherren» alsbald zunutze, indem er den jungen Ingenieur für die Erstellung eines Plans des Kleinhüninger Banns heranzog, der noch heute im Staatsarchiv aufbewahrt wird.

Im Dienst Samuel Burckhardts

Vor allem aber griff jetzt Samuel Burckhardt auf Johann Carl Hemeling, den er möglicherweise bereits von Bruchsal her kannte, wo Burckhardt die einträglichen Salzquellen gepachtet hatte. Der Auftrag des Basler Rechenrates bot dem damals 26jährigen Architekten die grosse Chance, ein Werk zu schaffen, das nach Hemelings Biographen «eines der bedeutendsten, wenn nicht vielleicht sogar das schönste Gebäude des 18. Jahrhunderts in Basel» geworden ist. Vom «Gässlein»« her, das von der Rittergasse abzweigt, ahnt man allerdings nichts von der grossartigen Konzeption Hemelings; tritt man aber durch das kleine Pförtchen neben der Einfahrt in den Hof ein, so bietet sich dem Besucher ein überraschender, prachtvoller Anblick dar: Man steht inmitten einer wunderbar harmonischen Anlage eines «Hôtel entre cour et jardin», wie sie hier erstmals in Basel verwirklicht worden ist. Das stattliche, barocke Herrschaftshaus ist mit einem mächtigen Mansardendach bekrönt und durch ein schlankes Risalit aufs schönste gegliedert; seine rundbogige Türe wird überdacht durch einen auf einer reichen Konsole und zwei eleganten Säulen mit jonischen Kapitellen ruhenden Balkon, der mit kunstvoll geschmiedetem Geländer eingefasst ist. Dem Herrschaftshaus gegenüber liegt der einbezogene, weit in den Rhein vorragende Ökonomieflügel mit der Toreinfahrt, den Stallungen und Remisen. Vom Wohnhaus führt eine Treppe in den Garten hinab, die sich unterhalb der grossen Stützmauer in zwei symmetrisch absteigende Rampen teilt; darunter befand sich einst eine Grotte mit einer Fontäne. Der sehr steilen Rheinhalde hat der Architekt so mit grossem Geschick einen Garten voll schöner Abwechslung bei strengster Regelmässigkeit abgewinnen können. Ob Johann Carl Hemeling vom Bauherrn des Ramsteinerhofs auch mit der Anlage des Gartens und des Gartensaals des Gutes Klein-Riehen betraut worden ist, das sich ebenfalls im Besitz von Samuel Burckhardt-Zaeslin befand, und ob er ferner an der Gestaltung des Gartens des Wenkenhofs für dessen Schwager Johann Heinrich Zaeslin beteiligt war, ist dokumentarisch nicht nachzuweisen; doch liegt eine solche Vermutung nahe. Hemeling muss früh gestorben sein; denn im Nachruf seines 1738 verschiedenen Vaters wird er nicht mehr unter den lebenden Kindern aufgeführt.

Freiherr von Stein als Gast Emanuel Streckeisens

Samuel Burckhardt-Zaeslin starb 1776. Er wie seine Gattin überlebten die einzige Tochter Anna Maria, die mit dem Handelsherrn Samuel Merian in der durch den heutigen Flügel des Schweizerischen Bankvereins überbauten «Kämmerei» am St. Alban-Graben vor den Traualtar getreten war. In das reiche Burckhardtsche Erbe teilten sich ihre beiden Söhne Samuel Merian-Frey, der Grossvater des Stifters, und dessen jüngerer Bruder Johann Jacob Merian-De Bary (1741 bis 1799), Mitglied des Direktoriums der Kaufmannschaft, der 1779 den Ramsteinerhof übernahm, ihn aber 1796 um 3600 französische Louisdor oder 14 400 Thaler an den Handelsherrn Emanuel Streckeisen-César (1743 bis 1826) verkaufte. Streckeisen hatte sich in jungen Jahren als Kaufmann in Amsterdam und später vorübergehend in Berlin etabliert, wo er 1787 die Tochter von Carl Philipp César, dem Privatsekretär des Prinzen Heinrich von Preussen, heiratete. 1803 liess sich das Ehepaar dauernd im Ramsteinerhof nieder; hier empfing es namentlich während des Durchzugs der Alliierten durch Basel zahlreiche hohe Gäste, unter ihnen den mit der Familie der Frau befreundeten preussischen Ministerpräsidenten Friedrich Carl Freiherr von Stein. Während seines Basler Aufenthalts im Januar 1814 war der Ramsteinerhof die Stätte wichtiger diplomatischer Verhandlungen mit einer von Pictet de Rochemont angeführten Gesandtschaft über den Anschluss Genfs an die Eidgenossenschaft. Ebenso unterhielt sich Freiherr von Stein in jenen Tagen mit dem gleichfalls in unserer Stadt weilenden Zaren Alexander von Russland über die Verwaltung der zu besetzenden französischen Provinzen.

«Es lebt sich recht gut...»

In einem Brief an seine Gattin, eine geborene Gräfin von Valmoden-Gimborn, spricht sich der grosse preussische Politiker über die Eindrücke seines Besuchs in Basel offen aus. «Ich wohne im Hause der guten Streckeisen am Ufer des Rheins», schrieb er ihr; «ich mache Bekanntschaft mit vielen bedeutenden Männern des Landes, Landammann Reinhard, Aloys Reding, Herrn von Müllinen (sic!) und andern. Es ist eine neue Welt. Dieses kleine Land ist durch tausend kleine Erbitterungen bewegt, Folgen der alten Revolutionen, einiger neuern Ereignisse; aber alles das wird sich ohne Zweifel friedlich beilegen. Ich gestehe Dir, man muss suchen, seinen Gesichtskreis zu verengen, seinen Blick, der auf grossen Flächen umher sich zu bewegen gewohnt war, beschränken, wenn man den hiesigen Dingen Interesse abgewinnen will. Den Menschen muss man gut seyn; es sind biedere, verständige, gebildete, anständige Männer, und es lebt sich recht gut unter ihnen; man kann sich aber nicht enthalten, ihnen den Vorwurf zu machen, dass sie die grosse Angelegenheit der Völker um ihre häuslichen Zwistigkeiten aus den Augen setzen.»

«Sammelplatz der besten Gesellschaft...»

Während der Belagerung von Hüningen logierte im Ramsteinerhof Graf Wilhelm von Hochberg, der spätere Markgraf von Baden, der 1813 mit den badischen Truppen den Rückzug Napoleons nach der Schlacht bei Leipzig gedeckt hatte und nun im Sommer 1815 unter dem Oberkommando von Erzherzog Johann von Österreich eine kombinierte Division führte. «In dem Hause des Herrn Streckeysen, in welchem ich einquartiert war, dem Sammelplatz der besten Gesellschaft, hatte ich recht angenehme Stunden verlebt», lesen wir in seinen Memoiren. «Die Familie, vor allem die Grossmutter, eine Madame Caesar aus Berlin, deren Tochter den Herrn Streckeysen... geheiratet hatte, sowie die Töchter, von denen die jüngste, Pauline, mit einem Herrn Ryhiner verlobt war, zeigten sich ebenso liebenswürdig wie höflich und zuvorkommend. Der Grossherzog von Weimar, welcher die Madame Caesar von Berlin her kannte, verbrachte während seines Aufenthaltes in Basel den grössten Teil des Tages in diesem Hause. Als ich mit ihm und den Damen einmal zu einer Revue fuhr, die der eidgenössische Oberst Finsler über die Schweizer Truppen hielt, lud dieser ihn ein, die Truppen zu besichtigen; da der Grossherzog aber in Zivilkleidung war, musste ich schliesslich, trotz allem Sträuben, die Revue abnehmen.»

Grossherzog als Pate

Unter den zahlreichen weiteren hohen Gästen des Ramsteinerhofs in jener Zeit seien erwähnt der Erbprinz Friedrich von Hessen-Homburg, der während der Freiheitskriege die österreichische Südarmee befehligte, Karl Konrad Freiherr von Andlau-Birseck, der von 1810 bis 1812 als badischer Staatsminister amtete, der regierende Fürst Ernst von Sachsen-Koburg-Gotha und Grossherzog Karl August von Sachsen-Weimar, der beim ältesten Enkel Emanuel Streckeisens, dem am 18. November 1816 geborenen Heinrich August Ryhiner, die Patenstelle bekleidete. Dessen Mutter, die damals bereits verwitwete Pauline Ryhiner-Streckeisen (1797–1879), übernahm den Ramsteinerhof im Jahr 1832 von ihrem mit einer Genferin verheirateten Bruder Johann Georg Streckeisen-Moulton (dem einzigen Sohn Emanuels), an den die Liegenschaft nach dem Tode des Vaters im Jahre 1826 zunächst gelangt war; sie gab das Haus 1859 an ihren erwähnten Sohn Heinrich August Ryhiner (1816–1883) weiter. Dieser war verehelicht mit der aus Dresden stammenden Sophie Constanze Hermann (1830–1905), die ihrerseits durch ihre Mutter, eine geborene César, verwandtschaftliche Beziehungen mit der Familie Streckeisen verknüpften. Bei ihrem Hinschied vererbte sie den Ramsteinerhof auf ihren ledigen Vetter Emanuel Iselin (1849–1914), den Sohn von Dr. med. Heinrich Philipp Sigismund Iselin-Passavant im Seidenhof. Emanuel Iselin, seines Zeichens Direktor des Schweizerischen Bankvereins, bewohnte den Ramsteinerhof, den er 1906 durch Architekt Fritz Stehlin-von Bavier renovieren liess, bis zu seinem Tode; dann zog sein Bruder Isaac Iselin-Sarasin (1851–1930), der der älteren Generation noch erinnerliche Regierungsrat, Nationalrat und Oberstkorpskommandant, dort ein. Nach seinem Hinschied wurde dessen Sohn Dr. Felix Iselin-Merian der Herr des Ramsteinerhofs, dem er schon 1921 zum 70. Geburtstag des Vaters eine ausgezeichnete Darstellung seiner Vergangenheit gewidmet hatte.

Seit 173 Jahren im Besitz der Familie

Unter genealogischem Aspekt betrachtet, kann gesagt werden, dass das Haus seit dem Erwerb durch Emanuel Streckeisen-César anno 1796, also seit 173 Jahren, im Besitz der Familie blieb; denn dieser war der Vater von Henriette Elisabeth Passavant-Streckeisen, der Schwester von Johann Georg Streckeisen-Moulton und Pauline Ryhiner-Streckeisen, und der Grossvater ihrer Tochter Henriette Emma Louise Passavant (1820–1905), welche Dr. med. Heinrich Philipp Sigismund Iselin im Seidenhof die Hand reichte. Der Ehe Iselin-Passavant entsprossen der spätere Bankdirektor Emanuel Iselin und dessen Bruder, der Oberstkorpskommandant Isaac Iselin-Sarasin, der Vater von Dr. Felix Iselin-Merian. Emanuel Streckeisen-César war somit der Ururgrossvater des verstorbenen Besitzers des Ramsteinerhofs.

«Zum Delphin» an der Rittergasse

Schönstes Basler Dixhuitième

In der Reihe der Darstellungen der Häuser an der Rittergasse schulden wir unsern Lesern noch eine Würdigung der Vergangenheit des «Delphins», des heutigen Sitzes des Erbschaftsamtes an der Ecke zur Bäumleingasse, eines der schönsten Werke des Basler Dixhuitième. Der jetzige Bau, dessen Charakter pietätvoll bewahrt geblieben ist, stammt aus den Jahren 1759/60; doch reicht die Geschichte der Liegenschaft bis ins 14. Jahrhundert zurück.

Einst vier Häuser

Der Komplex des heutigen «Delphins» setzte sich ursprünglich aus vier Liegenschaften zusammen: dem gegen das heutige Schulhaus an der Rittergasse orientierten Haus «zem Schaltenbrand», dem daran anschliessenden «Blawners Hus», dem Eckhaus an der Bäumleingasse, genannt «Marpach», und dessen Hinterbau, der an «Schaltenbrands Höflin» grenzte. Das Haus «zem Schaltenbrand» trug den Namen von der 1459 erloschenen Achtburgerfamilie Schaltenbrand, die später in der Liegenschaft an der untern Ecke der Freien Strasse und des Münsterbergs (auf dem Areal der späteren Eidgenössischen Bank) sass; als Besitzer dieses noch im Adressbuch von 1862 mit der Bezeichnung «zum Schaltenbrand» belegten Gebäudes nahm im 16. Jahrhundert der Chronist Christian Wurstisen das Wappen des Geschlechtes an. Der Name «Blawners Hus» geht zurück auf Hugo Blawener, der in der zweiten Hälfte des 14. Jahrhunderts als Kaplan am St. Jodocus-Altar des Münsters bei der damals in den Kreuzgang hinausführenden Kanonikertür amtete. Er wie sein Nachfolger Heinrich von Thun dürften die Liegenschaft an der Rittergasse als ihr Pfrundhaus bewohnt haben; jedenfalls wurde sie beim Tod Heinrichs von Thun mit einem Zins für die Abhaltung einer Jahrzeit für dessen Seelenheil belastet, wobei freilich der Schreiber des Jahrzeitbuchs den bescheidenen Kaplan mit dem grossen Bischof gleichen Namens verwechselte, dem Basel den Bau der Rheinbrücke dankt. Die Bezeichnung «Marpach» endlich weist auf die Herren von Marbach im Elsass hin, welche die Eckliegenschaft ursprünglich innehatten, sie später aber an die Truchsessen von Rheinfelden veräusserten. Aus dem Jahr 1355, also kurz vor dem grossen Erdbeben, erfahren wir von einem Streit, der sich zwischen dem Domherrn Wernher von Rheinfelden anderseits wegen einer Mauer zwischen der Truchsessen Haus und dem Gesässe, das man nennt «Blawners Hus», erhoben hatte; er wurde geschlichtet durch Konrad von Bärenfels und Heinrich Münch von Münchenstein, der auf den Zunamen «Rynegeli» hörte.

Wohnsitz bedeutender Juristen

Am besten sind wir in dieser Frühzeit dokumentiert über das Haus «Marpach», das im Lauf des 14. Jahrhunderts von den Truchsessen von Rheinfelden überging an den 1400 verstorbenen und neben dem Altar der zehntausend Ritter in der Maria Magdalenen-Kapelle des Münsters begrabenen Heinrich von Diessenhofen, einen Notar der bischöflichen Kurie. Schon 1368 verbriefte er einen Verkauf in einer Stube des Hauses «Marpach»; 1380 zahlte er davon einen Zins an die Nonnen des Steinenklosters, und 1390 vermachte er seiner Gattin Ursula von Blauenstein das dem Predigerkloster zinspflichtige Vorderhaus zur Nutzniessung. Vorübergehend erscheint dann die Liegenschaft im Eigentum des Domstifts, genauer gesagt der Bauverwaltung des Münsters, die sie, wie aus einer Urkunde von 1392 hervorgeht, an Heini von Binzheim verlieh; doch dürfte sie bald hernach an die gegenüber wohnhaften Herren von Eptingen gelangt sein.

1407 verkaufte indessen Peter von Eptingen Vorder- und Hinterhaus, genannt «Marpach», an den Domherrn Konrad Eyle von Laufen, einen der berühmtesten Basler Rechtsgelehrten um die Wende vom 14. zum 15. Jahrhundert. Er hatte in Prag und Pavia studiert und den Grad eines Doktors der Dekrete erlangt; in der Folge wirkte er sowohl als Offizial des bischöflichen Gerichtes wie als Rechtskonsulent des städtischen Rates. Er sei ein «vir eximiae peritiae», ein Mann von hervorragenden Kenntnissen, gewesen, wird ihm nachgerühmt.

Bannerherr der Basler vor Murten

Im 15. Jahrhundert scheinen die alten vier Liegenschaften bereits zu einem geschlossenen Komplex zusammengewachsen zu sein; denn fortan ist lediglich die Rede vom Hof, der Hofstatt und dem Gesässe beim Eptinger Brunnen, der sich vor dem Fall des hintern Eptingerhofs an der Bäumleingasse befand. Die grosse Liegenschaft gehörte zum Besitz des 1477 verstorbenen reichen Apothekers Jakob von Sennheim, der die Offizin seines Schwiegervaters, des Ratsherrn Hans Ulrich Seyler, an der untern Ecke des Totengässleins gegenüber der Herrenstube im Haus «zum Seufzen» (an der Stelle des heutigen Singerhauses) weiterführte. Als Zunftmeister zu Safran wie als Schultheiss der mindern Stadt nahm er auch im öffentlichen Leben eine wichtige Stellung ein; als Bannerherr ging er dem Basler Harst in den Schlachten der Burgunderkriege bei Héricourt (1474) und Murten (1476) voran.

Rotwein fürs Domstift

Kurz vor ihrem Tode im Jahr 1496 verkaufte Dorothea von Sennheim, die ihren Gatten um 22 Jahre überlebt hatte, die Liegenschaft ihrem Sohn Balthasar, einem Kaplan des Domstifts, der die zweite Pfründe am Altar des heiligen Paulus in der Galluskapelle innehatte; sie war damals mit verschiedenen Zinsen belastet, unter anderm mit einem Saum Rotwein zugunsten des Domstifts und 13 Sestern Roggen zugunsten der Herren von Lützel. Wenige Monate später vergabte der Kaplan Hof und Hofstatt dem Stift; doch behielt er sich das Haus auf Lebenszeit zu seinem Leibgeding vor. Kurz nachdem er im Mai 1509 sein Testament aufgesetzt hatte, scheint er gestorben zu sein; denn bereits im November verlieh das Domstift das «Orthus» (Eckhaus) «mit dem hindern Garten» an den Kaplan Marcellus Warney, der am Altar des heiligen Matthäus hinter dem Hochaltar amtete. Ihm folgte zehn Jahre später Johannes Herborn, der die erste und hernach auch die zweite Pfründe am Heiliggeist-Altar in der Fröweler-Kapelle des Münsters innehatte. Zweimal noch wechselte das Haus vor der Reformation die Hand: 1525 begegnen wir dort dem Kaplan Bernhardin zum Luft, dem Träger der Pfründe des Marienaltars in der Kapelle der Dompropstei, und 1525 dem Domherrn und Dompropst Sigmund von Pfirt, der die Liegenschaft als Leibgeding erkauft und nach seinen eigenen Angaben 26 Gulden darin verbaut hatte.

Im Besitz von Bürgermeister Jakob Meyer

Nach dem Übergang zum neuen Glauben wurde das Haus vom Domkapitel, das die Stadt inzwischen verlassen hatte, nicht mehr benötigt, und so verkaufte das Domstift 1539 Hof und Gesässe mit Behausung, Stallung, Hofstatt und Garten um 300 Gulden an den Bürgermeister Jakob Meyer (1473–1541) und dessen Gattin Verena Husmann, die ihm als Witwe von Leonhard Billing «zum Hirzen» dessen Haus an der Aeschenvorstadt in die Ehe gebracht hatte; daraus erklärt sich seine Bezeichnung «Jakob Meyer zum Hirzen», durch die er unterschieden wird von «Jakob Meyer zum Hasen» (1482–1531), dem ersten zünftischen Bürgermeister der Stadt, der auf Holbeins berühmten Bild der Darmstädter Madonna porträtiert ist. In der Verkaufsurkunde erscheint zum ersten Mal der Name «zum Delphin»; die Bezeichnung rührte davon her, dass damals ein Delphin mit dem Anker an der Fassade des Hauses gemalt wurde. Jakob Meyer, der als Tuchhändler schon 1510 zum Meister der Schlüsselzunft aufgestiegen war und in der Folge zum Ratsherrn (1517), zum Oberstzunftmeister (1522) und zum Bürgermeister (1530) erhoben wurde, ist in die Geschichte der Stadt eingegangen als Freund und Mitarbeiter von Johannes Oekolampad und Promotor der Reformation; ihm war auch die Reorganisation der Universität auf der Grundlage des neuen Glaubens zu verdanken. 1541 erlag er der Pest. In Christian Wurstisens Münsterbeschreibung lesen wir von ihm: «Den Eckhof bei Eptinger Brunnen, zum Delphin genannt, hat etwan inngehept der weidliche Förderer unserer christlichen reformierten Religion Jacob Meyer, Bürgermeister der Stadt Basel. Deshalb der Delphin mit dem Anker nit unbillich daran gemalt steht».

Grosser Universitätsskandal im 16. Jahrhundert

Aus der Erbschaft des Bürgermeisters übernahm den «Delphin» dessen Sohn Hans Rudolf, gleich seinem Vater «Gewandmann»; doch veräusserte er ihn bereits 1546 an den Oberstzunftmeister Andreas Keller. Von dessen Witwe Maria Lumpartin erwarb die Liegenschaft Anno 1571 der Medizinprofessor Isaak Keller. Er hatte im gleichen Jahr die Verwaltung des Stiftes von St. Peter angetreten, dessen Vermögensertrag zur Besoldung der Dozenten der Universität herangezogen wurde. In dieser Stellung beschwor er durch massive Veruntreuungen den grössten Universi-

tätsskandal des 16. Jahrhunderts herauf. Mit Erstaunen hatte man in der Bürgerschaft bemerkt, dass der Professor «ein köstliche Haushaltung» führte, «darinne aller Ueberfluss im Schwank gegangen», dass er «ohn Unterlass liegende Güter und Häuser allhie in der Stadt und auch ausserhalb auf dem Land an sich erkauft, dieselbigen gebauen und mit überflüssiger Köstlichkeit gezieret habe». Allein es war Keller zunächst gelungen, die Ermahnungen der Würdenträger des Staates und der Hochschule «durch Plapperei zu eludieren» und eine Kommission, die zur Prüfung seiner Bücher eingesetzt wurde, zu täuschen, indem er «die Sache so süss und gut fürgegeben, dass die Herren Pfleger... nicht anders meinten, denn dem sei also». Schliesslich aber kamen die Verfehlungen doch an den Tag. Die Universität hielt indessen ihren Schild schützend über Keller, obschon ein Manko von nicht weniger als 30 773 Pfund festgestellt wurde. Der Professor bat die Kommission der Regenz um Verzeihung; «auch Gott den Allmächtigen» – erklärte er – «wolle er von Herzen anrufen, dass er ihm sollichs auch gnädiglich vergebe.» Er sparte nicht «mit mehr und ander kläglichen Worten, damit er etlichen beisitzenden Herren die Augen übertrieben hat». Der Verlust der Professur war die einzige Strafe für den Delinquenten, der sich in aller Eile aus dem Staube machte, bevor der Rat schärfere Massnahmen gegen ihn ergriff.

Auch auf das Haus «zum Delphin» hatten Isaak Keller und seine Gattin Anna Höcklerin von Steineck bei den Schaffnern des Predigerklosters und bei Magister Heinrich Ertzberg in Mülhausen bedeutende Beträge aufgenommen, die aus dem Erlös der Versteigerung ihrer Güter nicht zurückbezahlt werden konnten; sie trug nicht einmal ein Zehntel der veruntreuten Summe ein. Erst viele Jahrzehnte später kamen die Gläubiger oder deren Erben wieder zu ihrem Geld.

«Delphin» wird «Schulsack»

Den «Delphin» übernahm Kellers Anwalt, der der bekannten Theologenfamilie entstammende Professor der Jurisprudenz Samuel Grynaeus, dessen Witwe noch lange nach seinem Tod an der Rittergasse wohnte. Ihr Nachfolger auf dem «Delphin» wurde der als gewandter Diplomat bekannte Bürgermeister Johann Rudolf Faesch, der 880 Gulden «den armen Schuolern in der Lateinischen Schul auf Burg allhier zu Gutem» vergabte; 500 Gulden hievon waren an «ablösigen Kapitalien» «auf der Eckbehausung hinderm Münster gegen St. Alban hinaus und zuo dem Bäumlein hinab» zu verzinsen. Dafür musste Hans Jakob Faesch, Beisitzer des Stadtgerichts im mindern Basel, aufkommen, der den «Delphin» mitsamt drei in dieser Behausung stehenden Buffets, «sechs Contrafeth-Tafeln der alten Herren Faeschen» sowie einem Zitronen- und einem Pomeranzenbaum aus der Erbschaft des Bürgermeisters zugeteilt erhielt. Die Zinspflicht gegenüber dem Gymnasium hatten nach ihm auch die weitern Besitzer des «Delphins» zu erfüllen. Sie müssen es nicht immer freudig getan haben; denn in einer Urkunde vom Jahr 1698 heisst es, das Haus werde von etlichen auch «zem Schuelsackh» genannt – offenbar darum, weil die darauf lastende Hypothek zugunsten der Visitatoren der Schule auf Burg als eine ärgerliche Last empfunden wurde. Ihrer entledigten sich Anno 1758 die Verwandten der Witwe des Wintersinger Pfarrers Samuel Grynaeus-Winkelblech, auf die sich das Haus vererbt hatte, indem sie die Liegenschaft zu dem von der alten Tante in ihrem Testament noch selbst festgelegten Preis von 6000 Pfund an den Handelsmann Johann Anton Huber abtraten.

Feind und Freund der Kunst im «Delphin»

Von Christoph Merian-Hoffmann ging der «Delphin» 1815 über an den Ratsherrn Franz Christ-Frey, den einzigen verheirateten Sohn von Hieronymus Christ-Kuder, dem Landvogt zu Münchenstein und Besitzer des Brüglinger Gutes, der – im Gegensatz zu seinem heutigen populärsten Nachfahren – wegen seiner unglücklichen Mission nach Liestal im Jahr 1798 als «der schwarze Mann der Baselbieter» galt. Franz Christ starb indessen bereits im gleichen Jahr, in dem er das Haus an der Rittergasse erworben hatte. Er war zusammen mit seinem Schwiegervater Johann Jacob Frey-Burckhardt und seinem Schwager Johann Heinrich Thurneysen-Frey Partner der ums Jahr 1760 gegründeten Seidenbandfabrik Frey, Thurneysen & Christ im gegenüberliegenden Eptingerhof gewesen.

Die Gobelins verschwinden

Ob Christ noch selbst im «Delphin» gewohnt hat, wissen wir nicht; jedenfalls hielt kurz nach seinem Hinschied der Tuchhändler Emanuel Ryhiner-Christ (1785–1860) dort Einzug. Er war eine originelle Gestalt des «frommen Basels» und betätigte sich neben seinem Geschäft in zahlreichen Werken, die in jener «christlichen Gründerzeit» ins Leben gerufen wurden. Auf seine Initiative hin kam 1817 der Basler Hilfsverein für die Mission zustande, was drei Jahre später Ryhiners Berufung ins Missionskomitee zur Folge hatte. Ebenso setzte er sich mit grosser Tatkraft für die Beuggemer Anstalt ein, deren Leiter Christian Heinrich Zeller seinem Herzen besonders nahe stand.

Daniel Burckhardt-Werthemann schildert Ryhiner als ausgesprochenen Feind der Kunst. Die Sujets der Rokoko-Gobelins, mit denen die Räume im «Delphin» seinerzeit von Peter Werthemann geziert worden waren, wirkten für ihn anstössig, weshalb er sie kurzerhand vernichten liess. Einzig eine harmlose «Bauernhochzeit» fand Gnade vor seinen Augen.

«Wo liegt Berlin?»

Dieser Puritanismus äusserte sich auch in Ryhiners Einstellung zur damaligen Literatur. Selbst den Klassikern vermochte er nichts abzugewinnen, und als eine seiner Töchter einst voll Begeisterung eine Szene aus Schillers «Wallenstein» rezitierte, reagierte er darauf mit der nüchternen Frage: «Wo liegt Berlin?» Unglücklicherweise wusste das Mädchen keinen Bescheid, was für den gestrengen Vater Grund genug war, sich noch am selben Tag auf den Weg zum Rektor der Töchterschule zu machen und von ihm kategorisch zu verlangen, dass dieser «moderne Unsinn» aus dem Schulpensum verbannt bleibe, solange die Kenntnisse der Schülerinnen in der fürs praktische Leben weit wichtigeren Geographie so lückenhaft seien. Die Tochter, die beim Vater versagt hatte, wurde übrigens die Gattin von Professor Andreas Heusler I., dem streitbaren Redaktor der konservativen «Basler Zeitung».

In andern Dingen war Emanuel Ryhiner-Christ freizügiger als manche seiner Standesgenossen. Wer ihn kannte, wunderte sich beispielsweise darüber, dass er es seinen Töchtern nicht verwehrte, während des Konfirmandenunterrichts die Sonntagskonzerte im Stadt-Casino zu besuchen. Sprach man ihn darauf an, so antwortete er kurz und knapp: «Was in dieser Zeit nicht recht ist, bleibt immer ein Unrecht.» In der Politik kannte er keine Kompromisse; und da er das französische Wesen, das seit den Zeiten der Revolution in den vornehmen Kreisen Basels noch immer stark verbreitet war, als eine üble Kinderkrankheit scharf ablehnte, weigerte er sich, je von der französischen Sprache Gebrauch zu machen, obschon sie zu jener Zeit neben der baseldeutschen Mundart die allgemeine Umgangs- und Korrespondenzsprache der hiesigen «oberen Zehntausend» war; Emanuel Ryhiner schrieb konsequent deutsch.

Der Erforscher Holbeins

Sozusagen eine Ironie des Schicksals war es, dass auf Emanuel Ryhiner-Christ im «Delphin» kein anderer folgte als der Enkel von Peter Ochs, des glühenden Verfechters der Ideale der französischen Revolution, und zugleich einer der grössten Basler Kunstfreunde des 19. Jahrhunderts: Eduard His-Heusler, der älteste Sohn des Seidenbandfabrikanten Eduard His-La Roche, des Associés der Firma Hans Franz Sarasin im «Blauen Haus». Schon früh erwachte in ihm der Sinn für Kunst und Musik; doch fügte er sich dem Wunsch des Vaters, der ihn für seine Nachfolge im Fabrikationsgeschäft am Rheinsprung bestimmt hatte. 1844 trat er daselbst ein und rückte bereits ein Jahr später zum Junior-Partner auf; indessen schied er zusammen mit seinem Bruder Friedrich His-Burckhardt schon früh aus der Leitung des Unternehmens aus, das damit ganz an die Familie Vischer überging.

Die reiche Musse, über die er nach der Aufgabe seiner geschäftlichen Aktivität verfügte, nützte Eduard His zur Förderung des Kunst- und Musiklebens der Vaterstadt, vor allem aber auch zu eigenen kunsthistorischen Forschungen. Mit grossem Eifer studierte er die Handschriften und Urkunden des Archivs, um definitive Anhaltspunkte über Geburt, Leben und Tod Hans Holbeins zu gewinnen. Die Resultate seiner Untersuchungen, die er 1866 in den Basler Beiträgen zur vaterländischen Geschichte veröffentlichte, bildeten die Basis für das zu jener Zeit grundlegende Holbein-Werk Alfred Woltmanns, das der Verfasser denn auch His in dankbarer Anerkennung seiner kritischen Studien widmete; sie trugen ihm 1872 den philosophischen Ehrendoktorhut der Zürcher Universität ein.

Präsident der Kunstkommission

Als Nachfolger von Professor Wilhelm Wackernagel rückte Eduard His 1866 zum Präsidenten der Kommission der damals noch im Museum an der Augustinergasse untergebrachten Öffentlichen Kunstsammlung auf; zugleich amtete er in dieser Eigenschaft als ehrenamtlicher Konservator. Seine Tätigkeit brachte ihn in Verbindung mit zahlreichen bedeutenden Kunsthistorikern seiner Zeit, führte aber gleichzeitig einen scharfen Gegensatz zu Arnold Böcklin herbei, dessen leidenschaftliches Malertalent mit der ruhigen Abgeklärtheit von His wenig harmonierte. Scharf spitzte sich dieser Gegensatz zu, als Böcklin im Auftrag der Kunstkommission das Treppenhaus des Museums auszumalen hatte und His mit seiner Kritik nicht zurückhielt.

Freund der Musik

Ebenso wie seine künstlerisch hochbegabte Gattin Sophie, die Tochter des oben erwähnten Ratsherrn und Professors Andreas Heusler-Ryhiner, war Eduard His ein grosser Freund der Musik. Als Präsident der Konzertkommission, welche die winterlichen Abonnementskonzerte organisierte, trat er in einen regen Verkehr mit den hervorragendsten Solisten seiner Zeit, die bei ihrem Auftreten in Basel vielfach im «Delphin» grosszügige Gastfreundschaft genossen und dort des öftern auch in privaten Hauskonzerten musizierten. Die Familientradition überliefert, dass sowohl Hans v. Bülow, der 1860 zusammen mit seiner Gemahlin Cosima, der späteren Frau Richard Wagners, erstmals in Basel erschien, wie Anton Rubinstein den His'schen Flügel lahmgespielt hätten; Bülows Finger hätten zudem jedesmal derart geblutet, dass er sie in den Pausen in eine heilende Flüssigkeit habe tauchen müssen. Auch Johannes Brahms, Joseph Joachim und andere waren im Hause an der Rittergasse zu Gast, wo vor allem die Romantiker hoch im Kurs standen. Eduard His selbst spielte bis ins hohe Alter Klavier.

Rektor im Jubeljahr der Universität

Ein Jahr nach dem Tode der Gemahlin von Eduard His nahm 1897 die älteste Tochter Anna Katharina, die sich 1875 mit Karl Von der Mühll, dem damaligen Extraordinarius für mathematische Physik in Leipzig, verehelicht hatte, zusammen mit ihrem Gatten Wohnsitz im Hause des alternden Vaters. 1889 war das Paar aus Deutschland in die Vaterstadt zurückgekehrt, wo Karl Von der Mühll ein Jahr später zum Ordinarius an der Universität ernannt wurde. Bereits 1895 vertraute ihm die Regenz das Rektorat an, und nochmals wurde ihm diese Ehre 1910 zuteil, in dem die 450-Jahr-Feier der Hochschule unter seiner Leitung würdig begangen wurde; seine Gattin machte bei diesem Anlass den Universitätsdamen im «Delphin» die Honneurs. Von der Juristischen wie von der Medizinischen Fakultät zum Ehrendoktor gekrönt, übernahm Karl Von der Mühll in uneigennütziger Weise das Präsidium der Basler und der Schweizerischen Naturforschenden Gesellschaft wie des Freiwilligen Museumsvereins; besondere Verdienste erwarb er sich auch um die Herausgabe der Werke Leonhard Eulers. Als ihm seine Kräfte für die Erfüllung seiner Aufgaben nicht mehr auszureichen schienen, trat er 1912 freiwillig vom irdischen Schauplatz ab. Die Gattin überlebte ihn nahezu ein volles Vierteljahrhundert. Drei Jahre nachdem auch sie 1936 die Augen geschlossen hatte, verkauften die Erben den «Delphin» an den Staat, der in dem traditionsreichen Haus das Erbschaftsamt unterbrachte.

Vom alten und neuen Deutschritterhaus

Unter der Zentra-Ver AG hat 1978 die Renovation des schräg gegenüber dem Kunstmuseum gelegenen Deutschritterhauses (Rittergasse 35), der städtebaulich wichtigen Dominante im Bereich Rittergasse–Dufourstrasse–St. Alban-Graben, ihren glücklichen Abschluss gefunden. Vom Deutschritterorden, der einstigen Eigentümerin der Liegenschaft, leitet sich der Name der Rittergasse her.

Der Bau an der Ecke der Rittergasse und des Zugangs zur Wettsteinbrücke trat vor ziemlich genau einem Jahrhundert an die Stelle des Komplexes, der einst die hiesige Niederlassung des Ordens der Deutschritter bildete. Der Deutschritterorden verdankte seine Entstehung den Kreuzzügen. 1189 als Spitalorden im Geist christlicher Barmherzigkeit gegründet und 1198 zum Ritterorden erhoben, vollbrachte er mit der Eroberung, Germanisierung und Christianisierung Preussens ein Kolonisationswerk von imponierender Grösse. Seinem stolzen Aufstieg folgte indessen im 15. Jahrhundert ein jäher Niedergang, und seit der Reformation, die in vielen Teilen Deutschlands zur Säkularisation des Ordens führte, vegetierte er in schattenhaftem Dasein dahin, bis er 1809 durch Napoleon aufgelöst wurde. Nur noch in Österreich lebte er damals fort; dort wurde er 1839 neu organisiert und wiederum in den Dienst der Krankenpflege gestellt. Einer der letzten Hochmeister des Ordens der Deutschritter steht in Basel in bleibender Erinnerung: Erzherzog Eugen, der von 1919 bis 1934 in unserer Stadt im Exil lebte.

Von Beuggen nach Basel

Die Gründung der Basler Komturei oder Kommende, wie die Niederlassungen der Deutschritter hiessen, ging aus vom Deutschordenshaus in Beuggen. Ihm verliehen das Domstift und das Kloster St. Alban 1268 eine Hofstatt beim Kunos-Tor, dem späteren St. Alban-Schwibbogen, um es damit den Deutschherren zu ermöglichen, auch in unserer Stadt Fuss zu fassen. Rasch festigte hier der Orden seine innere und äussere Stellung. Er erweiterte seinen Besitz an der Rittergasse bis zum «Olspergerhof» und zum «Hohenfirstenhof» und erbaute die noch heute erhaltene eigene Kapelle. Die hiesige Komturei war nie sehr stark bevölkert. Neben ihren geistlichen Aufgaben widmeten sich die Basler Deutschritter vor allem der Verwaltung ihres reichen Besitzes, welcher ihnen durch die Stiftungen und Schenkungen der um ihr Seelenheil besorgten Gläubigen zufiel, sowie dem Einzug der daraus fliessenden Zinsen.

Konzilsgäste im Ordenshaus

Ihre grösste Zeit erlebte die Basler Komturei zur Zeit des Konzils, das unsere Stadt von 1431 bis 1448 zum Mittelpunkt der abendländischen Christenheit erhob. Im September 1431 nahm Kardinal Julianus Cesarini, der Präsident der Kirchenversammlung, im Deutschordenshaus Aufenthalt, und nach seinem Wegzug verlegte dessen Nachfolger, Kardinal Ludwig Aleman von Arles, seine Residenz hierher. Damals muss das Haus der Deutschritter der Schauplatz eines reich bewegten, prunkvollen Lebens gewesen sein. In der Folge aber blieb auch die hiesige Niederlassung nicht verschont von der absinkenden Entwicklung des Ordens. In der Reformation wurde sie gleich den Klöstern säkularisiert; die Gebäude wurden vermietet; die Keller aber dienten weiterhin zur Aufnahme der Einkünfte in Wein und Getreide, die den Deutschrittern namentlich aus der badischen und elsässischen Nachbarschaft zuflossen. Sie wurden jetzt verwaltet von einem Schaffner aus der Basler Bürgerschaft, der im Ordenshaus seinen Wohnsitz hatte.

In baslerischem Besitz

Angesichts seiner wachsenden Verschuldung liess der Orden seine hiesigen Gebäulichkeiten mehr und mehr zerfallen. Ihre einzigartige Lage über dem Rhein aber verlockte seit dem 18. Jahrhundert verschiedene reiche Basler Bürger, den hiesigen Liegenschaftsbesitz der Deutschherren zu erwerben. Allein diese Bemühungen wie diejenigen, das Deutschordenshaus zur Residenz des kaiserlichen Gesandten in der Alten Eidgenossenschaft zu machen, zerschlugen sich, bis sich der Orden 1805 dazu entschloss, ein Kaufangebot des Handels- und Ratsherrn Johann Jacob Vischer-Staehelin im «Hohenfirstenhof» zu akzeptieren. Diesem ging es beim Erwerb weniger um die Gebäude des Deutschen Ordens; vielmehr wünschte er vor allem, seinen eigenen, bloss aus der Terrasse des «Hohenfirstenhofs» bestehenden Garten grosszügig zu erweitern und neu zu gestalten. Nach mündlicher Überlieferung erteilte er den entsprechenden Auftrag Johann Michael Zeyher, der 1792 als Hofgärtner des Markgrafen von Baden nach Basel berufen worden war und als solcher den Garten des Markgräflerhofs zwischen der heutigen Hebelstrasse und dem Totentanz zu beaufsichtigen hatte. Jetzt wurde der Garten unterhalb des «Deutschen Hauses» zu einer eigentlichen Sehenswürdigkeit der Stadt; seine Schönheit wurde in manchen empfindsamen Schilderungen der Zeit hoch gepriesen. Das ehemalige grosse Deutschordenshaus verkaufte Johann Jacob Vischer an den Bandfabrikanten Dietrich Burckhardt-Hoffmann, den Sohn des Landammanns der Schweiz, Peter Burckhardt-Forcart, weiter. Während des Durchzugs der Alliierten im Januar 1814 war hier König Friedrich Wilhelm III. von Preussen zu Gast.

Neubau von Eduard Vischer

Rund siebeneinhalb Jahrzehnte, nachdem es in baslerischen Besitz übergegangen war, hatte das alte Deutschritterhaus noch Bestand; mit dem Bau der Wettsteinbrücke in den Jahren 1878–1880 aber schlug seine letzte Stunde. Die dadurch bedingte Tieferlegung der äussern Rittergasse hatte den Abbruch des St. Alban-Schwibbogens zur Folge, mit dem das «Deutsche Haus» verbunden gewesen war. Jetzt entschloss sich der damalige Besitzer, der Bandfabrikant Peter Vischer-Burckhardt, das ehrwürdige Gebäude abtragen zu lassen und durch einen Neubau zu ersetzen. Er beauftragte damit den jungen Architekten Eduard Vischer-Sarasin.

Das neue «Deutsche Haus», das als monumentales Privathaus erstand, darf den glücklichsten Schöpfungen seiner Kunst zugezählt werden. Harmonisch auf die älteren Bauten am Ausgang der Rittergasse abgestimmt, ohne diese zu erdrücken, bildet es zugleich den städtebaulich markanten Akzent des Grossbasler Brückenkopfs, und in seiner reichen inneren Ausgestaltung und Ausstattung vermochte es das Bedürfnis des Bauherrn nach vornehmer Repräsentation aufs schönste zu befriedigen. Etwas mehr als vier Dezennien diente das Haus seinem privaten Zweck; dann ging es 1920 an die «Patria» über, und als diese ans obere Ende des Steinenbergs zog, gelangte es an eine Immobiliengesellschaft.

Die Neuzeit hält Einzug

Wo sich einst die Deutschherren stiller Meditation und frommen Übungen hingaben, wo Getreide und Wein aus dem Markgrafenland und dem Elsass Scheune und Keller füllten, wo vornehme Handelsherren und Fabrikanten ihr beschauliches Dasein führten – hier hat inzwischen die Neuzeit Einzug gehalten. Die Ruhe, die vor Zeiten am Ende der vom ehrwürdigen Tor beschirmten ältesten Innerstadt herrschte, ist dem Getriebe des modernen Verkehrs gewichen, welcher heute in beiden Richtungen über die Brücke braust – Symbol der geschäftigen Gegenwart, der sich das Haus auf historischem Boden heute verpflichtet hat. Bis vor wenigen Jahren Sitz des britischen Konsulats, wird es heute ganz von der Testor Treuhand- und Steuerberatungs-AG beansprucht, deren Domizil es im Jahr 1948 geworden ist.

Hier wohnte Hermann Hesse

Das Haus «zum Sausewind» in der St. Alban-Vorstadt war bis 1411 die Stätte einer Beginen-Gemeinschaft, wurde dann nach kurzem bürgerlichem Zwischenspiel Pfrundhaus des St. Katharinen-Altars und ging nach der Reformation in privaten Besitz über; von 1590 bis 1780 befand es sich in den gleichen Händen wie die grosse Nachbarliegenschaft «zum Sausenberg», 1903 wohnte im «Sausewind» der damals als Buchhändlergehilfe in Basel tätige Dichter Hermann Hesse.

Nach der Reformation ging das Haus St. Alban-Vorstadt 7 vom Domstift in privaten Besitz über. Rund anderthalb Jahrhunderte, von 1590 bis 1780, stand es im gleichen Besitz wie das Nachbarhaus Nr. 5. Der Eigentümer der beiden Liegenschaften zu Beginn dieser Periode war der zu Safran zünftige Handelsmann Reinhard Wasserhuhn, der 1609 ein trauriges Ende nahm, indem er sich ertränkte. Seine Erben verkauften den Komplex mit der Halde gegen den Rhein 1644 um 2100 Gulden an den Spezierer und Wurzkrämer Germanus Iselin (1579–1664), den Gatten von Wasserhuhns Tochter Sara; doch bewohnte er die Doppelliegenschaft nicht selbst, sondern überliess sie seinem Sohn Reinhard Iselin (1608–1668), der die Professur der Ethik an der Universität bekleidete. Nach seinem Hinschied übernahm ein Nachfolger Iselins auf seinem Lehrstuhl, Professor Johannes Wettstein (1660–1731), ein Enkel des grossen Bürgermeisters, als Vogt der Witwe Iselins den Verkauf der beiden Häuser an Hans Jakob von Waldkirch.

1710 befanden sich die beiden Liegenschaften St. Alban-Vorstadt 5 und 7 im Besitz des Juristen Dr. Tobias Obrecht. Dieser hatte sich anerboten, unentgeltlich eine Professur für das damals an der Universität noch nicht vertretene Fach des öffentlichen Rechts zu übernehmen, sofern ihm ein Anspruch zu sofortiger Nachfolge auf jeden freiwerdenden Lehrstuhl der Juristischen Fakultät zuerkannt werde. Die Regenz und der Rat konnten sich indessen nicht dazu entschliessen, diese Bedingung zu akzeptieren; doch gab ihnen der Vorstoss Obrechts Veranlassung, dem Professor der Institutionen einen Lehrauftrag für öffentliches Recht zu erteilen. Obrecht hatte auf seiner Liegenschaft ein «Gebäulein» gegen die Rheinhalde errichtet, wogegen sein Nachbar Samuel Battier (1667–1744), der, obschon Mediziner, mit Brillanz den Lehrstuhl für griechische Sprache und Literatur versah, 1710 vor Fünfergericht protestierte. Ähnliche Anfechtungen hatte die Witwe des verhinderten Professors 1738 von einem andern Nachbarn, dem Bäcker Jacob Handmann, zu erdulden.

Im Lauf des 18. Jahrhunderts gelangten die beiden Liegenschaften an den mit Cleopha Heilmann aus Mülhausen verehelichten Zuckerbäcker Wernhard Burckhardt (1727–1774). Drei Jahre vor seinem Tod veräusserte er den «Sausenberg» an seinen Altersgenossen, den damaligen Hauptmann Johann Rudolf Frey (1727–1799), den bekannten Freund Isaak Iselins; er selbst zog sich ins kleinere Nachbarhaus zurück. Die Ursache des erwähnten Verkaufs bildeten vermutlich finanzielle Schwierigkeiten; denn 1773 sah sich der Zuckerbäcker gezwungen, bei seiner Mutter Anna Maria Burckhardt-Faesch 18 000 Pfund zu einem Zins von 2½ Prozent aufzunehmen und ihr dafür die ihm verbliebene Liegenschaft zu verpfänden. Bereits ein Jahr hernach schloss er seine Augen, worauf die Witwe mit ihrer damals vierzehnjährigen Tochter Maria Salomea (1760–1837) einen «Auskauf und Erbsvergleich» traf: Danach übernahm die Mutter die ganze Hinterlassenschaft des Verstorbenen, bestehend in Häusern, Hausrat, Gülten und Gütern; dagegen versprach sie, «ihre Tochter in allem standesgemäss zu erziehen, zur Furcht Gottes und christlichen Tugenden anzuhalten», ihr bei ihrer Eheschliessung 8400 Pfund auszuzahlen und «sie überdies mit Hausrat und Wäsche auszurüsten». In der Folge vererbte sich die Liegenschaft St. Alban auf Maria Salomea; sie brachte sie in die Ehe mit Johannes Fürstenberger (1758–1831), einem Sohn von Hans Georg Fürstenberger-Bischoff (1729–1797), welcher zusammen mit seinem Vater und seinem Bruder Hans Georg Fürstenberger-Passavant (1762–1827) im Haus «zum Sperber» am Spalenberg und später in der Liegenschaft «zum Bracken und zum Schneeberg» am Nadelberg die Wollhandelsfirma führte, die unter der Ragion Simonius, Vischer & Co. noch heute Bestand hat. Schon 1802 verkaufte Johannes Fürstenberger das Haus zu St. Alban an Katharina Guth, die Witwe des Metzgers Samuel Tschopp, deren Erben sie 1837 an Gedeon Burckhardt-Bachofen (1774–1848) weitergaben. Der neue Eigentümer der Liegenschaft über dem Rhein war 1798 seinem österreichisch gesinnten Vater Johann Rudolf Burckhardt, dem Bauherrn des «Kirschgartens», bei seiner Flucht von Basel gefolgt, war dann in fremde Kriegsdienste getreten und hatte sich, obwohl durch ein Dekret der helvetischen Regierung amnestiert, 1813 zur Auswanderung nach Amerika entschlossen. Auf hoher See wurde indessen sein Schiff von den Engländern gekapert und Burckhardt als Gefangener nach England abgeführt. Nach seiner Freilassung kehrte er 1814 nach Basel zurück, wo er dem Gemeinwesen als Kriminalrichter, Mitglied des Kleinen Rates und Deputat der Kirchen und Schulen diente. Von seinem Sohn Alfred Burckhardt (1805–1861) ging das Haus zu St. Alban 1849 über an den Handlungscommis Jacob Jeannot aus dem neuenburgischen Les Brenets, der es bereits ein Jahr hernach an den Liseur Konrad Kummer abtrat.

Seit den 1870er Jahren stand das Haus Nr. 7 im Besitz des Eigentümers der Nachbarliegenschaft «zum Sausenberg», des Bandfabrikanten Emil Thurneysen (1815–1886), der Elisa Merian (1825–1900), die zweite Tochter des um Stadt und Universität hochverdienten Ratsherrn und Professors Peter Merian-Thurneysen, zur Frau hatte. Er wurde abgelöst durch Theophil Vischer-Von der Mühll (1839–1919), den jüngsten Sohn des Ratsherrn Wilhelm Vischer-Valentin. Vischer hatte sich zunächst dem Studium der Naturwissenschaften gewidmet, hierauf unter Niklaus Riggenbach, «dem alten Mechaniker» und Erfinder der Zahnradbahn, in der Konstruktionswerkstätte der Centralbahn in Olten eine praktische Lehre absolviert und hernach auf dem Büro des eidgenössischen Waffenchefs der Artillerie, des späteren Generals Hans Herzog, sowie als Maschineningenieur in England gearbeitet. Nach Basel zurückgekehrt, rief er im Kleinbasel eine kleine

Schappespinnerei ins Leben, die ihm indessen manche Sorge bereitete. Neben seiner beruflichen und militärischen Wirksamkeit als Oberst der Artillerie betätigte sich Theophil Vischer in verdienstvoller Weise auf dem Feld der Gemeinnützigkeit. Als Mitglied der Kommission zum Silberberg ergriff er die Initiative zum Erwerb des Hauses «zum Lamm» an der Obern Rebgasse und dessen Einrichtung als Altersasyl; ebenso waren die an verschiedenen Orten der Stadt aufgestellten Wärmehütten seine Schöpfung. Seine besondere Liebe aber galt dem Zoologischen Garten, zu dessen Mitgründern er zählte; jahrelang beaufsichtigte er persönlich die Pflege seiner Gartenanlagen.

Während Theophil Vischer und seine Familien den «Sausenberg» selbst bewohnten, wurde das kleine Nebenhaus vermietet. Dort zog, wohl als Untermieter, im Jahr 1903 der Dichter Hermann Hesse ein, der im Herbst 1899 als 22jähriger Buchhandlungsgehilfe in die Firma Rudolf Reich (später Helbing & Lichtenhahn) eingetreten war. Er hatte zunächst im Haus Holbeinstrasse 21 die Wohnung mit dem jungen niederländischen Architekten Jennen geteilt, hatte hierauf ins Haus Mostackerstrasse 10 und später in die Liegenschaft Burgfelderstrasse 12 gewechselt; dann aber machte er nach seinen eigenen Worten «zum ersten Male den Versuch, geschmackvoll und würdig zu wohnen», indem er sich «ein hübsches und originelles Zimmer in einem Altbasler Haus mietete, ein Zimmer mit einem grossen, alten Kachelofen, ein Zimmer mit Vergangenheit». «Ich hatte kein Glück damit», fährt er fort. «Das Zimmer war wunderschön..., aber unter seinen Fenstern fuhren durch die scheinbar so ruhigen Gassen von morgens drei Uhr an Milch- und Marktwagen vom St. Albantor herüber das Steinpflaster mit einem Höllenlärm und raubten mir den Schlaf.» Mit dem Auszug nach Gaienhofen am Bodensee, wohin er die ihm in Basel angetraute erste Gattin, die Photographin Maria Bernoulli (1868–1963), die Tochter des Notars Fritz Bernoulli-Gengenbach, heimführte, nahm die kurze Episode zu St. Alban 1904 ihr Ende – im gleichen Jahr, in dem der Roman «Peter Camenzind» erschien, der Hermann Hesse im ganzen deutschen Sprachgebiet zum berühmten Dichter machte.

Zum letzten privaten Eigentümer der Doppelliegenschaft wurde der dritte Sohn von Theophil Vischer-Von der Mühll, Alfred Vischer-Krayer (1875–1938), Direktor der Gesellschaft für Holzstoffbereitung. Von dessen Erben ging sie an den Staat über, der sie in den 1950er Jahren der Christoph Merian Stiftung im Austausch gegen ihr bisheriges Domizil an der Elisabethenstrasse überliess. Während sich im «Sausenberg» die Stiftungsverwaltung selbst etablierte, vermietete sie das Nebenhaus, das nunmehr den reizvollen Namen «zum Sausewind» erhielt, dem damaligen Staatsarchivar Dr. Paul Roth. Jetzt benötigt die Stiftung auch die Nachbarliegenschaft für ihre eigenen Zwecke. «Sausenberg» und «Sausewind» werden fortan ein Ganzes bilden: Zwei Liegenschaften mit reicher Vergangenheit haben ihre sinnvolle Bestimmung für Gegenwart und Zukunft erhalten.

«Sausenberg» und «Sausewind»

Aus personellen und organisatorischen Gründen wurde es nötig, das bisher privat vermietete Haus St. Alban-Vorstadt 7 für die Verwaltung der in der Liegenschaft Nr. 5 domizilierten Christoph Merian Stiftung mitzuverwenden. Den Namen «zum Sausewind», der über seiner Tür steht, hat es erst 1955 erhalten, als die Stiftung die beiden Häuser erwarb: Damals wurde der Hauptliegenschaft Nr. 5 ihr ursprünglicher Name «zum Sausenberg» zurückgegeben, der im Lauf der Jahrhunderte nicht mehr verstanden und in die Bezeichnung «zum Sausewind» verballhornt worden war. Auf diesen hübschen Namen ist seither das Nebenhaus Nr. 7 getauft.

Das bescheidene Bürgerhaus St. Alban-Vorstadt 7, das sich an den markanten Barockbau «zum Sausenberg» (Nr. 5) anschliesst und heute den Namen «zum Sausewind» trägt, hiess ursprünglich «Haus Gesingen». Wie die erwähnte Nachbarliegenschaft, «der Bischoffin Hus», war es im 14. Jahrhundert der Sitz einer «Samnung» von Beginen, das heisst einer Gemeinschaft frommer Frauen, welche das Gelübde der Keuschheit abgelegt hatten und sich einem gottseligen Wandel weihten. In dunkelgrauem Gewand von eigentümlichem Schnitt, verhüllt durch einen voluminösen weissen Schleier, zogen sie zu zweien durch die Strassen und erbaten mit dem Ruf: «Brot durch unsern Herren Gott!» milde Spenden, von denen sie ihr Leben fristeten. Manche Gaben flossen ihnen auch zu, wenn sie an den Seelenmessen für reiche Bürger teilnahmen, auf ihre Gräber ein Licht stellten und dort am Tag von Allerheiligen ein Gebet verrichteten.

Erstmals tritt das Haus Gesingen ins Licht der Quellen im Jahr 1320, in dem die Barfüsser davon Zinse erhielten; doch steht nicht fest, ob es damals bereits von Beginen bewohnt wurde. Wann und wie die Sammung gegründet wurde, entzieht sich unserer Kenntnis; urkundlich nachgewiesen ist sie seit 1357, also kurz nach dem grossen Erdbeben. Ausdrücklich erwähnt werden «die Konversen von Gesingen» 1366 im Zinsbuch des Klosters St. Alban, dem sie den Bodenzins von acht Pfennigen von ihrem Haus «gelegen auf dem Berg von St. Alban», zu entrichten hatten; später kam noch ein Fasnachtshuhn sowie das Tagewerk eines Schnitters hinzu, der dem Gotteshaus zur Erntezeit gestellt werden musste. Die Kongregation unterstand, wie aus einer Urkunde von 1387 hervorgeht, der dritten franziskanischen Regel. Im genannten Jahr vermachte die Jungfrau Greda, die Tochter des Konrad von Hertenberg, der, Sohn eines Krämers, bis zum Edelknecht aufgestiegen war, den Barfüssern eine Spende mit der Verpflichtung, für die «im Haus der Gemeinschaft der armen Konversen, genannt zu Gesingen», lebenden Schwestern Greda von Burren und Belina von Sissach nach deren Tod eine Jahrzeit zu lesen. 1408 hören wir im weitern von Clara, der damaligen Regelmeisterin der Kongregation, welche dem Spital vom Haus

Gesingen zwei Pfund und zwei Ringe Brot verabfolgte. Ebenso werden als Meisterinnen der Gemeinschaft genannt zwei Frauen mit dem Namen Greda im Baumgarten (1357 und 1385), von denen die eine zusammen mit ihrer 1361 erwähnten Schwester Anna dem Haus Gesingen drei Hofstätten auf St. Alban-Berg vergabte, ferner Hedina von Kilchhusen (1358) und Greda zem Rosen (1405–1408) sowie als Stellvertreterin der Meistern Greda von Zelle (1361).

Rund fünf Dezennien jedenfalls lebte die Gemeinschaft der frommen Frauen im Haus zu St. Alban. Ums Jahr 1400 aber erhob sich eine zunehmende Gegnerschaft gegen die Beginen, die der Bischof Humbert von Neuenburg, unterstützt durch den Weltklerus und den Dominikaner Johannes Mulberg, beschuldigte, dass sie sich als Laien widerrechtlich den geistlichen Stand anmassten und anstatt von Arbeit vom Bettel lebten. Der Streit, der immer schärfere Formen annahm, erreichte einen ersten Höhepunkt im Jahr 1405, in dem der Bischof die Exkommunikation über die Beginen aussprach, worauf viele ihre Gemeinschaft verliessen. Sechs Jahre später wies der Rat sämtliche Beginen aus Basel aus und beschlagnahmte ihre Liegenschaften, die er dem Spital und ihren geistlichen Vätern, den Barfüssern, zuwies.

Beim grossen Brand des Jahres 1417, der in der «Tanne» an der Streitgasse ausbrach und sich die Freie Strasse hinauf bis in die St. Alban-Vorstadt ausdehnte, wurde auch das Haus Gesingen ein Raub der Flammen; doch bauten es der Küfer Conrad von Gelterkinden und dessen Gattin Agnes wieder auf, worauf es ihnen 1419 durch die Barfüsser für einen jährlichen Zins von 2 Pfund und 16 Schilling verliehen wurde; dabei übernahm der Konvent des Klosters zu seinen Lasten den Grundzins an St. Alban sowie einen weitern Zins von einem Pfund, der auf Grund einer Jahrzeitstiftung den Kaplänen des Marienaltars im Münster entrichtet werden musste. 1450 vermachten sich der Küfer und seine zweite Ehefrau Ennelin gegenseitig ihr Gut; er widmete seiner Liebsten Haus und Hofstatt zu St. Alban.

Die Nachfolger Conrads von Gelterkinden auf dem Haus Gesingen wurden 1457 der Schindler Hans Zschampirin (Tschan) und dessen Gattin Küngold. Der den Barfüssern geschuldete Zins war inzwischen an das Spital an den Schwellen übergegangen; doch hatte dessen Schaffner, welcher die einstigen Barfüsserzinsen einsammelte, daraus den Bodenzins an St. Alban zu bestreiten. Nach dem Tod des Schindlers verkauften seine Geschwister, der Kannengiesser Hans von der Schwellen, der wohl in der Nähe des Spitals zwischen Barfüsserplatz und Freier Strasse sesshaft war, und Adelheid, die Gattin des Schlossers Claus Helling, die Liegenschaft an Niklaus Heimersdorf, einen Kaplan des Domstifts. Dieser vertauschte kurz darauf das Haus Gesingen gegen eine heute durch die Schweizerische Kreditanstalt überbaute Liegenschaft zwischen dem Aeschenschwibbogen am obern Ende der Freien Strasse und der Dompropstei am St. Alban-Graben. Heimersdorfs Partner in diesem Tausch war der bekannte Chronist Johannes Knebel, seines Zeichens Domkaplan, Dompropstei-Schaffner, Kämmerer der Bruderschaft St. Johann auf Burg und Inhaber der Pfründe am Katharinen-Altar im einstigen Katharinenhof, dem heutigen Reinacherhof (Münsterplatz 18), in dem Bischof Bertold von Pfirt 1249 Wohnsitz genommen hatte, nachdem die bischöfliche Pfalz hinter dem Münster von der Bürgerschaft zerstört worden war; dort hatte er eine Kapelle bauen und einen Altar zu Ehren der heiligen Katharina errichten lassen. So wurde das Haus Gesingen zum Haus der St. Katharinen-Pfründe, deren Kapläne fortan die darauf ruhenden Zinsen an St. Alban und an das Barfüsserkloster bezahlten, insbesondere Heinrich Wagner, «der alt Vicarius» (seit 1485), und Georg Vester von Magstatt (seit 1523), welcher noch 1529 als Domkaplan amtete und auch die Pfründe des Apollinaris-Altars im Ostflügel des grossen Kreuzganges innehatte. Zeitweise wurde die Liegenschaft vermietet, so 1497, als laut dem Reichssteuerrodel jenes Jahres der Spitalschreiber Holzöpfel hier zu St. Alban wohnte. Offenbar dessen Sohn war Heinrich Holzöpfel, Leutpriester zu Häsingen, der 1501 vor dem väterlichen Haus sein Testament errichtete und Anna, die Torwächterin, und deren Sohn Hans zu seinen Erben einsetzte.

«Zum Klein Eptingen»

In der Geschichte der Eigentümer der Liegenschaft «zum Klein Eptingen» (St. Alban-Vorstadt 9), die sich an das Haus «zum Sausewind» anschliesst, spiegelt sich ein interessantes Stück Basler Adels-, Kirchen-, Universitäts- und Familiengeschichte. Zehn Jahre nach dem grossen Erdbeben von 1356 ist sie urkundlich erstmals erwähnt. Seinen Namen trägt das Haus nach den frühesten uns bekannten Besitzer, den Herren von Eptingen, in deren Familie es bis zum Jahr 1460 verblieb.

Ins Licht der dokumentarischen Überlieferung tritt das Haus «auf dem Berg von St. Alban» im Jahr 1366; zu jener Zeit hatte der auf dem Prattler Schloss residierende Götz von Eptingen dem Kloster St. Alban davon als Bodenzins einen Schilling und ein Huhn zu entrichten und zur Erntezeit einen Schnitter zu stellen. 1384 wurde ihm das Basler Bürgerrecht aberkannt und er selbst aus der Stadt verwiesen, weil sich seine Söhne Götzmann, Rutschmann und Heinzmann in dem Streit um die Besetzung des Bischofsstuhls, der nach dem Tod des Johann von Vienne ausgebrochen war, zum österreichischen Adel hielten; damals legten die Basler Schloss und Dorf Prattlen in Asche. Bei der Erbteilung, die 1456 unter den Enkeln des Götz von Eptingen – Ludwig, dem Obervogt der Herrschaft von Rheinfelden, Hartmann, dem Basler Domherrn und Hans Bernhard, dem Herrn zu Prattlen – stattfand, fiel das Haus Hans Bernhard von Eptingen zu, welcher vier Jahre später auf seiner Fahrt ins Heilige Land zum Ritter geschlagen wurde. Im selben Jahr veräusserte er die Liegenschaft um 70 Gulden an den aus Köln stammenden Klaus Gottschalk, der 1437 als «Gufenmacher» zu Safran zünftig geworden war und in der Folge zum Grosskaufmann aufstieg, dessen Beziehungen bis nach Venedig reichten.

Über den Colmarer Bürger Jörg von Sulz gelangte «Klein Eptingen» 1489 um 210 Gulden an den Papierer Anthony Gallician. Er war zu Ende der 1440er Jahre zusammen mit seinen jüngeren Brüdern Michel und Hans aus seiner piemontesischen Heimat ausgewandert und hatte am Rümelinsbach vor dem Steinentor das Papierergewerbe begonnen, das er dann 1453 ins St. Alban-Tal verlegte und dort zu hoher Blüte brachte. 1492 verkaufte in seinem Namen der Schwager, der Ratsherr Claus Her, Haus und Hofstatt zu St. Alban samt dem Gärtlein dahinter um 219 Gulden an Jacob Philippi aus Freiburg im Breisgau, «der sieben freien Künste Meister und der heiligen Geschrift Baccalaureus», welcher zuerst als Kaplan zu St. Martin und später als Leutpriester im Münster amtete und auch die Pfründe am Altar zum heiligen Kreuz rechts der mittleren Chortreppe besass. Von ihm ging die Liegenschaft schon zwei Jahre später um 200 Gulden über an den Domkaplan und Träger der Pfründe am Dreikönigs-Altar im Münster, Erhard Krebser, dem zu Beginn des 16. Jahrhunderts sein Kollege Heinrich Kelller folgte, seines Zeichens Kaplan am Dreifaltigkeits-Altar, der sich am Pfeiler bei der Kanonikertür befand, durch welche man gegenüber der St. Niklaus-Kapelle aus dem Chor in den Kreuzgang heraustrat.

Wiederum in bürgerliche Hände kam «Klein Eptingen» im Jahr 1505 durch den Verkauf an Jerg Rümelin, der offenbar ebenfalls das Papierergewerbe ausübte; denn im selben Jahr erwarb er mit der Bürgschaft des Papierers Hans Luft die Safranzunft. Den Kaufpreis von 200 Pfund verzinsten er und seine Gattin der Bruderschaft von St. Johannes auf Burg mit jährlich 10 Pfund. 1524 stand Rümelin vor dem Fünfergericht seinem Nachbarn, dem Müller Hans Kunz im benachbarten «Obern Schauenberg» (Nr. 11), gegenüber, welcher ihn wegen des «Bauchkessels» (Waschkessels) eingeklagt hatte, den Rümelin an der Mauer gegen die Nachbarliegenschaft hatte einmauern lassen. Von ihm erwarb 1531 «Klein Eptingen» Ludwig Weitnauer, der letzte Komtur der Basler Niederlassung des Deutschritterordens, welcher das «Deutsche Haus» an der Rittergasse nach der Reformation dem vom Rat für die Verwaltung der Ordensgüter eingesetzten Schaffner überlassen musste; doch wird er im Zinsbuch von St. Alban noch 1535 als «der Tütsch Herr» bezeichnet. Seine Nachfolger wurden 1554 der Goldschmied Hans Meiger und kurz hernach der vermutlich aus Strassburg gebürtige Buchstabengiesser Christoph Behem, der 1552 Meigers Stieftochter Anna Zwilchenbart zum Altar geführt hatte.

1582 ging die Liegenschaft zu St. Alban in den Besitz der Witwe und der beiden Kinder des ein Jahr zuvor verstorbenen Grosshändlers und Spediteurs Francesco de Insula aus Genua über; der längere Zeit als Kriegslieferant im Dienst Karls V. gestanden hatte, aber bei der Belagerung von Metz verwundet worden war, worauf er seinen Abschied nahm und sich in Basel niederliess. Sein Sohn Melchior (1580–1644), einer der schillerndsten Gestalten unserer Universitätsgeschichte, war bis 1628 Inhaber des Lehrstuhls für Institutionen an der Juristischen Fakultät und beschwor einen Rechtsstreit herauf, der den Basler Rat während Jahrzehnten beschäftigen sollte; in dessen Verlauf wurde sein ganzer hiesiger Besitz beschlagnahmt. Erst nach seinem Tod gelangten auch die von ihm angestrengten privaten Prozesse zu ihrem Abschluss.

1658 wurden die Erben von Melchior de Insula aufgefordert, die Forderungen des Basler Bürgers Hans Rudolf Heusler zu befriedigen, ansonst diesem bewilligt werde, auf die beiden «insulanischen» Behausungen in der St. Alban-Vorstadt samt dem Garten in der Malzgasse zu greifen. Elf Jahre später konnten die Nachkommen von Melchior de Insula davon endlich wieder Besitz nehmen, worauf sie beide Liegenschaften an Daniel Burckhardt (1630–1707), den Schultheissen im mindern Basel, veräusserten. 1671 trat dieser als Hauptmann einer Kompanie im Regiment Stoppa in französische Kriegsdienste, weshalb er die zwei Häuser verkaufte, «Klein Eptingen» an den Handelsmann Samuel Battier (1616–1688), der 1662–1663 als Landvogt im Maggiatal geamtet hatte. Battier prozessierte 1678 vor Fünfergericht mit seinem Nachbarn Johann Jakob Rüedin, Professor der Eloquenz, im «Obern Schauenberg», der sich wegen einer «Reblanderen» (eines Spaliers) im Nachbargarten beschwerte. Samuel Battiers gleichnamiger Sohn (1667–1744) aus seiner vierten Ehe mit Sara von Speyr übernahm nach des Vaters Tod die Liegenschaft. Obschon Doktor der Medizin, versah er seit 1705 mit Brillanz die Professur der griechischen Sprache; man erzählte von ihm, er habe schon in seiner Jugend die Predigten der Pfarrer nachgeschrieben und auf der Stelle in die Sprache Platons übersetzt. Zu seinem Erben wurde der Neffe Johann Jakob Battier-Wettstein (1703–1755), Kandidat der Theologie und Schulmeister zu St. Leonhard. Auch er hatte sich mit dem Nachbarn im «Obern Schauenberg» herumzuschlagen, dem Kunstmaler Niklaus Bernoulli dem Jüngern, dem Sohn des genialen Mathematikers Jakob Bernoulli, der wegen der Scheidemauer im Garten gegen ihn Klage beim Fünfergericht erhoben hatte.

Seit 1756 stand «Klein Eptingen» nochmals im Besitz eines Papierers, des Hieronymus Blum, in dessen Familie das Haus bis 1791 verblieb; dann nahm die Witwe des Bräters Emanuel Gut-Matzinger, welche die Liegenschaft um 5500 Pfund erworben hatte, hier Einsitz. Offenbar betrieb sie das Gewerbe ihres Gatten weiter, um es den beiden Söhnen Matthias und Rudolf zu erhalten, die beide den väterlichen Beruf betrieben und im Hinterhaus eine Metzgerei und Schweineställe einrichteten. Indessen blieb «Klein Eptingen» nur kurze Zeit ein Metzgerhaus; denn um die Mitte des 19. Jahrhunderts vereinigte Christoph Burckhardt-Burckhardt (1794–1857), der Sohn des Bankiers und Meisters der Schlüsselzunft Johann Jakob Burckhardt-Frey im «Goldenen Löwen» an der Aeschenvorstadt, die Liegenschaft mit dem gleichfalls von ihm erworbenen «Obern Schauenberg» in seiner Hand. Nach dem Tod der Witwe wurden die beiden Häuser übernommen durch die jüngere Tochter Elisabeth Luise, die sie Emanuel Burckhardt (1825–1883), dem Teilhaber der Eisenhandlung Leonhard Paravicini zum Falken, in die Ehe brachte, und hernach von den beiden unverheirateten Töchtern dieses Paares. Von ihnen vererbten sie sich auf die Nachkommen ihrer Schwester, die Gattin von Dr. Emil Rauch-Burckhardt (1855–1922), der in der Erinnerung der ältesten Generation unserer Stadt als einer der besten Basler Ärzte seiner Zeit wie als grosser Menschenfreund und Wohltäter bis heute fortlebt.

«Zum Sulzberg»

Bereits im Jahr 1395, in dem die Liegenschaft St. Alban-Vorstadt 15 im Zinsbuch von St. Alban erstmals erwähnt wird, trägt sie den Namen «zum Sulzberg». Im Laufe der Jahrhunderte war sie zweimal die Residenz vornehmer Witwen.

Bereits im Jahr 1395, in dem die heutige Liegenschaft St. Alban-Vorstadt 15 im Zinsbuch von St. Alban erstmals erwähnt wird, trägt sie den Namen «zum Sulzberg». Bewohnt wurde sie damals durch Belina Spieglerin, die dem Gotteshaus als Grundzins ein Huhn abzuliefern und zur Erntezeit einen Schnitter zu stellen hatte. Ihr folgte zu Beginn des 15. Jahrhunderts der Messerschleifer Christian, der zusammen mit seiner Gattin Adelheid 1428 bei den Nonnen des Klosters der Reuerinnen der heiligen Maria Magdalena an den Steinen 40 Gulden aufnahm, die er mit jährlich 2 Gulden verzinste. Ausserdem lasteten damals auf dem «Sulzberg» noch eine Abgabe von 7 Schilling an den Prior von St. Alban sowie ein Zins von 3 Pfund zugunsten des vor 1328 durch den Domkaplan Johannes von Sennheim gestifteten Agnesen-Altars, der sich auf der rechten Seite des Münsters beim Martinsturm («iuxta campanile novum», d.h. neben dem neuen Turm) befand. 1429 verkaufte des Ehepaar das Haus mit dem Garten dahinter um 130 Gulden an den Domkaplan Heinrich von Altdorf, der es in der Folge an Heintzmann, den Kirchherrn von Muttenz, weitergab. Dieser schuldete Martin von Zessingen, dem Kaplan und «Gloggner» auf Burg, einen Zins von 5 Gulden, der indessen während zweieinhalb Jahren nicht einging, worauf der Gläubiger die Liegenschaft 1455 übernahm.

1489 begegnen wir als deren Eigentümerin Agnes Enderlin, die im gleichen Jahr zusammen mit ihrem Vogt, dem Bartscherer Hans Meiger «zem Bommlin», den «Sulzberg» um 150 Gulden an den Brotbeck Berchtold Weibel und seine Frau Elsi veräusserte. Den Erwerb ermöglichte ihnen ein Darlehen des Gotteshauses St. Jakob an der Birs, d.h. des dortigen Sondersiechenhauses, in der Höhe von 60 Gulden. Nachfolger Berchtolds wurde sein Berufsgenosse Hans Hünle, der laut dem Reichssteuerrodel von 1497 selbviert auf dem Haus zu St. Alban sass. Von ihm und seinen Erben ging es 1524 nochmals an einen Geistlichen über: Besitzer bis zur Reformation wurde der Domkaplan Hans Loub, der 1518 und 1525 als Inhaber der zweiten Pfründe am Eligius-Altar in der Schalerkapelle und nach 1525 auch der Pfründe des Nikolaus-Altars in der gleichnamigen Kapelle des Münsters bezeugt ist. 1528 wurde der Grundzins vom «Sulzberg» an St. Alban bezahlt von dem «Tütschen Herrn», dem damaligen Komtur des Deutschritter-Ordens im luzernischen Hitzkirch, Hans Albrecht von Mülinen (1480–1544), der mütterlicherseits ein Enkel Adrians von Bubenberg war. Als Freund Zwinglis versuchte er 1529 in seiner Komturei den neuen Glauben einzuführen, stiess dabei aber auf den Widerstand der Katholiken, die ihn 1531 vertrieben; doch entschädigte ihn das evangelische Bern ein Jahr hernach durch die Übertragung der Verwaltung der säkularisierten Komturei Köniz. Das Haus zu St. Alban, welches der Herr von Mülinen wohl mit Mitteln seines Ordens erworben hatte, wurde nun zum Ruhesitz des letzten Deutschorden-Komturs von Basel, Ludwig Weitnauer.

Unter den bürgerlichen Eigentümern des «Sulzbergs» im 16. Jahrhundert tritt der Apotheker Ludwig Gengenbach hervor, der die Liegenschaft zusammen mit seiner Gattin Genoveva Rüss 1547 um 190 Pfund erwarb. Als Sohn von Chrysostomus Gengenbach, dem Meister der Safranzunft, führte er zusammen mit einem jüngeren Bruder die väterliche Offizin «zum Trybock» am Rindermarkt, der heutigen untern Gerbergasse, fort. Vier Jahre nach seinem Tod (1552) überliess die Witwe das Haus Johannes von Bischofszell, der nach einem bewegten Lebenslauf in Basel endlich eine Bleibe gefunden hatte. Er war in jungen Jahren als Mönch ins Kloster Peterhausen bei Konstanz eingetreten, hatte sich dann aber dem neuen Glauben angeschlossen und verheiratet. Als Erzieher und «Hofmeister» einiger Konstanzer Jünglinge war er 1536 erstmals nach Basel gekommen, hatte sich dann in Tübingen, Ulm, Kempten, Sonthofen, Leutkirch, Konstanz und seinem Heimatort Bischofszell aufgehalten, bis er 1549 zum Pfarrer von Aarau und 1553 zum Pfarrer von St. Peter in Basel gewählt wurde. 1562 schloss er seine Augen, worauf die in Konstanz lebenden Erben seiner Tochter Katharina das Haus zu St. Alban 1565 um 220 Gulden an den Kaufhausschreiber Andreas Weckhardt abtraten. 1571 gelangte es von dessen Tochter Küngold um 460 Gulden an Peter Graber, den Prädikanten zu Badenweiler, und dessen Gattin Agnes Hüglin. Auf sie folgte 1580 Hans Jacob Gernler, Stadtschreiber «über Rhein», d.h. im Kleinbasel, und 1587 der Ratsherr Lorenz Richard, der ein Jahr später mit dem in der Nachbarliegenschaft «zum Heiligen Geist» (Nr. 17) wohnhaften Druckerherrn Sebastian Henricpetri wegen eines Fensters, das Richard durch seine Mauer gegen das Haus Henricpetris ausgebrochen hatte, und «wegen des risenden Felsens» hinter ihren Häusern am Rhein vor Fünfergericht prozessierte.

Mindestens vier Jahrzehnte residierten hierauf im «Sulzberg» zwei vornehme Witwen, zunächst Katharina Offenburg, die Urenkelin des Bürgermeisters Henman Offenburg, der die Basler 1515 bei Marignano angeführt hatte. Sie war in erster Ehe verheiratet mit Junker Arbogast Truchsess von Rheinfelden und reichte nach dessen Tod dem zu Lörrach sesshaften Johann Albrecht Gebweiler, dem Schwager des Bürgermeisters Johann Rudolf Faesch-Gebweiler, die Hand. Von ihr ging das Haus 1627 über an Katharina von Hohenfirst, einen Spross der aus Neuenburg am Rhein stammenden und besonders im Sundgau begüterten Familie von Hohenfirst, welche seit den 1570er Jahren bis 1642 den ehemaligen Utenheimerhof über dem Rhein besass, der nach ihr seit dem Beginn des 17. Jahrhunderts den Namen Hohenfirstenhof (Rittergasse 19) trägt. Ihre 1597 verstorbene Grossmutter Claranna von Eptingen, die Tocher des Hans Puliant I. von Eptingen und der Anna von Ramstein und Gemahlin des Adam von Hohenfirst, war es, die nach einer Steininschrift im Erdgeschoss in der Zeit ihrer Witwenschaft 1579 den Hohenfirstenhof in seiner heutigen Gestalt erstehen liess. Von ihrer männlichen Nachkommenschaft überlebte sie einzig der Sohn Caspar von Hohenfirst (1569–1613), der vom Markgrafen Georg Friedrich von Baden mit der Herrschaft Illzach unfern von Müllhausen belehnt wurde. Er heiratete 1611 Katharina von Flachsland, die Witwe

des Blickhard von Andlau, die 1615 noch in Illzach und 1624 in Wittenheim lebte, in den gefahrvollen Zeiten des Dreissigjährigen Krieges aber im Schutz der Basler Stadtmauern Zuflucht suchte. So kaufte sie, wie erwähnt, 1627 das Haus in der St. Alban-Vorstadt, in dem sie vermutlich bis kurz vor ihrem Tod verblieb. Mit dem kinderlosen Ehepaar Caspar und Katharina von Hohenfirst-Flachsland starb das Geschlecht der Hohenfirst aus.

Als Nachfolger der beiden Damen fassten 1666 der Küfer Mathis Gass, 1697 der Rotgerber Franz Thierry und 1807 der Handelsmann Samuel Langmesser in «Sulzberg» Fuss. Indessen fallierte Langmesser 1817, worauf das Haus durch den «Materialisten» Franz Bernoulli-Werthemann erworben wurde, der an der väterlichen Drogenhandlung «zum Dolder» am Spalenberg beteiligt war. Er verkaufte die Liegenschaft bereits 1818 an den Seidenbandfabrikanten Johann Jacob Richter-Linder, der als erster die Bandstühle durch Maschinenkraft betreiben liess und als grosser Philanthrop neben seiner Fabrik auf der «Schoren» eine Anstalt für Mädchen ins Leben rief, welche der richtigen Erziehung ermangelten.

1831 nahm die Witwe des Seidenbandfabrikanten Johannes Bischoff-Frey im «Sulzberg» Einsitz. Deren Erben überliessen das Haus 1849 dem in der Seidenbandfabrik seines Vaters Johannes Bischoff-De Bary tätigen Carl Bischoff (1806–1883), der jedoch später an die Nauenstrasse und die Gartenstrasse zog, worauf die Schwiegertochter von Witwe Bischoff-Frey, Anna Maria Bischoff-Preiswerk (1808–1885), die Liegenschaft übernahm. Mit 19 Jahren verheiratet, hatte sie bereits mit 26 Jahren ihren Gatten verloren und blieb mehr als fünfzig Jahre lang Witwe. Während sie selbst das Haus Nr. 23 neben der «Zahnlücke» und später die daran angrenzende Liegenschaft «zum Zank«»(Nr. 21) bewohnte, wurde der «Sulzberg» zum Wohnsitz ihrer Schicksalsgefährtin Emilie Von der Mühll-Iselin (1825–1885), einer Tochter des Bankiers Isaac Iselin-Roulet, der ihr Gatte, ein Sohn des Kaufmanns Leonhard Von der Mühll-Hoffmann, schon 1850 während eines Aufenthalts in Madeira von der Seite gerissen worden war. Ein rundes Dezennium nach ihrem Tod gelangte das Haus an den Buchdrucker Friedrich Reinhardt-Strahm, der 1896 die 1878 von seinem Vater übernommene Offizin von C. Schultze von der Barfüssergasse hierher verlegte. Mit der raschen Entwicklung des Geschäfts, dem 1900 auch der bekannte Verlag angegliedert wurde, erwiesen sich indessen die Lokalitäten an der St. Alban-Vorstadt bald als zu klein, weshalb Friedrich Reinhardt 1906 an die Missionsstrasse wechselte, wo in den Jahren 1956–1958 unter seinem gleichnamigen Sohn der heutige Neubau entstand. Der «Sulzberg» ging über an den Nachbarn im «Heiligen Geist», den Seidenbandfabrikanten und Präsidenten der Basler Handelskammer, Dr. h.c. Rudolf Sarasin-Vischer, der das Haus während Jahrzehnten an Dritte vermietete. Heute ist es der Sitz einer Schmuckgalerie und wurde durch die Renovation zu einem weitern Bijou an der St. Alban-Vorstadt.

Markante Gestalten im Haus «zur Fortuna»

Mit der Erwerbung des Hauses «zur Fortuna» durch Hieronymus Linder (1682–1763) ging die Liegenschaft St. Alban-Vorstadt 19 1743 in den Besitz einer Persönlichkeit über, die sich die baslerische Unsterblichkeit gesichert hat – durch die Stiftung eines «Mählis», das bis auf den heutigen Tag getreulich gefeiert wird. Sohn eines früh verstorbenen Goldschmieds, war Hieronymus Linder eigentlich für den Handelsstand bestimmt; doch trat er, während er in Rotterdam zur Ausbildung weilte, bereits mit 17 Jahren als Kadett in den Dienst der Generalstaaten der Niederlande, in dem er während voller 63 Jahre verblieb und, durch hervorragende Tapferkeit ausgezeichnet, 1752 zum Obersten und 1758 zum Generalmajor avancierte; er erreichte damit einen Rang, den kein Basler vor ihm bekleidet hatte. Schon früh gedachte er indessen seine alten Tage in der Vaterstadt zu verbringen, weshalb er sich hier bereits mit 61 Jahren einen Wohnsitz sicherte, den er endgültig jedoch erst beim Abschied von Holland im Jahr 1760 bezog. Schon Ende 1763 starb er hier kinderlos; seine baslerische Gattin Judith Beck war ihm 1721 im Tod vorangegangen. «Ist bis in sein hohes Alter und letzten Täge allezeit ein aufrechtgehender und adretter militärischer Staatsmann gewesen», hiess es an seinem Grabe, zu dem ihn das gesamte Offizierskorps der Landmiliz in Uniformen und «roten scharlachenen Mänteln» begleitete.

Stifter des Oranienmählis

In seinem Testament hatte «der General», wie seine Mitbürger Hieronymus Linder ehrfurchtsvoll nannten, neben den Verwandten und den Armen der Stadt die Schule auf Burg bedacht, in deren Klassen den besten Schülern ein Preis verabfolgt werden sollte, und ebenso die Zunft zu Hausgenossen, die ihn 1747 zu ihrem Sechser ernannt hatte. Ihr widmete er ein Legat von 2000 Pfund, dessen Zinsen für eine jährlich am 8. März, dem Geburtstag von Wilhelm V., dem Prinzen von Oranien und Nassau, zu begehende Mahlzeit der Vorgesetzten verwendet werden sollten. An diesem «Oranienmähli», das, wie gesagt, noch heute regelmässig abgehalten wird, sollte nach der Bestimmung des Testators auf die Gesundheit des Erbstatthalters der Niederlande getrunken werden; heute klingen die Gläser zum Wohl seiner Nachfolgerin, der Königin von Holland, zusammen.
Seine enge Verbundenheit mit dem niederländischen Herrscherhaus bewies Hieronymus Linder auch dadurch, dass er seinen Wohnsitz zu St. Alban in «Oranienhaus» umtaufte. Bei seinem Hinschied vererbte er es an Hans Bernhard Beck, vermutlich einen Verwandten seiner Gattin, der als Hauptmann ebenfalls in holländischen Diensten gestanden hatte. Dieser verkaufte die Liegenschaft indessen bereits ein Jahr später um 7000 neue französische Thaler an den aus Leipzig stammenden Handelsmann und Dragonerhauptmann Johannes Müller und dessen Gattin Agnes Katherina Walmichrath. 1775 verpfändeten die neuen Eigentümer gegen ein Darlehen von 8400 Pfund Haus, Hofstatt und Garten und laufenden Brunnen, «eines ganzen Helblings gross», an die Schwestern De Bary, wobei sie sich vorbehielten, die Hälfte ihres Brunnrechts zu verkaufen. Dies geschah bereits im Jahr hernach: 1777 veräusserten sie «einen Brunnen, einen halben Helbling haltend, wie solcher dermalen in dem Hof des Oranienhauses aus einem aufrechten Deuchel in eine Bogten laufen thut», um 350 neue französische Louisdors an Maria Salome Burckhardt-Thurneysen, die Witwe des Bandfabrikanten Gedeon Burckhardt und Mutter von Johann Rudolf Burckhardt, dem Bauherrn des «Kirschgartens».

Neubau im Jahr 1811

Nach dem Tod des Dragonerhauptmanns trat 1780 dessen Sohn Johann Jacob Müller die nun wiederum «zur Fortuna» genannte Liegenschaft an den Ratsherrn Christoph Heitz ab, von dessen Witwe Anna Maria geborenen De Bary sie 1801 an den Handelsmann Johannes Dobler überging. Unter ihm oder seinem Nachfolger, dem Dreierherrn Carl Christian Burckhardt-Thurneysen (1767–1846), wurde das Haus abgebrochen und in den Jahren 1810/11 durch den heutigen charaktervollen Neubau ersetzt. Dessen Schöpfer war der Zimmermeister Achilles Huber (1776–1860), der möglicherweise noch zu den Schülern von Johann Ulrich Büchel, dem genialen Architekten des «Kirschgartens», zählte, jedenfalls aber während seines Aufenthalts in Karlsruhe um die Jahrhundertwende durch Friedrich Weinbrenner entscheidend beeinflusst wurde. Seit 1803 Inhaber eines Baugeschäfts in Basel, das später in Verbindung mit Christoph Riggenbach, dem Baumeister der Elisabethenkirche, auch den Umbau der Lesegesellschaft auf dem Münsterplatz durchführte, wurde Achilles Huber – noch vor Melchior Berri – zum ersten hiesigen Vertreter des Weinbrennerschen Klassizismus. Im selben Stil schuf er 1822 im Auftrag des Dreierherrn Carl Christian Burckhardt-Thurneysen auch das schöne Landhaus im Margarethenpark, das nach dem Übergang an den Staat im Jahr 1896 zeitweise als Kaffeehalle diente und später zum ersten Sitz des Studios von Radio Basel wurde.

Drei Generationen von Staatsmännern

Von 1811 bis 1883 war die «Fortuna» bewohnt von drei Generationen des fruchtbaren Theodorstamms der Familie Burckhardt, die im politischen Leben der Stadt markant hervortraten. Der bereits erwähnte Carl Christian Burckhardt-Thurneysen, ein Sohn des Zunftmeisters zum Schlüssel, Leonhard Burckhardt-von Schwencksfeld, im heute verschwundenen Ernauerhof am St. Alban-Graben, diente dem Gemeinwesen als Angehöriger des Kleinen Rats und insbesondere als «Dreierherr», das heisst als Mitglied eines Dreiergremiums, dem die Leitung der baslerischen Finanzverwaltung oblag. Eine Wahl zum Bürgermeister lehnte er zu zweien Malen ab. In der «Fortuna» wie zu St. Margarethen vereinigte er einen Kreis gebildeter Persönlichkeiten, insbesondere aus den Reihen der Professoren der Universität, zu anregender Lektüre und gescheiten Gesprächen um sich.

Von der hohen Kultur des Vaters war auch sein Sohn Dr. Carl Burckhardt-Paravicini (1795–1850) geprägt, ein Mann von weitem, vorurteilsfreiem Blick, der nach dem Abschluss seiner juristischen Studien in Heidelberg, Göttingen und Berlin und Aufenthalten in Paris und London seit 1821 in der Vaterstadt das Amt eines Zivilgerichtspräsidenten ausübte, bis er sich 1832 durch seine politischen Freunde bewegen liess, die Nachfolge des greisen Bürgermeisters Johann Heinrich Wieland zu übernehmen. Mit Ausdauer, Umsicht und ruhigem Mut stand er in der schweren Zeit der Trennungswirren an der Spitze des Gemeinwesens, geleitet durch strenge sittliche Grundsätze und eine hohe Auffassung seiner staatsmännischen Verantwortung, aus der heraus er als Verfechter des Rechts bei allem Verständnis für berechtigte Forderungen der Landschaft revolutionären Ausschreitungen entschieden entgegentrat. Im Zug der fortschreitenden Demokratisierung, die in den Jahrzehnten nach der Staatstrennung den Charakter auch des baselstädtischen Staatswesens mehr und mehr zu verändern trachtete, verzichtete er 1847 auf die Bürgermeisterwürde, verliess seinen Amtssitz im Reischacherhof am Münsterplatz und bezog die «Fortuna», die nach dem Tod seines Vaters für ihn frei geworden war. Im gleichen Jahr wurde er zum Präsidenten des Appellationsgerichts ernannt; doch war sein neuerliches Wirken im Bereich der Rechtspflege nur von kurzer Dauer; am 1. Februar 1850 erlag er während eines Kuraufenthaltes in Pisa im Alter von nur 55 Jahren einem Leberleiden.

Letzter Amtsbürgermeister

Genau dreissig Jahre nach ihm gelangte 1862 sein Sohn Dr. Carl Felix Burckhardt-Von der Mühll (1824–1885) zur höchsten Würde der Stadtrepublik, zum Amt des Bürgermeisters. Er hatte in Heidelberg, Berlin und Göttingen Jurisprudenz studiert, war in Paris Zeuge der Revolution von 1848 geworden und nach Aufenthalten in England und Italien 1849 nach Basel zurückgekehrt, wo ihm 1855 das Präsidium des Ehegerichts übertragen wurde. Den strengen Ernst, mit dem er seines Amtes waltete, mag die Tatsache illustrieren, dass er aus der Kommission der Casino-Gesellschaft zurücktrat, weil er der Auffassung war, dass die von ihr veranstalteten Maskenbälle für viele seiner «Klienten» eine sittliche Gefahr bedeuteten. Als dann im Januar 1862 Bürgermeister Felix Sarasin plötzlich verschied und seine konservativen Gesinnungsgenossen Burckhardt dazu drängten, als sein Nachfolger zu kandidieren, fühlte er sich dazu innerlich verpflichtet, obschon auch ihm, wie seinem Vater, die Rechtspflege näher lag als die Politik. Die dreizehn Jahre, in denen er mit grösster Gewissenhaftigkeit Basels Geschicke leitete, wurden für ihn zu einer Zeit schwerer äusserer und innerer Belastungen; nur der Wille, das konservative Ratsherrenregiment gegen die immer mächtiger dagegen ankämpfenden Radikalen zu verteidigen, hielt ihn aufrecht. Die Tage des alten Basels waren indessen gezählt; Am 9. Mai 1875 hiess der Souverän die neue Kantonsverfassung gut, wodurch das bisherige Kollegialsystem der ehrenamtlich tätigen fünfzehn Kleinräte zu Grabe getragen und auch in Basel durch das in anderen Kantonen seit längerer Zeit eingeführte Departementalsystem von sieben besoldeten Regierungsräten ersetzt wurde. Nach der historischen letzten Sitzung des Kleinen Rates vom 30. Juni 1875 trat Carl Felix Bruckhardt als letzter Amtsbürgermeister zurück; doch blieb er als Präsident der Basler Sektion des Eidgenössischen Vereins, in dem sich die konservativen Kräfte des Landes zum Kampf gegen den immer stärker hervortretenden Zentralismus sammelten, weiterhin ein mannhafter Verfechter seiner politischen Überzeugungen.

Zur eigentlich tragischen Figur wurde Carl Felix Burckhardt durch den finanziellen Zusammenbruch der von seinen geschäftlich leichtsinnigen Brüdern Emanuel Burckhardt-Burckhardt und Wilhelm Burckhardt-Sarasin geleiteten Eisenhandlung Leonhard Paravicini «zum Falken», durch den er seines Vermögens verlustig ging. Obschon ihm seine Freunde auf Veranlassung des Ratsherrn Karl Sarasin die drohende Schmach einer Insolvenzerklärung ersparten, sah es sich genötigt, das Haus «zur Fortuna» zu verlassen und in der bescheideneren «Roggenburg» (St. Alban-Vorstadt 34) Wohnsitz zu nehmen. Indessen überlebte er den schweren Schicksalsschlag nicht lange; am 15. September 1885 wurde er im Alter von 62 Jahren durch eine Lungenkrankheit dahingerafft.

Neffe und Hausarzt von Jacob Burckhardt

Das Haus, das während dreier Generationen der Familie Burckhardt «nicht nur ein Mittelpunkt aufgeklärter Bildung und feiner Gesittung, sondern auch ein Hort bester altbaslerischer Bürgertugend gewesen war» (Eduard His), übernahm nunmehr der Seidenbandfabrikant Rudolf Sarasin-Stehlin; von ihm ging es an dessen Schwiegersohn Dr. med. Rudolf Oeri-Sarasin (1849–1917) über, der, nach kurzer Ehe mit Alice Chappuis seit 1880 verwitwet, 1885 mit seiner zweiten Gattin Georgine Sarasin (1860–1950) hier einzog. Er war der Sohn von Pfarrer Johann Jakob Oeri-Burckhardt in Lausen und damit der Neffe des Historikers Jacob Burckhardt, dem er auch als Patensohn und später ebenso als ärztlicher Betreuer besonders nahestand. In dem Haus zu St. Alban, das von einer grossen und lebhaften Kinderschar erfüllt war – zu dem Sohn und der Tocher aus erster Ehe schenkte seine zweite Frau Rudolf Oeri noch vier Söhne und fünf Töchter – führte er als beliebter Hausarzt alten Schlags eine blühende Praxis. Seine Witwe überlebte ihn um mehr als dreissig Jahre, bis sie 1950 hochbetagt verschied, nachdem sie in der «Fortuna» noch an Weihnachten 1947 an die sechzig Kinder und Kindeskinder um sich versammelt hatte. So bleibt das Haus, das über Tochter Emilie Suter-Oeri an deren Söhne, die Architekten Hans Rudolf und Peter Suter, gelangte und vorübergehend der Sitz ihres Büros war, für manche Angehörige der älteren Generation unserer Stadt mit dauernden Erinnerungen verknüpft.

Der «Wildensteinerhof» in neuem Glanz

Kurz vor Jahresende 1974 wurde die Fassade des «Wildensteinerhofs» an der St. Alban-Vorstadt 30–32 restauriert. Der charaktervolle Bau des ausgehenden 18. Jahrhunderts, seit 1948 Sitz des Instituts Athenaeum, trägt seinen Namen von dem ersten nachweisbaren Besitzer, dem Ritter Jacob von Wildenstein, der in den Jahren 1397 bis 1431 urkundlich bezeugt ist.

Der «Wildensteinerhof» tritt als Ganzes erst nach dem grossen Erdbeben von 1356 ins Licht der urkundlichen Überlieferung. Ein stadteinwärts gelegener Teil der Liegenschaft (neben Nr. 28) freilich wird schon im Jahr 1330 erwähnt: das Haus, welches der Steinmetz Petrus, genannt Bildemeister, vor Cunos Tor (dem späteren St. Alban-Schwibbogen am Ausgang der Rittergasse) erbaut hatte, bevor die Vorstadt in den städtischen Mauerring einbezogen wurde. Indessen war es schon damals geschützt durch den alten Stadtgraben, der sich, beginnend beim St. Brigitta-Tor an der Einmündung der Malzgasse, der Vorstadt entlang zog.

Meister zu Spinnwettern

Petrus Bildemeister begegnet uns in der wichtigen Urkunde vom 3. März 1361, in welcher Peter von Halle, Bürger zu Basel, das von ihm drei Jahre zuvor von der Zisterzienser-Abtei Lützel erworbene «Spichwarters Hus» gegen einen jährlichen Zins von 10 Pfund Basler Geld und einem halben Pfund des im Mittelalter hoch geschätzten Pfeffers der Spinnwetternzunft, der Korporation der Maurer, Zimmerleute und Küfer, als Erblehen übertrug; hier erscheint Meister Petrus als Partner des Peter von Halle, mit dem er den Vertrag im Namen der Zunft abschloss. Obschon ihn Paul Koelner in der Liste der Zunftmeister zu Spinnwettern nicht aufführt, besteht kein Zweifel, dass er damals dieses Amt bekleidete, kraft dessen er die Zunft rechtsgültig vertreten konnte. «Spichwarters Hus» lag am Ausgang der Eisengasse vor dem Rheintor und der Brücke auf dem Areal der heutigen Buchhandlung Wepf. Seinem Namen nach wurde es ursprünglich bewohnt von einem «Spichwarter», das heisst einem Wärter oder Aufseher über einen Speicher. Im Verlauf von zwei Jahrhunderten erfuhr die Bezeichnung «Spichwarter» die genau zu verfolgende Umformung zu «Spinnwettern». In dieser Fassung wurde dann der Name des Hauses auf die ganze Korporation der Bauleute übertragen, die in der offiziellen Ratsbesatzung des Jahres 1556 erstmals als «Spinnwetternzunft» erwähnt wird.

Pfrundhaus von St. Katharina

Im Jahr 1330 hatte Petrus Bildemeister die jährlichen Einkünfte von 10 Schilling, die er von seinem Haus «auf dem Berg von St. Alban» bezog, der «Münster-Fabrik» geschenkt, das heisst der Verwaltung, welche den Bau der Kathedrale leitete und für dessen Finanzierung mit besonderen Spenden bedacht wurde. Sein Grab fand er als Wohltäter der Kirche neben der Kapelle des Apostels Matthäus, wie die Fröweler-Kapelle (auf der Südseite des Münsters zwischen der Kapelle der 10 000 Jungfrauen und dem Querschiff) nach einer zu Ehren des Evangelisten Matthäus gestifteten Pfründe am Altar «Omnium supernorum civium» («aller himmlischen Bürger») öfters genannt wurde. In dem von Petrus Bildemeister erbauten Haus zu St. Alban sass vorübergehend ein Angehöriger seiner Zunft, der Zimmermann Henman Tugi von Pratteln, dessen Teilnahme am Kriegszug der Basler nach Pfeffingen im Jahr 1406 mit dem städtischen Bürgerrecht belohnt wurde. Dann aber ging es, wohl durch Schenkung, an die Kaplanei des St. Katharinen-Altars in der Katharinen-Kapelle «in caespite» («im Wasen») über; so hiess sie nach dem Wasen, auf dem sie stand, das heisst dem Platz, der durch die drei Flügel des grossen Kreuzgangs des Münsters umschlossen wird. Von dieser Kaplanei wurden nach dem Tod von Meister Petrus 5 Schilling an die Jahrzeit gegeben, die man zum Heil seiner Seele feierte.

Nur wenige dokumentarische Lichter fallen in der nachreformatorischen Zeit auf diesen Teil der Liegenschaft. In der Stadtbeschreibung Felix Platters vom Jahr 1610 wird er als «der Cherlerin Hus» bezeichnet; die Eigentümerin dürfte die Witwe des aus Sachsen stammenden, «wohl gelehrten Schulmeisters zu St. Peter» Valentin Carleius gewesen sein, der 1574 das Zunftrecht zu Safran erworben hatte. Von ihr vererbte sich das Haus auf den «Seckler» (= Taschenmacher) Sigmund Kerler, der 1599 in die Safranzunft aufgenommen wurde und 1618 im Protokoll des Fünfergerichts im Zusammenhang mit einer nachbarlichen Streitigkeit wegen eines «presthaften Mäuerleins» genannt wird; in der Folge aber ging es im «Wildensteinerhof» auf.

Jeckli von Wildenstein...

Der Name des «Wildensteinerhofs» geht zurück auf den ersten nachweisbaren Besitzer, auf Jeckli (= Jacob) von Wildenstein, der in den Jahren 1397 bis 1431 urkundlich bezeugt ist. Er entstammte dem Zweig der Herren von Eptingen, die auf dem Grund und Boden der Basler Dompropstei (bzw. ihres Dinghofes Bubendorf) die Burg Wildenstein erbaut hatten und sich «Eptingen von Wildenstein» oder auch nur «von Wildenstein» nannten, noch zu einer Zeit, als der wehrhafte Sitz längst in andere Hände gelangt war; denn schon 1384 war er durch Schenkung an das Deutschordenshaus von Beuggen gekommen, das ihn vier Jahre hernach an Peterman Sevogel von Basel veräusserte.

Jeckli von Wildenstein hatte die Hand von Elsina, der Tochter von Wernher Erisman, dem Herrn zu Binningen und nachmaligen Oberstzunftmeister, gewonnen; aber trotz der Ehe mit dieser Frau aus dem reichen bischöflichen Dienstmannengeschlecht, dessen Angehörige das Amt des Münzmeisters bekleideten, waren seine finanziellen Verhältnisse nicht die besten. Immer wieder wurden er und nach seinem Hinschied die Gattin von zahlreichen Gläubigern bedrängt, die den Hof zu St. Alban mitsamt dem darin enthaltenen Gut mit amtlichem Beschlag belegen liessen, um das Ehepaar zur Erfüllung seiner Verpflichtungen zu zwingen; doch vermochte es sich denselben zeitweise durch die Niederlassung in Delsberg zu entziehen.

...und seine Gläubiger

Unter den Kreditoren von Jeckli und Elsina von Wildenstein figurieren eine Reihe interessanter Persönlichkeiten, bei denen kurz zu verweilen sich lohnt. 1416 hatten die Ehegatten ihren Hof mit einem jährlichen Zins von 6 Goldgulden belastet, um damit von Nikolaus von Wartenberg ein Darlehen von 100 Gulden zu erlangen. Dieser war gleich seinem Vater Oswald von Wartenberg, der 1412 zum Ammeister erhoben wurde, Gastwirt im «Goldenen Kopf» an der Schifflände. Im Oktober 1445 nahm er, wie Heinrich von Beinheim berichtet, ein schlimmes Ende: Als in jener kriegsdurchtobten Zeit ein 300 Mann starker Zug von Reisigen vor Kleinbasel erschien, stürmte er ohne Geheiss der Obrigkeit mit 200 andern Bürgern und einer Büchse bis gegen Riehen hinaus, wo die Basler zur Flucht gezwungen und siebzehn von ihnen erstochen wurden, unter ihnen Nikolaus von Wartenberg selbst. Sein Tod sei wohl zu beklagen, schreibt der Chronist, besonders weil er durch Ungehorsam verschuldet worden sei; denn Wartenberg habe «die Gemein uffgewickelt hinusz ze loufen».

In Schulden standen die Wildensteiner auch beim Domstift und bei der Bruderschaft von St. Johann, die auf dem Münsterplatz an der Stelle des späteren Bachofenhauses, des heutigen Sitzes des Erziehungsdepartements, ihre eigene Kapelle besass. Im Namen des Domstifts ging der Kaplan Ottoman Richenthal, der Inhaber der ersten Pfründe am Altar des heiligen Petrus hinter dem Hochaltar, 1439 gegen das Ehepaar vor, während der Kämmerer Johannes Dürr mehrfach die Forderungen der St. Johanns-Bruderschaft geltend machte. Dürr war ein berüchtigter Pfründenjäger, der durch Simonie die Pfründen an den Altären von Apollinaris und Georg erlangt hatte, sich aber durch Bezahlung einer gewissen Summe von Papst Nikolaus V. Absolution für sein Vergehen zu verschaffen wusste. Unter den weltlichen Gläubigern der Wildensteiner wären schliesslich noch der Metzger Martin Veslin, der Bürgermeister Hans von Flachsland, einer der Hauptförderer der Basler Universitätsgründung, und der Junker Peter von Ramstein zu erwähnen; der letztere erwarb den Hof zu St. Alban an einer gerichtlichen Auktion im Jahr 1444.

Neue Verschuldung

Peter von Ramstein, der Sohn des Bürgermeisters Henman von Ramstein, war der Gemahl von Elsina Münch, einer Tochter des Hans Thüring Münch, der erst Domherr und bischöflicher Erzpriester gewesen war, aber 1419 den geistlichen Stand verlassen und Fröwelin von Wildenstein zur Frau genommen hatte, um den vom Aussterben bedrohten Mannesstamm der Münch von Münchenstein fortzupflanzen. Schon 1409 mit Löwenberg belehnt, nannte er sich auch Münch von Löwenberg, und ebenso führten seine Nachkommen diesen Beinamen. Elsina Münch von Löwenberg verlor ihren Gatten Peter von Ramstein bereits im Jahr 1451; doch ging sie im weitern Verlauf ihres Lebens noch drei Ehen ein!

Peter von Ramstein und seine Witwe steckten finanziell nicht in besseren Schuhen als ihre Vorgänger auf dem Hof zu St. Alban. Auch sie wurden mehrfach betrieben, unter anderm wiederum vom Kämmerer der St. Johanns-Bruderschaft, von Rudolf von Hallwyl und vom Augustinerkloster, insbesondere aber durch den Zimmermeister Hans von Thann, einen der bedeutendsten Repräsentanten der Basler Bauleute des ausgehenden Mittelalters. Im Kontingent der Spinnwetternzunft hatte er 1424 am Zug der Basler nach Hirsingen teilgenommen und war dafür mit dem städtischen Bürgerrecht beschenkt worden. Bereits 1431 stieg er zum Ratsherrn der Spinnwetternzunft auf, und 1445 erhoben ihn seine Zunftbrüder zu ihrem Meister. 1439 hatte er im Auftrag der Stadt das grosse Kornhaus erbaut, 1441 das Chorgestühl zu Barfüssern geschaffen, 1450 den Neubau des Gesellschaftshauses zur Mücke am Schlüsselberg erstellt und sich auch am Ausbau des Bischofshofs beteiligt. Seine wichtigste Leistung stellte wohl der Dachstuhl des Münsters dar, das seit dem grossen Erdbeben von 1356 noch immer nur mit einem provisorischen Notdach bedeckt gewesen war, 1462 aber einen kunstvollen hölzernen Dachstuhl erhalten sollte. Hans von Thann führte diese schwierige Aufgabe mit einer Gruppe von 23 Gesellen durch, die er gleichzeitig beschäftigte, wobei er den Werkhof hinter der St. Johannes-Kapelle auf dem Münsterplatz (heute Nr. 4/5) von der Stadt mietete. Sein Werk hatte mehr als vier Jahrhunderte Bestand; erst 1887 wurde es durch eine eiserne Konstruktion ersetzt.

Haus der Schäfer

Um sich zu entlasten, hatte Elsina den Hof zu St. Alban ihrem Bruder Conrad Münch von Löwenberg, dem Stifter und Kastvogt des «Roten Hauses», überlassen, der 1476 vor Murten den Ritterschlag empfangen hatte; doch auch er vermochte das Anwesen nicht zu halten. 1480 wurde der «Löwenbergerhof», wie er jetzt vorübergehend hiess, mit Garten und Stallungen durch das Kloster der Augustiner übernommen, das ihn jedoch schon zwei Jahre später um 70 Gulden an Johannes Struss, einen Notar des bischöflichen Hofes verkaufte. 1489 gelangte er dann an Hans Schmid, der zusammen mit seinem Schwager Johannes Bär von Durlach, Professor des Kirchenrechts an der Universität das Weiherschloss Gross-Gundeldingen besass, welches zuletzt noch als Zufluchtsheim der Heilsarmee diente, inzwischen aber vom Erdboden verschwunden ist. Den Kaufpreis, der wiederum 70 Gulden betrug, verzinste Schmid den Augustinern, an die der Hof inzwischen zurückgefallen war, mit 3½ Gulden.

Seit dem Ende des 15. Jahrhunderts stand der Wildensteinerhof längere Zeit im Besitz der Familie Gernler, die 1415 ins Basler Bürgerrecht aufgenommen worden war und mit Hans Gernler zur Würde des Zunftmeisters zu Gartnern gelangte. Sein Enkel Paul Gernler, der im Reichssteuerrodel von 1497 als Bewohner des Hofs zu St. Alban genannt wird, war gleich seinem Vater, einem Vorstadtmeister zu St. Alban, und seinem Grossvater der Inhaber einer grossen Schäferei, wie sie damals auch vom Spital, dem Haus der Sondersiechen zu St. Jakob und auf den grossen Gütern im Umkreis der Stadt betrieben wurden. Die übrigen Viehbesitzer sahen diese Schäfereien nicht gerne, da sie ihre Weidetriften beeinträchtigten, und so erwirkten sie vom Rat verschiedene Erlasse, in denen er die Grösse solcher Schafherden beschränkte. 1534 wurde der Betrieb von Schäfereien mit wenigen Ausnahmen überhaupt untersagt; zu diesen Ausnahmen gehörte die Familie Gernler, der es weiterhin gestattet blieb, ihre Schafe auf die Weiden vor dem St. Alban-Tor und jenseits der Birs zu führen. Damals leitete die Schäferei des Geschlechts der Ratsherr Arbogast Schäfer-Ehrsam, Mitmeister der Vorstadtgesellschaft zum hohen Dolder, der den Wildensteinerhof 1536 von der Witwe Paul Gernlers um 300 Pfund übernahm.

Von Hand zu Hand

Unter den weiteren Besitzern des Hofes zu St. Alban im ausgehenden 16. und im 17. Jahrhundert sind zu nennen der Ratsherr Wolf Heinrich (seit 1583), der noch in der Stadtbeschreibung Felix Platters vom Jahr 1610 als dessen Bewohner erwähnt wird, der Birsmeister zu St. Jakob Hans Friedrich Menzinger (seit 1613) und Hans Braun (seit 1630), der das Anwesen in stark verschuldetem Zustand um 475 Pfund und 30 Pfund Trinkgeld übernahm; neben dem jährlich an das städtische Ladenamt zu bezahlenden Stadtgraben-Zins von 6 Schilling und 8 Pfennig sowie dem Domstift zu entrichtenden Bodenzins von einem Pfund und 10 Schilling war es belastet mit zwei Darlehen von 500 und 400 Gulden, welche die Zunft zum Schlüssel und Georg Wilhelm Gölderich von Sigmarshofen, Statthalter zu Montbéliard, seinem Vorgänger gewährt hatten. Brauns Erben veräusserten die Besitzung in der Folge an den Organisten Thomas Pfleger, der ihnen indessen vom Kaufpreis 1400 Pfund schuldig blieb; sie brachten deshalb das ihnen verpfändete Haus 1681 zur gerichtlichen Versteigerung, bei welcher es der Metzger Heinrich Baumgartner um 1625 Pfund erstand. Wortführer der Braunschen Erben war der «Balbierer» Samuel Braun, wohl der Sohn des Zunftmeisters zum Goldenen Stern, des Feldscherers und Wundarztes Samuel Braun (1590–1668), der im Dienst holländischer Kaufleute zwischen 1611 und 1620 drei Fahrten nach dem Golf von Guinea unternommen und 1624 eine frische und anschauliche Schilderung seiner Erlebnisse verfasst hatte, welche als einer der ersten für die Völkerkunde bedeutsamen Berichte über das tropische Afrika gilt.

Der Metzger Heinrich Baumgartner erlangte 1686 vom Fünfergericht die Bewilligung, hinter dem Haus im alten Stadtgraben einen Sodbrunnen zu graben, nachdem ein Augenschein ergeben hatte, dass die betreffende Stelle «von den Nachbarn und andern Häusern ziemlich abgelegen» sei und dem Allmendbrunnen beim Lindenturm unten am Mühlenberg kein Schaden zugefügt werde. Auf Baumgartner folgten als Besitzer des Wildensteinerhofs dessen Witwe Sara Schlosser, der Handelsmann Johann Heusler (1716) und der Zimmermann Jacob Otteney (1720), der den umfangreichen Komplex mit «doppelter Behausung, Hof, Stallung, Baum- und Krautgarten samt Hinterhäuslein und Brunnen» indessen bald wieder zu veräussern genötigt war.

In Merianschem Besitz

1721 erwarb den Wildensteinerhof Emanuel Merian-Hoffmann (1677–1738), ein Sohn des Bürgermeisters Hans Jacob Merian-Faesch und Gatte von Helena Hoffmann, einer Tochter von Emanuel Hoffmann-Müller, dem die baslerische Seidenbandindustrie die Einführung des Mühlstuhls verdankte. Merian war zunächst als «Musketier zu Pferd» in preussischen und hernach als Leutnant in französischen Diensten gestanden und hatte dann nach der Rückkehr in die Vaterstadt die Funktion des Schaffners der Dompropstei übernommen; zudem diente er dem Gemeinwesen neben seinen Ämtern als Sechser der Schmiedenzunft, als Vorgesetzter der Gesellschaft der Stachelschützen und als Mitmeister der Vorstadtgesellschaft zum hohen Dolder, seit 1728 als Oberstleutnant und Regimentskommandant der Landmiliz. Sein Nachfolger auf dem Hof zu St. Alban wurde der Sohn Onophrion Merian-Wettstein (1713–1792), Sechser zu Weinleuten, Gerichtsherr im Grossbasel, Rechenrat und Oberst der Landmiliz. Dieser trat den Wildensteinerhof 1775 tauschweise an den Bandfabrikanten und Grossrat Jacob Christoph Frey ab gegen die Liegenschaft «zum Paradies» neben dem Haus «zum Raben» in der Aeschenvorstadt und ein «Nachgeld» von 6000 neuen französischen grossen Thalern.

Neubau von 1775/76

Der neue Besitzer der Liegenschaft zu St. Alban kam alsbald beim Fünfergericht um die Bewilligung ein, «dieses Gebäude zu verändern»; auf Frey geht somit der Neubau des Jahres 1775/76 zurück. Als Gatte von Anna Margaretha Burckhardt, die jedoch nach kurzer Ehe im Alter von erst 17 Jahren von seiner Seite gerissen wurde, war er bisher in der Seidenbandfabrik seiner früh verwitweten Schwiegermutter im «Kirschgarten» tätig gewesen, dort aber ausgeschieden, nachdem sein Schwager Johann Rudolf Burckhardt, der junge Bauherr des klassizistischen Palais, die Leitung des Unternehmens in seine Hände genommen hatte. Jetzt gründete Frey eine eigene Seidenbandfabrik, an der bis 1783 auch Samuel Merian-Frey, der Grossvater des Stifters, beteiligt war. Als Geschäfts- und Wohnhaus liess er im spätbarocken Stil von Louis XVI den stattlichen Neubau des Wildensteinerhofs errichten, dem, wie mehrfach vermutet wurde, ein späterer Entwurf des Architekten Samuel Werenfels zugrunde lag. Zu dessen Inneneinrichtung zog er den bekannten Künstler Aubert Parent heran, der hier eine Reihe von prächtigen Supraporten schuf; sie waren, ebenso wie die Damasttapeten und Wandmalereien des repräsentativen Saales im zweiten Stockwerk, sprechende Zeugen der baslerischen Wohnkultur des ausgehenden 18. Jahrhunderts.

Das Haus und die Bandfabrik gingen in der Folge an den Schwiegersohn Benedict Bischoff-Frey über, der die Fabrik indessen bald an die Kommissions- und Speditionshandlung von Lucas Preiswerk beim Kaufhaus veräusserte; unter der Firma Senn & Cie. AG in der St. Johanns-Vorstadt besteht sie noch heute. Benedict Bischoff-Frey betätigte sich als Teilhaber des Bank- und Speditionshauses Bischoff zu St. Alban, der späteren Privatbank Zahn & Cie., die 1948 im Schweizerischen Bankverein aufging. Während des grössten Teils des 19. Jahrhunderts war der Wildensteinerhof der Wohnsitz des Stadtratspräsidenten Hieronymus Bischoff-Respinger und seines Schwagers, des Centralbahn-Direktors Carl Respinger, und endlich gelangte er durch die Adoptivtochter des Ehepaars Bischoff-Respinger an deren Gatten, den «Volksboten» Theodor Sarasin-Bischoff, von dessen Erben er durch die heutigen Eigentümer erworben wurde.

Papierer und Hosenlismer zu St. Alban

An das «Haus Bure» (St. Alban-Vorstadt 31), schliesst sich stadteinwärts der breitere und höhere Teil der heutigen Doppelliegenschaft an, der jetzt keine eigene Hausnummer mehr besitzt. Unter dessen Eigentümern treffen wir vor allem auf verschiedene Vertreter der Gewerbe der Papierer und «Hosenlismer».

Als erste Bewohnerin der Liegenschaft, die bis zu ihrer Vereinigung mit dem Nachbarhaus die Nummer St. Alban-Vorstadt 29 trug, tritt uns 1395 im Zinsbuch des Klosters St. Alban die Witwe von Heinrich Thüring entgegen. Ihr folgten in der ersten Hälfte des 15. Jahrhunderts die Rebleute Henni und Clewin Höselin, welche Haus und Hofstatt mit dem an die Rheinhalde stossenden Gärtlein 1452 an den Zimmermann Peter von Memmingen abtraten. Über den Bader Stephan Besserer gelangte das Anwesen 1473 an den Papiermacher Hans von Schaffhausen, der 1496 die Zunzgermühle im St. Alban-Tal erwarb, aber 1523 der mächtigen Konkurrenz der Papierdynastie Gallician erlag. 1486 ging das Haus über an Hans Hügli, vermutlich den Sohn des Conrad Hügli, der 1460 als Meister der Rebleutenzunft und 1463 als Vorstadthauptmann zu St. Alban bezeugt ist. Bastian Hügli, Hansens Sohn, begegnet uns 1543 im Protokoll des Fünfergerichts; dieses hatte einen Streit zwischen ihm und seinem Nachbarn, dem Maurer Eberhard Walch, zu entscheiden, der sich darüber beklagte, dass Hügli ein Fenster in der Scheidemauer der beiden Häuser ausgebrochen hatte.

Streit der Papierer

Nach verschiedenen weiteren Handänderungen erscheint als Besitzer des Hauses 1577 der «Gremper» (Kleinhändler) Job Ritter-Wurstysen, welcher Katharina Heidelerin, der Gattin von Lienhard Schenk, Ratsherrn zu Schmieden, die Liegenschaft sowie eine halbe Juchart Bünten vor dem St. Alban-Tor auf dem «Gölhardt» (Gellert) verpfändete. Er wurde zehn Jahre später abgelöst durch Niklaus II. Dürr (1545–1612), den Enkel des aus Reutlingen stammenden Papierers Georg Dürr, der die Hand von Veronica, der Tochter des Michel Gallician, gewonnen hatte und zum Stammvater einer der vielen Familien – Dürr, Thüring, Heussler und Thurneysen – wurde, in deren Händen die Basler Papierfabrikation in den ersten hundert Jahren nach der Reformation lag.

Niklaus II. Dürr betrieb die «Hintere Schleife» dicht hinter der Ringmauer und unmittelbar vor dem Ausfluss des St. Alban-Teichs in den Rhein (St. Alban-Tal 23) sowie die «Hintere Spiegelmühle» (Nr. 31). Er war weder bei seinen Gesellen noch bei seinen Kollegen beliebt. Es hiess von ihm, dass es wegen seines knauserigen Wesens und der «spärlichen Speisung» kein Geselle lang bei ihm aushalte; die Konkurrenten aber machten ihm zum Vorwurf, dass er, um Wanderburschen für seine beiden Papiermühlen zu gewinnen, 1594 den in Basel nie üblichen Brauch des «Schenkens» eingeführt habe, d. h. dass er die zugewanderten Gesellen zu Gastereien einlud, die er dazu benützte, um sie den übrigen Papierfabrikanten abzuspannen, bis der Rat seinem ränkevollen Spiel Einhalt gebot.

Unter den Eigentümern der Liegenschaft zu St. Alban im 17. Jahrhundert lässt sich 1676 der Steinmetz Melchior Schauberer nachweisen, der 1701 das kunstvolle Eingangstor des alten Safran-Zunfthauses schuf. Er wurde 1693 durch den Barbier Samuel Braun bei der Zunft verklagt, weil aus dem von ihm gebauten Abtritturm des Hauses das Wasser mit «vermischter Matöri» (Materie) in seinen Keller dringe, was «sehr beschwer- und hiemit unleidenlich» sei.

Roth, genannt Solothurner

Von 1727–1743 sassen im Haus an der St. Alban-Vorstadt Hieronymus Roth und dessen Sohn Jacob Christoph, die beide das von ihrer Familie seit 1606 ausgeübte Gewerbe der «Hosenlismer» betrieben; ihr Geschlecht Roth, genannt Solothurner, hatte sich 1532 in Basel eingebürgert. Sein Ahnherr war vermutlich jener Hans Roth von Rumisberg, der 1382 die Stadt Solothurn vor einem Überfall des Grafen Rudolf von Kyburg gerettet hatte und zu dessen Andenken dem jeweils ältesten Nachkommen bis heute das Hans Rothsche Ehrenkleid in den rot-weissen Solothurner Stadtfarben gestiftet wird. Als Hosenlismer kam Jacob Christoph Roth auf keinen grünen Zweig: 1743 gelangte sein Haus zur Gant, wobei es von seinem Gläubiger, dem Ratsherrn zu Rebleuten Hans Lux Iselin-Meltinger, dem letzten Iselinschen Besitzer des Rosshofs, der über 220 Jahre seiner Familie gehört hatte, ersteigert wurde.

Universitätsrektor als Rosszoller

Fünf Jahre später fand Iselin einen Interessenten für die Liegenschaft in der Person des Wagners und Holzsetzers Hans Georg Meyer-Dumbald, genannt «Krummholz», der beim Fünfergericht alsbald das Begehren stellte, darin ein «Bauchhaus» (Waschhaus) errichten zu dürfen. Die Nachbarn erklärten, sie möchten dies «wohl leiden», wenn Meyer es nur zu keinem «Lohnbauchhaus» gebrauchen, d. h. keine gewerbsmässige Wäscherei betreiben wolle. 1758 geriet der Wagner in Schwierigkeiten mit der Zunft zu Spinnwettern, weil er einen «Sackreisser», d. h. einen verheirateten Gesellen, angestellt hatte; denn ein solcher wurde damals im Handwerk nicht geduldet. Alle übrigen Wagnergesellen der Stadt drohten deshalb, die Arbeit niederzulegen, da die Gesellenordnung es nicht zuliess, neben einem «Sackreisser» zu arbeiten, so dass Meyer dem Verlangen auf Wegweisung seines Mitarbeiters stattgeben musste. Die Wagnerei trug ihm offenbar recht wenig ein; denn der Berg der Schulden, die er bei Franz Obermeyer, dem «Oberstmeister» der Gesellschaft zum Rebhaus, bei dem Zeugwart Hans Jacob Zeller und bei Jacob Völlmin von Ormalingen, dem Vater seiner zweiten Gattin, einging, türmte sich immer höher, und der Mangel an Mitteln verunmöglichte es ihm auch, das Haus instandzuhalten, weshalb die «Fünfer» 1776 «wegen schlechter Verwahrung des Feuers» eingreifen mussten.

1776 gelang es dann der Witwe, das Haus an den Weinmann Emanuel Glaser zu verkaufen, der es indessen nur drei Jahre lang zu halten vermochte. Zu seinen Kreditoren zählten neben der «Löblichen Haushaltung», d. h. der Staatskasse, zwei Doktoren der Arzneikunst: Johann Jacob Thurneysen, der als einer der ersten Dozenten der Medizinischen Fakultät Vorlesungen über Geburtshilfe und venerische Krankheiten hielt, sowie Jacob Christoph Ramspeck, der 1748 Professor der Mathematik wurde, dieses Amt aber im gleichen Jahr an Johann II. Bernoulli abtrat und dafür dessen Lehrstuhl der Eloquenz übernahm. Die Professoren der Philosophischen Fakultät befanden sich damals in einer ökonomisch ungünstigen Lage, und so liess sich Ramspeck 1766 auf den besser besoldeten Posten des «Gymnasiarcha», d. h. des Rektors des Gymnasiums, wählen. Während seines Amtsjahrs als Rektor der Universität 1761/62 hatte er sich sogar mit 87 (!) weitern Anwärtern um die einträgliche Stelle des obersten Ratsknechts beworben, mit der die Gerichtsbarkeit über das Gesinde und die Einnahmen aus dem Viehzoll verbunden waren, weshalb der Volkswitz spottete: «Dass ein Magnificus die Mägde richten soll, das lautet zwar schon ziemlich toll; aber Ross- und Mohrenzoller, dieses lautet doch noch toller!»

«Gegen genügsame Losung»

1778 versuchte Emanuel Glaser erfolglos, sein Haus an den Vergolder und Maler Samuel Feyerabend, den Bruder des bekannten Karikaturisten Franz Feyerabend, weiterzugeben; doch gelang ihm dessen Verkauf erst im Jahr hernach. Neuer Eigentümer wurde ein Ururenkel des grossen Bürgermeisters Johann Rudolf Wettstein, der zuerst Theologe gewesen war, sich dann aber als Notar etablierte. Bei dessen Verpfründung fiel die Liegenschaft mit ihren «vier Stuben, verschiedenen Kammern, vier Küchen, drei Estrichen, dem Keller samt Gelieger, Waschhaus, Hof und Gärtlein» 1801 dem Spital zu, das sie «gegen genugsame Losung» dem Meistzahlenden überliess. Höchster im Gebot war der Kaufmann Johann Valentin Walter von Illkirch bei Strassburg, der 1816 ins Bürgerrecht unserer Stadt aufgenommen wurde, das Haus zu St. Alban aber schon 1813 «mit hochobrigkeitlicher Bewilligung» seinem Sohn Johann Jakob übertragen hatte. Von ihm übernahm es 1838 der aus Dorndorf im Grossherzogtum Sachsen-Weimar stammende Schlossermeister Adam Herrmann, der es in den Jahren 1839–1843 ausbaute, ihm eine neue Fassade gab und es gegen den Rhein hin vergrösserte. 1848 brachte dann der spätere Ständerat August Staehelin zusammen mit den Liegenschaften, auf deren Areal er den «Rheinhof», den unter der Bezeichnung «Zahnlücke» bekannten heutigen Sitz des Sanitätsdepartementes, erbaute, auch das daran angrenzende Haus in seinen Besitz. Bis 1933 verblieb es in den Händen von Anna Staehelin, der ältesten Tochter aus seiner zweiten Ehe. Sie erwarb zu Beginn unseres Jahrhunderts auch den anderen Teil der jetzigen Doppelliegenschaft St. Alban-Vorstadt 31, die nach ihrem Tod durch die Erben an den Staat veräussert wurde.

Der «hohe Dolder»

Ursprünglich bestand die heutige Liegenschaft «zum hohen Dolder» (St. Alban-Vorstadt 35) aus zwei Häusern, die beide den Namen «zem Tolden» trugen. Vom einen, welches an Nr. 37 angrenzte, erhalten wir bereits 1349, also sieben Jahre vor dem grossen Erdbeben, erstmals Kunde, vom zweiten, vorstadteinwärts gelegenen, anno 1366. Benannt waren sie nach Johannes zum Tolden, der dem Kloster St. Alban als Grundherrn von den beiden Häusern neben einem Geldzins je ein Fasnachtshuhn zu entrichten und zur Erntezeit die Tagleistung eines Schnitters zu erbringen hatte. 1392 verlieh Verena zem Tolden, die Gattin des Thüring von Sissach, die eine Hofstatt neben derjenigen des Rebknechts Vierfüsselin an Henman zu Allenwinden. Die Einkünfte, die sie davon bezog, vergabte sie 1400 für eine zu ihrem Seelenheil zu feiernde Jahrzeit an das Kloster der Reuerinnen der heiligen Maria Magdalena an den Steinen. Nach ihrem Tod ging offenbar auch die Liegenschaft selbst an das Steinenkloster über; denn es verlieh sie 1434 an den Rebmann Lienhart Rutsch von Münchenstein. Neben ihm wohnte 1441 sein Enkel, der Schuhmacher Hans Ulrich von Münchenstein, der im genannten Jahr bei dem Weinlader Peter Endinger ein Darlehen aufnahm, welches er mit zwei Saum guten weissen Weins zu verzinsen hatte. 1459 verkaufte der Schuster seine Hofstatt an den Ritter Konrad von Ramstein, der 1467 auch im Besitz des zweiten Hauses «zem Tolden» erscheint. Er blieb indessen die auf den beiden Liegenschaften lastenden Zinse mehrfach schuldig, so dass er von St. Alban wiederholt betrieben werden musste.

Ein neues Kapitel in der Geschichte der Doppelliegenschaft beginnt mit dem Jahr 1503, in dem sie an die Gesellschaft der Vorstadt «zu S. Talben» gelangte. Eine Vorstadtgesellschaft zu St. Alban hatte schon seit langem bestanden; denn die Träger der klösterlichen Lehen, insbesondere die Lehenmüller, empfanden früh das Bedürfnis nach einem geselligem Zusammenschluss, und so errichteten sie im St. Alban-Tal eine gemeinsame Trinkstube im Haus «zum Esel», nach dem sich die Gesellschaft benannte; ihr schlossen sich in der Folge auch die Handwerker auf dem Berg, d. h. in der eigentlichen Vorstadt, an. Später wurde die Trinkstube in den «Lindenturm» an der Verzweigung der Vorstadt und des Mühlenbergs – in der Nähe des Brunnens auf dem Areal der heutigen Liegenschaft «zum Schöneck» – verlegt; doch behielt die Gesellschaft die alte Bezeichnung «zum Esel» bei. Schon 1494, zwei Jahre, nachdem sie bezogen worden war, brannte indessen die neue Gesellschaftsstube ab, und so hatten sich die Vorstadtbewohner nach einem andern Heim umzusehen. Im Haus «zum hohen Dolder» konnte sich die Gesellschaft zunächst nur einmieten; erst 1503 wurde es möglich, die Liegenschaft mit der Einwilligung des Klosterschaffners um 80 Pfund von Konrad von Ramstein zu erwerben und für die Zwecke der Gesellschaft einzurichten. Den Vertrag über den Kauf der beiden Häuser und Hofstätten mit dem Garten gegen den Rhein schlossen im Namen der Gesellschaft die beiden Vorstadtmeister Hans Nussbaum und Hans Gernler ab. Damals dürfte der Saal des ersten Stocks mit der prächtigen gotischen Fensterreihe entstanden sein.

In den 1540er Jahren nahm die Gesellschaft eine gründliche Renovation der Liegenschaft vor, wobei sie den obern Teil einer ganzen Wandfläche des Saales durch Maximilian Wischack, einen Zeitgenossen Holbeins, ausschmücken liess; er stellte die patriotischen Sujets von Tells Apfelschuss, dem Rütlischwur und dem Tellensprung dar. Zusammen mit einer Reihe von Wappen kamen diese später übermalten Wandbilder, für die der Künstler 1548 mit 5 Pfund honoriert wurde, bei einer Renovation des Hauses im Jahr 1936 wieder zum Vorschein, worauf sie auf Kosten der Freiwilligen Denkmalpflege sachgemäss restauriert wurden. 1581 nahm die «Gesellschaft zu den hohen Tolden, genannt zum Esel», bei den Verwaltern des Vermögens des säkularisierten Klosters St. Alban, 200 Gulden auf; doch trug sie diese Schuld 1610 und 1630 teilweise ab. Das Erdgeschoss ihres Hauses wurde vorübergehend dem Spital als Kornschütte zur Verfügung gestellt; dafür hatte es einen jährlichen Zins von 1 Pfund zu bezahlen. 1777 trugen die damaligen Vorstadtmeister Leonhard Oser und Jacob Munzinger dem in baulichen Angelegenheiten zuständigen Fünfergericht vor, die Gesellschaft sei bereit, ihrem Stubenknecht Ulrich Maring durch die Einrichtung einer Bäckerei und Überlassung einer Stube und Küche im Gesellschaftshaus die Ausübung seines Berufs als Pastetenbeck zu ermöglichen.

Der Unterhalt der Liegenschaft bedeutete für die Vorstadtgesellschaft zeitweise eine schwere Belastung, namentlich nach den militärischen Einquartierungen während der Helvetik, durch die mannigfache Schäden verursacht wurden. Besondere Sorgen bereiteten den Vorstadtherren die 1799 im Haus untergebrachten «fränkischen Waschweiber, welche», wie die Gesellschaft dem Rat meldete, «ihr Gewerbe allda betrieben, ungeachtet das Feuerwerk dazu nicht, wie es sollte, eingerichtet ist», weshalb ein Brand auszubrechen drohte. 1804 beschlossen Meister und Vorgesetzten, das Silber- und Zinngeschirr der Gesellschaft zu verkaufen, um die Mittel für die nötigen Reparaturen zu beschaffen. Im Interesse einer Steigerung ihrer Einnahmen gestatteten sie damals auch dem Küfer Hans Georg Salathé in der St. Alban-Vorstadt den «Bauchofen» (Waschofen) des Gesellschaftshauses zu mieten und in einen Brauofen umzuwandeln. Tatsächlich wurde im Hinterhaus der Liegenschaft 1807 eine kleine Bierbrauerei eingerichtet, die aber 1817 bereits wieder abgebrochen wurde.

Im 19. und zu Beginn des 20. Jahrhunderts diente das Gesellschaftshaus verschiedenen Zwecken: als Kleinkinderschule, Nähschule, Arbeiterbibliothek, Speisehütte und Wahllokal. Bis heute ist es im Besitz der Vorstadtgesellschaft geblieben. Die Einkünfte, die ihr aus der teilweisen Vermietung der Liegenschaft zufliessen, verwendet sie für den Unterhalt des Gebäudes und gleich den übrigen Vorstadtgesellschaften für Vergabungen an gemeinnützige Institutionen sowie in bescheidenem Rahmen für gesellige Zwecke.

«Oben am Esel» in der St. Alban-Vorstadt

«Zum Esel» hiess lange Zeit die Liegenschaft der Vorstadtgesellschaft zum hohen Dolder (St. Alban-Vorstadt 35), nach der die zwei vorstadtauswärts an sie anstossenden schmalen Häuser (Nr. 37 und 39) in den Akten wiederholt mit der Bezeichnung «oben am Esel» lokalisiert wurden. Ihr Zwiegespann bildet ein besonders liebenswertes Stück dieses Strassenzugs. Bescheiden wie es selbst ist auch seine Vergangenheit, die der spektakulären Momente entbehrt. Während Jahrhunderten Wohnsitze einfacher Handwerker, sind die beiden Häuser über dem Rhein von ihren jetzigen Eigentümern pietätvoll herausgeputzt worden.

Schon in früher Zeit empfanden die Lehenmüller des Klosters St. Alban das Bedürfnis zu geselligem Zusammenschluss, und so errichteten sie im heute verschwundenen Haus «zum Esel» (St. Alban-Tal 23) eine Trinkstube, nach der sie sich «Gesellschaft zum Esel» nannten. In der Folge verschob sich der Schwerpunkt des Quartiers vom St. Alban-Tal in die Vorstadt, weshalb man auch die Trinkstube aus dem «Dalbeloch» auf den Berg verlegte. Der Gesellschaft wurde zu diesem Zweck der «Lindenturm» an der Verzweigung der St. Alban-Vorstadt und des Mühlenbergs angewiesen; er befand sich auf dem Areal der heutigen Liegenschaft «zum Schöneck» in der Nähe des bereits im 15. Jahrhundert entstandenen Brunnens, dessen grosser, sechseckiger Trog ebenso wie die Brunnensäule mit Röhre ursprünglich ganz aus Holz bestand. Noch mehrere Jahrhunderte lang erhielt sich auch am neuen Ort die alte Bezeichnung «Gesellschaft zum Esel», die den schon damals zum Spott aufgelegten Baslern vertraut war. Indessen brannte die neue Gesellschaftsstube schon 1494, zwei Jahre nachdem sie bezogen worden war, ab, und die Bewohner der Vorstadt hatten sich nach einem andern Heim umzusehen. Sie fanden ein solches unweit vom Brunnen im Haus «zum hohen Dolder» an der St. Alban-Vorstadt selbst, das in den Akten vielfach ebenfalls unter dem Namen «zum Esel» erscheint; doch konnten sie sich zunächst dort nur einmieten. Erst im Jahr 1503 wurde es möglich, die Liegenschaft zu erwerben und für die Zwecke der Gesellschaft einzurichten.

Vorstadtauswärts schlossen sich an sie zwei schmale Häuser an, von denen das eine (Nr. 39), genannt «zum Veltperg», bereits drei Jahre vor, das andere, namenlose (Nr. 37), ein Jahr nach dem grossen Erdbeben von 1356 erstmals bezeugt ist. Das letztere hatte ursprünglich dem Schuhmacher Johann von Wentzwiller gehört und war dann an Henman, genannt Vierfüsselin, übergegangen, der davon dem Kloster St. Alban als Grundeigentümerin 18 Schillinge sowie ein Huhn zu entrichten und zur Erntezeit einen Schnitter zu stellen hatte; später kam noch eine Abgabe von 18 Pfennig für eine Jahrzeit, das heisst eine Seelenmesse, hinzu, die im Gotteshaus unten am Rhein für einen verstorbenen Bewohner des Hauses gefeiert wurde. 1455 verkauften Clewi Kremer mit seiner Gattin Grede und Hans Schütz von Augst mit seiner Schwester Elsin Haus und Hofstatt mit dem Garten dahinter um 19 Pfund an den Gartner Konrad Metzger und dessen Frau Gredlin. Rund acht Jahrzehnte später begegnen wir auf der Liegenschaft einer uns nicht näher bekannten Malerin Lucia Naegelin; ihr folgte dann eine lange Reihe von Rebleuten, die sich wohl wegen der Trotten am Eingang zur Malzgasse hier ansiedelten. Die ersten unter ihnen waren Klaus Bertschi (1534), Niclaus Jung (1543) und Hans Zimmermann (1555), von dem es heisst, er sitze «oben am Esel»; zusammen mit seiner Eheliebsten Gütli Gysin vertauschte er seine Liegenschaft 1569 mit einem Aufgeld von 95 Pfund an den Rebmann Conrad Gut und dessen Frau Elsbeth Schmid gegen ein Haus «inwendig Bryda-Thor», das heisst des noch im 17. Jahrhundert bestehenden «Brigittentors» bei der Einmündung der Malzgasse in die St. Alban-Vorstadt. Schon ein Jahr später gaben die neuen Eigentümer ihr Heim indessen um 125 Pfund an den Rebmann Hans Mathis und dessen Gattin Elisabeth Jung weiter, und 1594 setzte der Rebmann Lienhard Glaser die Folge der Besitzer fort.

Im Gegensatz zu den in der vornehmen Geltenzunft vereinigten Weinleuten, in deren Kompetenz der Weinmarkt und der Weinhandel fiel, waren die Rebleute einfache Handwerker, welche die Rebgebiete der Bürger, der Gotteshäuser und Klöster wie der Stadt, meist im Taglohn, mit Hacke, Spaten und Rebmesser bebauten und pflegten. Sie führten eine bescheidene Existenz und gerieten immer wieder in finanzielle Bedrängnis. So auch der Rebmann Hieronymus Wilhelm, der sich seit 1634 auf der Liegenschaft zu St. Alban nachweisen lässt und bei dem Buchhändler Emanuel König (1603–1684) mit 400 Pfund in der Kreide stand. 1672 liess König wegen Nichtbezahlung der Zinse das ihm verpfändete Haus sowie eine halbe Juchart Reben vor St. Alban-Tor in der Breite mit amtlichem Beschlag belegen; doch gelang es Wilhelm, die beiden Pfandobjekte wieder auszulösen; noch 1677 wird er als zu St. Alban sesshaft erwähnt. Erst 1678 wurde er dort durch den Rebmann Ludwig Gernler abgelöst, dessen Sohn Rudolf Gernler wiederholt in den Protokollen des Fünfergerichts erscheint: 1693 stritt er sich mit seinem Nachbarn, dem Zimmermann Niclaus Bader im «Veltberg», wegen einer «Landeren», das heisst eines Rebspaliers, und 1714 mit dessen Nachfolgerin, der Witwe des Fuhrmanns Jacob Huber, wegen der eingefallenen Mauer gegen den Rhein herum.

1718 war das Haus zu St. Alban an den Rebmann Hieronymus Wettstein übergegangen, der ebenfalls tief in den Schulden steckte: 500 Pfund hatte ihm die Witwe von Jacob Zwinger (1662–1715) dargeliehen, dem Bruder des berühmten Mediziners Theodor Zwinger und des Antistes Johann Rudolf Zwinger; er war zunächst als Chirurg in kaiserlich-österreichischen und später als Leutnant in französischen Diensten gestanden. Vom Sohn Wettsteins, dem gleichfalls als Rebmann tätigen Theodor Wettstein, gelangte das Haus 1784 um 1850 Pfund samt zwei neuen französischen Thalern Trinkgeld an den Handelsherrn und Appellationsrat Johann Conrad Burckhardt-Ryhiner (1747–1814), den Schwiegersohn des Bürgermeisters Johann Ryhiner-Iselin, der es jedoch kaum bewohnt haben dürfte. Unter dem Drechsler Johann Jacob Heitz erhielt die Liegenschaft eine neue Hinterfassade, fünf neue Zimmer und eine neue Treppe; so verbessert trat er sie

1828 an den Papierer Friedrich Kiefer von Tecknau ab, der sie seinerseits ein Jahrzehnt später an den Handelscommis Johannes Baerwart-Carle veräusserte.

Das kleinere Nachbarhaus «zum Veltperg» war 1353 nicht nur dem Kloster St. Alban, sondern mit 10 Schilling auch dem Chorherrenstift St. Leonhard zinspflichtig. 1366 stand es im Besitz des Heinrich Hundertpfund, und 1395 nannte es die Witwe Hundertpfundin ihr eigen. Sie wurde abgelöst durch den Weber Henman Hagedorn, welcher 1421 bei der Bruderschaft von St. Johann auf Burg, die auf dem Areal des heutigen Sitzes des Erziehungsdepartements ihre eigene Kapelle besass, ein Darlehen von 23 Pfund gegen einen jährlichen Zins von einem Gulden aufnahm. 1471 wurde der «Veltperg» um 14 Gulden erworben durch den Karrer Hans Würzeler, der neben St. Alban, St. Leonhard und der St. Johanns-Bruderschaft auch das Augustinerkloster zu seinen Gläubigern zählte. Zu Ende des 15. Jahrhunderts wurde das Häuslein nach dem Reichssteuerrodel des Jahres 1497 von Georg Wagner «selbviert» bewohnt.

Mehrere Jahrzehnte lang befand sich der «Veltperg» in den Händen der Familie Barth. 1528, ein Jahr vor dem Durchbruch der Reformation, wurde Anna Barthin durch die Bruderschaft von St. Johann und 1557 ihr Sohn, der Gartner Benedict Barth, durch seine Zunft betrieben, der er den Zins von 4 Gulden für das ihm gewährte Darlehen schuldig geblieben war. Ebenso zog ihn 1552 sein Nachbar Hans Nägelin wegen des Zauns hinter ihren beiden Häusern vor die Schranken der «Fünfer». «Gefrönt» wurde die Liegenschaft auch in der nachreformatorischen Zeit durch die Verwaltung der Güter des Domstifts und von St. Leonhard, die 1578 und 1592 die Witwe des Rebmanns Leonhard Schnell wegen «versessener» (=verfallener) Zinse belangten. Ebenfalls unter die Räder kam der Gerichtsbote Daniel Häring, der Schwiegersohn des Torwächters zu St. Alban, beziehungsweise dessen Witwe Adelheid Pfäffin, die beim Rektor des Gymnasiums Friedrich Seiler ein Darlehen von 200 Pfund aufgenommen hatte. Der «Gymnasiarch», welcher der Schule auf Burg von 1650 bis 1676 vorstand, nachdem er vorher acht Jahre lang eine Pfarrei im Toggenburg bekleidet hatte, galt zwar als «ein stiller Mann», der «seinen Lust in der Schul und in informando (d. h. in der Bildung) suchte»; aber als die Zinsen der Pfäffin nicht eingingen, liess er das ihm verpfändete Haus durch Bernhard Hoffmann, den Custos des Gymnasiums, 1671 kurzerhand zur amtlichen Versteigerung bringen, wobei es dem Schneider Jacob Häring, wohl einem Verwandten der Schuldnerin, als Meistbietendem um 230 Pfund zufiel.

Häring wurde auf dem Häuslein zu St. Alban abgelöst durch den Zimmermann Niclaus Bader (1679) und Barbara Ritter, die Witwe des Fuhrmanns Jacob Huber (1708), die sich 1715 gegenüber dem Schreiner Heinrich Pfannenschmied, dem Vertreter der Vorgesetzten der Vorstadtgesellschaft zum hohen Dolder, vor Fünfergericht wegen der eingefallenen Mauer gegen den Rhein zu verantworten hatte. 1736 sass im «Veltperg» der Kornmesser Jacob Schärer, 1744 der Bleicher Christoph Heussler, 1749 der Strumpfausbreiter Johannes Schaffner und seit 1768 der Gremper (=Kleinhändler) und Schuhmacher Johann Rudolf Zwilchenbart-Weinbach. Bei seinem Tod im Jahr 1779 wurde die Liegenschaft im Inventar seiner Hinterlassenschaft mit 300 Neuthalern

oder 1000 Pfund eingesetzt, um welchen Preis er sie seinerzeit erworben hatte. 1781 drohte im Zwilchenbartschen Haus Feuergefahr, und 1782 sah sich die Witwe des Grempers genötigt, ihren Nachbarn, den Schreiner Siegfried, wegen eines Dachkänels beim Fünfergericht einzuklagen. Nach langer Wartefrist konnte ihr Sohn Johann Jacob Zwilchenbart-Hindenlang (1751–1799), der das Häuslein 1783 geerbt hatte, 1791 seine schlechtbezahlte Stellung als Deutschlehrer am Gymnasium mit der einträglicheren Pfarrei von Kilchberg vertauschen, worauf er den «Veltperg» um 2500 Pfund und 4 neue französische Thaler Trinkgeld an Margaretha Müller-Löw veräusserte. Sein Sohn war der Kaufmann Rudolf Zwilchenbart, der in Liverpool zu grossem Reichtum gelangte und zur Erinnerung an den Vater später eine Stiftung zum Bau der neuen Kirche in Kilchberg errichtete, deren Restauration vor wenigen Jahren glücklich zu Ende geführt werden konnte.

Die neue Eigentümerin des Häusleins hatte sich zu dessen Erwerb beim «Grossen täglichen Almosen», dem Vorläufer des Bürgerlichen Fürsorgeamts, 500 und bei dem Färbermeister Johannes Bloch 100 neue französische Thaler ausborgen müssen; doch zahlten ihre Erben diese Schulden 1809 zurück. Sie verkauften die Liegenschaft im gleichen Jahr an Mathias Zeller, der sie 1811 an Emanuel Weiss, damals Sigrist zu St. Alban und später Lehrer an der Münstergemeindeschule, weitergab. Eine Aufzählung der weitern Handänderungen sei unsern Lesern erspart. Später wurde aus den beiden ehemaligen Handwerkerhäusern eine Gelehrtenwohnung, das Heim des Lizentiaten Philipp Schmidt und seiner Schwester, welche sie miteinander vereinigten und pietätvoll restaurierten. Von dort zog der grosse Freund der Kreatur und meisterliche Photograph jeden Morgen hinaus in die Natur, um deren Schutz er schon zur Zeit, da er den dankenswerten Schlagwort-Katalog unserer Universitätsbibliothek redigierte, eifrig besorgt war. Nach dem Tod der Geschwister im Jahre 1979 gingen die beiden Häuser testamentarisch an die Christoph Merian Stiftung, die sie in der Folge erneut und grüdlich restaurieren liess.

Auf Jacob Burckhardts Spuren zu St. Alban

Als sich im Jahr 1858 mit der Berufung des damals als Professor der Kunstgeschichte am Eidgenössischen Polytechnikum in Zürich wirkenden Jacob Burckhardt als Ordinarius an die Universität der Heimatstadt der höchste Wunsch seiner akademischen Laufbahn erfüllte, wurde ihm gleichzeitig das Glück zuteil, wieder in das geliebte Haus über dem Rhein – St. Alban-Vorstadt 41 – zurückzukehren, das er vor seinem Wegzug an die Limmat von 1848 bis 1854 bewohnt hatte.

Die Liegenschaft neben den beiden Bürgerhäusern der St. Alban-Vorstadt «Oben am Esel» (also Nr. 41) bildete zweimal den Wohnsitz unseres grossen Kulturhistorikers, das erste Mal in den Jahren 1848–1855 und dann wieder nach der Rückkehr aus Zürich in den Jahren 1858–1864. Seit 1839 stand das Haus im Besitz des Rheinbrückenzollers und späteren Handelscommis Elias Meck, bei dem der damals 30jährige Extraordinarius der Geschichte an der Universität und Lehrer am Pädagogium 1848 erstmals als Mieter einzog.

1850 wohnte Burckhardt dort zusammen mit dem Hausherrn, dessen Gattin und dessen Sohn, dem Kaufhausangestellten und Ohmgeldeinnehmer (Weingeld-Einzüger) Johannes Meck, dem Sigristen zu St. Alban, Emanuel Bauler, und dem Privatdozenten Dr. Christoph Staehelin, welcher 1852, als die bisher von Christian Friedrich Schönbein gemeinsam verwaltete Professur für Physik und Chemie aufgeteilt wurde, den neugeschaffenen Lehrstuhl für Physik erhielt; doch musste er wegen eines zur Erblindung führenden Augenleidens bereits 1854 darauf verzichten.

«Aussichten auf den Strom»

Zu jener Zeit hatte Jacob Burckhardt die obere Wohnung des Hauses inne, in der ihn sein Jugendfreund Paul Heyse auf seiner Schweizer Reise von 1849 besuchte; dort entstand auch jener Zyklus von Gedichten «Aussichten aus dem Fenster», zu denen ihn der Blick auf den Strom inspirierte. Sie waren Emma von Baeyer gewidmet, der schönen Nichte seines Berliner Lehrers, des Kunsthistorikers Franz Kugler, welche ihn während seines Aufenthalts in der Reichshauptstadt 1846/47 im Haus ihres Onkels an der Friedrichstrasse oft auf dem Klavier begleitet hatte.

Nach der Rückkehr aus Zürich bezog Jacob Burckhardt 1858 wiederum das einst von ihm bewohnte Haus gegen den Rhein. «Es fehlt gegen 1850–1852 nichts als das Clavier, braunes Haar, ein Zahn und diverse Illusionen; dagegen habe ich mehr Bücher und solidere Grundsätze», schrieb er am 4. Juli 1858 aus dem Haus zu St. Alban an Heyse. Dort mag ihn 1861 auch Emma von Baeyer aufgesucht haben, die sich inzwischen mit dem klassischen Philologen Otto Ribbeck verehelicht hatte, nachdem ihr Gatte auf den hiesigen Lehrstuhl seines Fachs berufen worden war, den er indessen nur ein Jahr lang bekleidete; schon 1862 vertauschte er ihn mit einem Ordinariat an der Universität Kiel.

Pensionär im späteren «Parkhof»

1864 gab Jacob Burckhardt die Wohnung im Haus zu St. Alban, das sich inzwischen an die beiden Söhne des Rheinbrückenzollers, die Brüder Johannes und Carl Meck-Schellenberg, vererbt hatte, auf. Halb wehmütig schrieb er darüber unterm 3. April 1864 an Heyse: «Ich habe die schöne Wohnung nicht mehr, da sie mir zu enge wurde; aber ich bin doch noch in Basel.» Zu Anfang des genannten Jahres war er nämlich ins zweite Stockwerk des damals noch um eine Etage niedrigeren Hauses Elisabethenstrasse 62, des heutigen Park-Hotels Bernerhof, umgezogen, in dessen Erdgeschoss der Wirt David Grisanti-Hartmann ein Café betrieb. Lange hielt er es hier, unmittelbar neben dem kurz zuvor geschleiften Elisabethen-Bollwerk, der jetzigen Anlage und in der Nähe des 1860 eingeweihten Centralbahnhofs, nicht aus. Im zunehmenden Lärm des Bahnverkehrs empfand er von neuem Sehnsucht nach der stillen Vorstadt zu St. Alban, und Grisanti mochte ihn gerne ziehen lassen, da er angesichts des wachsenden Zustroms auswärtiger Reisender seine Café-Wirtschaft zu einer Taverne, das heisst einem Gasthof, zu erweitern gedachte – zur selben Zeit, als am Centralbahnhof die beiden Erstklasshotels entstanden, der «Schweizerhof» (1864) und das «Euler» (1865). So mietete sich Jacob Burckhardt im September 1866 im zweiten Stock des bescheidenen Bäckerhauses St. Alban-Vorstadt 64 ein, in dem er genau zwei Drittel der letzten Basler Zeit verbrachte, 26 von den insgesamt 39 Jahren, welche er selbst als die glücklichste Wegstrecke seines Lebens bezeichnete.

Das «Hohe Haus» zu St. Alban

Zu den markantesten Bauten auf der linken Seite der äussern St. Alban-Vorstadt zählt die Doppelliegenschaft des «Hohen Hauses» (Nr. 69) und seines Nachbarhauses (Nr. 71) mit dem entzückenden Gartenkabinett, das, ebenso wie das «Hohe Haus», auf das Ende des 17. Jahrhunderts zurückgeht, während das Herrschaftshaus in den Jahren 1737–1744 entstand. Mit ihrer Vergangenheit verknüpfen sich die Namen bedeutender Persönlichkeiten aus Basels Militär-, Wirtschafts- und Baugeschichte und zuletzt der Name des amerikanischen Kunstmalers Mark Tobey, der von 1960 bis zu seinem Tod das «Hohe Haus» bewohnte.

Das «Hohe Haus» an der St. Alban-Vorstadt (Nr. 69) steht auf einem Grundstück, das ursprünglich zum Besitz des Klosters St. Alban gehörte. Ausserhalb des St. Brigitta-Tors, welches sich bei der Einmündung der Malzgasse in die St. Alban-Vorstadt erhob, lag zwischen dem Garten des Pfarrhauses zu St. Alban (Nr. 65) und den Klostermatten ein Lehenshaus mit Garten und einem bis zum Mühlenberg reichenden Stück Wiesland, das von den Klostermatten durch eine «absonderliche Mauer» und vom Garten des Pfarrhauses durch eine Holzwand getrennt war. 1693 veräusserte das mit der Verwaltung der ehemaligen Klostergüter beauftragte Direktorium der Schaffnereien diese Liegenschaft an einer öffentlichen Auktion um 2360 Pfund an den Ratsherrn Hans Heinrich Beck, der im Jahr hernach das noch heute bestehende Gartenkabinett an der Ecke neben dem alten Hirtenhäuslein der Vorstadtgesellschaft zum hohen Dolder (Nr. 81) errichten liess; auf den beiden Mittelpfosten seiner Halle im Erdgeschoss findet sich die Jahrzahl 1694.

In der Folge vererbte sich das Anwesen an Benedict Mitz (1711–1743), der Becks Tochter Dorothea zum Altar geführt hatte; doch verkaufte er «Behausung, Hof, Garten, Matten, Gartenhaus und Rain» schon 1737 an den Handelsmann Samuel Gernler-Burckhardt (1674–1741), einen Sohn des Strumpffabrikanten Johann Heinrich Gernler-Eglinger. Gernler liess neben dem an der Strasse gelegenen, wohl noch auf Hans Heinrich Beck zurückgehenden «Hohen Haus» den seinem Repräsentationsbedürfnis entsprechenden Neubau, das «Neue Haus» (heute Nr. 71), erstellen; doch scheint er dabei in Schulden geraten zu sein, so dass er sich gezwungen sah, den ganzen Komplex bereits 1744 versteigern zu lassen. Der höchste im Gebot blieb mit 9220 Pfund Emanuel Faesch-Beck (1713–1780), welcher 1741 als Capitaine-Lieutenant der Kompanie von Hieronymus Linder im Schweizer Regiment Hirzel in holländische Dienste getreten war und 1751, mit einer lebenslänglichen Pension der Generalstaaten entschädigt, in die Vaterstadt zurückkehrte, wohin ihm 1766 das Patent eines «Obristen in Diensten ihro hochmögenden Herren Generalstaaten der Vereinigten Niederlande» übersandt wurde. Im gleichen Jahr nahmen Beck und seine Gattin beim «Löblichen Faeschischen Famillen-Legat» 5000 Pfund zu 2½ Prozent auf, wofür sie ihren Besitz zu St. Alban verpfändeten.

Schon 1767 aber wechselte die «Gernlerische Behausung», wie die Besitzung noch immer bezeichnet wurde, wiederum die Hand: Neuer Eigentümer wurde Melchior Müller-Rolaz (1706–1774) aus Haarlem, welcher dem alten, bereits 1488 eingebürgerten Basler Ratsgeschlecht der sogenannten «Löwenmüller» entstammte. Seine Familie hatte mit dem Meister zu Schmieden, Ratsherrn und Dreierherrn Melchior Müller-Staehelin (1657–1713), dem Gründer einer bedeutenden Handels- und Speditionsfirma am Spalenberg, wirtschaftlich und gesellschaftlich einen Höhepunkt erreicht; doch war das Unternehmen 1731 zusammengebrochen, worauf drei Söhne von Melchior Müller-Staehelin ins Ausland ausgewandert waren. Einer seiner Enkel war der erwähnte Melchior Müller-Rolaz, der sein Glück in den Niederlanden machte. Dort trat er in Verbindung mit dem aus Amsterdam stammenden Bankier und Schöffen Theodor de Smith, mit dem er als dessen Mentor einige Jahre durch England, Frankreich und Italien reiste; in de Smiths Firma war auch Melchiors jüngerer Bruder Emanuel Müller (1712–1752) als Handlungsgehilfe tätig. Später etablierte er sich als Leinwand- und Spitzenhändler in Haarlem, wo er zu Ansehen und Wohlstand gelangte und die Hand von Madeleine-Esther Rolaz aus Rolle, der Tochter des in holländischen Diensten stehenden Hauptmanns Alphonse Rolaz, gewann. Wie Melchior Müller, so kehrte auch sein dritter zu Jahren gekommener Bruder Johannes (1717–1778), der als Tabakhändler in Leipzig ein Vermögen gemacht und sich mit Catharina Agnes Wallmirath aus Magdeburg, einer Erzieherin im Haushalt des preussischen Kronprinzen Friedrich Wilhelm III., verehelicht hatte, in die Vaterstadt zurück; hier erwarb er das Haus «zur Fortuna» in der St. Alban-Vorstadt (Nr. 19). Nur sieben Jahre waren Melchior Müller-Rolaz auf der stolzen Besitzung zu St. Alban vergönnt; er starb 1774 und wurde im Münsterkreuzgang begraben. Ihm folgte die Witwe fünf Jahre später in den Tod, worauf ihre Brüder die beiden Häuser um je 30 000 Livres an Niclaus Preiswerk-Iselin (1755–1815) verkauften. Er war der Sohn und Nachfolger des Kommissionärs und Spediteurs Lucas Preiswerk beim Kaufhaus, dessen Firma er, namentlich als Kommissionär der von ihm seit 1779 eingerichteten Pariser Dilligence, zu grosser Blüte führte. Sein Anwesen zu St. Alban zählte zu den Sehenswürdigkeiten der Stadt, deren Besichtigung in dem 1782 von einem «Amateur» (Achilles Ryhiner-Delon) herausgegebenen «Itinéraire alphabétique de la ville de Bâle» den «voyageurs curieux» zur Besichtigung empfohlen wurde. Es heisst dort (in bezug auf den Eigentümer ungenau): «Maison Müller, dite de Harlem, aux fauxbourg St-Alban, est remarquable par sa belle situation et son jardin d'où l'on a une très belle vue. Aujourd'hui cette maison appartient à Monsieur Luc Preiswerk.»

1795 legte Niclaus Preiswerk auch einen laufenden Brunnen an, zu dem ihm Johann Rudolf Forcart-Weis im Württemberger Hof, der Onkel seiner Gattin Anna Maria Iselin, der zweiten Tochter des Ratsschreibers Isaak Iselin-Forcart, einen halben Helbling guten Brunnwassers aus der im «Mittleren Gundeldingen» entspringende Quelle lieferte. Für den Preis von 1200 neuen französischen Thalern versprach Forcart-Weis das Wasser auf seine Kosten in einer Leitung bis in Preiswerks Haus zu führen. Trotz

seinen grossen geschäftlichen Erfolgen nahm Niclaus Preiswerk in den Jahren 1799 und 1800 zwei grosse Darlehen auf die beiden Liegenschaften auf: Für 40 000 Franken verpfändete er sie an die Bandfabriken Forcart-Weis & Söhne sowie Johann Jacob Bachofen & Sohn und für 16 000 Franken an den Apotheker und Drogenhändler Hieronymus Bernoulli-Respinger. 1805 liess Preiswerk, damals längere Zeit von Basel abwesend, die Besitzung durch seinen Sohn, den Kommissionär und Bandfabrikanten Dietrich Preiswerk-Bischoff, an den Tuchhändler Johann Lucas Iselin-Forcart (1779–1862) verkaufen, von dem sie erbsweise an die beiden Söhne Rudolf Iselin-Christ (1802–1864) und Wilhelm Iselin (1812–1879) übergingen. Als Tuchhändler führten sie gemeinsam die väterliche Firma weiter; Wilhelm trat daneben als «einer der edelsten und zugleich bescheidensten Mitbürger, in welchem die ächte Gemeinnützigkeit verkörpert war», als menschenfreundlicher Förderer verschiedener Institutionen im Dienst der Allgemeinheit hervor.

Die jüngste Epoche in der Geschichte der Liegenschaft beginnt mit deren Erwerb durch Cécilia Stehlin-Merian, die Tochter des um Stadt und Universität hochverdienten Ratsherrn und Professors Peter Merian und früh verwitwete Gattin des ersten Bankverein-Präsidenten und Ständerates Dr. Carl Rudolf Stehlin. 1900 zog ihr Sohn, der damals 39jährige Architekt Fritz Stehlin-von Bavier (1861–1923), der das Büro seines Onkels Johann Jacob Stehlin-Burckhardt weiterführte, hier ein. Das Haus an der Strasse diente fortan seiner beruflichen Tätigkeit, während er das Herrschaftshaus zu seinem privaten Wohnsitz umbaute. Es wurde bis zu ihrem Tod im Jahre 1956 von der Witwe, einer Tochter des Bundesrates Simeon von Bavier, des späteren Schweizer Gesandten in Rom, bewohnt und ging hierauf in die Hände einer Enkelin und ihres Gatten Dr. Jakob Oeri-Hoffmann über. Im «Hohen Haus» aber, das während Jahren ebenfalls von Angehörigen der Familie Stehlin bewohnt worden war, fand 1960 der 1976 verstorbene Maler Mark Tobey eine ideale Wohn- und Arbeitsstätte.

«Zum Schnäggedanz» an der Malzgasse

Umrahmt von dem malerischen Bau «zur köstlichen Jungfrau» und der reizvollen «Trotte», präsentiert sich das Haus «zum Schnäggedanz» (Malzgasse 5) als nüchterner Zweckbau des 19. Jahrhunderts. In der Tat wurde es erst 1842 für den Zettlereibetrieb der Sarasinschen Bandfabrik erstellt; die Geschichte der Liegenschaft aber lässt sich bis ins 15. Jahrhundert zurückverfolgen.

Von der Liegenschaft Malzgasse 5 hören wir erstmals im Jahr 1487. Damals bildete sie einen Rebgarten, den Joss Schlegel und dessen Gattin gemeinsam erworben hatten und den sie sich testamentarisch gegenseitig verschrieben. Sieben Jahre später waren sie indessen beide tot, worauf ihre mit dem Schuhmacher Hans von Nördlingen verheiratete Tochter das Grundstück an Heinrich Lochmann und dessen Frau Bärbelin veräusserte. Lochmann gab 1495 vor den Behörden die Erklärung ab, er habe «etliche liegende Güter» zu Gebweiler verkauft und daraus «etliche Pfund» gelöst, welche er zum Erwerb liegender Güter zu Basel verwendet habe, unter anderm des Rebgartens an der Malzgasse.

Der «Frauenwirt» und seine Tochter

Einen Teil dieses Gartens mit einem «zur Rose» genannten Häuschen trat Lochmann 1511 an Hans Kien ab, der seit 1495 als «Frowenwirt an der Malzgasse» bezeugt ist. Sein Haus, genannt «zer Lus», in dem sich Bürger und Gäste der Stadt bei «hübschen Töchtern» vergnügten, stand an der Stelle des heutigen Wohnblocks auf der linken Seite der Gasse gegen den Aeschenplatz; nach dem Reichssteuerrodel des Jahres 1497 bewohnte es Hans Kien «selbsybend». Für die Bewilligung zur Führung seines Etablissements hatte er dem Zinsamt 1509 vier Gulden zu entrichten. Auch Hans Kien selbst scheint die «dolce vita» an der Malzgasse genossen zu haben; denn seit 1515 ist in den Akten die Rede von Andres Kien, einem natürlichen Sohn des Frauenwirts aus seiner Verbindung mit Küngold Fischer. Dieser Andres Kien zählte zu dem Kreis von Personen, welche den Rebgarten am Beginn der Malzgasse 1515 an den Rebmann Hans Trübelmann und dessen Gattin Margreth Kien, eine Tochter des Frauenwirts, sowie an Hans Bielmann, einen Sohn aus Margreths erster Ehe mit dem Nestler Kaspar Bielmann weitergaben.

Frau Margreth genoss einen schlechten Ruf: Sie betrog ihren Ehemann mit dessen Bruder, dem Söldner Jerg Trübelmann, dem Helden der Schlacht von Novara, der dort aus dem dichtesten Franzosenhaufen heraus ein Fähnlein erobert und in Anerkennung dieser Tat vom städtischen Rat eine Pension erhalten hatte. Indessen verscherzte er diese Gnadengabe durch seine Buhlerei mit der Schwägerin und durch die Tatsache, dass er später auf der Seite der Franzosen und 1525 im Heer der sundgauischen

Bauern kämpfte. Schliesslich hatte er wie Frau Margreth Urfehde zu schwören, das heisst, die Stadt zu verlassen.

Schon 1516 gingen das Häuschen an der Malzgasse und der damit verbundene Rebgarten von Hans Trübelmann und Hans Bielmann über an den Rebmann Jacob Besserer, der 1521 zum Meister und 1525 zum Ratsherrn der Zunft zu Rebleuten aufsteigen sollte. Den Kauf ermöglichte ihm ein Darlehen von 105 Gulden, das ihm Andres Kien, der Sohn des Frauenwirts, gewährte, welchem der Vater offenbar ein beträchtliches Erbe hatte hinterlassen können.

«Übler Haushalter»

Durch den Blitzschlag in den nahen Pulverturm vom 19. September 1526, der grosse Verheerungen anrichtete, wurde nicht nur das Frauenhaus an der Malzgasse zerstört, was Theodor Zwinger in seiner 1577 erschienenen «Methodus apodemica» ausdrücklich bezeugt, sondern wohl auch das Häuschen im Rebgarten des einstigen Frauenwirts. Jedenfalls schweigen die Akten über die Liegenschaft bis zum Jahr 1669. Damals stand sie im Besitz des zwei Jahre zuvor in die Safranzunft aufgenommenen Nestlers Heinrich Meyer, der nicht eben zu den vorbildlichen Vertretern seines Berufsstandes zählte. 1671 hatten sich Meister und Sechser zu Safran mit dem «üblen Haushalter» zu befassen, dem sie seine beiden Gesellen absprachen; ihn selbst wiesen sie an, sein Brot bei einem andern Meister oder «an einem gewahrsamen Ort» zu verdienen, und zugleich verfügten sie, dass die Zinsen seines noch vorhandenen, auf 600 Pfund geschätzten «Gütleins» nicht anders als für Frau und Kinder verwendet werden dürften. Die genannte Summe hatte der Nestler wohl 1669 aus dem Verkauf seiner Behausung an der Malzgasse samt Stallung, Garten und einer Juchart Reben an den Seidenhändler Hans Ludwig Faesch, das 16. und letzte Kind des Bürgermeisters Johann Rudolf Faesch-Gebweiler, gelöst. Von diesem übernahm das Anwesen dessen Sohn, der Weinherr Jacob Faesch. Bis 1757 blieb es im Besitz seiner Witwe Susanne Düring, einer Tochter des Papierfabrikanten Peter Düring; dann verkauften es ihre Erben dem Spanner Emanuel Scherer. 1794 wechselte die Liegenschaft von neuem die Hand: Jetzt gelangte sie an den mit einer Tochter des Ratsschreibers Isaak Iselin verehelichten Handelsherrn Niklaus Preiswerk, den Inhaber der im Kommissions- und Speditionsgeschäft tätigen väterlichen Firma Luc Preiswerk beim Kaufhaus, der seit 1779 als Kommissär die neu eingerichtete Post-Diligence nach Paris betrieb. Preiswerk benützte die nunmehr mit einer Mauer umgebene Besitzung wohl hauptsächlich als Magazin, Remise und Stallung.

Zettlerei für Sarasin & Cie

Nach verschiedenen weiteren Handänderungen erwarb im Juli 1842 der damals 27jährige Seidenbandfabrikant und spätere Ratsherr Karl Sarasin, der sein fünf Jahre zuvor gegründetes Unternehmen zunächst in den gemieteten Räumen des Gartenflügels des Wildensteinerhofs an der St. Alban-Vorstadt, des heutigen Sitzes des «Athenaeums», betrieb, die Liegenschaft und liess hier durch den Zimmermeister Johann Jacob Stehlin-Hagenbach ein dreistöckiges Gebäude für die Zettlerei erstellen. Es war das erste eigene Bauobjekt des nachmaligen Basler Baudirektors; ihm folgte 1848/49 die Fabrik am Rain der äusseren St. Alban-Vorstadt, welche heute den Schweizerischen Verein für Schweisstechnik beherbergt, und acht Jahre hernach das schöne Doppel-Wohnhaus St. Alban-Vorstadt 90/92 mit seinem inzwischen abgetragenen Gartensaal, den Arnold Böcklin mit seinen berühmten Fresken «Ruhe auf der Flucht nach Ägypten», «König David» und «Der Gang nach Emmaus» schmückte. Das Zettlerei-Gebäude an der Malzgasse wurde bereits 1846 auch zu Wohnzwecken eingerichtet; dort fanden fortan die Zettlermeister und andere Mitarbeiter der Bandfabrik Sarasin & Cie Unterkunft.

Villa Hirzbodenweg 103

Der Strassenzug

Einen der wenigen noch intakt erhaltenen Strassenzüge des St. Alban-Quartiers bildet der Abschnitt des Hirzbodenwegs zwischen der Engelgasse und der Hardstrasse. Der Name des Hirzbodenwegs leitet sich ab vom dortigen Flurnamen Hirzboden oder Hirzenboden. «Boden» bezeichnet eine ebene Fläche, und «Hirz» oder «Hirzen» lässt darauf schliessen, dass das dortige Land einst dem Eigentümer des Hauses «zum Hirzen» an der Aeschenvorstadt gehörte. Diese Annahme wird bestätigt durch einen Eintrag im «Judicialienbuch der mehreren Stadt» (das heisst Grossbasels) aus dem Jahr 1646.
Die früher geäusserte Vermutung, der Name Hirzbodenweg rühre daher, dass in der dortigen Gegend häufig Hirsche erlegt wurden, fällt damit dahin.
Der einstige Feldweg, der aufgrund der Beschaffenheit des dortigen Bodens in der ersten Hälfte des 19. Jahrhunderts auch als «Lettenstrasse» bezeichnet wurde, erscheint bereits im Adressbuch des Jahres 1862 unter dem Namen Hirzbodenweg; als solcher wurde er 1878 im Stadtplan festgelegt. Die Bebauung des Strassenzuges setzte erst in den 1890er Jahren ein: 1896 schufen die Architekten Rudolf Linder-Bischoff und Adolf Vischer van Gaasbeek die Gruppe Hirzbodenweg 81–91, ein neobarockes Ensemble, dessen Reiz «im rhythmischen Wechsel der Geschosszahlen und dem leichten Vor- und Zurückspringen der einzelnen Baukörper» (Rolf Brönnimann) besteht. Von denselben Architekten stammt aus den Jahren 1897 bis 1901 die Häusergruppe Nr. 86–102 auf der gegenüberliegenden Strassenseite. Die markantesten baulichen Akzente erhielt der Hirzbodenweg zu Beginn unseres Jahrhunderts durch die freistehenden Villen Nr. 95 und 103. Diese beiden Villen, die heute im Besitz der Internationalen Treuhand AG beziehungsweise ihrer Schwestergesellschaft Hibo Immobilien-AG stehen, wurden im Jahr 1901 erbaut. Das Haus 103, in dem seit 1960 die Internationale Treuhand AG domiziliert ist, war eines der letzten repräsentativen Wohnhäuser der Architektenfirma Vischer & Fueter.

Der Bauherr

Sein Bauherr war Adolf Staehelin-Gruner (1853–1941), der einzige Sohn aus der zweiten Ehe des Industriellen und Ratsherrn August Staehelin-Brunner, der Basel-Stadt von 1855 bis 1860 und von 1861 bis 1866 im Ständerat vertrat und die kleine Kammer der Bundesversammlung 1857/58 präsidierte. In dem vom Vater erbauten «Rheinhof» an der St. Alban-Vorstadt, dem unter der populären Bezeichnung «Zahnlücke» bekannten heutigen Sitz des Sanitätsdepartements, aufgewachsen, durchlief er das Humanistische Gymnasium und die damalige Gewerbeschule, absolvierte dann eine kaufmännische Lehre in der väterlichen Firma Sarasin & Heussler, die Baumwollspinnereien in der Neuen Welt (Baselland) sowie in Haagen im badischen Wiesental betrieb, und bildete sich anschliessend in Le Hâvre und London weiter aus. Nach Basel zurückgekehrt, trat er in die Seidenbandfabrik Sarasin, Stehlin & Co. ein, deren Leitung er bis 1909 angehörte; dann zog er sich ins Privatleben zurück, betätigte sich aber weiterhin als Mitglied der Administration der Zinstragenden Ersparniskasse, der heutigen Sparkasse Basel.
Die grosse Liebe Adolf Staehelins galt den fernen Ländern. Im April 1877 trat er eine Fahrt nach Pernambuco in Brasilien an, wo er mehr als ein Jahr in einem schweizerischen Handelshaus tätig war; hierauf unternahm er eine grosse Reise nach Süd-, Zentral- und Nordamerika. Zwei Jahre später bereiste er die Westküste von Südamerika, und in den folgenden Jahren schlossen sich kleinere Fahrten nach Spanien, den Kanarischen Inseln und Marokko, nach Konstantinopel und Palästina an. Als begabter Reiseschriftsteller hielt Adolf Staehelin seine Eindrücke in drei Publikationen fest: 1883 erschien die Schrift «Reisen in Südamerika, den Antillen, Mexico und den Vereinigten Staaten», 1885 die Reiseskizzen «Sommer und Winter in Südamerika» und 1889 deren Fortsetzung unter dem Titel «Von Jerusalem über Land nach dem Suezkanal». Diese Reisen, die er in jungen Jahren unternehmen durfte, prägten sein Dasein und erfüllten zeitlebens sein ganzes Denken. Die Flamme der leidenschaftlichen Begeisterung für die Erforschung fremder Länder und Erdteile, ihrer Sitten und Gebräuche wie ihrer Pflanzen- und Tierwelt erlosch in ihm nicht, und im wissenschaftlichen Studium, das ihm seine reichhaltige Bibliothek ermöglichte, fand er bis zu seinem Tod tiefe innere Befriedigung. Besondere Freude schenkten ihm seit 1892 die Mitarbeit in der Kommission des Museums für Völkerkunde, der er auch als Kassier diente, sowie die Touren im Hochgebirge, die er als gewandter Bergsteiger und jahrelanges treues Mitglied des Schweizerischen Alpen-Clubs unternahm.
1889 hatte Adolf Staehelin Wilhelmine Antonia Gruner (1866 bis 1925), der Tochter des Ingenieurs Heinrich Gruner-His, die Hand zum Lebensbund gereicht. Mit ihr zog er 1901 im Haus am Hirzbodenweg ein; doch verliess er es nach dem frühen Tod der Gattin und vermietete es von 1926 bis 1928 zunächst an Dr. Eduard Nüscheler, Generaldirektor des Schweizerischen Bankvereins und Präsident der Schweizerischen Kynologischen Gesellschaft. 1929 verkaufte er es dem Bankier Bernhard Sarasin-La Roche.

Die nächsten Besitzer

1929 zog der damals 37jährige Bankier Bernhard Sarasin-La Roche (1892–1950) mit seiner Gattin, der Tochter des Seidenbandfabrikanten Emanuel Wilhelm La Roche-Paravicini, und seinen beiden Söhnen Alfred sowie Hans Lucas am Hirzbodenweg ein; dort wurde dem Ehepaar 1932 als weiterer Sohn noch Beat geschenkt. So wurde das stilvolle Haus zum Wohnsitz einer Persönlichkeit, die beste baslerische Tradition verkörperte. Er war der Enkel des Ratsherrn Karl Sarasin-Sauvain, der als Präsident des Bau-Collegiums zum aufgeschlossenen Promotor einer zeitgemässen städtischen Baupolitik geworden war, und der Sohn des ihn überlebenden Dr. h. c. Alfred Sarasin-Iselin, der als Chef der bekannten Basler Privatbank, als Präsident der Schweizerischen Bankiervereinigung und des Bankrates der Schweizerischen Nationalbank eine führende Stellung im Bankwesen unseres Landes einnahm.

Trotz seinem frühen Entschluss, den Beruf des Vaters zu ergreifen und sich dem Bankfach zu widmen, durchlief Bernhard Sarasin nach gutem Basler Brauch bis zur Maturität das Humanistische Gymnasium, absolvierte dann eine Banklehre in der väterlichen Firma und hielt sich anschliessend drei Jahre lang zur weitern Ausbildung in den Vereinigten Staaten von Nordamerika auf, wo er vorübergehend als Attaché an der damaligen Schweizerischen Gesandtschaft in Washington unter Minister Dr. Hans Sulzer tätig war. 1919 nach Basel zurückgekehrt, trat er in die Bank des Vaters ein, in der er bald zum Teilhaber aufsteigen sollte. Dank seiner umfassenden Kenntnis der schweizerischen und der internationalen Wirtschaft und seiner wachsenden beruflichen Erfahrung wurde Bernhard Sarasin im Lauf der Jahre zum soliden Pfeiler des angesehenen Bankhauses und zum hochgeschätzen Berater zahlreicher bedeutender Unternehmen des Handels und der Industrie, welche ihn in ihre Verwaltungsräte beriefen. Schon 1925 wurde er in die Leitung der Schweizerischen Bankiervereinigung gewählt, welche ihm 1947 als Nachfolger von Robert La Roche das Präsidium übertrug, das er bis zu seinem frühen Tod bekleidete. Seine fachliche Kompetenz und persönliche Loyalität trugen wesentlich zur Festigung des Ansehens bei, das sich diese auf baslerische Initiative zur Wahrung der gemeinsamen Interessen gegründete Dachorganisation des gesamten schweizerischen Bankwesens bei den eidgenössischen Behörden und im Ausland erwarb. Als Neffe von Regierungsrat und Nationalrat Professor Dr. Paul Speiser-Sarasin, dem Gründer und ersten Präsidenten der Schweizerischen Schleppschifffahrtsgenossenschaft, der späteren Schweizerischen Reederei AG, brachte Bernhard Sarasin sein besonderes Interesse der schweizerischen Schiffahrt entgegen. Seit 1929 Mitglied des Verwaltungsrats und seit 1946 dessen Präsident, setzte er sich tatkräftig für die Stärkung der schweizerischen Schiffahrt durch den Ausbau der Flotte und damit für die Unabhängigkeit unseres Landes auf dem Weg zum Meer und auf hoher See ein.

Als Repräsentant des selbständigen Handelsstandes gehörte Bernhard Sarasin von 1923 bis 1944 dem Basler Grossen Rat an, wo er vor allem in Finanz- und Steuerfragen ein gewichtiges Wort mitzusprechen hatte; in allen politischen Lagern anerkannt und geschätzt, wurde er für das Amtsjahr 1936/37 auf den Präsidentenstuhl des kantonalen Parlaments erhoben. Der Öffentlichkeit diente er überdies durch seine Mitarbeit in zahlreichen weiteren Institutionen, nicht zuletzt als Präsident der Leitenden Kommission der Allgemeinen Armenpflege in den Jahren 1944 bis 1949. Alle Bereiche seines weitverzweigten Wirkens für die Wohlfahrt des Gemeinwesens waren geprägt durch die Grosszügigkeit, das Wohlwollen und die innere Harmonie seiner Persönlichkeit.

Nach dem Hinschied Bernhard Sarasins ging die Villa an die Firma Toucharbons SA über, von der sie 1960 die Internationale Treuhand AG erwarb.

Der Architekt

Mit dem Bau der Villa am Hirzbodenweg hatte Adolf Staehelin-Gruner 1901 das Architekturbureau Vischer & Fueter beauftragt, das der ältere Partner Eduard Vischer-Sarasin (1843–1929) im März 1870 in der Kapelle des Deutschritterhauses an der Rittergasse ins Leben rief und seit 1872 in freundschaftlicher Verbindung mit seinem ehemaligen Studienkollegen, dem Berner Eduard Fueter (1845–1901), führte. Als Sohn des Ratsherrn und Professors Wilhelm Vischer-Bilfinger fand Eduard Vischer nach der Maturität am seinerzeitigen Pädagogium, der Oberstufe des Humanistischen Gymnasiums, in Christoph Riggenbach, welcher damals den Bau der von Christoph Merian gestifteten neugotischen Elisabethenkirche leitete, seinen ersten Lehrmeister. Das Studium der Architektur führte ihn an das Polytechnikum in Zürich, an die Bauakademie in Berlin und an die Ecole des Beaux-Arts in Paris. Wertvolle Eindrücke für sein späteres berufliches Schaffen gewann er auf längeren Bildungsreisen nach Italien, Griechenland und Konstantinopel, die der Gründung des eigenen Bureaus in seiner Vaterstadt vorausgingen.

Neben dem Bau des Sevogelschulhauses wurde dem jungen Architekten die Projektierung zahlreicher Villen im St. Alban-Quartier übertragen, die sich durch ihre klare und zweckmässige Disposition, ihre harmonische Raumgestaltung und ihre sorgfältig abgewogene Fassadenkomposition auszeichneten. Lebhaften Anteil nahm Eduard Vischer an den grossen städtischen Bauaufgaben der Zeit. Sein Werk war unter anderm das 1896 bezogene Frauenspital zwischen Schanzen- und Klingelbergstrasse, das damals als eines der schönsten und modernsten Spitäler des Kontinents galt. 1895 gelangte das Bureau Vischer & Fueter in einer internationalen Konkurrenz für den Umbau und die Erweiterung des Basler Rathauses an die Spitze der Bewerber; es wurde mit einem ersten Preis ausgezeichnet und damit dem Auftrag betraut, der in den Jahren 1898 bis 1905 zur Ausführung gelangte. Die bedeutende künstlerische Leistung, die Eduard Vischer hier gelang, fand bei den Behörden und in der Öffentlichkeit hohe Anerkennung. Auf eidgenössischer Ebene trat er hervor als Mitglied und Präsident der Kommission für das Schweizerische Landesmuseum; in dieser Eigenschaft verhalf er in der heiss umstrittenen Frage der Ausschmückung des Waffensaals dem Entwurf Ferdinand Hodlers zur Durchführung. Bis 1924 blieb Eduard Vischer der aktive Seniorchef des Bureaus, um dann dessen Leitung seinen Söhnen Dr. h. c. Ernst B. Vischer-Geigy und Paul Vischer-Geigy zu übergeben. Seinem Enkel Ambrosius Vischer wurde der ehrenvolle Auftrag zuteil, mit der 1982 abgeschlossenen Renovation des Rathauses das Werk des Grossvaters fortzusetzen.

Baugeschichtliche Würdigung

Das Haus Hirzbodenweg 103, das Hauptgebäude des heutigen Firmensitzes der Internationalen Treuhand AG, zählt zu den relativ wenigen, noch heute erhaltenen baslerischen Villen aus der Epoche des Historismus. Es wurde 1901 als repräsentatives, herrschaftliches Wohnhaus des gehobenen Bürgertums erstellt, wobei sich Bauherr wie Architekt in ihrer gemeinsamen Vorliebe für die traditionellen Bauformen der baslerischen Vergangenheit aus der Zeit des Barocks, die das Stadtbild des 18. Jahrhunderts weithin prägten, verbunden wussten. In der Gestaltung des Baus ist denn auch eine bestimmte Anlehnung an französisch-baslerische Vorbilder, insbesondere eine gewisse Verwandtschaft mit dem Haus «zum Delphin», dem heutigen Domizil des Erbschaftsamtes an der Ecke Rittergasse/Bäumleingasse, nicht zu verkennen. Sie äussert sich insbesondere in der reichen Ausbildung der dreiachsigen Strassenfassade, die dem Betrachter dank ihrer kunstreichen Gliederung einen ebenso harmonischen wie kraftvollen Eindruck hinterlässt.

Markant hebt sich von den beiden Seitenachsen die ganz in rotem Sandstein ausgeführte, mit Lisenen eingefasste Mittelachse des dreigeschossigen, auf einem hohen grauen Steinsockel ruhenden Baus ab. Sie wird im Erdgeschoss wirksam akzentuiert durch die über eine kurze Vortreppe zu erreichende rundbogige zweiflügelige Haustüre, die durch gefelderte Pilaster und eine Archivolte prunkvoll eingefasst und durch Schmiedeisengitter mit feinem Rankenwerk bereichert wird. Von der grossen Rocaillen-Kartusche des Scheitels gehen auf beiden Seiten reiche Girlanden aus. Über diesem Zierfeld erhebt sich als profilierte Verdachung das Gurtgesims; darüber liegt das von zarten Lagerfugen umrahmte Fenster des Obergeschosses, das von der aus dem Mittelfeld emporragenden, mit grosser Kartusche und seitlichem Blattgehänge geschmückten Lukarne des Mansardendachs gekrönt wird.

Gequaderte Ecklisenen, gleichfalls aus rotem Sandstein, bilden die wirksame vertikale Verstärkung der beiden Seitenachsen mit ihren stichbogigen Fenstern, während die Waagrechte durch ein Steinband über dem Steinsockel, ein rechteckiges Gurtgesims zwischen den Geschossen und profiliertes kleines Gesims unterhalb der Dachtraufe betont wird.

Durch die Haustüre gelangt man in die durch glatte Pilaster mit korinthischen Kapitellen eindrucksvoll geschmückte Eingangshalle, aus der die Treppe mit prächtigem Balustergeländer bis in den Dachstock hinaufführt. Im Erdgeschoss gruppieren sich um das Vestibule der einstige Salon, das Herrenzimmer, das Wohnzimmer mit der anschliessenden Veranda und das mit dem Wohnzimmer verbundene Esszimmer, die, ebenso wie die Wohnräume des ersten Stocks, heute für die Zwecke der Internationalen Treuhand AG genutzt werden.

In Würdigung seiner hohen architektonischen Qualitäten – seiner sorgfältig abgewogenen Fassadenkomposition, seiner harmonischen Raumgestaltung und seiner gepflegten Bauausführung – hat die Gesellschaft den Bau nach dem Erwerb der Liegenschaft unter sorgfältiger Erhaltung ihres reichen Innendécors durch Architekt Martin H. Burckhardt vorbildlich renovieren lassen und deren Verwendbarkeit für ihre Bedürfnisse durch einen Bureaupavillon im Garten gegen die Wartenbergstrasse erhöht.

Villa Hirzbodenweg 95

Der Bauherr und spätere Besitzer

Im selben Jahr 1901, in dem die Villa Hirzbodenweg 103 erstand, erteilte der damals 29jährige Kaufmann Carl Füglistaller-Frey (1872–1956) den Architekten Suter & Burckhardt den Auftrag, auf dem daneben gelegenen Areal ein Wohnhaus zu erbauen. Er war der zweite Sohn des Bierbrauers Bernhard Füglistaller-Sprenger aus Jonen im aargauischen Freiamt, der 1869 die kleine Haus- und Wirtschaftsbrauerei «zum Warteck» an der alten «Deutschen Bahnhofstrasse» gegenüber dem damaligen Badischen Bahnhof, am heutigen Riehenring, übernommen hatte; dort kam er am 11. Dezember 1872 zur Welt. Nach einer kaufmännischen Lehre in einer Basler Bank und einem seiner Weiterbildung dienenden Aufenthalt in Italien trat er 1900 in die von Georg Kiefer, dem Grossvater seiner Gattin, gegründete Glas- und Porzellanwarenfirma an der Freien Strasse ein, die er, seit 1928 unter seinem eigenen Namen, weiterführte; durch die ihm eigene solide und umsichtige Art, seinen Optimismus und seine Tatkraft verhalf er dem Unternehmen zu seinem erfreulichen Aufschwung. Als Präsident des Verwaltungsrats der Füglistaller AG verblieb er bis zu seinem Tod an der Spitze des Geschäfts, während er dessen aktive Führung schon 1942 in die Hände seines einzigen Sohnes gelegt hatte.

Ein halbes Jahrhundert lang war Carl Füglistaller mit der ehemaligen Handwerkerbank verbunden, der er seit 1906 als Suppleant und Revisor, seit 1917 als Mitglied des Verwaltungsrats diente. 1929 zu dessen Präsidenten gewählt, leitete er bis 1955 die Geschicke des Instituts mit sicherem und überlegenem Urteil. 1921 wurde er in den Verwaltungsrat des väterlichen Unternehmens, der Brauerei zum Warteck AG, berufen, das inzwischen aus dem patriarchalischen Gewerbe- zum industriellen Grossbetrieb herangewachsen war. Seit 1930 Vizepräsident und seit 1932 Delegierter des Verwaltungsrats, bildete er aufgrund seiner reichen kaufmännischen Erfahrung eine wertvolle Stütze der Firma, der er bis zu seinem Hinschied eine anhängliche Treue bewahrte.

Nach dem Tod von Carl Füglistaler ging die Villa an Paul und Emma Simonius-Vischer über, die sie als letzte private Eigentümer seit 1958 bewohnten.

Paul Simonius (1881–1958) war das erste Kind des Ingenieurs und Industriellen Oberst Alphonse Simonius-Blumer, der von 1906 bis zu seinem Hinschied im Jahr 1920 als Präsident des Verwaltungsrats des Schweizerischen Bankvereins amtete und in die Erinnerung der Nachwelt eingegangen ist, weil er zusammen mit Dr. Max Staehelin-Maeglin, dem damaligen Direktor der Schweizerischen Treuhandgesellschaft, auf einer Geschäftsreise nach Amerika 1912 die Katastrophe des Dampfers «Titanic» heil überstand. Alphonse Simonius entstammte einer seit 1582 urkundlich nachweisbaren Ravensburger Familie von Chirurgen, Ärzten und Kaufleuten; erst sein Grossvater Paul Simonius-Oschwald hatte als Partner des seit 1719 im Wollhandel tätigen

Hauses Hans Georg Fürstenberger, der heutigen Firma Simonius, Vischer & Co., 1832 in Basel Fuss gefasst und 1848 dessen Bürgerrecht erworben.

Geboren in Zell im Wiesental und aufgewachsen in Wangen im Allgäu, wo der Vater ein industrielles Unternehmen leitete, bestand Paul Simonius nach der Rückkehr seiner Eltern in die Schweiz die Maturität an der Zürcher Kantonsschule. Neben der Schule und auch später widmete er sich mit Begeisterung dem Sport; schon mit achtzehn Jahren spielte er in der Schweizer Fussballmannschaft mit. Im Blick auf seine Bestimmung, in Zukunft die Leitung der väterlichen Fabriken zu übernehmen, bildete er sich an der Eidgenössischen Technischen Hochschule in Zürich zum Maschineningenieur aus. Kurz nach dem Abschluss seiner Studien beauftragte ihn der Vater mit dem Bau und der Führung einer Cellulosefabrik in Drvar, einem waldreichen Tal in der damaligen österreichischen Provinz Bosnien; dabei kamen ihm sein grosses technisches Können und sein Improvisationstalent wie sein ausserordentliches Geschick im Umgang mit Menschen der verschiedensten Stände in hohem Mass zustatten. Grosse Probleme stellten sich für Paul Simonius nach dem Ersten Weltkrieg, als die Simonius'schen Cellulosefabriken in Deutschland aufgegeben werden mussten und sich die Situation in Drvar mit dem Übergang Bosniens an Jugoslawien grundlegend veränderte. Die Führung eines Geschäfts in diesem jungen Staatswesen gestaltete sich für einen Ausländer doppelt schwierig; doch gelang es ihm mit der Zeit, das Familienunternehmen wieder auf die Höhe zu bringen.

Die Verbindung von Paul Simonius mit der Heimat blieb aufrechterhalten durch die regelmässigen Militärdienste in der Schweiz. Schon mit zwanzig Jahren als jüngster unter seinen Kameraden zum Offizier befördert, diente er während des Ersten Weltkriegs unter anderm als Hauptmann im Generalstab im militärischen Nachrichtendienst in Bern. Als Oberstleutnant übernahm er 1923 das Kommando des ersten schweren Artillerie-Regiments, das motorisiert wurde; 1929 erfolgte seine Beförderung zum Oberst. Ein Jahr hernach aber erlitt er eine Embolie, die eine Sprachstörung nach sich zog. Dennoch gelang es ihm schliesslich dank der Achtung, die seine absolute Ehrenhaftigkeit und sein unbestechlicher Charakter seinen Verhandlungspartnern abnötigten, die Geschäfte in Jugoslawien relativ erfolgreich abzuschliessen; doch fiel ihm der Abschied von seinem Lebenswerk und seinen Mitarbeitern sehr schwer.

1937 kehrte er mit seiner Gattin, die ihm eine Tochter und zwei Söhne geschenkt hatte, endgültig nach Basel zurück, wo die Familie in der «Sandgrube» an der Riehenstrasse Wohnung nahm. Mit der Zeit eröffnete sich für ihn die Möglichkeit, seine grossen Fähigkeiten, umfassenden Kenntnisse und reichen Erfahrungen für verschiedene schweizerische Unternehmen fruchtbar zu machen. Die Tätigkeit in der Baugesellschaft zum Löwenfels, in der Bank Dreyfus Söhne & Cie. AG und insbesondere in der Maschinenfabrik Adolf Schulthess & Co. AG im Zürcher Oberland, zu deren glücklicher Entwicklung er mehr denn fünfzehn Jahre lang als Delegierter und in den letzten drei Jahren als Präsident des Verwaltungsrats erfolgreich beitragen konnte, erfüllte ihn mit grosser Befriedigung. Nach 20jährigem Wohnsitz in der «Sandgrube» entschlossen sich Paul Simonius und seine Gattin zum Erwerb der mit dem Hinschied von Carl Füglistaller-Frey verwaisten Villa am Hirzbodenweg. Am 15. September 1958 durfte er sanft entschlafen. Mehr als achtzehn Jahre lang überlebte Emma Simonius-Vischer (1893–1976) ihren Gatten, und bis zu ihrem Tod blieb das Haus am Hirzbodenweg ihr geliebtes Heim, Mittelpunkt der weitern Familie und Stätte lebensfroher Geselligkeit. Von ihren Erben wurde die Villa am Hirzbodenweg zwei Jahre später durch die Hibo Immobilien-AG, eine Schwestergesellschaft der Internationalen Treuhand AG, erworben.

Der Architekt

Der Schöpfer der Villa Hirzbodenweg 95 war Otto Burckhardt-Boeringer (1872–1952), einer der letzten Architekten, die noch vor dem Ersten Weltkrieg massgebend zur Gestaltung des Basler Stadtbildes beitrugen. Nahezu drei Dezennien jünger als sein Kollege Eduard Vischer-Sarasin, kam er 1872 zur Welt, zwei Jahre nachdem dieser sein Bureau eröffnet hatte; doch entstammte er als Sohn des Staatsanwalts und späteren Regierungsrats Dr. Johann Jakob Burckhardt-Iselin derselben Schicht der baslerischen Gesellschaft, und gleich ihm wurde er in seinem Schaffen durch die Ecole des Beaux-Arts in Paris wesentlich geprägt.

Vor seinem Studienaufenthalt in der französischen Metropole hatte Otto Burckhardt in Basel nach der Maturität an der damaligen Oberen Realschule noch die Zeichen- und Malkurse von Fritz Schider besucht und die kunstgeschichtlichen Vorlesungen von Jacob Burckhardt gehört. Den Grund zu seinem beruflichen Können legte er als Mitarbeiter von Charles Mévès in Paris, einem der führenden französischen Architekten des 19. Jahrhunderts. Trefflich vorbereitet, fasste er nach längeren Studienreisen in Deutschland, Frankreich, Italien und Spanien mit 29 Jahren dauernd in Basel Fuss, wo er 1901 zusammen mit seinem Freund Rudolf Suter (1871–1932) die Architekturfirma Suter & Burckhardt gründete. Die beiden Partner ergänzten sich in glücklicher Weise: Während der Sinn Rudolf Suters mehr nach der praktisch-funktionellen Seite des Berufs orientiert war, lag die Stärke Otto Burckhardts im künstlerischen Bereich, und so darf die architektonische Gestaltung der Villa am Hirzbodenweg, die dem jungen Bureau als einer seiner ersten Aufträge zuteil wurde, wohl zu Recht als sein Werk betrachtet werden. Er konnte damals nicht ahnen, dass sein Erstling 57 Jahre später der Wohnsitz von Paul Simonius-Vischer, einem Cousin seiner Gattin, der Tochter von Charles Boeringer und Adèle Simonius, werden würde.

Rasch nahm die Architekturgemeinschaft Suter & Burckhardt eine führende Stellung im Basler Bauwesen ein; schon nach wenigen Jahren wurden ihr neben privaten Wohnhäusern von bedeutenden Firmen, Banken, Versicherungsgesellschaften und industriellen Unternehmen wichtige und verantwortungsvolle Aufgaben anvertraut. Ihr Werk war ebenso der Bau des Friedhofs am Hörnli, dessen Gestaltung Otto Burckhardt ein besonderes Anliegen war; hier konnte sich seine künstlerische Berufsauffassung aufs schönste entfalten. Sie bewährte sich auch bei der Restaurierung historischer Bauten, die er mit bewundernswertem Einfühlungsvermögen und meisterhafter Stilsicherheit durchführte. Als

er sich 1945 aus der aktiven Tätigkeit zurückzog, durfte er es tun im Bewusstsein, im Gefühl hoher Verantwortung wesentlich zur baulichen Entwicklung Basels beigetragen zu haben; doch verhehlte er sich nicht, dass sich in der Zeit nach dem Zweiten Weltkrieg mehr und mehr eine vor allem technisch bedingte, nüchterne Betrachtungsweise durchsetzte, die der von ihm vertretenen, an der Schönheit alter Architektur geschulten Richtung stets weniger Raum liess. Sieben Monate vor der Vollendung des achten Jahrzehnts setzte am 29. April 1952 eine Herzschwäche dem Leben dieser vom Geist hoher Kultur beseelten Persönlichkeit ein Ende.

Baugeschichtliche Würdigung

Ein wesentlich moderneres Gepräge als die Villa Hirzbodenweg 103 trägt das im gleichen Jahr 1901 erbaute Haus Hirzbodenweg 95. Im Gegensatz zu seiner Nachbarin wurde es ziemlich weit hinter dessen Front und diejenige der angrenzenden Reihenhäuser Nr. 81 bis 91 in den bis zur Wartenbergstrasse reichenden Garten zurückversetzt.

Die zweigeschossige Villa mit ausgebautem Dachstock bildet nach der Darstellung der Öffentlichen Basler Denkmalpflege eine der kühnsten, unabhängigsten Schöpfungen ihres Architekten, welcher die traditionellen, vom Historismus herkommenden Formen auf höchst eigenwillige Art neu durchgestaltete. Im Sinn des Bauherrn war er weniger um die Schaffung eines repräsentativen Rahmens bemüht; vielmehr ging es darum, ein Haus «mit freundlich anmutendem Heimatcharakter» (Schweizerische Bauzeitung 1909) zu erstellen, wozu vor allem auch die erwähnte enge Verbindung des Baus mit der umgebenden Gartenanlage beitragen sollte.

Das Haus ist demgemäss «von innen nach aussen» angelegt. Charakteristisch dafür ist der asymmetrisch gestaltete Mittelteil der Strassenfassade, hinter dem sich das nach aussen an den architektonischen Formen ablesbare Treppenhaus verbirgt. Markant wirkt vor allem der Treppenturm mit seinem breit gekehlten, in Haustein ausgeführten Rundbogen, seinem Balkon, den stufenförmig von rechts nach links ansteigenden Drillingsfenstern und dem über die Dachtraufe hinauswachsenden haubenbekrönten Risalit. Die von einem Risalitrand zum andern laufenden Quaderstufen und die über den Fenstern angebrachten Bogenkeilsteine verleihen dem Gebäude einen dekorativen Umriss. Geringere Bedeutung kommt den beiden Seitenfassaden zu, die indessen ebenfalls originell durchgegliedert sind.

Der «Schindelhof» im St. Alban-Tal

Die wichtigste Baugruppe des St. Alban-Tals, die sich im Besitz der Einwohnergemeinde befindet, bildet der historische «Schindelhof» (Nr. 44 bis 46). Er steht seit 1945 unter Denkmalschutz. Der Komplex wird speziell geprägt durch den gotischen Längsbau am Kanal mit seinem malerischen Innenhof, um den sich die Bauten hufeisenförmig gruppieren. Ein besonderes Schmuckstück dieses Hofes, der an elsässische Anlagen erinnert, bildet das manieristische Renaissance-Fenster aus hartem geschnitztem Eichenholz, das die Kunsthistoriker als «fränkischen Erker» bezeichnen und ins 16. Jahrhundert zurück datieren; vermutlich ist es bei einer späteren Umgestaltung der Liegenschaft von neuem verwendet worden.

Beim steinernen Brücklein

Erstmals hören wir vom Schindelhof zu Ende des 14. Jahrhunderts; damals war er vom Kloster St. Alban auf Lebenszeit an Johannes Kebusser und dessen Gattin Anna verliehen, die dem Gotteshaus dafür jährlich zwei Schillinge und ein Huhn zu entrichten und zur Erntezeit einen Schnitter zu stellen hatten. 1393 verkaufte Anna Kebusserin, die damals bereits ihren ersten Gatten verloren und Johannes Gürtler die Hand zu einer zweiten Ehe gereicht hatte, dem Kloster um 5 Pfund die jährlichen Einkünfte von 10 Schilling, die sie vom Haus «zen ussern Mülinen nebend der Brugg des Tiches», dem noch heute bestehenden steinernen Brücklein, bezog. 1403 war dem Ehepaar Hans Gürtler der Jüngere, der Sohn des Johannes, gefolgt. Ob er gleich seinen Nachfolgern auf der Liegenschaft bereits das Gewerbe eines Schindlers betrieb, steht dahin; urkundlich wird sie als «Schindelhof» erstmals im Jahr 1429 bezeichnet.

Der Brunnmeister Hans Zschan

In der zweiten Hälfte des 15. Jahrhunderts stand der Schindelhof im Besitz des Hans Zschan, eines Zimmermanns, der von Metz nach Basel gekommen und hier 1477 in die Zunft zu Spinnwettern aufgenommen worden war. Ihm übergab der Rat das wichtige Amt des Brunnmeisters, für das in der Regel Zimmerleute gewählt wurden, weil im Mittelalter nicht nur die Brunnentröge, sondern auch die Röhren der Leitungsnetze, die sogenannten «Brunnteuchel», aus Holz angefertigt wurden. Dies geschah im Schindelhof zu St. Alban, wo die aus den Jurawaldungen herabgeflössten Baumstämme zu Teucheln gebohrt wurden, worauf man sie bis zu ihrer Verwendung in dem vom Dorenbach gespeisten Teuchelweiher, dem spätern, erst 1873 aufgefüllten Schützenmattweiher, lagerte.

Hans Zschan, der seit 1485 eine Zeitlang zusammen mit den berühmten Steinmetzen Ruman Faesch und Jacob Labahürlin auch dem in Bausachen zuständigen Kollegium der Fünferherren angehörte, tritt in der Brunnengeschichte unserer Stadt markant

hervor als Schöpfer zweier monumentaler Brunnwerk-Pläne in kolorierter Federzeichnung, einer Darstellung des Münsterwerks sowie des Spalenwerks, auf denen die damalige Wasserversorgung von Grossbasel beruhte. Als Brunnen-Fachmann war er weit über die Grenzen unserer Stadt hinaus bekannt. Im Jahr 1500 wurde der Basler Rat von den Behörden von Frankfurt gebeten, ihnen Zschan als Brunnmeister zu überlassen; doch wurde das Gesuch abschlägig beschieden, da man Zschan in Basel nicht entbehren zu können glaubte.

Das Handwerk der Schindler

Vermutlich hatte Hans Zschan nach Übernahme des Brunnmeisteramts das Handwerk des Schindlers aufgegeben und den Schindelhof im St. Alban-Tal verlassen. Dort war er offenbar nicht auf einen grünen Zweig gekommen; denn der Schaffner des Klosters sah sich mehrfach veranlasst, dessen Haus und Hofstatt samt einer halben Juchart Reben in den Neusätzen vor St. Alban-Tor wegen «versessener» (= verfallener) Zinsen mit amtlichem Beschlag zu belegen. Indessen blieb die Liegenschaft ihrem Zweck noch bis gegen das Ende des 16. Jahrhunderts erhalten.
Das Gewerbe der Schindler ist in Basel schon rund ein Jahrhundert vor Hans Zschan bezeugt. Zum zünftigen Handwerk wurde es, als 1393 zwei zu Spinnwettern dienende Schindler das Bürgerrecht erlangten. Die Mehrzahl der Angehörigen dieses Handwerks stammte ursprünglich aus dem waldreichen Jura, von wo das Holz die Birs hinab und durch den St. Alban-Teich zum Schindelhof geflösst wurde. Der Bedarf an Schindeln war vor allem im 15. Jahrhundert sehr gross; denn bis zum Brand des Jahres 1477 waren die meisten bürgerlichen Wohnhäuser mit Schindeln bedacht. Da sie somit ein wichtiges Baumaterial bildeten, legte die Obrigkeit grosses Gewicht auf ihre Qualität: Spezielle, von der Spinnwetternzunft bestellte «Schindelbeschauer» hatten die Schindeln regelmässig auf Format und Güte zu prüfen, wofür ihnen jedesmal ein Schilling und das Mahl verabfolgt wurde. Neben der Herstellung von Schindeln fertigten die Schindler auch die beim damaligen Umfang des Weinbaus in der nächsten Umgebung der Stadt viel gebrauchten Rebstecken an. Ihre Arbeiten hatten sie ausschliesslich im Schindelhof zu verrichten, der auch die einzige Stätte war, an der ihnen der Verkauf gestattet wurde. Ebenso war allen Schindlern vorgeschrieben, mit ihrem Gesinde in der Nähe des Schindelhofs Wohnsitz zu nehmen.
Der Nachfolger Hans Zschans auf dem Schindelhof war der Schindler Hans Lüthi, der zusammen mit seiner Gattin «Haus und Hofstatt beim steinernen Brücklin» 1502 um 50 Gulden an Hans Nussbaum verkaufte. Nach Nussbaum liessen sich dort für mehrere Jahrzehnte Angehörige der aus Rheinfelden stammenden Schindlerfamilie Ecklin nieder, deren hiesiger Ahnherr Claus Ecklin 1481 zu Spinnwettern zünftig geworden war. 1537 begegnen wir dort Thomas Ecklin und 1562 Franz Ecklin, die noch das Handwerk ihrer Väter ausübten. Ihren Nachfahren bot die Herstellung von Schindeln offensichtlich nicht mehr genügend Be-

schäftigung; jedenfalls wandte sich Hans Ecklin, an den der Schindelhof in der Folge überging, der Papierfabrikation in Lörrach zu. 1565 verkaufte er die Liegenschaft im St. Alban-Tal an Peter, den Sohn des Schneiders Franz Ecklin; doch veräusserte sie dieser noch am gleichen Tag an den Müller Christen Lippe, dessen Familie später auf der Rümelinsmühle sass.

Von der Papierfabrik zur Lohnwäscherei

Seit dem Ende des 16. Jahrhunderts war der Schindelhof seiner ursprünglichen Bestimmung entfremdet. Kürzere Zeit war dessen Eigentümer der Papierer Claus Dürr, der das Haus mit dem ummauerten Hof 1571 an Anna Thomann, die Gattin des Müllers Jörgen Spenn, verkaufte, «der jetzund usserthalb Lands und in Krieg gezogen». Ihr folgte vor 1587 Lorenz Schad, der vom Beruf des Schindlers zu dem eines Papierers übergegangen war; als solcher wird er in der Stadtbeschreibung Felix Platters vom Jahr 1610 aufgeführt. Schads gleichnamiger Sohn, seines Zeichens Mehlmesser, wurde abgelöst durch den Papierfabrikanten Hans Jacob Heussler, der die Behausung «samt Garten und Einfang dahinter in dem Loch bei dem steinen Brücklein» 1686 erwarb. Acht Jahrzehnte blieb sie im Besitz seiner Familie, bis sie auf einer freiwilligen Auktion des Jahres 1766 um 4100 Pfund durch den Handelsmann Johann Friedrich Strampfer ersteigert wurde, der in dem schon von den Heusslerschen Erben ausgebauten Komplex eine Strumpffabrik betrieb; sie wurde 1782 um 10 000 Gulden von Daniel Schoenauer-Ryhiner übernommen.

In der Verkaufsurkunde jenes Jahres wird die Liegenschaft erstmals «der neue Bau» genannt; sie umfasste damals neben der Wohnbehausung auch ein besonderes «Färb- und Presshaus» sowie verschiedene Magazine. Bereits vier Jahre später gelang es Schoenauer, den Komplex um 12 000 Pfund an den Handelsherrn Johann Heinrich Bavier-Burckhardt zu veräussern, der jedoch schon drei Monate später verschied, worauf die Witwe beim Direktorium der Kaufmannschaft, der Vorläuferin der Basler Handelskammer, ein Darlehen von 5333 Pfund zu 3 Prozent aufnehmen musste. 1793 konnte sie sich ihres belastenden Besitzes indessen durch den Verkauf an den Ratsherrn Jacob Munzinger-Münch entledigen. Dieser kam im gleichen Jahr um die Bewilligung zur Errichtung eines Waschhauses mit «Bauchofen» ein, während er an der Stelle eines Magazins eine neue «Bewohnung» errichten liess. Über den Handelscommis Friedrich Wagner gelangte die Liegenschaft 1828 an dessen Stiefsohn Johann Jakob Hofer und in der Folge an den Dessinateur Wendolin Ranz, der sie 1843 an den Lohnwascher Johann Jacob Wetzel-Matzinger weitergab.

So wurde der alte Schindelhof im 19. Jahrhundert zu einer «Lohn- und Reinwäscherei», an denen in Basel im 19. Jahrhundert kein Mangel war; das Adressbuch des Jahres 1862 zählt nicht weniger als 27 derartige Betriebe auf. Im übrigen aber bildete er die Wohnstätte einfacher Leute, die in dem alten Gemäuer beim steinernen Brücklein ihr stilles Glück fanden.

«Zer Eich» am Mühlenberg

Obwohl Jacob Burckhardt über solide Vermögensverhältnisse verfügte, verbrachte er sein ganzes Leben im Stand eines bescheidenen Mieters. Und doch war er längere Zeit zugleich Besitzer eines eigenen Hauses, der bergwärts an das Pfarrhaus am Mühlenberg anschliessenden Liegenschaft «zer Eich» (Nr. 10), ohne sie allerdings je selbst zu bewohnen, wie es möglicherweise ursprünglich in seiner Absicht gelegen hatte.

Als Jacob Burckhardt im Frühling 1864 wohl nicht ohne Wehmut die schöne Wohnung im Haus St. Alban-Vorstadt 41 verliess, weil sie ihm, wie er am 3. April jenes Jahres seinem Dichterfreund Paul Heyse schrieb – wohl angesichts seiner wachsenden Bibliothek – zu eng geworden war, mietete er sich zunächst bei dem Caféwirt David Grisanti im Haus Elisabethenstrasse 62, dem heutigen Park-Hotel Bernerhof, ein.

Doch zog es ihn schon nach zwei kurzen Jahren aus dem Lärm des wachsenden Bahnhofviertels zurück in die Stille der St. Alban-Vorstadt. Dort fand er in dem bescheidenen Haus Nr. 64 die Wohnung, der er länger als ein Vierteljahrhundert, bis im Jahr 1892, die Treue hielt.

Sitz für die alten Tage?

1876, also genau ein Jahrzehnt nach der Übersiedlung nach St. Elisabethen, erwarb Jacob Burckhardt zum Preis von 24 140 Franken auch ein eigenes Haus, die «Eich» am Mühlenberg, jenen charaktervollen Bau mit seiner schönen gotischen Fassade, der sich seit einer Reihe von Jahren in glücklich restaurierter Gestalt präsentiert. Über die Gründe, die Burckhardt zum Kauf veranlassten, sind wir auf Vermutungen angewiesen. Möglicherweise faszinierte ihn der Sitz mit seiner traditionsreichen Vergangenheit und seinem unmittelbaren, reizvollen Ausblick auf den Strom, wie er ihn bis 1864 von der Rheinfront des Hauses St. Alban-Vorstadt 41 genossen hatte. Vielleicht aber bestimmten ihn auch Motive der sorgfältigen Plazierung seines Vermögens zu seinem Schritt; denn im selben Jahr 1876 hatte Jacob Burckhardt eine aus dem väterlichen Erbe stammende, langgestreckte Wiese zwischen Schützenmatte und Allschwilerstrasse verkauft, deren Erlös er möglicherweise wiederum in einer Liegenschaft anzulegen wünschte. Und schliesslich könnte beim Kauf des Hauses über dem Rhein der Gedanke mitgespielt haben, es eines Tages als Alterssitz selbst zu beziehen. Vorerst freilich lag dem damals 58jährigen die Absicht, seine bescheidene Einsiedlerklause über dem Bäckerladen an der St. Alban-Vorstadt wieder preiszugeben, fern; drum sollte die Liegenschaft am Mühlenberg zunächst vermietet werden.

Traditionsreiche Geschichte

Mit der «Eich» hatte Jacob Burckhardt in der Tat ein Haus mit traditionsreicher Vergangenheit erworben, die sich bis ins Jahr 1350 zurückverfolgen lässt. Lange Zeit war es dem Kloster St. Alban zinspflichtig gewesen; doch ging es kurz vor dem Durchbruch der Reformation in Basel in den Besitz des Spitals und 1602 an Jacob Meyer, den Pfarrer zu St. Alban, über; er bestimmte die Liegenschaft für den Fall, dass er vor seiner (der Ehe des Strassburger Reformators Wolfgang Capito mit Wibrandis Rosenblatt, der Witwe von Johannes Oekolampad, entsprossenen) Gattin das Zeitliche segnen sollte, zu ihrem Witwensitz. Als er 1604 auf der Kanzel vom Schlag getroffen wurde, zog denn auch Agnes Meyer aus dem Pfarrhaus in die «Eich» hinüber, um sie bei ihrem Tod dem Sohn Wolfgang, seines Zeichens Doktor der Theologie und Obersthelfer (zweiter Pfarrer am Münster), zu hinterlassen.

Nach zahlreichen Handänderungen im ausgehenden 17. und beginnenden 18. Jahrhundert – unter den damaligen Eigentümern begegnen wir unter andern 1693 dem Kunstmaler Hans Georg Becker-Merian, der zusammen mit seinem Bruder Benedict 1710 und 1711 die Malereien Hans Bocks am Rathaus restaurierte – lässt sich das Haus 1810 als Eigentum des Metzgers Johannes David, des Vorstadtmeisters zu St. Alban, nachweisen. Von ihm vererbte es sich auf seinen Schwiegersohn, den Handelscommis Matthäus Nidecker, den Ahnherrn des Basler Zweiges seines ursprünglich im Schaffhauser Landstädtchen Neunkirch beheimateten Geschlechts. Als dieser 1849 seine Augen schloss, übertrugen die Hinterlassenen die «Eich» dem ältesten Sohn, dem Handelsmann Johann Matthias Nidecker-Linder.

Übermütiger Theologe

Als dessen Sohn kam hier der durch seine schreckhaften Fratzen und übermütigen Studentenstreiche bekannte Emanuel Nidecker zur Welt, ein leidenschaftlicher Trompeter, durch dessen Spiel der benachbarte Pfarrherr zu St. Alban oft im Studium seiner Predigt gestört worden sein mag. Seine Lausbubereien – in einer Novembernacht des Jahres 1863 sollen «Nidi» und seine Kommilitonen sogar dem Standbild Johannes Oekolampads im Münsterhof die Füsse abgeschlagen haben – veranlassten die gestrengen Examinatoren dazu, Emanuel Nidecker die Aufnahme ins Basler Pfarrkapitel zu verweigern, worauf er in die Vereinigten Staaten auswanderte. Dort bestand er mit Brillanz die theologischen Prüfungen und wurde in der Folge Pastor der lutherischen St. Michaels- und Zions-Gemeinde zu Philadelphia, der er bis 1914 diente; auch als Dichter pietistischer Lieder hat er sich in Amerika einen Namen gemacht. 1937, im patriarchalischen Alter von 88 Jahren verstorben, wurde der «Denkmalschänder» von Anno dazumal zu seinem 100. Geburtstag durch die Errichtung eines eigenen Monuments an der langjährigen Stätte seines Wirkens geehrt.

Bei Jacob Burckhardt zur Miete

«Nidis» Vater also, der auch das Sigristenamt zu St. Alban versah, war der Mann, der das Haus am Mühlenberg 1876 an Jacob Burckhardt verkaufte; wer aber waren die Mieter des Professors? Unterm 20. Juli 1876 hatte Jacob Burckhardt seinen Neffen, den mit einer Tochter seines Schwagers Melchior Berri verheirateten Architekten Carl Lendorff (1830–1904), «in Betreff des Hauses am Mühlenberg zu jeder Art von Verkauf oder Vermietung, Festsetzung der Preise sowohl als der Bedingungen bevollmächtigt; Herr Lendorff kann für dieses Alles in meinem Namen rechtsgültig unterzeichnen».

Im Namen Burckhardts vermietete Carl Lendorff das Haus zunächst an den Posamenter Friedrich Witt-Kling, 1881 an den Weichenwärter Andreas Hess-Wüthrich, 1883 an den Lithographen und Sigristen Matthias Fahrner-Schröder und 1887 an den Commis Friedrich Karsten-Martin. Der Eingang des zuerst quartalsweise, später semesterweise zu bezahlenden Mietzinses von 900 Franken im Jahr wird in den vom Advokatur- und Notariatsbüro Dr. August Sulger geführten «Cassarechnungen» Jacob Burckhardts, die sich in seinem Nachlass erhalten haben, regelmässig verzeichnet.

Aufbewahrt hat Jacob Burckhardt auch einen von ihm mit den Worten «Verkaufsantrag wegen meines Hauses» überschriebenen anonymen Brief vom 7. Oktober 1878, in dem er gebeten wurde, unter einer Chiffre poste restante die Kaufsbedingungen und den äussersten Preis mitzuteilen, falls er gesonnen wäre, die Liegenschaft zu veräussern. Offenbar liess er diese Anfrage indessen unbeantwortet.

Übergang an Rudolf Oeri-Sarasin

1891 war der 73jährige Gelehrte auf der dunklen Stiege im Haus an der St. Alban-Vorstadt zu Fall gekommen und hatte sich dabei den linken Arm gebrochen. Diesen Unfall nahmen Verwandte und Freunde zum Anlass, ihn zum Umzug in eine komfortablere Wohnung zu drängen. Damals mag Jacob Burckhardt den möglicherweise einst gehegten Plan, ins eigene Haus über dem Rhein überzusiedeln, sicherlich nicht leichten Herzens aufgegeben haben; denn grössere Bequemlichkeit als das Bäckerhaus bot die alte damals wahrscheinlich ziemlich baufällige Liegenschaft am Mühlenberg mit ihrem Treppengewirr nicht. Seine neue (und letzte) Wohnstätte sollte das Haus Aeschengraben 6 werden, welche der Kaufmann Rudolf Goetz-Hauser 1862 kurz nach der Abtragung der Stadtmauer und der Auffüllung des Grabens auf seinem bis gegen das Sternengässlein reichenden Grundbesitz hatte errichten lassen. 1892 zog Jacob Burckhardt in die zweite Etage dieses Hauses mit seinen bequemen, breiten Treppen ein. Damit war der Besitz der Liegenschaft am Mühlenberg für ihn sinnlos geworden: Ende 1893 übernahm sie um 20 000 Franken sein Neffe Dr. Rudolf Oeri-Sarasin (1849–1917), der den Onkel bis zu seinem Tod als Hausarzt betreute. Nicht im eigenen Haus am Mühlenberg also, sondern in der Mietwohnung am Aeschengraben ist Jacob Burckhardt am 8. August 1897 sanft entschlafen.

Im St. Alban-Pfarrhaus am Mühlenberg

Wer aus der St. Alban-Vorstadt zur Kirche und zum St. Alban-Stift hinabspaziert, bleibt wohl immer wieder fasziniert einen Augenblick vor dem historischen Pfarrhaus (heute u.a. Sitz von «Christ und Welt») stehen, das sich deutlich aus zwei Teilen, dem Hauptbau zur Rechten und dem spätern Anbau zur Linken, zusammensetzt. Der Eingang befindet sich in einem Untergeschoss des Hauses, aus dem man über eine Treppe zur eigentlichen Wohnung im ersten Stockwerk und zu der malerischen Laube gelangt, welche als Zugang zu den Räumen des Flügelgebäudes dient. Aus den nach gotischer Art frei über die Fassade verteilten Fenstern schweift der Blick über den Strom hinüber ins Kleinbasel und darüber weg auf die blauen Höhenzüge der badischen Nachbarschaft. «Das Ganze hat viel Poesie», schrieb vor sechzig Jahren der damalige Vorsteher des Justizdepartements, Carl Christoph Burckhardt-Schazmann, als er sich gegen den Verkauf der Liegenschaft an einen «Liebhaber» zur Wehr setzte, der das Haus niederreissen und an seiner Stelle einen Neubau errichten wollte...

«Des Lütpriesters Hus»

Im Jahr 1407 tritt das Haus erstmals ins Licht der schriftlichen Überlieferungen: Damals verkauften Henman von Gundolzheim und seine Frau Elsi zem Schlüssel das Anwesen mit Scheune, Hof und Garten an Claus Murer, Kaplan und Unterküster des Domstifts auf Burg. Grundherr war das Kloster St. Alban, dem neben einem Geldzins jährlich ein Huhn abgeliefert und zur Erntezeit ein Schnitter gestellt werden musste. 1414 brachte dann das Gotteshaus die Liegenschaft in seinen faktischen Besitz, indem es dieselbe dem Färber Henman Henicki um 96 Gulden abkaufte. Unter dem um die Sanierung der Klosterfinanzen eifrig bemühten Prior Peter Löwlin verlieh es Haus und Hof mit dem Garten am Kirchrain 1446 um einen jährlichen Zins von 32 Schilling an Heinrich Müller, den Zimmermann von Rheinau, und später an den Schindler Hans Burger, der dem Schaffner indessen den Zins schuldig blieb; dann aber wies es die Liegenschaft dem Leutpriester an, der aus dem Kreis von Weltgeistlichen für die Seelsorge der Pfarrgemeinde bestellt wurde. 1486 wird sie bereits deutlich als «des Lütpriesters Hus» bezeichnet. Im Zeichen der materiellen Schwierigkeiten, denen das Kloster im ausgehenden 15. Jahrhundert begegnete, scheint das Haus allerdings in der Folge nochmals kürzere Zeit von Privaten bewohnt gewesen zu sein, zunächst wiederum von Hans Burger und hernach von dem Weinmann Peterhans Strub. Ob Johannes Wesslin, der uns auch als Inhaber der Pfründe am St. Johannes-Altar in der vorderen Krypta des Münsters begegnet, um 1489 auch das Amt des Leutpriesters zu St. Alban bekleidete, steht nicht eindeutig fest; jedenfalls veräusserte er damals die Liegenschaft an Elsin Schwertzin von Kentzingen. 1497 aber war sie wieder ins Eigentum des Klosters zurückgekehrt; den darauf lastenden Zins zog das Gotteshaus dem Leutpriester von seiner «Präsenz» ab.

«Meister Michels» Hausrat

1502 starb im heutigen St. Alban-Pfarrhaus der Leutpriester Michael Mack aus Weissenhorn im Bistum Augsburg, dessen Nachlass wir aus einem nach seinem Tod aufgenommenen Rodel genau kennen. Er illustriert uns in anschaulicher Weise den Hausrat des Geistlichen, der demjenigen eines häblichen Bürgers in keiner Weise nachstand. Küche und Keller, Stuben und Kammern des Hauses hatte er reich ausgestattet, und auch am Klostertisch, an dem er in der Regel seinen Platz hatte, dürfte er nicht gedarbt haben. Unmittelbar vor der Reformation speiste man nämlich zu St. Alban sehr gut; für die Bankette zu Ehren hoher Fürstlichkeiten zog der Rat damals neben den Köchen des Bischofs und des Spitals gerne auch den Küchenmeister des Klosters am Rhein heran...

In den Stürmen der Reformation

Dann aber brausten die Stürme der Reformation auch über das alte Stift hinweg. Das Haus des Leutpriesters zu St. Alban wurde zu einem der ersten Brennpunkte der neuen Verkündigung. Im Sommer 1521 zog dort Wilhelm Reublin aus Rottenburg am Neckar ein, der trotz seiner kurzen Wirksamkeit in Basel tiefe Spuren hinterliess. Fridolin Ryff berichtet in seiner Chronik, Reublin habe die Heilige Schrift «so christlich und wohl ausgelegt», wie man es zuvor nie gehört habe. Der starke Zulauf nach St. Alban aber brachte dem Leutpriester auch eine wachsende Gegnerschaft, die ihn nicht selten in Gefahr, Angst und Not versetzte. Grosses Aufsehen erregte es, als Reublin während der Fastenzeit am Palmsonntag 1522 bei dem stadtbekannten Chirurgen und Papierfabrikanten Sigmund im Klybeckschlösslein zu Gast war, gemeinsam mit dem deutschen Humanisten Herman von dem Busche, dem Verteidiger Reuchlins, und bei dieser Gelegenheit ein Spanferkel geschmaust wurde. Und noch grösseres Ärgernis entstand unter den Altgläubigen einen Monat später bei der Fronleichnamsprozession, als Reublin nicht mit den üblichen Reliquien erschien, sondern die Bibel in der Hand trug und erklärte: «Das ist das rechte Heiltum; das andre sind Totenbeine!» Das war für Bischof und Domkapitel zuviel; auf ihr Ersuchen liess der Rat den Leutpriester festnehmen, um ihn am 28. Juni aus der Stadt zu verweisen.

Indessen blieb St. Alban unter Reublins Nachfolger Peter Frauenberger von Beinheim im Unterelsass weiter ein Mittelpunkt des religiösen Aufruhrs. Auch Frauenberger hatte die Pfarrei bald wieder zu verlassen. Seine Pfarrkinder erlebten nicht eitel Freude mit ihrem Hirten. Zwar waren die Neugläubigen begeistert über seine Weigerung, das Messopfer darzubringen; als er aber wegen Ehebruchs ans Halseisen gelegt und dann aus der Stadt gepeitscht wurde, wandten sie sich enttäuscht von ihm ab.

«Züchent gen Basel...»

Der erste Geistliche von St. Alban nach dem Durchbruch der Reformation im Jahr 1529 war Hieronymus Bothanus, der indessen 1531 in der Schlacht bei Kappel an der Seite Ulrich Zwinglis den

Tod fand. Oswald Myconius, der Freund des Reformators, der seit 1523 als Lehrer an der Fraumünsterschule in Zürich wirkte, wollte nach dem Verlust Zwinglis nicht länger an der Limmat bleiben und vertraute seinem Schüler Thomas Platter seine Sorgen um die Zukunft an. «Züchent gen Basel und werdent ein Prädicant!» rief ihm dieser zu, in der zuversichtlichen Erwartung, dass Myconius hier den verwaisten Platz von Bothanus werde einnehmen können. Alsbald eröffnete Platter dem Stiefsohn des Bürgermeisters Jacob Meyer zum Hirzen die Bereitschaft seines Lehrers, nach Basel zu kommen, worauf er von den mit der Leitung des Kirchen- und Schulwesens beauftragten Deputaten gebeten wurde, mit Myconius zu verhandeln. Wiederum reiste Platter nach Zürich; «und bracht ich Myconium mit mir aben: aber den Kosten han ich an mir selbs ghan» (die Spesen gingen auf seine eigene Rechnung), so lesen wir in seiner Autobiographie.

«Vatter, standent uff!»

Bald sollte Myconius die sogenannte «Sechserpredigt» halten, das heisst sich dem aus den Sechsern der Zünfte gebildeten Grossen Rat vorstellen. Am frühen Morgen des hiefür bestimmten Tages erschien Platter bei Myconius, der noch zu Bett lag. «Vatter, standent uff! Ir miest predigen!» rüttelte er ihn auf; Myconius aber, der sich über das Thema noch nicht im klaren war, fragte zurück: «Was soll ich predigen? Sagt mir's!» Da riet ihm Platter, den Ratsherren darzulegen, «woher uns komme und worumb der Unfall, der uns jetz hat überfallen»; die Niederlage am Kappel also sollte der Gegenstand seiner Rede werden. Eine grosse Zuhörerschar war in der Kirche versammelt; viele waren auch aus Neugierde gekommen, weil sie gehört hatten, dass Myconius in Zürich nie auf der Kanzel gestanden sei. Indessen behandelte er nach Platters Zeugnis «die Quästion inmassen», dass sich alles verwunderte und der Theologieprofessor Simon Grynaeus nach dem Gottesdienst zu dem späteren Antistes Simon Sulzer, der damals noch Student war, bemerkte: «O Simon, lass uns Gott bitten, dass uns der Mann bleibt; denn der Mann kann lehren.» So wurde Myconius Ende 1531 Pfarrer zu St. Alban; doch sollte er bereits im kommenden Jahr die Nachfolge Oekolampads am Münster antreten.

Der Schlag auf der Kanzel

Aus der langen Reihe der Pfarrer, die einander seit der Reformation zu St. Alban ablösten, seien einige wenige herausgegriffen. Nichts Näheres wissen wir von Martin Rahmen, der 1540 am Mühlenberg einzog, aber, wie Karl Gauss in seiner «Basilea reformata» schreibt, bereits im Jahr hernach enthauptet wurde. Nur zwei Jahre amtete in der Kirche am Rhein Albert Sulzer, der Neffe des Antistes Simon Sulzer; 1564 erlag er der Pest. Ihm folgte Jacob Meyer, dessen Gattin Agnes der Ehe Capitos mit Wibrandis Rosenblatt, der früheren Gefährtin Johannes Oekolampads, entsprossen war; nach vierzigjähriger Wirksamkeit wurde er 1604 auf der Kanzel vom Schlag getroffen. Seine Stelle nahm der Sohn Wolfgang Meyer ein, der zuvor in Cambridge geweilt hatte und 1630 zum Archidiakon, d.h. zum zweiten Pfarrer am Münster, emporstieg.

Samuel Werenfels baut den Ostflügel

Unter Pfarrer Friedrich Battier-Iselin, der 1691 zum Geistlichen von St. Alban gewählt wurde, veräusserte das Direktorium der Schaffneien «Ackermeisters Hus» (St. Alban-Vorstadt 69) an den Ratsherrn Hans Heinrich Beck. Indessen blieben die «vier Gemach» des Hauses auf der Seite des Pfarrgartens, die einst dem Hirten der Vorstadtgesellschaft als Wohnung gedient hatten, vom Verkauf ausgeschlossen; sie wurden jetzt dem Pfarrer zu St. Alban als Holzhaus überlassen. 1745 ging «Ackermeisters Hus», das nunmehr als «Hohes Haus» bezeichnet wurde, zusammen mit der Nachbarliegenschaft (St. Alban-Vorstadt 71) über an den Obersten Emanuel Faesch-Beck, der zuvor als Capitaine-Lieutenant der Kompagnie von Hieronymus Linder im Schweizer Regiment Hirzel in holländischen Kriegsdiensten gestanden hatte. Vier Jahre später schloss Faesch mit dem damals zu St. Alban amtierenden Pfarrer Onophrion Staehelin-Staehelin einen vom Rat genehmigten Vertrag ab, wonach Staehelin die vier ihm zustehenden Räume an den Obersten abtrat, während sich dieser verpflichtete, das Pfarrhaus am Mühlenberg auf seine Kosten instandsetzen zu lassen. Damals wurde der östliche Flügel durch den Steinmetzen und Architekten Samuel Werenfels erbaut.

Schadhaftes Zwischenöfelein

Im übrigen erwiesen sich die Deputaten wie der Rat als äusserst sparsam in ihren Aufwendungen für die Instandhaltung des Pfarrhauses. Es bedeutete schon viel, dass 1721 dem Begehren Pfarrer Battiers um Anbringung von gläsernen Vorfenstern entsprochen wurde; in der Regel beschränkte man sich darauf, jeweils bei einem Pfarrerwechsel die notwendigsten Reparaturen auszuführen. 1861 klagte die Gattin von Pfarrer Samuel Preiswerk-Staehelin dem Präsidenten des Baukollegiums, es bereite ihr «unzählige Verlegenheiten, dass unser Zwischenöfelein in der Küche so schlecht ist, dass man nichts darin braten noch backen kann. Ich weiss mir manchmal nicht zu helfen und musste schon Nachbarn rechts und links in Anspruch nehmen, was immer sehr fatal ist». Dennoch wohnten die Geistlichen und ihre Frauen gerne in der altmodischen und verwinkelten Pfarre, die auch bei reichem Kindersegen für die Familie genügend Raum bot; vor allem genossen sie den Garten, in dessen vorderem Teil sich noch bis zur letzten Jahrhundertwende ein Hühnerhof befand.

Erste Basler Pfarrwahl mit Frauen

Am 11. November 1917 – sechs Jahre nach der Trennung von Kirche und Staat – hatte die Synode beschlossen, auch den Frauen das kirchliche Stimm- und Wahlrecht zuzuerkennen, und am 9./10. März 1918 übten sie dieses Recht erstmals aus zu St. Alban, als Pfarrer Oscar Moppert, damals in Frauenfeld, als Nachfolger von Pfarrer Karl Gelzer-Vischer gewählt wurde; zwei Drittel der Wählenden gehörten bei jenem Urnengang dem weiblichen Geschlecht an. Auf Oscar Moppert sind im Pfarrhaus am Mühlenberg Fritz Buri und der unvergessene Paul Hassler gefolgt.

«Zun vier Hüsern» an der Augustinergasse

Die Liegenschaft Augustinergasse 9, «Zun vier Hüsern» genannt, ist seit dem ausgehenden 16. Jahrhundert im Besitz des Staates.

In der Zeile der schmalen Liegenschaften auf der Rheinfront der Augustinergasse schiebt sich zwischen den «Rappenfels» (Nr. 7) und das Pfarrhaus der Münstergemeinde «Selbviert» (Nr. 11) das Haus ein, welches seit 1567 den noch immer unerklärten Namen «zun vier Hüsern» trägt. Ins Licht der urkundlichen Überlieferung tritt die Liegenschaft erstmals 1347, also neun Jahre vor dem grossen Erdbeben; damals verkaufte sie das Domstift dem 1353 verstorbenen Peter von Bebelnheim, dem Vorsteher der Domschule. In der Folge gehörte das Haus vermutlich zur Pfründe des 1370 gestifteten Altars von St. Salvator im Münster, denn 1497 erscheint als dessen Bewohner Hans Tossenbach, der noch 1518 als Kaplan an diesem Altar bezeugt ist. Der letzte Eigentümer vor der Reformation war Philipp Wentz, der als Kaplan am Altar des heiligen Geistes im Münster amtete und bei der Erhebung über das Vermögen der Geistlichen vom Jahr 1525 erklärte, er besitze «ein klein Hüslin gegen den Augustinern über».

Jacob Clauser und das «Lob der Torheit»

Nach dem Durchbruch der Basler Reformation im Jahr 1529 ging die Liegenschaft zunächst in privaten Besitz über. Um die Mitte des 16. Jahrhunderts wurde sie bewohnt von dem aus Zürich stammenden Maler und Formenschneider Jacob Clauser, der seit 1547 in Basel lebte und 1578 in Mülhausen starb, wohin er berufen worden war, um die Fassade des Rathauses mit mythologischen und allegorischen Darstellungen zu schmücken. Von seiner Tätigkeit zeugen mehrere mit seinem Monogramm bezeichnete Holzschnitte in Sebastian Münsters berühmter Kosmographie und vor allem der 1556 bei Johannes Oporinus gedruckte kurfürstlich-pfälzische Stammbaum.

Unser Kupferstichkabinett verdankt Jacob Clauser eine seiner grössten Kostbarkeiten, das mit 83 Randzeichnungen Hans Holbeins versehene Exemplar des «Lobs der Torheit» des Erasmus von Rotterdam. Es gehörte dem 1488 in Luzern geborenen Oswald Molitor oder Myconius, der während seines ersten Aufenthalts in Basel in den Jahren 1510 bis 1516 als Schulmeister zu St. Peter wirkte und sich bald nach der Ankunft Hans Holbeins in unserer Stadt mit dem Maler befreundete. Auf seine Bitte schmückte Holbein sein Exemplar des 1515 bei Johannes Froben erschienenen «Lobs der Torheit» mit seinen Randzeichnungen. Das Büchlein blieb im Besitz von Myconius, der 1531 als Antistes der Basler Kirche Johannes Oekolampad nachfolgte. Nach seinem Tod im Jahr 1552 gelangte es dann an seinen Adoptivsohn, den in Basel und Mülhausen tätigen Arzt Dr. Jacob Myconius, der es dem Mülhauser Stadtschreiber Daniel Wieland vermachte. Als der Basler Jurist und Sammler Basilius Amerbach hievon Kunde erhielt, veranlasste er Jacob Clauser, den er bei seinen Ankäufen von Kunstgegenständen oft als Berater beizog, während seines Aufenthalts in Mülhausen mit Wieland in Verbindung zu treten und womöglich das Werklein von ihm zu erwerben. Clauser erfüllte den Auftrag, der indessen mit Schwierigkeiten verbunden war: Er habe mit dem weinfrohen Stadtschreiber tüchtig zechen müssen, berichtet er in seinen Briefen, bis ihm dieser das Büchlein für Amerbach aushändigte. Mit der Amerbachschen Kunstkammer, die 1662 vom Rat angekauft wurde, gelangte auch dieses Stück von europäischer Berühmtheit in das Eigentum der Stadt.

Stammvater der Familie Eckenstein

1567 veräusserte Jacob Clauser Haus und Hofstatt an der Augustinergasse an Johann Georg Eckenstein, den Stammvater seiner 1565 in Basel eingebürgerten Familie. Als Sohn des Verwalters des Basler Spitalhofs in Egringen war er schon mit 20 Jahren als Unterschreiber des hiesigen Spitals angestellt und ein Jahrzehnt später zu dessen Oberschreiber befördert worden. In der Folge wurde er wie sein Schwiegervater Johannes Spirer Schaffner des Domstifts. 1578 erbaute er im Auftrag von Jacob Christoph Blarer von Wartensee, dem grossen Basler Bischof der Gegenreformation, den Domhof, dessen Inschrift noch heute von ihm zeugt. Für seine Wohlhabenheit spricht der Umstand, dass ihm sowohl der Rollerhof auf dem Münsterplatz wie das Schloss Binningen zu eigen waren. Sein Epitaph im Münsterkreuzgang rühmt seinen Familiensinn, seine Freigebigkeit gegen die Armen und seine sorgfältige Verwaltung der bischöflichen Güter. Das kleine Haus an der Augustinergasse überliess Eckenstein 1568 «der alten Groppin», vermutlich der Witwe des im Dienst des städtischen Rats stehenden Söldners Hans Gropp. Ein Teil der Liegenschaft diente später als Wächterhaus, das heisst wohl als Wohnung des Turmwächters zu St. Martin, bis es 1590 einstürzte.

Wohnung von Gymnasiallehrern

Mehr als drei Jahrhunderte lang war das bald wieder aufgebaute Haus sodann die Wohnstätte von Lehrern des Gymnasiums. Bei dessen Gründung im Jahr 1589 war die Obrigkeit darauf bedacht, den Lehrern Amtswohnungen in der Nähe des Schulgebäudes auf dem Münsterplatz anzuweisen, um ihnen den hohen Hauszins und häufiges Ausziehen zu ersparen. Dafür eigneten sich besonders die einstigen Behausungen der Kapläne an der Augustinergasse, wo neben der Liegenschaft «zun vier Hüsern» auch die Häuser «Wild Ma» (Nr. 13) und «Guldin Critz» (Nr. 15) für diesen Zweck bestimmt wurden. Von dem Schlesier Paulus Werner, der schon 1589 am Gymnasium angestellt wurde, reicht die Reihe der Gymnasiallehrer in den «Vier Hüsern» bis zu dem der älteren Generation noch wohl erinnerlichen Werner Zwicky, der seines bürstigen Haarschnitts und seines struppigen Spitzbarts wegen von den Schülern «Seeräuber» genannt wurde. Einer seiner Vorgänger war der aus Aigle stammende Felix Bertholet, der Vater des grossen Alttestamentlers Alfred Bertholet, der im Haus an der Augustinergasse seine Jugendjahre verlebte.

Der «Augustinerhof» an der Augustinergasse

In reizvollem Kontrast zum gotischen Bürgerhaus der «Hohen Tanne» führt der spätbarocke Bau des Augustinerhofs (Augustinergasse 19) mit dem prachtvollen Gitterschmuck der Erdgeschoss-Fenster tiefer in die Augustinergasse hinein. Haus und Gasse tragen ihre Namen von den Augustinern, die sich 1276 auf dem Burghügel zwischen Münster und St. Martin dort niederliessen, wo heute das Museum für Völkerkunde steht, begünstigt durch die hier begüterten Adelsgeschlechter, welche dem Orden ihre Sitze auf der – vom Münsterplatz aus gesehen – linken Seite der Gasse abtraten. Aber noch lange nachdem die Augustinermönche hier Fuss gefasst hatten, hielt sich die ursprüngliche, alte Bezeichnung des charaktervollen Strassenzugs, der Name «Spiegelgasse». Der Name «Augustinerhof» steht in keinem unmittelbaren Zusammenhang mit dem Kloster; erst im 19. Jahrhundert ist er aufgekommen. Zur Zeit ihrer ersten Erwähnung war die Liegenschaft

Sitz des bischöflichen Schaffners.

1379 ging sie dann um 300 florentinische Gulden an den Markgrafen Rudolf von Hochberg, Herr zu Rötteln und Sausenberg, über. Sein eigen war auch die anstossende Parzelle, auf der sich heute der «Kleine Markgräflerhof» erhebt; von 1379 bis 1550 waren die beiden Häuser miteinander vereinigt, so dass sich der Hof schon damals recht stattlich präsentiert haben muss. Dort sass im 15. Jahrhundert alle vierzehn Tage der Richter des Markgrafen zu Gericht. Ihm stand die Befugnis zu, die Klagen zu beurteilen, welche die Stadtbürger wegen Handschulden von Markgräflern vorbrachten; letztere hatten hier vor seinem Stuhl an der Augustinergasse zu erscheinen. Zu Ende des 15. Jahrhunderts hatte dieses Richteramt

Sebastian Brant

inne, der Verfasser des berühmten, 1494 in Basel erschienenen «Narrenschiffs», der seit 1483 an der Juristischen Fakultät unserer Universität dozierte, bis er 1499 als Rechtskonsulent und Stadtschreiber in seine Vaterstadt Strassburg zurückkehrte. Schon 1404 hatte Markgraf Rudolf seinen Hof an der Augustinergasse wegen eines Darlehens von 100 Gulden, welches der Brotbeck Rudin von Meienberg Diethelm von Krenkingen und dessen Gattin Regelanna von Aarburg gewährt hatte, zum Pfand gesetzt, und 1435 nahm sein Nachfolger Wilhelm von Hochberg ebenfalls ein Darlehen von 200 Gulden auf seinen hiesigen Sitz auf. Am Vorabend der Reformation kam es zwischen Markgraf Ernst zu Baden und Hochberg und dem Bischof von Basel wegen einer Schuld, die auf der Herrschaft Rötteln lastete, zu einem Zwist. Im Gefolge dieser Auseinandersetzung liess Adelberg Salzmann, der Notar des bischöflichen Hofes, 1519 das Haus an der Augustinergasse mit amtlichem Beschlag belegen.

Möglicherweise war dies der Grund, weshalb sich der Herr auf dem Röteler Schloss drei Jahre später dazu entschloss, Hof und Gesässe mit Behausung, Stallung, Garten und Brunnen um 110 Gulden zu verkaufen. Erworben wurde es durch

die Artistische Fakultät der Universität,

die Vorläuferin der heutigen Philosophisch-Historischen Fakultät, welche die Studierenden zur Abrundung ihrer allgemeinen Bildung zu absolvieren hatten, bevor sie sich dem Fachstudium zuwenden konnten. Das Haus war zufolge seiner Lage in der unmittelbaren Nähe des Kollegienhauses am Rheinsprung ausgezeichnet geeignet zur Einrichtung einer «Burs», eines der konviktartigen Internate, in denen damals die Mehrzahl der Studierenden lebte; in der Regel wurden sie von einem Lehrer der Fakultät geleitet, der die jugendlichen Insassen in strengen Schranken hielt. Nur ein Jahrzehnt diente das Haus an der Augustinergasse diesem Zweck; 1529 verkaufte es die Artistenfakultät an den Bürger Jakob Breitschwert. Nach dessen Tode beabsichtigte die Witwe Margret Frygysen im Jahre 1555, die Liegenschaft ihrem Schwager, dem Krämer Oswald Müeg-Bischoff, zu übermachen; doch widerrief sie diese «Mechnus» (Machenschaft) neun Jahre später. «Harumb so ist der Brief durchstrichen worden», heisst es dazu in den Akten. Indessen dürfte sie in der Folge ihren Entschluss wieder geändert haben; denn 1574 erscheint das Haus im Besitz der Kinder Müegs; sie verkauften es im genannten Jahr um 1040 Gulden an Emanuel Ryhiner (1543 bis 1582), den Sohn des Basler Stammvaters der Familie, der mit der Tochter des von Kaiser Ferdinand bei seinem Besuch in Basel geadelten Bürgermeisters Caspar Krug verheiratet war und seit 1564 als Ratsschreiber amtete. In der Folge wurde die Liegenschaft übernommen durch Emanuels Bruder Johann Friedrich Ryhiner (gestorben 1587), der, obschon Dr. med., als Oberst ein Regiment Eidgenossen in französischen Diensten kommandierte und in Anerkennung seiner der Krone geleisteten Dienste die königlichen Salinen in der Provence in Pacht erhielt. Von dessen Witwe ging das Haus 1595 über an Daniel Schoenauer, den Schaffner des Domkapitels, und dessen Amtsnachfolger Emanuel Socin, der sich vor seiner Niederlassung in der Vaterstadt als «der Herrschaft Venedig bestellter Obrist» ebenfalls in fremden Diensten seine Lorbeeren geholt hatte.
Nach Socins Tod wurde das Haus mehrere Jahrzehnte lang zur Wohnstätte für

verschiedene Angehörige des akademischen Lehrköpers.

Von den Erben des «Obristen» erwarb es 1637 Jakob Hagenbach (1595–1649), der als Doktor der Arzneiwissenschaft die Professuren der Logik und Ethik versah und beim Tode seine kostbare Bibliothek der Hochschule vermachte. Nach ihm wohnte – seit 1665 – auf der Liegenschaft an der Augustinergasse Professor Johann Heinrich Glaser (1629–1675) (der Sohn des gleichnamigen Malers und Kupferstechers), der den anatomischen Unterricht an der Universität wieder in Schwung brachte – der Mediziner kennt ihn noch heute, weil eine Fissur des Schläfenbeins nach ihm benannt worden ist –, und seit 1675 Dr. med. Johann Jacob

Staehelin-Werenfels (1643–1685), der sich hier ein gutes chemisches Laboratorium einrichtete und darin schon 1676 einen chemischen Präparationskurs durchführte.
Mannigfache Schwierigkeiten verursachte den Besitzern des heutigen Augustinerhofs zu verschiedenen Zeiten die Instandhaltung der

Mauer des Gartens an der Rheinhalde.

1763 stürzte diese ein und riss gleichzeitig noch die Stadtmauer mit, die sich über dem Rhein erhob. Auf Grund eines Augenscheins auferlegte der Rat die Wiederinstandstellung der Stadtmauer dem Eigentümer des Hauses, wobei ihm jedoch zu diesem Zweck unentgeltlich zwei Klafter Mauersteine aus der Riehemer Steingrube, «aber in seinen Kösten genommen», oder ein Schiff Mauersteine aus der Rheinfelder Steingrube verabfolgt werden sollten.
Wer der Bauherr des «Augustinerhofs» war, wissen wir mit Bestimmtheit nicht. Wir möchten glauben, dass der Bau in seiner heutigen Gestalt für

Johann Jakob Merian-De Bary

errichtet wurde, der allerdings selbst kaum je darin Wohnsitz nahm – er residierte im «Ritterhof» –, sondern das Haus vermietete, 1777 an den Handelsherrn Niclaus Preiswerk, 1781 an den Bandfabrikanten Johann Jacob Bachofen-Burckhardt und 1784 an den Kaufmann Benedict Merian-Thurneysen. Der jährliche Zins betrug 24 neue Louis-d'or. Die Mieter wurden verpflichtet, die «Mobilien» wiederum in gutem Stand zurückzulassen, als da waren: «Eine grünlich damastene Tapete samt einem Sopha und Sesseln von Damast nebst einem Trumeau und Console und einer Wanduhr; eine blau und weiss-damastene Tapete samt Sesseln, einem dito Bett und einem Trumeau; die übrigen Tapeten in sämtlichen Zimmern nebst 3 Trumeaux und 3 Consoles in dem grossen Flügelzimmer; Bauchkessel und das Gelieger im Keller nebst einem grossen Fass in Eisen gebunden.»
Aus Merianschem gelangte der Augustinerhof später in Burckhardtschen Besitz. Als Sohn des Feldzughauptmanns Martin Burckhardt-Bischoff hat dort Johann Jacob Burckhardt-Stefani

die bewegte Zeit der dreissiger Wirren

erlebt, über die er in seinen unveröffentlichten Jugenderinnerungen anschaulich berichtet. «Unser Haus, hoch über dem Rheinufer gelegen», schreibt er, «hatte eine der Augustinergasse zugewandte, stattliche Fassade im Stil des 18. Jahrhunderts. Schwere, schönverschnörkelte Eisengitter schützten die Fenster zu ebener Erde; die dicke eichene Hausthüre konnte durch in die Mauer eingelassene Querbalken von innen verrammelt werden. Auf dem Bodenraum bei den die Fassade überragenden Mansardenfenstern waren Steine aufgeschichtet, um Angreifende abwehren zu können... Baselland besass zwar nicht genug Soldaten, um eine Stadt wie Basel zu erstürmen; aber man fürchtete, dass während eines Auszugs unserer Truppen eine Schar bewaffneter Bauern, mit fremdem Gesindel vermischt, an irgendeiner unzulänglich bewachten Stelle in die Stadt eindringen und dort auf Raub und Plünderung in den Häusern ausgehen könnte. Im schlimmsten Falle stand uns die Flucht offen nach dem Rhein hinunter, zweihundert Stufen tief in gemauerten Bogengängen, die wir mit mehreren Thüren und einem festen Gitterthore hinter uns schliessen konnten. Ganz unten fanden wir in einem von oben herab unsichtbaren Brunnenhäuschen sicheres Versteck und konnten von dort durch dicht beschattete Gärten zu Bekannten flüchten. Neben diesem feuerfesten Treppenabgang befand sich das Gewölbe mit schwerer, ganz mit Eisenplatten beschlagener Thüre und vergitterten Fenstern auf der Rheinseite. Hier hatte man die wertvollsten Bilder, einen Theil des Silberzeugs, kostbare Möbel und Spiegel verwahrt und vor der Eisenthüre einen Holzstoss aufgeschichtet, so dass sie (die Türe) aufs beste versteckt blieb. Wir hatten auch geholfen, weil man bei dieser Arbeit keine Leute von auswärts betheiligen wollte...»
Das war die Situation zur Zeit des zweiten Aufstands auf der Landschaft im August 1831, nach dessen Beendigung die Stadt

Einquartierung durch eidgenössisches Militär

erhielt. Im Augustinerhof wohnte damals ein Oberst mit Adjutanten und Dienern; die Pferde wurden in der St. Johanns-Capelle untergebracht. «Vor unserer Hausthüre stand die Schildwache, was mir sehr ergötzlich vorkam», erinnerte sich Burckhardt noch in seinen alten Tagen. «Die grosse Tafel mit all den Offizieren und beinahe täglichen Gästen, das Getreibe im Militärbureau, zu dem eines der Parterre-Zimmer umgeschaffen war, all die Hausgenossen, die uns sehr freundlich entgegenkamen, interessierten mich ungemein; ich war glücklig... Die Eltern gaben in jenem Winter einen Ball zu Ehren der Commissäre und Truppenführer; die Menge der Uniformen machte dieses Fest besonders brillant.»
In traurigem Gegensatz zu dieser ersten Einquartierung stand die zweite, die nach der blutigen Auseinandersetzung mit der Landschaft im August 1833 stattfand. Auch im Augustinerhof, der einen Obersten und seinen Adjutanten sowie zwei Majore mit ihren Dienern beherbergte, herrschte nun ein ganz anderer Ton: «Formelle Höflichkeit war an die Stelle freundschaftlichen Entgegenkommens getreten; die Familie zeigte sich nur bei den Mahlzeiten. Basel grollte der Eidgenossenschaft, die allzuhart mit der Stadt verfahren war; man that nur eben seine Schuldigkeit und nichts darüber, und die Truppen wechselten öfters, so dass man sich nicht näher kam.» Dennoch spann sich auch in dieser bedrückten Zeit ein

zartes Liebesidyll im Augustinerhof

an: «Ein bildschöner junger Adjutant aus Sondrio benahm sich äusserst liebenswürdig gegen meine Schwester», schreibt Burckhardt, «leistete ihr manch kleine Dienste und behandelte auch uns Brüder mit grosser Zuvorkommenheit... Dann wurden die Truppen gewechselt, und der schmucke Veltliner kehrte zu seiner Heimath zurück. Aber schon nach einigen Wochen kam er in Civilkleidern wieder. Der Vater empfing ihn allein, und ziemlich niedergeschlagen sah ich später den jungen Herrn das Haus verlassen. Armer Vassalli! Wir vernahmen hinterher, er hätte um die Schwester geworben und Vater den Antrag abgewiesen...»

«Als man die Stäge uffhin ze St. Martin gaht»

So alt die Legende der heiligen Ursula und ihrer elftausend Begleiterinnen ist, die auf ihrer Wallfahrt nach Rom während des Aufenthalts in Basel von der Schifflände zur Martinskirche hinaufgestiegen sein sollen, so jung ist der Name «Elftausendjungferngässlein»: Erst 1941 ist diese schöne Bezeichnung der steinernen Treppe verliehen worden, welche vom Rheinsprung auf den Hügel von St. Martin emporführt; einst hiess sie ganz einfach die «St. Martins Stägen», die «steinin Stägen» oder die «lange Stäge, als man uffhin ze St. Martin gaht». An der Stützmauer der Kirche duckten sich seit dem Beginn des 15. Jahrhunderts jene fünf Häuschen, deren malerisches Riegelwerk seit einigen Jahren wieder freigelegt ist. Ihre Vergangenheit ist spektakulärer Momente bar; aber sie sind im Schmuck ihres dekorativen Fachwerks und ihrer bunten Blumen, die von den Fenstern herab grüssen, so liebenswert, dass wir gerne auch der Menschen gedenken, die hier vor Jahrhunderten hausten.

Der «Schreibmesserleinschmidt» Peter Sonnenfro

In den 1430er Jahren, in denen uns die beiden untersten Liegenschaften «prope stegam Sti. Martini» erstmals in den Urkunden begegnen, wohnten dort zwei Messerschmiede: In Nr. 2 Peter Sonnenfro, der dem damals von ihm erbauten Häuschen den Namen «zum Sonnenfro» gegeben hat, in Nr. 4 Hans Müllnhuser. Sonnenfro wird noch genauer als «Schreibmesserleinschmidt» bezeichnet: Er fertigte also die Messer, mit denen die Schreiber des damals in Basel tagenden Konzils ihre Federkiele zuschnitten. Seine Gattin Ennelina und er selbst waren fromme Leute; sie stifteten dem Gotteshaus, das ihren Wohnsitz überragte, 1436 einen ewigen Zins von acht Schilling. Seit 1437 hatten sie überdies «ab irem nüwen Hus» einen Gulden an die Elendenherberge zu zinsen, die ihnen den Bau durch ein Darlehen von 20 Gulden ermöglicht hatte. 1485 war Hans Sonnenfro, offenbar der Sohn von Peter und Ennelina, gestorben, ohne dass er zu Lebzeiten die von den Eltern eingegangene Zinspflicht gegenüber St. Martin hätte erfüllen können; drum legte im genannten Jahr dessen Kaplan seine Hand auf Haus und Hofstatt. Übernommen wurde die Liegenschaft indessen durch den städtischen Rat, der sie 1486 wiederum einem Messerschmied, Hans von Baden, verlieh; von dessen Witwe Margreth gelangte das «Hüslin an der steinin Stägen» drei Jahre hernach nochmals an einen Berufskollegen, den Messerschmied Heinrich Wild.

Vom Sporer zum Ratsboten

Stellen wir die Handänderungen im Lauf der kommenden Jahrhunderte zusammen, so ergibt sich daraus eine ganze Musterkarte bescheidener Handwerke, mit denen die Menschen unten am Rheinsprung ihr Dasein fristeten: Da sassen im Haus «zum Sonnenfro», das im Jahr der Basler Reformation 1529 einmal stolz zum «hohen Sonnenfro» erhoben wird, 1496 der Sporer Konrad Blank und dessen Frau Apollonia, 1576 der Schuhmacher Georg Stachel, 1579 und 1626 wiederum zwei Messerschmiede, Lux Murer und Jakob Käser, 1652 der Glaser Antoni Pfrüender, 1675 der Buchbinder Johannes Hertenstein, 1680 der Kürschner Samuel Uebelin, 1697 der Strählmacher Hans Roth und 1727 der Schneider Heinrich Kraus. Der Ertrag ihrer Arbeit hielt sie alle bei ihren bescheidenen Ansprüchen ans Leben über Wasser; von «Frönungen», das heisst amtlicher Beschlagnahme des Hauses wegen «versessener» (verfallener) Zinsen, wird uns einzig berichtet beim Sohn des Messerschmieds Lux Murer, dem der väterliche Schleifstein nicht mehr behagte und das Leben als «Ratsbott» angenehmer schien; er wurde vom Meister der Elendenherberge betrieben, fand aber einen Ausweg aus seinem finanziellen Engpass durch die Aufnahme eines Darlehens von 100 Pfund bei den Dominikanern am Totentanz, denen er fortan fünf Pfund zu zinsen hatte. (Rein sprachlich interessant ist es, dass er in fälschlicher Diphthongierung seines Vornamens mit «Laux» zeichnete!)

«In ihrer Possession beunruhigt...»

1732 waren die drei «Blechinnen», wie sie genannt wurden, im Häuschen «zum Sonnenfro» eingezogen: die Schwestern Susanna, Anna und Veronica Blech; doch wurden sie darin ihres Lebens nicht froh. Ihr Nachbar, der Kürschner Johannes Munzinger, hatte nämlich «das gewese Kellerli» im Haus oberhalb von ihnen vergrössern und tiefer graben lassen, wobei er drei Schuh unter das Fundament der Kirchhofmauer gelangt war. Verängstigt, dass dadurch dieses Fundament geschwächt worden sei, wanderten die drei Jungfern aufs «Fünfergericht», das damals die Funktionen der Baupolizei ausübte, und erhoben dort beredte Klage gegen den Kürschner, dass «selbiger sie auf ein und andere Weis in ihrer bisherigen Possession beunruhige»; indessen litt das Häuschen an der St. Martins-Treppe keinen Schaden. Auf die drei «Blechinnen» folgten in der zweiten Hälfte des 18. Jahrhunderts die Schneider Samuel Kraus und Nikolaus Eckenstein. Letzterer war der Schuldner von Professor Johann Jakob Thurneysen, dessen Wirken kein besonderes Ruhmesblatt in der Geschichte unserer Universität bildet. Jedenfalls stellte das Bauamt fest, dass er als Titular des Lehrstuhls für Physik den Physiksaal, der sich damals im Stachelschützenhaus auf dem Petersplatz befand, «in etlichen Jahren nicht geöffnet» habe, worauf der Stubenknecht Geymüller im Januar 1798 die dort befindlichen Instrumente selbstherrlich ins Kollegiengebäude am Rhein schaffte und den Physiksaal zum Zweck der Vergrösserung seiner Wohnung annektierte. Der Regenz blieb in jenen stürmischen Tagen der Staatsumwälzung nichts anderes übrig, als dem Bedauern darüber Ausdruck zu geben, dass man angesichts der «traurigen Lage unserer Vaterstadt so gewaltsamen Ereignissen blossgestellt» sei.

Der galante Schuster

Die Überlieferung über die Liegenschaft oberhalb des Hauses «zum Sonnenfro» beginnt mit der galanten Geste ihres zweiten uns bekannten Eigentümers: Als er 1437 das Häuschen von dem Messerschmied Hans Müllnhuser erwarb, beschloss der Schuster

Michel Sitz, dass dasselbe zu Ehren seiner Gattin Agnes Remin «nu hinanthin genant sol sin zer Remen». Der Stolz über diese Bezeichnung währte indessen nicht lang: 1445 beabsichtigte der Müllermeister im Klingental Heinrich Bühler, dem das Ehepaar den Zins von zwei Gulden jährlich schuldig geblieben war, das Haus zu erwerben; doch verstand es die geschäftstüchtige Margreth Bragand, ihn an der Steigerung zu «überkaufen» und es in ihren Besitz zu bringen. Zwei Jahre später veräusserte sie es an den Stadtpfeifer Claus Sydenmann. Später gelangte die Liegenschaft, offenbar wiederum «versessener» Zinsen wegen, an die Leutkirche von St. Martin, die darauf seit alters eine Abgabe zu beanspruchen hatte; in ihrem Namen verlieh sie der als Schaffner des Gotteshauses amtende Oberstzunftmeister Zscheckabürlin, der Vater von Hieronymus Zscheckabürlin, dem letzten Prior der Kartause, 1473 an Heinrich Turst. Vorübergehend befand sich das Häuschen zu Beginn des 16. Jahrhunderts im Besitz von Hans Graf dem Jüngeren, dem «Würt zem Storggen», der sich 1508 vor Fünfergericht wegen des Regenwassers beschwerte, welches sich auf dem Kirchhof ansammle und von dort in die Liegenschaft dringe; indessen verkaufte er drei Jahre später «das Hüsly an dem Sprung» zurück an St. Martin. Vom Gotteshaus erhielt es 1524 Katharina Richolfin als Lehen, um es «ir Leben lang innezuhaben, zu nutzen und zu niessen» gegen die Verpflichtung, jährlich zwei Gulden an die Kirche zu bezahlen und ihr bei ihrem Tode zehn Pfund, «von ihrem hinterlassenen Guet» zu stiften.

«Zum schwarzen Hut»

In der Folge lösten sich hier Schuhmacher, Schneider, Schlosser und Buchbinder ab bis zu dem bereits erwähnten Kürschner Johannes Munzinger, der beträchtliche Umbauten vornahm und dem Haus den Namen «zum schwarzen Hut» verlieh, möglicherweise darum, weil schwarze Pelzhüte zu den Spezialitäten seines Handwerks zählten. Unter seinen Nachfolgern gab es wiederum das Abwasser vom Kirchhof und Pfarrgarten von St. Martin vor dem Fünfergericht viel zu reden, bis das mit der Verwaltung der Kirchengüter betraute Direktorium der Schaffnereien sich zu einer Erneuerung des Känels bereit fand. So kamen und gingen die Menschen mit ihren Freuden und Sorgen durch die Jahrhunderte; Leben und Tod nahmen ihren ewigen Gang – auch hier am Fuss des Kirchhofs von St. Martin...

Am Fuss des Kirchgärtleins von St. Martin

Hinter der Kirche und dem Pfarrhaus von St. Martin besteht noch heute, vom Kirchplatz aus kaum sichtbar, ein kleines romantisches Kirchgärtlein, einst ein Kirchhof, der bis 1814 als Begräbnisstätte diente. In jenem Jahr erlebte Basel eine schwere Typhus-Epidemie, und da bei starken Regengüssen das Wasser von den Grabhügeln her in die Häuser am Rheinsprung eindrang, waren deren Bewohner in Sorge, angesteckt zu werden. Ihre Klagen führten damals den Rat dazu, das Bestatten von Leichen auf dem Martins-Kirchhof zu verbieten und ihn als Gottesacker überhaupt aufzuheben. Als Ersatz entstand dann im folgenden Jahr der neue Elisabethen-Gottesacker (auf dem Areal der heutigen Elisabethen-Anlage), dessen Kapelle (gegenüber dem Parkhotel Bernerhof) bis heute erhalten geblieben ist. Er war im Gebrauch bis 1872, in welchem Jahr der Wolf-Gottesacker eröffnet wurde.

Die Kapelle der Spinnwettern-Zunft

Auf dem Kirchhof zu St. Martin stand bis zum Jahr 1851 noch eine kleine Kapelle, die ursprünglich wohl bei den Bestattungen benützt, später aber diesem Zweck entfremdet worden war. Im 18. Jahrhundert galt sie als Eigentum E.E. Zunft zu Spinnwettern, die zur Martinskirche besonders enge Beziehungen unterhielt; denn am Fuss des Berges von St. Martin stand deren Zunfthaus (heute die Buchhandlung Wepf), die durch eine Mauer von der «St. Martins-Stegen» getrennt war. An den hohen kirchlichen Festen bezog der Sigrist der Martinskirche von der Zunft ein Trinkgeld, und zu Ostern wurde er mit einem Korb Eier beschenkt. Bis in die 1830er Jahre wurde die St. Martins-Kapelle von der Zunft als Spritzenhaus verwendet und dann nach dem Abbruch des alten Zunfthauses, das zusammen mit dem Rheintor 1839 verschwand, dem Küferhandwerk angewiesen, dessen Angehörige dort ihre Meisterstücke verfertigten. Beim Umbau der Martinskirche im Jahre 1851 trug man die Kapelle ab; doch konnte das schöne Sandsteinrelief mit dem Wappen der Spinnwettern-Zunft, welches an der Kapelle angebracht war, gerettet werden. Heute ist es im Hausflur der Buchhandlung Wepf montiert.

Fachwerkbauten aus dem 15. Jahrhundert

Romantisch mutet indessen nicht nur das Kirchgärtlein von St. Martin an, sondern auch die reizvolle Häusergruppe zu dessen Füssen am Rheinsprung unterhalb des Pfarrhauses. Von Hans Duttelbachs, des Turmbläsers, Haus (Nr. 10) bis hinunter zu Meister Sonnenfros Wohnsitz (Nr. 2) am Elftausendjungferngässlein fügen sie sich zu einer hübschen Zeile, die den Sehenswürdigkeiten unserer Stadt zugerechnet werden darf. Charakteristisch für diese typischen Kleinbürgerhäuser des 15. Jahrhunderts, die teilweise noch die alten, gotisch profilierten Fenstergewände bewahrt haben, sind ihre sich stockwerkweise überragenden Fassaden wie ihr schönes Riegel-Fachwerk.

Von der obersten dieser Liegenschaften soll hier die Rede sein. Sie begegnet uns erstmals 1438 in den Akten als Haus des Schuhmachers Jos von Meyland, der sich möglicherweise während des grossen Konzils in unserer Stadt niedergelassen hatte, aber hier keine grossen irdischen Schätze sammeln konnte; denn im genannten Jahr liess sein Berufskollege, der Schuhmacher Ruman, sein Gut mit amtlichem Beschlag belegen. Dann schweigen die Urkunden rund hundertdreissig Jahre lang über das Haus am Rheinsprung. 1571, wo die Überlieferung wieder einsetzt, ist die Liegenschaft in zwei Teile getrennt, die sich noch deutlich unterscheiden lassen: das «obere Geheuss am Ort», das heisst an der Ecke, und das «undere Hus am Sprung»; beide sind der Kirche von St. Martin zinspflichtig.

Haus der Turmbläser

Ein Pfund und fünf Schilling waren, auch nach der Reformation noch, vom untern Haus jeweils zu Fronfasten an das Gotteshaus von St. Martin zu entrichten. 1571 bezahlte diese Abgabe «Heinrich, der Thurnpleser», 1573 Hans Duttelbach, der Thurnbläser; 1582 Mathis, der Thurnbläser, und 1589 Silvester, der Thurnbläser; zwischen sie schiebt sich 1578 Lorenz Jeuch, der Kartenmaler, und 1580 Bernhard Zimmermann, der Papierer. Die Familie Duttelbach (oder Dittelbach) bildete eine eigentliche «Dynastie» im Beruf der in Basel seit dem Jahr 1375 urkundlich bezeugten Stadtpfeifer. Seit dem 16. Jahrhundert werden sie auch als Turmbläser bezeichnet, weil damals die schöne Sitte aufkam, morgens und abends vom Turm des Münsters und der Martinskirche herab Choräle zu blasen. Ursprünglich hatte die Aufgabe dieser Stadtmusikanten lediglich darin bestanden, jeden Sonntag nach der Predigt auf dem Rathaus und zur Sommerszeit abends auf der Rheinbrücke aufzuspielen und ebenso die festlichen Mahlzeiten auf der Herrenstube zu verschönern; später wurden sie neben dem Turmblasen auch zur Unterstützung des Kirchengesangs in den Gottesdiensten beigezogen. Zu ihrem klingenden Lohn erhielten sie an Fronfasten noch fünf Ellen Tuch zu einem Rock, das heisst einem – wohl in den Basler Standesfarben gehaltenen – Staatskostüm, in dem sie den offiziellen Akten der Stadt ein besonderes Gepräge verliehen. Freilich war ihr Einkommen bescheiden, und so sahen sich die Turmbläser gezwungen, sich einen zusätzlichen Verdienst zu verschaffen durch die Mitwirkung bei Hochzeiten und andern Festlichkeiten der Bürgerschaft wie der Universität. Die solennen Doktorpromotionen waren, wie wir aus der Selbstbiographie Felix Platters wissen, ohne Pfeifer und Trompeter undenkbar; sie umrahmten die akademische Zeremonie und bildeten anschliessend die Spitze des Zuges, der sich unter ihrem Spiel vom «Kollegium» zum Doktorschmaus ins Gasthaus bewegte. Wiederholt hatten sich die Stadtpfeifer gegen ausländische Konkurrenz zur Wehr zu setzen. So gelangten die Turmbläser Johann, Mathis und Jakob Dittelbach 1601 an den Rat mit dem Gesuch, die «frömden Spielleute», welche in hiesigen «Würtzheusern» auftraten, hinwegzuschaffen.

Hans Duttelbachs Sohn tritt uns entgegen in einer Urkunde vom 23. November 1603, durch die der Maler Hans Bock (1550 bis 1624), Basels bedeutendster Künstler seit Hans Holbein, vom Rat das Zugeständnis zur Enterbung seiner Tochter Elsbeth erwirkte. «Nit ohne sonder Hertzleidt und schmertzliches Bedauern» hatte Bock auf dem Rathaus darüber geklagt, dass ihm das Mädchen, welches er trotz seinem geringen Vermögen «ufferzogen und underhalten», «durch Arglistigkeit böser Leuthen verkuplet und betruglichen verfüert worden»; es habe sich nicht allein «ime hinderrucks» (hinter dem Rücken des Vaters) und wider seinen Willen «mit unsers Thurnbläsers Johan Thittelbachs Sohn der Ehe halben eingelassen», sondern sei auch in des Malers Abwesenheit aus dessen Haus entwichen und ohne seinen Consens oder sein Vorwissen mit demselben Thittelbach «allhier zu Kirchen und Strass gegangen».

Schuldner der Universität

Rund hundert Jahre nach den Dittelbachschen Turmbläsern hatte der Lederbereiter Heinrich Rupp deren Haus am Rheinsprung inne. Er war ein Schuldner der Universität, die ihm ein Darlehen von 250 Pfund gewährt hatte; doch vermochte er seiner Zinspflicht nicht regelmässig nachzukommen. Die Verwaltung der verschiedenen akademischen Fisci, deren Vermögen vor allem in Hypotheken nutzbringend angelegt wurde, besorgten damals die Professoren selbst; doch überliessen sie den mühseligen und zeitraubenden Einzug der Zinsen dem Pedell, der im «Untern Kollegium» eine freie Dienstwohnung besass und neben einem jährlichen Fixum von 30 Pfund einen Prozent der Zinsen für sich zurückbehalten durfte. Für das Ansehen dieser Stellung spricht die Tatsache, dass sie meist mit ehemaligen Akademikern besetzt wurde. So hatte auch Leonhard Schrotberger (1631-1712), der 1655 zum Pedellen-Amt gelangte, zuvor den Titel eines Baccalaureus artium und anschliessend denjenigen eines Magister artium erworben und sich dann dem Studium der Theologie zugewandt. Er setzte dem saumseligen Zahler am Rheinsprung im Namen des «edlen, ehrenvesten und hochgelehrten Herrn Lucae Burckhardt, der Rechten Doctoris und bei allhiesiger löblicher Universität Professoris», schon 1674 hart zu, und ebenso drohte Schrotbergers Sohn Hans Jacob, der 1682 dem überlasteten Vater zur Seite getreten war, der Witwe des Lederbereiters mit der amtlichen Versteigerung des Hauses.

Vom Praeceptor Gymnasii zum Riehemer Pfarrer

1760 erwarb Johann Rudolf Rapp-Hosch (1727-1794), der Sohn des Goldschmieds Franz Rudolf Rapp, von dem Weinmann Rudolf Schilling die Liegenschaft am Rheinsprung. Fünf Jahre zuvor war er zum Praeceptor der dritten Klasse des Gymnasiums gewählt worden; doch ging sein Trachten nach einer einträglicheren Pfarrstelle, die ihm endlich 1767 in Riehen zuteil wurde. Er war der Vater der beiden bedeutenden Handelsherren Johannes Rapp in London und Johann Ulrich Rapp in Hamburg, welche zu seinem Gedächtnis der Riehemer Kirche 1823 und 1828 zwei Schenkungen zukommen liessen, die unter dem Namen «Rapp'sches Stift» heute noch vom Pfarramt verwaltet und zur Linderung mancher Not, namentlich armer Kranker, verwendet werden. Als Pfarrer Rapp den Rheinsprung verliess, verkaufte er sein Haus an den Schneider Peter Reber, der es indessen seinerseits

drei Jahre später an seinen Berufskollegen, den 1719 geborenen Hans Georg Euler-Biermann, veräusserte. Euler stand nicht in verwandtschaftlichen Beziehungen zu dem grossen Riehemer Pfarrerssohn, dem Mathematiker Leonhard Euler; denn er entstammte einer zweiten Familie dieses Namens, deren Stammvater, Johann Euler, seines Zeichens gleichfalls Schneider, aus Gambach in der Wetterau nach Basel gekommen war und 1630 das hiesige Bürgerrecht erlangt hatte. Diesem Geschlecht gehört auch der 1802 geborene Abraham Euler-Brunner, der Enkel Hans Georg Euler-Biermanns, an, der 1865 das nach ihm benannte Hotel am Centralbahnplatz erbaute.

Hutmacher, Perruquiers und nochmals Schuhmacher

Unter den weitern Eigentümern des Hauses am Rheinsprung begegnen wir dem Säckler (Taschenmacher) Johann Jakob Schwartz (1792), der den Kaufpreis nur dank einem Darlehen des Kirchengutes der Münstergemeinde aufbringen konnte, dem Hutmacher Johann Jakob Büchi (1793), den Perückenmachern Sebastian Rapp-Jacot (1796) und Franz Anton Vetter von Schlettstadt (1799), der die Liegenschaft wiederum mit 300 Thalern zugunsten der Philosophischen Fakultät der Universität hypothezieren, sich aber später mit seiner Gattin «vermög eines

Theils ihrer Mittel in hiesigem Spital einpfründen» liess, und endlich nochmals einem Schuhmacher, Isaak Zeinler (1827), dessen Erben noch 1862 hier wohnten. Regelmässig erfolgte die Handänderung unter Hinweis darauf, dass das Haus auf Grund einer Erkenntnis der für das städtische Finanzwesen zuständigen «Löblichen Haushaltungskammer» von einem Beitrag an die Dolenkosten befreit sei, sowie unter Einschluss der vorhandenen «Ofen- und Ofenrohr-Thürlein sowie des Kunstöfelin-Blechs und -Thürlins». Dagegen behielten sich die Verkäufer meist den kleineren «Bauchkessel» (Waschkessel) und die Schäfte im Laden vor. 1796 beklagte sich der Perückenmacher Rapp beim Rat über die mangelhafte Reinigung des vorderen Känels am Pfarrhaus zu St. Martin, dessen Überlauf das Haus schädige, und 1834 bewilligte das Bauamt dem Schuhmacher Zeinler, «behufs Erhaltung der etwas überhangenden Fassade seines Hauses» ungefähr in der Mitte denselben einen Strebepfeiler anzubringen; doch hatte er einen Revers zu unterschreiben, wonach er diese Erlaubnis keineswegs als ein Recht ansehe, sondern als eine blosse Begünstigung anerkenne und daher bei einer späteren Veränderung der Fassade «mit der Mauer von Grund aus auf der alten Flucht zurückzubleiben» habe. Gleichzeitig wurde er verpflichtet, auf das bisherige Bänklein vor seinem Haus «für jetzt und immer» zu verzichten...

«Zue St. Oswaldt Pfruendhus» am Rheinsprung

Malerisch an die Rheinhalde geklebt, schliesst das St. Oswaldt-Pfrundhaus die kurze Häuserzeile des oberen Rheinsprungs auf der Seite gegen den Strom ab, bevor oberhalb des alten Kollegiengebäudes der Universität, gegenüber dem Weissen Haus, der Blick freigegeben wird auf den Rhein, die Dächer Kleinbasels und die dahinter aufsteigenden Hügelzüge des Markgrafenlandes. Ein bescheidener Bau ist's, der in seinem ältesten heutigen Bestand, der Tür und den Fenstern nach zu schliessen, in die Zeit der Spätgotik, ins ausgehende 16. Jahrhundert, zurückreicht, während die nördlichen unteren Anbauten einer späteren Epoche angehören dürften. Ein Rätsel gibt uns die Zahl 1487 auf, die über dem schlichten Portal auf der Strassenseite unter der Inschrift «Zue St. Oswaldt Pfruendhus» angebracht ist. Nach den Quellen kommt, soweit wir sehen, dem genannten Jahr keine besondere Bedeutung in der Baugeschichte des Hauses zu; dagegen ist 1487 die alte Hausnummer des St. Oswald-Pfrundhauses, die in Gebrauch stand, bis 1862 die durchlaufende Numerierung der Häuser der beiden Stadtteile durch die Numerierung nach den einzelnen Strassen ersetzt wurde. Ob wirklich die alte Hausnummer aus Versehen hier «verewigt» worden ist?

Der Kaplan und die «Fünfer»

Erst am Ende des 15. Jahrhunderts tritt die Liegenschaft ins Licht der historischen Überlieferung; doch muss sie seit langem schon der Wohnsitz des Kaplans des St. Oswald-Altars des Münsters gewesen sein, der sich auf der Empore des linken Seitenschiffs über der Schaler-Kapelle befand. Er war vermutlich bereits um die Mitte des 13. Jahrhunderts gestiftet worden; jedenfalls wird die Kaplanei an diesem Altar 1272 erstmals erwähnt. 1495 hatte sie der Priester Mathis Spitz inne. Zwischen ihm und dem städtischen Bauherrn Lorenz Halbysen war einige Jahre zuvor ein Streit um die Halde und das Gärtlein am Rhein entbrannt: Spitz behauptete, dass diese zu seinem Pfrundhaus gehörten, während sie der Bauherr für die städtische Allmend in Anspruch nahm. Die «Fünf über der Stadt Bau», vor welche die Differenz getragen wurde, stellten sich auf die Seite Halbysens; Spitz aber appellierte gegen deren Spruch an Bürgermeister und Rat. Indessen erkannte auch die oberste Instanz «nach Verhörung und Verlesung einer geschrifftlichen Kuntschafft aus dem Weissen Buch der Stadt» einhelliglich, dass Halde und Gärtlein städtische Allmend seien; ja die Obrigkeit verfügte sogar, dass der Kaplan «die Thüren, die darin gienge, vermuren und keinen Usgang mehr darin haben» sollte. Noch mehr als zwei Jahrzehnte lang bewohnte Spitz das Pfrundhaus; denn am 19. Juli 1516 errichtete in einer unteren Kammer von «Mathis Spitzen Hus obwendig dem Collegio» Brigitta Linsa ein Testament zugunsten von Johannes Link, Einwohner zu Basel.

Brunnknecht, Weber und Professor

Mit der Reformation übernahm das Domstift die Liegenschaft; doch war dasselbe nach seinem Auszug aus der vom alten Glauben abgefallenen Stadt daran nicht mehr stark interessiert. 1534 trat es das Haus an den Brunnknecht Joachim Peter ab; «ist ein Eckhus und etwan S. Oswalds Pfrundhus genannt worden», heisst's in der Verkaufsurkunde. Dem bescheidenen Mann fehlten indessen die Mittel zur Bezahlung des Kaufpreises; er war gezwungen, vom Domstift gleichzeitig ein Darlehen von 70 Pfund aufzunehmen. Dessen Verzinsung mag auch dem Weber Ulrich Peter, vermutlich Joachims Sohn, schwergefallen sein; denn 1561 entschloss er sich dazu, das Haus zu veräussern. Ein Interessent fand sich in Ulrich Iselin (1520–1564), dem Doktor der kaiserlichen Rechte und Professor des Codex an der Universität, dem Sohn jenes Ratsherrn Johann Lucas Iselin, der nach der Einführung der Reformation am katholischen Bekenntnis festhielt und daher aus dem Kleinen Rat ausgestossen, später aber wieder zurückgeholt wurde, weil man auf die Dauer seine staatsmännische Klugheit nicht missen konnte. Der gelehrte Jurist, der 1548 mit der 18jährigen Faustina Amerbach, der Tochter von Bonifacius Amerbach, vor den Altar getreten war, hatte ein Jahr später von den Erben des 1531 verstorbenen Stadtschreibers Hans Gerster und dessen Gattin Barbara Guldenknopf die «Augenweide» am Rheinsprung erworben, und so mochte ihm die Gelegenheit willkommen sein, auch das gegenüberliegende einstige St. Oswald-Pfrundhaus in seinen Besitz zu bringen, um sich den herrlichen Blick auf den Rhein, dem sein eigenes Haus seinen schönen Namen verdankte, zu sichern.

Servitut zugunsten der «Augenweide»

1564 riss die Pest Ulrich Iselin von der Seite seiner erst 34jährigen Frau, die zwei Jahre später gegen den Willen ihres Bruders, des Stadtkonsulenten und Professors Basilius Amerbach, die vierte Gattin des finanziell schwer bedrängten Druckers Johannes Oporinus wurde. Zuvor schon hatten Faustina Iselin und deren Kinder das kleine Eckhaus am Rhein wieder verkauft, allerdings nicht ohne dabei für sich und alle späteren Besitzer der «Augenweide» festzulegen, dass die veräusserte Liegenschaft nie durch einen Aufbau erhöht, dass auch kein «Tagloch» und keine weiteren Fenster gegen die Strasse eingebaut und ebenso den Kamin nicht höher geführt werden dürfe. Neue Besitzerin wurde Katharina Stosskorbin, die Witwe des Ratsherrn Hans Schaler; ihr folgten in der zweiten Hälfte des 16. Jahrhunderts Christoffel Zwinker, der Weissgerber; Elias Schönberger, ehemals Pfarrer im badischen Thiengen, und Carl Cellarius, Propst am oberen Kollegium der Universität, das sich in den Gebäuden des ehemaligen Augustinerklosters befand. 1676 begegnen wir als Besitzer des St. Oswald-Pfrundhauses dem im gleichen Jahr unverehelicht verstorbenen Lizentiaten der Rechte Franz Platter, einem Sohn von Thomas Platter dem Jüngeren, der 1614 seinen um 38 Jahre jüngeren Bruder Felix als Stadtarzt abgelöst hatte. Franzens Erbin Helena Platter brachte dann die Liegenschaft ihrem Gatten Samuel von Brunn (1606–1684), Pfarrer zu St. Jakob und Riehen, in die Ehe.

«Gut genug für die Schule...»

Im 18. Jahrhundert ging das St. Oswald-Pfrundhaus an die Kirchen- und Schulgutsverwaltung über, die es den Lehrern des Gymnasiums als Amtswohnung zur Verfügung stellte. Oft nahmen die Herren Magistri, zumeist angehende Theologen, indessen nur für auffallend kurze Zeit Einsitz in dem originellen Häuschen über dem Strom; denn ihre Besoldungen waren kärglich und der Lehrerstand missachtet, weshalb ein jeder so rasch als möglich nach einer einträglicheren Pfarrstelle strebte. 1725 erklärten die Visitatoren des Gymnasiums, dass die Lehrer den Schuldienst nur als eine Tür ansähen, durch die sie zum Predigtamt zu gelangen hofften; jeder Candidatus Ministerii, der den geringsten Pfarrdienst erreichen könne, ziehe diesen einem guten Schuldienst vor. So verbreitete sich allmählich die Auffassung, dass, «wenn ein Candidatus zu einem Predigtdienst nicht genugsam qualifiziert, solcher gut genug in eine Schule seie». Achilles Herzog, der dreizehn Jahre lang am Gymnasium gewirkt hatte, übernahm 1768 die Pfarrei zu Bennwil, Andreas Ecklin 1789 nach neunjähriger Lehrtätigkeit diejenige von Oltingen; beide hatten im St. Oswald-Pfrundhus gewohnt.

Der allergische Präzeptor

Im Lehramt verblieben damals nur weniger hell strahlende Geisteslichter. Ihnen muss offenbar auch jener cand. theol. Anton Friedrich Staehelin-Fischer (1752–1819) zugezählt werden, der 1771 als Kantor am Münster und Lehrer für Singen, Rechnen und Latein am Gymnasium gewählt wurde und dieses Doppelamt bis 1819 versah; dann versetzte man ihn unter Zubilligung einer Pension von jährlich 800 Franken und unter Belassung der freien Amtswohnung im St. Oswald-Pfrundhaus in den Ruhestand. Staehelin wusste nicht nur als Gesangslehrer den Taktstock zu schwingen, sondern auch den Prügelstock tüchtig zu handhaben. Besonders kräftig trat dieser in Aktion, wenn sein delikates Geruchsorgan verletzt wurde durch das Parfum abgelagerter Äpfel, welche die Schüler zum Znüni mitgebracht hatten; dann kannte seine Rage keine Grenzen. Seltsam, wie verschieden die Menschen reagieren: Schiller konnte, wie Goethe seinem Famulus Eckermann erzählte, ohne den Stimulus anfaulender Äpfel, die jederzeit in der Schublade seines Schreibtischs liegen mussten, nicht arbeiten – ganz im Gegensatz zum allergischen Präzeptor im St. Oswald-Pfrundhaus am Rhein...

Der «Ehrenfelserhof» an der Martinsgasse

Das Geburtshaus des Entdeckers der Nukleinsäuren

Im Hinblick auf die Ehrung, die Friedrich Miescher-Rüsch, dem Entdecker der Nukleinsäuren, an dem vor einigen Jahren abgehaltenen Symposium der Schweizerischen Akademie der Medizinischen Wissenschaften zuteil wurde, wenden wir unsere Aufmerksamkeit seinem Geburtshaus, dem «Ehrenfelserhof» an der Martinsgasse (Nr. 12), zu. Jetzt Domizil staatlicher Institutionen, zählt der repräsentative spätgotische Bau mit seinen beiden schönen dreigliedrigen Fenstergruppen und der reizvollen Rundbogentüre zum wertvollen alten Baubestand des Strassenzugs, der vom Augustiner-Museum zur Kirche von St. Martin führt.

Adelssitz «auf St. Martinsberg»

Ihren Namen hat der Liegenschaft das einstige Ritter- und Achtburgergeschlecht der Herren von Ehrenfels verliehen, die bis zu Beginn des 15. Jahrhunderts hier «auf St. Martinsberg» residierten. Die erste Urkunde, in welcher sie Erwähnung findet, stammt aus dem Jahr 1403; damals verkaufte Henman Fröweler von Ehrenfels Haus, Hofstatt und Garten an die Gattin des Ritters Heinrich von Baden. Im Kaufbrief wird ausdrücklich erwähnt, dass Henman die Besitzung von seinem Vater Hartmann Fröweler von Ehrenfels geerbt habe, jenem Oberstzunftmeister und Parteigänger Österreichs, dem 1384 wegen seiner Haltung in der Auseinandersetzung zwischen Bischof Imer von Ramstein und dessen Gegenbischof Wernher Schaler, einer Kreatur von Herzog Leopolds Gnaden, vorübergehend sogar das städtische Bürgerrecht aberkannt worden war.

Stiftspropst – Liebhaber von Rebhühnern

Nur kurz währte ein geistliches Zwischenspiel im Besitz des «Ehrenfelserhofs»: 1423 veräusserte ihn der Edelknecht Junker Klaus von Baden an den offenbar nach seinem Lieblingsgericht benannten Walter Repphun, Propst zu St. Amarin im Elsass. Aber bereits Repphuns Erben verkauften ihn wiederum an einen Adeligen, Peter von Hegenheim. Unter den Erben des elsässischen Propstes figuriert unter andern auch der Domkaplan Johannes Schaltenbrand, den wir als Dekan der Bruderschaft St. Johannes auf Burg, als Vorsteher der «Münsterbaufabrik» und als Inhaber der ersten Pfründe am St. Johannes-Altar hinter dem Hochaltar des Münsters kennen.

Hauptmann der Basler bei Marignano

Gegen das Ende des 15. Jahrhunderts standen Haus und Hofstatt «im Kilchgesslin zwischen St. Martin und den Augustinern», deren Gartenland bis an die Hinterfronten der Häuser an der Freien Strasse reichte, im Eigentum der Familie Sürlin, einer Linie des begüterten bischöflichen Dienstmannengeschlechts der Münzmeister. Dann folgen sich als Besitzer des «Ehrenfelserhofs» drei Oberstzunftmeister: Hans Jungermann zunächst, der kraftvolle Promotor des Anschlusses von Basel an die Eidgenossenschaft; nach ihm Lux Zeigler, der es sich trotz seiner Tätigkeit als Grosshändler nicht nehmen liess, sich an der Universität zu immatrikulieren, und Hans Trutmann, einer der Basler Hauptleute in der Schlacht bei Marignano.

Der Brunnen des Bürgermeisters

Zu noch höheren Ehren gelangte der Sitz um die Mitte des 16. Jahrhunderts, als dort Bürgermeister Adelberg Meyer zum Pfeil einzog, das erste Oberhaupt der Stadt, dessen Wahl 1521 ohne Mitwirkung des Bischofs erfolgt war. Drei Jahre vor seinem Tod verkaufte ihm der Rat 1545 noch den laufenden Brunnen im Hof «mit sinen Hanen», und der Bürgermeister verfehlte nicht, den alten Sod alsbald überwölben und an dessen Stelle einen steinernen Brunnentrog mit Stock erstellen zu lassen. Im «Feuergässlein» nebenan lebten damals recht bescheidene Nachbarn, ein Wachtknecht und der «Ratsglockenläuter». Nicht mit ihnen, wohl aber mit dem in der «Eisenburg» wohnhaften Ratsherrn Hans Lux Iselin stritten sich des Bürgermeisters Nachfahren vor Fünfergericht mannigfach herum, weil Iselin mit der Mauer seines Hauses den Anstösser «überpauwen» und dessen «Liechter» (Fenster) beeinträchtigt hatte; doch kam es 1584 schliesslich zu einem Vergleich. Später hatte sich dann Hans Heinrich Zaeslin in der «Eisenburg» über die Mistgrube im Garten des «Ehrenfelserhofs» zu beschweren...

Schulden beim Herrn Antistes

Über dem Eingang zum Treppenhaus findet sich die Jahreszahl 1635; sie deutet an, dass damals ein Umbau der Liegenschaft stattgefunden haben muss. Eigentümer des Hauses war zu jener Zeit Hans Ludwig Rüedin, der bei diesem Unternehmen tief in die Schulden geriet. Er nahm Darlehen beim Fiscus legatorum der Universität, bei Antistes Theodor Zwinger, bei Professor Johann Rudolf Wettstein und weitern Gläubigern auf, bis das Haus 1647 schliesslich mit rund 1500 Pfund belastet war. Jetzt verloren die Kreditoren das Vertrauen zu Rüedin; sie liessen die Liegenschaft zunächst mit amtlichem Beschlag belegen; dann wurde sie von Wettstein übernommen, der die Mitgläubiger bis zum Jahr 1650 vollständig entschädigte. Ebenso bezahlte er dem Rat 100 Gulden für die seit Adelberg Meyers Zeiten mit dem «Ehrenfelserhof» verbundene Brunnengerechtigkeit.

«Organi Aristotelici Professor»

Als Johann Rudolf Wettstein (1614 bis 1684), der älteste Sohn des grossen Bürgermeisters, im Alter von 33 Jahren den «Ehrenfelserhof» erwarb, bekleidete er noch den Lehrstuhl des «Organum Aristotelicum», der ihm 1643 übertragen worden war. Er bildete die höhere der beiden Professuren der Logik, deren Titular seinen Vorlesungen die unter der Bezeichnung «Organum Aristotelicum» zusammengefasste Sammlung der logischen Schriften des Aristoteles zugrunde legte. Bereits vor dem Amtsantritt

Wettsteins hatte man in der Fakultät und der Regenz über die Wünschbarkeit der Beibehaltung dieser Lehrkanzel diskutiert, sich dann aber darauf beschränkt, den Unterricht in dieser Disziplin durch die Beseitigung «aller dornigen, nicht zur Sache gehörigen Fragereien und unnützen Spitzfindigkeiten» zu reformieren. 1658 aber wurde die Professur trotzdem aufgehoben respektive mit dem Lehrstuhl für elementare Logik vereinigt; damit gewann man in der Fakultät mehr Raum für die Einrichtung der Professur der Geschichte, die sich als höchst notwendig erwies, zumal die Professoren hatten feststellen müssen, «dass unsere Jugend in keiner Gattung Studii unberichteter und ungeschickter sey als in dem Studio Historico». Der Rat stimmte der von der Regenz beantragten Umwandlung der Lehrkanzel bedenkenlos zu mit dem einzigen Vorbehalt, «deswegen weder jetzt noch künftig eine höhere Besoldung dafür ausrichten zu müssen». Damals war Wettstein bereits Professor des Neuen Testaments geworden.

Auf der Brautschau für den Prince of Wales

Theologen wurden auch Johann Rudolfs gleichnamiger Sohn (1647 bis 1711), ein hervorragender Gräzist unserer Universität, sowie der Enkel Kaspar (1695 bis 1760). Dieser blieb mit seinen Geschwistern am «Ehrenfelserhof» beteiligt, auch nachdem er sich später in England niedergelassen hatte. Wohl dem am dortigen Hof tätigen Chevalier Lukas Schaub aus Basel hatte er eine besonders delikate Mission zu verdanken: Auf die Brautschau für den damaligen Prince of Wales geschickt, hatte er das Bildnis von Augusta, der Tochter des Herzogs von Sachsen-Gotha, malen zu lassen und nach London zu bringen. Offenbar fand es den Gefallen des heiratslustigen Prinzen; denn anschliessend wurde Wettstein beauftragt, die Braut abzuholen und dem Königssohn zuzuführen. Als Belohnung fiel ihm der Titel eines Hofpredigers und Bibliothekars der Prinzessin zu. Acht Jahre nach dem Tod Kaspar Wettsteins verkaufte dessen Gattin Elisabeth Sarasin, die sich 1765 mit Amadeus Philippus von Gingins, Baron von La Sarraz, wieder verheiratet hatte, den auf sie übergegangenen Anteil am «Ehrenfelserhof» an die «Geschwister Wettstein», welche die Liegenschaft 1795 an das Handelshaus Felix Sarasin & Heussler verliehen.

Von Sarasin zu His

Zwei Jahre später versuchten der Handelsmann Johann Ludwig Wettstein «zum Eber» und dessen Schwester Jungfrau Katharina Barbara Wettstein, Neffe und Nichte des verstorbenen englischen Hofpredigers, die Liegenschaft an der Martinsgasse an den Notar Johann Jakob Herzog «zu Handen eines Freundes» zu veräussern; doch machte jetzt die Firma Felix Sarasin & Heussler das Vorkaufsrecht geltend, das sie sich seinerzeit gesichert hatte, und so gelangte der «Ehrenfelserhof» an die Familie Sarasin, in deren Besitz er bis 1841 blieb. Damals trat Ratsherr Felix Sarasin-Burckhardt, der spätere Bürgermeister, im Namen seiner Mutter, der Witwe des «Deputaten», das Haus mit Stallung, Garten und einem «Brunnen guten Wassers» ab an die Firma Hans Franz Sarasin, das heisst an die Bandfabrik im «Blauen Haus», die noch immer nach ihrem Gründer benannt wurde, auch als längst nur noch Sarasinsche Verwandte aus den Familien Vischer und His deren Inhaber waren. Mit der Zustimmung seines Associés Peter Vischer-Passavant liess Eduard His-La Roche, der Sohn von Peter Ochs, das Haus für seine eigenen Wohnzwecke einrichten, um es dann 1844 – «nach schwierigen Verhandlungen mit Onkel Vischer», wie er in seinem Lebenslauf schreibt – für sich selbst zu erwerben. Bis zum Tode von Eduard His blieb der «Ehrenfelserhof» dessen Stadtwohnung im Winter, während er die gute Jahreszeit auf dem prächtigen Landgut «Bellevue» vor dem St. Johanns-Tor verbrachte, auf dessen Areal nachmals der alte Schlachthof stand. Der zweite Stock des Hauses an der Martinsgasse aber wurde für den Schwiegersohn Friedrich Miescher den Älteren, Professor für pathologische Anatomie an unserer Universität, eingerichtet, dem die Tochter von Eduard His, Charlotte Antonie, die Hand gereicht hatte. Im «Ehrenfelserhof» schenkte sie ihrem Gatten als Erstgeborenen den späteren Friedrich Miescher-Rüsch, den eingangs erwähnten Entdecker der Nukleinsäuren. Nach dem Tod von Eduard His-La Roche wurde das Haus von dessen Sohn, dem grossen Anatomen Wilhelm His-Vischer übernommen, der bis zu seiner Übersiedlung nach Leipzig im Jahre 1872 hier lebte.

«Zum weissen Bären» am Schlüsselberg

Vom Haus «zum Schönenberg» am Schlüsselberg steigen wir nochmals gegen die Talstadt hinab. Das Schulhaus «zur Mücke», die einstige Herren-Trinkstube, können wir zur Linken liegen lassen, da seine reiche und stolze Geschichte durch Valentin Lötscher im Basler Jahrbuch 1958 erschöpfend dargestellt worden ist. Zur Rechten ist von der einstigen baulichen Substanz des Schlüsselbergs vieles dem dort im Ersten Weltkrieg erstellten Museumsanbau geopfert worden. Breit erhebt er sich an der vorspringenden Ecke, wo die Gasse gegen die Freie Strasse hin abbiegt.

Gruss von «Miss Kumbuk»

Zwei Reliefs laden uns ein, auch vor dieser modernen architektonischen Schöpfung einen Augenblick einzuhalten. Hoch von der Giebelwand – haben Sie's je gesehen? – grüsst ein in Sandstein ausgehauenes, reizendes Elefäntlein, das Werk des Basler Bildhauers Carl Gutknecht, das er als originelles Hauszeichen dort oben anbrachte, während vom Elsass her die Kanonen herüberdonnerten. Es ist «Miss Kumbuk», eines der volkstümlichsten Tiere unseres Zolli, das dessen einstiger Präsident Dr. Fritz Sarasin zusammen mit seinem Vetter Paul anno 1885 am Kumbuk-Fluss in Ceylon eingefangen und dann nach Basel gebracht hatte. Als «Miss Kumbuk» am 30. April 1886 hier eintraf, wog sie erst 340 Kilo; doch gedieh die kleine, von jung und alt geliebte Inderin in Basel prächtig. 1891 wurde ihr ein eigenes Heim in maurischem Stil, das mit einer mächtigen Kuppel gekrönte Elefantenhaus, gebaut; dort verschied sie im Sommer 1917. Noch aber erinnert an «Miss Kumbuk» ihr kleines Denkmal oben am Schlüsselberg...

Sitz der Schaler

Das zweite Relief am Museumsanbau ist einem Geschlecht des bischöflichen Ministerialadels gewidmet, das einst die höchsten Ämter der Stadt bekleidete: Am Strebepfeiler des Gebäudes entdeckt man das Wappen der Schaler, das, schräglinks angeordnet, fünf weisse Wecken zeigt. Die Schaler, seit dem 12. Jahrhundert in Basel nachweisbar, waren die Führer der mit den Sternern verfehdeten Adelspartei der Psitticher – so genannt, weil sie einen Papagei (psittacus) im Schilde führten – und nahmen später auf der Seite Österreichs am Kampf gegen den Bischof teil. Rund fünf Dezennien, bevor die Familie um 1450 ausstarb, stand die heute modern überbaute Liegenschaft oben am Schlüsselberg, die 1355, also bereits ein Jahr vor dem grossen Erdbeben, erstmals erwähnt wird, im Besitz von Hans Schaler und seiner Gattin Ursula. Das Geschlecht befand sich schon damals auf der absteigenden Linie; zu Ende des 14. Jahrhunderts wurden die Rechte des ritterlichen Ehepaars an dem Haus, Gesässe und Garten am «Rossberg» (wie der Schlüsselberg einst hiess) «umb versessener

(geschuldeter) Kornzinse halben» gerichtlich dem Oberstzunftmeister Hartmann Fröwler von Ehrenfels zugesprochen. Es war ein seltsamer Handel – seltsam darum, weil kurz darauf Fröwler diese Rechte wiederum an Ursula Schaler abtrat. Offenbar hatte er nur eingegriffen, um zu verhindern, dass der Schalersche Sitz in die Hände des Bankiers Peter Gatz fiel, der schon 1395 ebenso Ansprüche darauf beim Gericht geltend gemacht hatte. Denn Hartmann Fröwler von Ehrenfels war gleichfalls ein Parteigänger der Schaler; 1384 war ihm vorübergehend sogar das städtische Bürgerrecht aberkannt worden, weil er sich in der Auseinandersetzung zwischen Bischof Imer von Ramstein und dessen Gegenbischof Werner Schaler, einer Kreatur von Leopold von Österreichs Gnaden, auf Schalers Seite gestellt hatte. Die Schalerin vermochte ihren Sitz am Schlüsselberg bis zu Beginn des 15. Jahrhunderts zu halten; 1399 vergabte sie davon einen Zins von 12 Gulden zu gleichen Teilen an die Klöster der Augustiner, der Prediger und der Barfüsser.

Gläubiger von König Sigismund

Der Widerpart der Partei der Schaler und Fröwler am Schlüsselberg war der bereits genannte Peter Gatz. Ursprünglich der Geschäftsführer des grossen Henman von Offenburg, wusste er sich gleich seinem Patron in die besondere Gunst des stets geldbedürftigen König Sigismund zu setzen, dem die beiden während des Konzils zu Konstanz grosse Dienste leisteten. Als der König wieder vom Bodensee abreiste, stand er auch bei Gatz tief in der Kreide; mit den von ihm zurückgelassenen Pfändern, wertvollen Teppichen und goldenen Tüchern, aber wollte sich Peter Gatz nicht begnügen. So sah sich Sigismund veranlasst, seinen Gläubiger dadurch zu entschädigen, dass er ihn 1421 zum Münzmeister der goldenen Münze in den beiden wichtigsten deutschen Messestädten Frankfurt am Main und Nördlingen und ebenso zum Münzmeister der silbernen Münze in Frankfurt erhob. In dieser Eigenschaft wusste es Gatz durchzusetzen, dass der König 1429 auch seine Zustimmung zur Gründung einer goldenen Münzstätte in Basel erteilte, deren Leitung gleichfalls Peter Gatz als Reichsmünzmeister übertragen wurde. Sie befand sich unmittelbar unterhalb des Sitzes der Schaler, einer Liegenschaft, die Gatz schon früher erworben hatte, und wurde erst später ins heutige Münzgässlein beim Rümelinsplatz verlegt, wohl darum, weil es Gatz nicht gelungen war, seinen Besitz am Schlüsselberg zu erweitern.

Bankenzentrum während des Konzils

Die Schalersche Besitzung war inzwischen übergegangen an das im Jahr 1522 erloschene, reiche Achtburgergeschlecht derer von Efringen. Dessen bedeutendster Vertreter war Bernhard von Efringen, der 1451 an der Krönung Friedrich von Österreichs zum deutschen Kaiser in Rom teilnahm und dort von ihm auf der Engelsbrücke zum Ritter geschlagen wurde. Er war somit Zeuge jener dramatischen Szene am Hochaltar des Petersdoms, als Papst Nicolaus Friedrich, der sein Schwert nur langsam und träge aus der Scheide zog, zornig anschrie: «Herr Kaiser, schüttelt das Schwert wider die Feinde der Kirche!»
Schon zehn Jahre vor jenem denkwürdigen Akt, anno 1441, mit-

ten während des Basler Konzils, welches die Stadt zum Mittelpunkt der abendländischen Christenheit erhob, hatte Bernhard von Efringen die Liegenschaft am Schlüsselberg «mit dem Garten und Gehüsit» verkauft an die Brüder Bartholomeus und Antonius Gianfigliazzi aus Florenz, die durch den gesteigerten Kreditverkehr und grossen Geldumlauf während der Kirchenversammlung nach Basel gezogen wurden und hier, in der durch zahllose fremde Kaufleute belebten Stadt, eine Bank eröffneten. Das Haus «zum Schlüssel» und der Schlüsselberg bildeten das Basler Bankenzentrum während der Konzilszeit: Im Zunfthaus der Grosskaufleute hatte sich Dego de Albertis niedergelassen, der dort in Gemeinschaft mit Antonius de Valencia eine Wechselstube betrieb, und nun gesellten sich diesen, neben dem Haus «zum Venedig», dem Quartier der venezianischen Kaufherren, die beiden Florentiner Bankiers. Ein weiterer Mittelpunkt des Geldverkehrs war die Streitgasse, damals Lampartergasse genannt nach den Lombarden, die zusammen mit den Florentinern das spätmittelalterliche Geldgeschäft beherrschten.

Im Besitz von Heinrich Halbisen

Mit dem Ende des Konzils verschwanden die fremden Wechsler wieder aus Basel; durch einen Mittelsmann verkauften die Gianfigliazzi ihre Besitzung am Schlüsselberg an Heinrich Halbisen, eine der glänzendsten Figuren im kaufmännischen Leben der Stadt während der ersten Hälfte des 15. Jahrhunderts. Wir begegnen ihm schon in den 1430er Jahren als Chef einer internationalen Handelsgesellschaft, die in Deutschland, Flandern und England grosse Geschäfte tätigte; in der Konzilszeit wurde er dann zum Begründer der für die materielle und geistige Zukunft der Stadt so bedeutsamen Basler Papierindustrie.

«Des Süssen Hus» am Blumenrain

Das Malerhaus am Blumenrain (Nr. 28) stammt in seiner heutigen Gestalt erst aus der Zeit des Spätbarocks; die Geschichte der Liegenschaft aber reicht bis ins 14. Jahrhundert zurück. Sie war die Wohnstätte der bedeutenden Basler Maler Hans Hug Kluber und Hans Bock.

Süss war der Name des ersten uns bekannten Bewohners des Hauses Blumenrain 28; er wird in einer Urkunde des Jahres 1345 erwähnt. Wie Herman Schlosser, sein Nachfolger auf der Liegenschaft, betrieb er das Gewerbe eines Messerschmieds. Beide hatten von ihrer Behausung dem Chorherrenstift St. Peter einen Zins von 20 Schilling zu entrichten. Später belastete das Domstift, dem das Obereigentum an der Liegenschaft zustand, «des Süssen Hus» noch mit einer Abgabe von drei Pfund für eine Jahrzeit, welche zum Seelenheil des Kanonikers Wernher Schaler, des Propstes des elsässischen Stifts Lautenbach, gefeiert wurde. Seit 1442 begegnet uns als Besitzer der Liegenschaft der langjährige Stadtschreiber Konrad Künlin, der namentlich im Zusammenhang mit der Gründung der Universität bedeutsam hervortrat; er war es, der als Gesandter des Rates Ende August 1459 dem als Pius II. auf den Stuhl Petri erhobenen Enea Silvio Piccolomini in Mantua die Bitte um die Ermächtigung zur Errichtung einer hohen Schule in Basel überbrachte. Aus Künlins Erbschaft übernahm das Haus die Tochter Katharina, die mit Johannes Ries, dem Schlüsselwirt in Thann, vor den Altar getreten war; doch verkaufte sie es im Jahr 1500 an den Junker Lorenz Sürlin, der auch das «Schöne Haus» am Nadelberg besass, den Gatten der Tochter des vornehmen Professors Friedrich von Guarletis, welcher das Studium des römischen Rechts in Basel begründen half. Sürlins Erben veräusserten die Liegenschaft am Blumenrain 1527 an den Korrektor und Buchdrucker Hans Fabri von Gülch (Jülich), der sich mit seiner Offizin in den Dienst der Altgläubigen stellte und beim Durchbruch der Reformation im Jahr 1529 nach Freiburg i.Br. zog.

Nach mehrfachen weiteren Handänderungen erscheint 1560 als Eigentümer der Hofstatt am Blumenrain der Maler Hans Hug Kluber, der Schöpfer des figurenreichen Familienbildnisses des Hausgenossen-Zunftmeisters Hans Rudolf Faesch. 1568 wurde ihm die Restauration des aus dem 15. Jahrhundert stammenden Zyklus des Totentanzes auf dem Kirchhof der Prediger übertragen, den er durch die Gruppe des Malers und seiner Gattin ergänzte: «Hans Hug Klauber, lass Malen stohn», ruft ihm der Tod zu und nimmt ihm den Pinsel aus der Hand. Berühmter als Kluber war noch sein Schüler Hans Bock, wohl der bedeutendste Basler Künstler seit Hans Holbein, der als Geselle in Klubers Werkstatt arbeitete und 1587 «des Süssen Hus» von der Witwe und den Kindern seines Meisters erwerben konnte. Aus dessen Fenster hatte er im kalten Winter 1572 das muntere Leben auf dem halb zugefrorenen Rhein beobachtet und in einem reizenden Genre-

bild festgehalten. Bald wurde Bock auch zum gesuchten Porträtisten, und 1608 erteilte ihm der Rat den Auftrag zur malerischen Ausschmückung der Fassade, der Halle und des Hofes des Rathauses, den er mit reicher Phantasie und grossem dekorativem Geschmack ausführte.

Gleich seinem Lehrer Kluber, der 1575 mit dem Buchstabengiesser Peter Wieland im Haus «Am Wege» (Nr. 30) wegen der Einrichtung eines Badstübleins prozessiert hatte, verwickelte sich auch Hans Bock in nachbarliche Streitigkeiten: 1588 zog er den Glasmaler Balthasar Han im «Roten Zuber» (Nr. 26) vor die Richter, weil er ihm den Ausbau des Hinterhauses gegen den Rhein verwehren wollte. In seiner Familie hatte der Künstler wenig Glück: Mit zwei Söhnen entzweite er sich, weil sie zum alten Glauben übertraten, und eine Tochter enterbte er wegen ihres Lebenswandels; doch sorgte der jüngste Sohn Niclaus für den alternden Vater bis zu dessen Tod, worauf er nach Kassel zog.

Das Haus beim St. Urbans-Brunnen überliess Niclaus Bock dem Goldarbeiter Matthäus Foilet; von seinen Kindern ging es 1640 an den Goldschmied Daniel Thierry über. Nach dessen Tod wünschte der Fischkäufer Augustin Stern die Liegenschaft zu erwerben; doch machte Thierrys Witwe, die mit dem Seidenfärber Jacob Wybert einen zweiten Ehebund geschlossen hatte, das Zugrecht geltend, womit sie das Haus ihrem Gatten einbringen konnte. Durch die Tochter Anna Wybert wurde 1676 deren Ehemann, der Stadtgerichtsamtmann Albrecht Schaub, zum neuen Eigentümer, und als er das Haus acht Jahre später an den Schneidermeister Hans Martin Müller-Liechtenhan veräusserte, bedang er sich aus, dass der Schwiegervater mit seiner Frau bis zum Tod «in seiner bis dato gehabten Wohnung» verbleiben könne.

Der Name «Des Süssen Hus» war inzwischen unverständlich geworden; schon seit den 1620er Jahren wurde die Liegenschaft «zum Sausen» genannt. Dort zogen 1648 der «Balbierer und Chirurgus» Theodor Schwarz, 1734 der «Hosenlismer» oder Strumpffabrikant Johann Heinrich Blech-Dietrich, 1740 der blinde Schuhmacher Franz Dietrich-Schwarz und 1764 die Witwe des Goldschmieds Johannes Dietrich-Gernier ein, bis diese ihre Behausung nach zwei Jahren an den spätern Medizinprofessor Achilles Mieg abtrat.

Achilles Mieg, der Sohn eines Wundarztes, hatte sich nach seinem Studium in Basel in einem Militärspital in Maastricht in der Arzneiwissenschaft und Chirurgie weiter ausgebildet. 1756 in die Vaterstadt zurückgekehrt, ersuchte er die Medizinische Fakultät um die Erlaubnis, die neue Methode der Pockenbekämpfung durch Einimpfung der echten Pocken anwenden zu dürfen. Seither führte er mit glücklichem Erfolg zahlreiche Inokulationen durch, auch an einem Sohn des Professors Johann II. Bernoulli. Nachdem er sich um die Lehrstühle der Anatomie, der Logik und der Rhetorik beworben hatte, ohne durch das Glück des Loses begünstigt zu werden, erhielt er 1777 die Professur der praktischen Medizin. Als erster Ordinarius kündigte er einen populären Verbands- und Operationskurs für Chirurgen und Barbiergesellen in deutscher Sprache an; die Studierenden der Theologie machte er im Blick auf ihren künftigen Beruf als Landpfarrer mit der Behandlung der wichtigsten Krankheiten durch bewährte Hausmittel vertraut; vor allem aber führte er die angehenden

Ärzte täglich um 11 Uhr an die Krankenbetten im Spital, womit er zum eigentlichen Pionier der klinischen Medizin in Basel wurde.

Gleichzeitig mit Achilles Mieg war 1776 der Rebleuten-Meister und Ratsherr Johann Fürstenberger-Brenner, der Partner der unter der Ragion Simonius, Vischer & Co. noch heute bestehenden Wollhandelsfirma Johann Fürstenberger & Söhne, durch den Erwerb des Hauses «Am Wege» (Nr. 30) Liegenschaftsbesitzer am Blumenrain geworden. Zwischen dem Handelsherrn und dem Professor erhob sich alsbald grosser Streit: Mieg beschwerte sich darüber, dass Fürstenberger auf dem im zweiten Stockwerk gegen den Rhein befindlichen Gang ein «Privat», d.h. ein «Hysli», machen lassen wolle, und als Mieg in der Folge sein eigenes Haus aufzustocken und mit einer neuen Fassade zu versehen wünschte, suchte dies Fürstenberger zu verhindern, indem er vor dem Fünfergericht geltend machte, dass die Scheidemauer zwischen den beiden Liegenschaften «solches nicht erleiden» möge. Schliesslich kam es 1779 zu einem Vergleich, der das Bauvorhaben des Professors ermöglichte.

Über Miegs kinderlose zweite Gattin Valeria Thurneysen gelangte «Des Süssen Haus» an die Brüder Johann Gottlieb und Ludwig Thurneysen, die es 1823 an den Handlungscommis Johannes Buser veräusserten; dessen Witwe, die in zweiter Ehe dem Weinschenk Johann Jacob Bürgin die Hand gereicht hatte, gab es 1843 weiter an Emil Wick, den originellen Mechaniker, Optiker und ersten Vertreter der Daguerreotypie in Basel. Seit dessen Hinschied blieb es bis heute im Besitz der Familie Werber, der die Freunde Alt-Basels für ihre liebevolle Pflege des traditionsreichen Malerhauses am Blumenrain Dank wissen.

Als Kaiser Alexander in Basel die Messe hielt

Von den vornehmen Adelssitzen des mittelalterlichen Basels haben die meisten im Zeitalter des Barocks eine durchgreifende modische Wandlung erfahren, und nur bei wenigen ist das ursprüngliche architektonische Gepräge ihrer Entstehungszeit erhalten geblieben. Unter diesen letzteren ragt als wohl schönstes Beispiel der alte «Seidenhof» am Rhein hervor, der einst – in Verbindung mit dem alten Schwibbogen am Ende des Blumenrains – den Abschluss der inneren Altstadt gegen die St. Johanns-Vorstadt zu bildete. Wie sich der «Seidenhof» vor über dreieinhalb Jahrhunderten hoch über dem Rhein präsentierte, davon vermag am besten der Meriansche Stadtplan aus dem Jahre 1615 einen Begriff zu vermitteln.

Weit über 600 Jahre

sind es her, seit der «Seidenhof» in den uns erhaltenen Quellen seine erste Erwähnung gefunden hat: Am 28. März 1363 vidimierte der bischöfliche Offizial eine Urkunde im Hause des Johann von Walpach «beim Tor ze Crütze» (das heisst beim ehemaligen Kreuztor, an dessen Stelle später der St. Johann-Schwibbogen errichtet wurde). Der Name des Besitzers, der zeitweise auch zum Namen des Hauses selbst geworden ist, illustriert die glanzvolle Zeit des baslerischen Frühkapitalismus: Johann von Walpach, dessen Grossvater noch Schneider gewesen, war durch den Tuchhandel seines Vaters zu einem grossen Vermögen gelangt, das ihn in die Lage versetzte, den stets finanzschwachen Herzogen von Österreich als grosszügiger Bankier und Geldgeber zu dienen und sich dadurch in den Besitz wertvoller Pfandschaften zu setzen.

Der Tradition nach hat der «Seidenhof» freilich eine noch viel ältere, wenn auch urkundlich nicht belegbare Geschichte: Die noch heute im Hof befindliche

Statue Rudolf von Habsburgs

mag mitgespielt haben bei der Bildung der Überlieferung, dass der Kaiser bei seinen Besuchen in Basel mit Vorliebe im stolzen Haus über dem Rhein abgestiegen sei, ja dasselbe als Eigentum besessen habe. In diesem Fall wäre der «Seidenhof» Zeuge der glanzvollen Hofhaltung und der rauschenden Feste gewesen, die zu Ehren des Habsburgers hier gefeiert wurden – freilich nicht auf seine Kosten; denn seine Zeitgenossen waren einig mit dem Dichter, der von Rudolf sang: «Der König von Rom gibt auch nichts und hat doch königliches Blut ... er gibt auch leider niemand nichts, was braucht's der Rede mehr?» – eine Devise, welche nach der Meinung einer heutigen geistreichen Bewohnerin des «Seidenhofs» die sparsamen Basler sich schon damals zu eigen gemacht haben könnten ...

Auf urkundlichem Grund stehen wir wieder zu Ende des 15. Jahrhunderts: Am 19. Dezember 1489 ging das Haus, das bisher stets

ein Adelssitz gewesen war, an Johannes Textoris von Mörnach, «der freien Künste Meister und Regent der hohen Schule», über. Er eröffnete hier eine

«Burse» für die Studenten der Universität,

das heisst ein Kost- und Logishaus, das den Namen «Löwenburs» trug – ob wohl wegen des löwenhaften Appetits der Söhne der Wissenschaft? Rund drei Jahrzehnte diente der «Seidenhof» diesem Zweck; in der Folge wurde der Ratsschreiber Heinrich Falkner dessen Besitzer.

Seinen heutigen Namen erhielt das Haus erst gegen Ende des 16. Jahrhunderts, nachdem es 1573 durch die nach Basel eingewanderten Brüder Claudius und Cornelius Pellizari erworben worden war, die hier einen schwungvollen und ertragreichen

Handel in Seidengarnen und Rohseide

nach Frankreich, Deutschland und den Niederlanden betrieben. Wiederum fällt hier aus dem «Seidenhof» ein helles Licht auf Basels Wirtschaftsgeschichte im Zeichen der beginnenden Grossformen der Industrie, welche die bisherigen Kleinbetriebe des Gewerbes allmählich verdrängen sollten: Die Pellizari beabsichtigten nämlich, die Einrichtung einer für die damalige Zeit riesenhaft anmutenden Manufaktur für Seidenspinnerei und Zwirnerei, in der sie nicht weniger als 2000 Arbeitskräfte – einheimische

Arme und deren Kinder – beschäftigen wollten, sofern ihnen der Rat ein grosses, leeres Gebäude zur Verfügung stelle und ihnen für ihre Industrie eine Monopolstellung einräume. Unter dem Druck der zünftlerischen Opposition konnte sich die Regierung indessen nicht entschliessen, den Neubürgern zu willfahren; die Zeit war für solche Grossbetriebe noch nicht reif.
1665 besass erstmals

ein Angehöriger der Familie Passavant,

die das Haus im 10. Jahrhundert während längerer Zeit zum Sitz ihrer bekannten Privatbank machte, den «Seidenhof»; doch war man inzwischen wieder zum ursprünglichen Namen «Walpach» zurückgekehrt. Seinen heutigen baulichen Zustand erhielt der Gebäudekomplex im wesentlichen durch einen Besitzer des 18. Jahrhunderts, den Strassburger Handelsherrn Hans Niklaus Herff, welcher «auss forcht des Pabstumbs, so zu Strassburg überhandt genommen», nach Basel ausgewandert war, und durch Ratsherrn Johann Jakob Faesch, der nach langjähriger militärischer und kaufmännischer Wirksamkeit in Holland den «Seidenhof» 1775 als baslerischen Ruhesitz erwarb. Grosse Zeiten erlebte das Haus

beim Durchzug der Alliierten

vor über 170 Jahren; damals wurde für den russischen Kaiser Alexander während seines Basler Aufenthaltes im «Seidenhof» wiederholt nach dem Ritual seiner Konfession Messe gelesen. Eine Tochter des Ratsherrn Peter Vischer im «Blauen Haus», der selbst gleichzeitig Kaiser Franz bei sich zu Gast hatte, hat uns in ihrem Tagebuch eine reizvolle Schilderung der Begegnung mit dem von der Basler Damenwelt umschwärmten Zaren hinterlassen. Am Sonntag, dem 23. Januar 1814, war Anna Elisabeth Vischer von ihren Eltern dem österreichischen Kaiser vorgestellt worden; dann aber hiess es: «... Nun geschwind Hut, Schal und Pelz hervorgenommen, um den russischen Kaiser zu sehen. Man liess uns sagen, er werde im Seidenhof seine Messe halten, und wir eilten geschwind dahin und stellten uns im Hof zu den andern Zuschauern. Bald kam der schöne Alexander und grüsste im Vorbeigehen freundlich. Nach ihm drängten sich die Frauenzimmer in den Saal und stellten sich zur Seite. Er stand mit Anstand und Grazie vor der Console, machte oft das Kreuz, verbeugte sich, wenn der Pope ihn beräucherte; doch lorgnierte er auch zuweilen ein wenig zur Seite auf die schönen Damen. Der Gottesdienst währte eine Stunde lang, die Russen sangen immerfort mit harmonischen Stimmen; es wurde für den Sieg Alexanders gebetet. Der Kaiser kniete ein paar Augenblicke und jedermann mit ihm, und bald darauf war's aus. Man fand den Kaiser allerliebst...»

Rudolf von Habsburg im «Seidenhof»

Dass Kaiser Alexander von Russland während des Durchzugs der Alliierten an der Jahreswende 1813/14 im «Seidenhof» die Messe feierte, ist eine historische Tatsache, dass aber rund 540 Jahre zuvor Kaiser Rudolf von Habsburg in dem vornehmen Adelssitz am Rhein abgestiegen sei, ja ihn zu eigen besessen habe, gehört ins Reich der nicht zu belegenden Tradition. Sie ist verknüpft mit der Statue des Herrschers, die seit Jahrhunderten, zwar dem Blick der Öffentlichkeit entzogen, im Innenhof des Hauses steht, aber dennoch ihren Platz in der Reihe der baslerischen Denkmäler verdient.
Dass Rudolf als einziger deutscher Herrscher zu einem Monument in unserer Stadt gelangte, war keine Selbstverständlichkeit; denn bevor der erste Habsburger auf den Königsthron erhoben wurde, war er ein

gefürchteter Feind unserer Stadt.

Als mächtigster Gegner des Bischofs Heinrich von Neuenburg, den Andreas Heusler zu Recht den tragischen Gestalten der Basler Geschichte zugezählt hat, bedrängte er nicht nur den Stadtherrn, sondern auch die Bürgerschaft schwer: Im Sommer 1272 liess er die St. Johanns-Vorstadt in Flammen aufgehen, und ein Jahr später unternahm er von seinem Hauptquartier auf St. Margarethen eine Belagerung der Stadt, von der die Basler durch eine welthistorisch bedeutsame Fügung befreit wurden: Während Rudolf Mauern und Tore berannte, wählten ihn die Kurfürsten zum Herrscher des Reichs. Burggraf Friedrich von Nürnberg überbrachte ihm die deutsche Königskrone in sein Lagerzelt vor Basels Toren, und unsere Vorfahren waren klug genug, auf weiteren Widerstand gegen den neuen Oberherrn zu verzichten. Nur Bischof Heinrich grollte weiter: «Herrgott im Himmel, sitz fest auf deinem Thron; sonst wirft dich dieser Rudolf auch noch hinunter!», soll er zornig ausgerufen haben, als ihn die Kunde von der Wahl erreichte; ein Jahr später sank er aus Gram über diese Wendung des Schicksals ins Grab.
Als sein Nachfolger bestieg der Sohn eines schwäbischen Brotbecken, Heinrich von Isny, genannt der Gürtelknopf, den Bischofsstuhl, der als Minoriten-Mönch der Beichtvater Rudolf, seiner Gattin und seiner ganzen Familie gewesen war. Ihm vor allem war es wohl zu danken, dass sich die einstige Feindschaft des Habsburgers gegen Basel in jene

huldvolle Freundschaft

wandelte, die sich in der Sage von der Bewirtung Rudolfs durch den wohlhabenden Gerber beim Steinentor so hübsch spiegelt. Gerne nahm der Herrscher in der Folge den Weg durch unsere Stadt, schon 1274, als er auf der Rückkehr von der Krönung in Aachen in Basel feierlich empfangen wurde, und dann wieder zehn Jahre später, als er in Begleitung seiner Gemahlin «mit königlichem Apparat und viel Thurnierens» hier rauschende Feste feierte. Inzwischen hatten ihm die Basler nämlich wesentlich mitverholfen zu seinem Sieg gegen Ottokar von Böhmen auf dem Marchfeld bei Wien, wo sich neben dem getreuen Bischof besonders der nachmalige Schultheiss von Kleinbasel, Heinrich Schörlin, wagemutig hervortat; Rudolf beschenkte ihn später mit einem stattlichen Heiratsgut, während er Heinrich Gürtelknopf an seinem Lebensende die Erzdiözese Mainz übertrug.

Mit Basel verbunden blieb der Habsburger auch durch drei Tote, die im Basler Münster ihre letzte Stätte fanden. Rudolfs Gemahlin Anna hatte 1281 auf ihrem Sterbebett in Wien den Wunsch ausgesprochen, hier begraben zu werden, wo sieben Jahre zuvor das Söhnlein Karl wenige Monate nach der Geburt beigesetzt worden war. «Dormit in Basilea» –

«sie schläft in Basel»,

heisst es von ihr in den Annalen des schwäbischen Klosters Sindelfingen. Wenige Monate nachher ertrank Rudolfs achtzehnjähriger Sohn Hartmann im Rhein; auch er wurde in Basel zur ewigen Ruhe geleitet.

Noch lange, nachdem Rudolf 1291, kurz nach seinem letzten Besuch in Basel, in Speyer verschieden war, wurde hier sein Todestag feierlich begangen, und so erscheint es durchaus glaubhaft, dass ihm, sei es durch den ihm treu ergebenen Bischof, sei es durch die mit mannigfachen Wohltaten belohnte Bürgerschaft, hier auch ein Standbild gesetzt wurde. Erhalten ist uns freilich diese Statue nicht; sie muss im Erdbeben vom Jahre 1356 zerstört worden sein. Denn die Figur im «Seidenhof» kann trotz der Jahreszahl 1273, welche sie trägt – dem Datum des Regierungsantritts Rudolfs –, nicht aus dem 13. Jahrhundert stammen; sie ist vielmehr nach dem übereinstimmenden Urteil der Kenner aller Wahrscheinlichkeit nach

ein Werk der zweiten Hälfte des 14. Jahrhunderts.

Dafür sprechen der Schnitt des Gesichts, die gedrehten Locken von Haar und Bart, die Muskulatur von Armen und Beinen, der weiche und volle Faltenwurf und namentlich die Menschen- und Tierfratzen am Fuss des gotischen Sockels. So muss denn angenommen werden, dass die Jahreszahl später angebracht wurde; die Formen der arabischen Ziffern deuten auf das 16. Jahrhundert hin. Nichtsdestoweniger glaubte man während Jahrhunderten, die Basler Statue sei

ein authentisches Bild Rudolfs,

und der kaiserliche Hof bemühte sich deshalb darum, sich dasselbe zu sichern. In höchstem Auftrag wandte sich 1564 der Humanist Johannes Herold an Bürgermeister und Rat mit dem Verlangen, das Werk möchte als Geschenk nach Innsbruck gesandt werden; doch hatte man für diesen Wunsch in Basel taube Ohren. Vierzehn Jahre später setzte man in Wien neuerdings an, diesmal in der bescheideneren Absicht, wenigstens eine gemalte Kopie des Bildnisses zu erhalten. Als sich der Nürnberger Syndicus Joachim König, der seinerzeit zusammen mit Basilius Amerbach in Padua studiert hatte, am kaiserlichen Hofe befand, wandte sich

dort «ein hohe Person und gelerter Kayserlicher Gehaimer Rath, mitt Namen Herr Reinhard Strain Freyherr, als ein sunderlicher Amator Antiquitatum» an ihn mit der Erklärung, er habe vernommen, dass Basel «die wahre Effigiem Imperatoris Rudolphi Primi habe»; König möge sich doch bei seinem hiesigen Studienfreund erkundigen, «in was Geld ongeferlich eine vleissige Abconterfettung hievon zu bekommen sein» könnte. Am 8. Juli 1578 entledigte sich der Nürnberger seines Auftrags, worauf ihm von Amerbach die Antwort zuteil wurde, er glaube, dass er für eine Kopie «auf Tuch von Ölfarben von des Bilds Grösse» mit zehn Gulden auskommen könnte. Die Bestellung liess nicht auf sich warten, und am 28. August 1580 übergab Amerbach das Ölbild «in einem hültzin Ror» dem Basler Isaac Lichtenhahn, welcher für die Spedition nach Nürnberg zur Weiterleitung nach Wien besorgt sein wollte. «Den Uncosten betreffend», schrieb Amerbach an König, «... hab ich dem Maler, so die Conterfeht gemacht, acht Guldin zahlt, umb das Tuch, doruf gemalet worden, und Ror neun Batzen...». Der Kopist war

der bekannte Maler Hans Bock,

der vom Rat mit der künstlerischen Ausschmückung des Rathauses betraut wurde; sein Bild der Statue im «Seidenhof» gelangte in die berühmte Ambraser Sammlung in Wien. Das Original aber behielten die Basler. Damit hatte sich auch Fürst Matthias, Erzherzog von Österreich, der spätere deutsche Kaiser, abzufinden, als er bei seinem Besuch in Basel im Jahre 1598 in den «Seidenhof» geführt wurde. Und schliesslich ist rund 330 Jahre später auch unser «Erzi», Erzherzog Eugen, während seines vieljährigen Aufenthaltes im nahen Hotel «Drei Könige» oft vor der Statue seines grossen Ahnherrn gestanden...
Unsere Stadt hat das Gedächtnis Rudolfs von Habsburg übrigens nicht nur durch ein Standbild geehrt, sondern auch durch die Bezeichnung einer Strasse, der

Rudolfstrasse.

Wäre es nach dem Wunsch einiger Basler gegangen, so würde heute die Leimenstrasse Rudolfstrasse heissen; denn in den siebziger Jahren richteten deren Anwohner eine entsprechende Petition an die Regierung mit dem Ersuchen um Abänderung der Bezeichnung «Leimenstrasse»: Dieser Name, erklärten sie, sei durchaus nicht des schönen Boulevards würdig; denn das Dorf Leimen, von dem er abzuleiten wäre, sei weithin unbekannt, und drum denke jedermann bei der Bezeichnung Leimenstrasse nur an die Substanz des Lehms, die so zäh an den Sohlen klebe...
Wenn die Regierung, um Verwechslungen zu vermeiden, sich nicht bereit finden könne, die Strasse «Holbein-Allee» zu taufen, so möchte sie dieselbe «Rudolfstrasse» benennen, zur Erinnerung daran, dass Rudolf von Habsburg 1273 nach seiner Wahl zum deutschen König von dieser Seite her Einzug in die Stadt gehalten habe. Die Regierung wies das Verlangen indessen 1876 ab, und so blieb's beim Namen Leimenstrasse. Ein Jahr später aber wurde der Name Rudolfstrasse dem Strassenzug zwischen Weiherweg und Allschwilerstrasse verliehen; ja der radikale Regierungsrat Rudolf Falkner schlug sogar vor, zugleich die benachbarte Thannerstrasse mit dem Namen «Kaiserstrasse» auszuzeichnen. Dies war indessen seinen Kollegen doch des Guten zuviel, und so ist Basel nicht zu einer Kaiserstrasse gekommen! Dafür machte man im Rathaus im selben Jahr 1877 nochmals eine Reverenz vor Rudolfs Geschlecht ganz allgemein, indem eine Strasse zwischen Hegenheimer- und Burgfelderstrasse «Habsburgerstrasse» getauft wurde.

«Zum kleinen Ulm» in der St. Johanns-Vorstadt

Mit der Renovation des «Kleinen Ulms» ist dieses aus den 1760er Jahren stammende, architektonisch wertvolle Baudenkmal des Klassizismus am Anfang der St. Johanns-Vorstadt (Nr. 7) zu einem eigentlichen Bijou der Altstadt geworden.

Die drei Häuser zur Linken am Anfang der St. Johanns-Vorstadt, gleich nach dem Totentanz, tragen nach der Witwe Heinrichs von Ulm, einer nicht weiter bekannten Eigentümerin dieser Liegenschaft im 14. Jahrhundert, den Namen «zum Ulm». Nr. 3, heute auch «Reinacherhof» genannt, heisst «zum grossen Ulm», Nr. 5 «zum mittleren Ulm» und Nr. 7 «zum kleinen Ulm». Alle drei stehen unter Denkmalschutz.
Schon 1336, also zwei Dezennien vor dem grossen Erdbeben, erscheinen sie erstmals in den Quellen: Damals veräusserte das Hospitale pauperum, das städtische Spital, die ihm davon zukommenden Abgaben, 8 Pfund und 9 Schilling sowie 8 Ringe Brot jährlich und bei einer Handänderung ausserdem 4 Pfund des im Mittelalter hochgeschätzten Pfeffers, an das Domstift. Günther I. von Eptingen (tot 1343) hatte seine Zustimmung zu dem Verkauf zu erteilen; denn offenbar waren die Eptinger die Grundherren dieser Liegenschaften. Ums Jahr 1340 wurden sie ausserdem belastet mit einem Zins für die Jahrzeit, die für den verstorbenen Kanoniker Petrus von Freiburg gelesen wurde; aus dem Gräberbuch des Münsters wissen wir, dass er vor dem Kaiser-Heinrichs-Altar im Ostflügel des grossen Kreuzgangs seine letzte Ruhestätte gefunden hatte. Ebenso mussten von den Häusern «zum Ulm» zwei Anniversar-Zinse an das Chorherrenstift zu St. Peter bezahlt werden, welches es übernommen hatte, für zwei Eigentümer im 14. Jahrhundert, Wernher Rebmann und Nicolaus Schilling, eine Seelenmesse zu lesen. Schilling gehörte als Achtburger dem städtischen Rat an und bekleidete später auch das Amt des Ammeisters, das die Zünfte 1383 nach dem Vorbild von Strassburg geschaffen hatten, um durch dieses dritte Haupt des Gemeinwesens, unabhängig vom Bürgermeister und Oberstzunftmeister, die vom Bischof eingesetzt wurden, eine unmittelbare Kontrolle über die städtische Verwaltung ausüben zu können.
Nach dem Erdbeben wurde der ursprünglich einheitliche Komplex aufgeteilt; auf seinem Areal erstanden drei Häuser. Den «Kleinen Ulm» verliehen nach einer Urkunde vom Jahr 1401 die Söhne von Günther II. von Eptingen (tot 1401), die Edelknechte Hans Günther (tot 1451), Herr zu Gutenfels und Gatte der Anna Grünenzweig, der Tochter des Matthias Eberler, sowie Ulrich Günther (tot 1452), Kirchherr zu Sissach, dem Konvent des Predigerklosters. Indessen verkauften ihn die Dominikaner bald an den Metzger Henman Tschan, der auch die beiden Nachbarliegenschaften besass. Er und seine Gattin Katharina widmeten sich testamentarisch gegenseitig die drei Häuser; doch hatten sie ihre

Verfügung zu widerrufen, als sie diese 1437 um 1000 Gulden oder 1150 Pfund an die Stadt veräusserten. Das Geschäft wurde im Namen der Räte durch den damaligen Stadtschreiber Johann von Bingen abgeschlossen.

Nur sechs Jahre lang blieben die drei Liegenschaften im städtischen Besitz; denn 1443 verkaufte sie der Oberstzunftmeister Andreas Ospernell im Auftrag von Bürgermeister und Rat um 900 Gulden oder 1035 Pfund an Margaretha Brand, die Witwe des Kleinbaslers Peter Lostorf, und deren Bruder Oswald Brand. Margaretha Brand figuriert in der Geschichte unserer Universität als deren erste Gönnerin; von ihr stammt die früheste Stiftung zugunsten der Alma mater Basiliensis. «Weil nichts dienlicher ist zum Heil der Seele als Lehre und Unterweisung in der Heiligen Schrift», vermachte sie ihr 1467 einen jährlichen Zins von 24 Gulden für eine Lektur, damit ein frommer, züchtiger und geschickter Mann die Bibel studiere und lese; ausserdem sollte er zu St. Theodor einige Messen zelebrieren und dem Domprediger zur Seite stehen, besonders während des Advents und der Fasten, damit zu diesen Zeiten täglich im Münster gepredigt werde. Der erste Empfänger dieses Legats wurde 1474 der Magister Michael Wildegg. Auch als grosse Wohltäterin der Kartause und der St. Andreas-Kapelle sicherte sich die Lostorfin ein gesegnetes Andenken.

Von ihr gingen die drei Häuser zu St. Johann sehr bald schon wieder an das Predigerkloster über, welches sie mit Garten und Zubehör 1445 zu dem offenbar den geistlichen Käufern aus besonderem Entgegenkommen eingeräumten Vorzugspreis von 300 Gulden erwarb. Die Predigermönche verliehen die Liegenschaften «in Lipgedings Wise», so 1517 an Claus Burkhard und seine Ehegefährtin Ennelin Brunnmeisterin und sechs Jahre hernach an Meister Matthäus Gansser; später wurden sie von der Verwaltung des nach der Reformation säkularisierten Gotteshauses verkauft. Der «Kleine Ulm» gelangte an den Ratsherrn Georg Spörlin und dessen Gattin Agnes Ottendorf genannt Rebhuhn, die ihn 1590 samt dem Baumgarten dahinter um 1200 Gulden an den Weinmann Melchior Gysler und dessen Frau Anna Hertenstein abtraten. Von ihnen vererbte sich die Liegenschaft auf den Sohn Simon Gysler und dessen Eheliebste Dorothea Huber, die sie 1602 mit Garten, Scheune und Trotte um 1800 Gulden und 50 Gulden «Verehrung» (= Trinkgeld) an Hans Hertenstein weitergaben. Dieser hatte sich offenbar mit dem Kauf finanziell zuviel zugemutet; denn schon bald geriet er in grosse Schulden. 1606 wurde er von dem Weinmann Hans Ulrich Scherb und 1614 von Johann Jacob Grynaeus, «der Heiligen Schrift Doctor, Professor Hoher Schule und Pfarrherr auf Burg», der ihm 800 Gulden dargeliehen hatte, betrieben.

Vier Jahre später sah sich Hertenstein gezwungen, den «Kleinen Ulm» an Peter Roschet zu veräussern, einen Refugianten, «gebirtig uss dem Saffoger Land» (= Savoyen), wie es in den Akten der Safranzunft heisst. Roschet hatte sich nach seiner Niederlassung in Basel einige Jahre bei Jacob Miville, dem Stammvater der hiesigen Familie, aufgehalten, der 1606 von Colmar zugezogen war und hier als «Mattdrellialist» (= Materialist) einen Grosshandel in Drogen und Materialwaren betrieb. Als Roschet 1616 in die Safranzunft aufgenommen zu werden wünschte, erkundigten sich Meister und Sechs bei den Wurzkrämern und Apothekern, ob sie ihn «mechten liden». Schliesslich wurde ihm, nachdem er das Bürgerrecht erlangt hatte, «mit sonderbaren Conditionen» auch das Zunftrecht gewährt. Nicht immer scheint der Drogenhandel Roschets von finanziellem Erfolg begleitet gewesen zu sein; jedenfalls vermochte er seine finanziellen Verpflichtungen gegenüber dem Handelsherrn Daniel Iselin, bei dem er für 1200 Pfund in der Kreide stand, nicht zu erfüllen, weshalb dieser das Haus zu St. Johann 1661 zur gerichtlichen Auktion brachte und selbst kaufte. Roschets Nachbar im «Mittleren Ulm» war Professor Caspar Bauhin gewesen, der Nachfolger Felix Platters auf dem Lehrstuhl der praktischen Medizin, der Gründer des Botanischen Gartens der Universität und Schöpfer einer botanischen Nomenklatur, die bis zu Linnés Zeiten hohe Anerkennung genoss. Mit der Witwe des Professors hatte Roschet 1626 vor dem Fünfergericht einen grossen Streit auszutragen; denn sie hatte sich dagegen verwahrt, dass der Materialist an der Mauer ihres Hauses ein «Badstüblein», einen Backofen, einen Bauchofen (= Waschofen) und ein Kamin erstellte, offenbar aus Furcht vor der Brandgefahr...

Daniel Iselin-Hoffmann, der kurz vor seinem Tod Eigentümer des «Kleinen Ulms» wurde, war Beisitzer am Kleinbasler Stadtgericht, Mitmeister E.E. Vorstadtgesellschaft zur Mägd und seit 1645 auch Mitmeister E.E. Gesellschaft der Feuerschützen, der er 1651 eine Glasscheibe stiftete, welche noch heute im Schützenhaus zu sehen ist. Er bewohnte das Haus zu St. Johann nicht selbst, und so gelangte es schon 1664 an Philipp Heinrich Fürstenberger, der ebenfalls als Mitmeister zur Mägd sowie als Sechser zu Webern und als Direktor der Kaufmannschaft, der Vorläuferin der Handelskammer, amtete. Fürstenberger, der Sohn des Tuchhändlers Jacob Fürstenberger in Mülhausen und der Rosina Engelmann, einer Tochter des dortigen Bürgermeisters, hatte sich nicht in der elsässischen Nachbarschaft niedergelassen, denn «weilen ihme Gott Basel zur Wohnung bestimmt, also musste hierin der Wille Gottes geschehen». 1686 wurde ihm das von seinem Grossvater Heinrich Fürstenberger-Tuckenbrodt seinerzeit aufgegebene Basler Bürgerrecht wieder zuteil, und ebenso die Hand von Maria De Bary, einer Schwester des Tuch- und Seidenhändlers Johannes De Bary, der seinerseits Philipps Heinrichs Schwester Rosina Fürstenberger zur Frau gewonnen hatte. Philipp Heinrich Fürstenberger beabsichtigte in Basel industrielle Pläne grossen Stils zu verwirklichen: Er projektierte die Errichtung einer bedeutenden Tuchfabrik, der jedoch die Zunft zu Webern ihren Widerstand entgegensetzte. In Basel eingeengt, kehrte Fürstenberger vorübergehend nach Mülhausen zurück, wo ihm wesentlich günstigere Bedingungen winkten; denn Frankreich, das mit dem Abschluss des Dreissigjährigen Krieges in den Besitz des Elsasses gelangt war, unternahm alle Anstrengungen, um der dortigen Tuchfabrikation zu blühender Entwicklung zu verhelfen.

Die Liegenschaft zu St. Johann scheint Fürstenberger später dem Buchhalter Johannes Salathe übertragen zu haben, dessen Witwe sie 1739 dem Tabakfabrikanten Johann Ludwig Iselin-Wolleb verkaufte. Dieser besass zwar fünfzehn Kinder, aber kein florierendes Geschäft; schon 1740 war er genötigt, bei der Witwe des Ratsherrn Bernhard Beck-Birr gegen Verpfändung des «Kleinen Ulms» und «einer sonderbaren Wohnbehausung darhinder», das heisst des Hinterhauses, ein Darlehen von 6000 Pfund aufzunehmen. 1747 vermochte er die Liegenschaft nicht länger zu halten: An einer gerichtlichen Auktion erwarb sie die Handelsragion Emanuel Ryhiner, Johann de Ludwig Faesch und Abraham Legrand für 8500 Pfund, um sie bereits ein Jahr später mit Verlust an den Appellationsrat Albrecht Ludwig Louvis-König weiter zu veräussern. Auf ihn folgte 1759 die Witwe von Samuel Ryhiner-Fürstenberger, der zusammen mit seinem Bruder Emanuel Ryhiner-Leisler im nahen «Bockstecherhof» am Totentanz – «Ryhiner de la Danse des Morts» wurde er zur Unterscheidung von andern Angehörigen des Geschlechts genannt – die Basler Indienneindustrie begründet hatte. Sie war die Tochter von Johannes Fürstenberger-Ortmann, dem zweitjüngsten Sohn des erwähnten Philipp Heinrich Fürstenberger-De Bary und Inhaber der bis heute unter dem Namen Simonius, Vischer & Co. bestehenden Firma des Wollhandels; von ihm wird im ersten auf sie bezüglichen Eintrag des Ragionenbuchs erklärt, er habe am 1. März 1719 seinen Sohn in seine «Company» aufgenommen.

Witwe Ryhiner-Fürstenberger und ihre Söhne Johannes und Samuel vereinigten nochmals den «Grossen, Mittleren und Kleinen Ulm» in einer Hand. Johannes Ryhiner, gleich seinem Vater Indiennefabrikant, Mitglied des Grossbasler Stadtgerichts, 1769 Meister E.E. Zunft zu Hausgenossen, 1777 Oberstzunftmeister und 1789 Bürgermeister, war es, der zu Beginn der 1760er Jahre an der Stelle des mittelalterlichen «Kleinen Ulms» den klassizistischen Neubau errichtete. 1764 erwarb er für seine Liegenschaft von Johann Jacob Brenner im «Erlacherhof» an der St. Johanns-Vorstadt einen halben Helbling «guten Wassers». Von der Witwe des Bürgermeisters, Maria Ryhiner-Iselin, der Tochter des aus der Biographie Johann Peter Hebels bekannten Majors in französischen Diensten Johann Jacob Iselin-Ryhiner, gelangte der «Kleine Ulm» an den Schwager Samuel Ryhiner-Werthemann, welcher der Tochter des Strumpffabrikanten und Bankiers Peter Werthemann, des Herrn auf Wildenstein, die Hand gereicht hatte. Zu seiner Zeit beherbergte das Haus eine reiche Sammlung physikalischer Instrumente, eine kostbare Bibliothek und viele Kuriositäten. Ryhiner, dem letzten Eigentümer aus seiner Familie, folgten im «Kleinen Ulm» Johannes Burckhardt, der 1830 Platzkommandant von Basel wurde, später als eidgenössischer Oberst die Militärschule in Thun leitete und im Sonderbundskrieg das Kommando der II. Armee-Division führte, sowie sein Bruder, der Appellationsgerichtspräsident Johann Rudolf Burckhardt-Keller.

Die Reihe der Eigentümer setzt sich 1856 fort mit dem Ökonomen Carl La Roche-Gemuseus, der 1829 seine Studien an der Landwirtschaftlichen Akademie von Hohenheim abgeschlossen und sich dann vorübergehend als Verwalter auf dem Gut Blodelsheim im Elsass im Dienst von Christoph Merian-Hoffmann, dem Vater des Stifters, betätigt hatte. Er erwarb im Lauf seines Lebens zahlreiche Besitzungen, die er jeweils wenige Jahre hernach wieder verkaufte, und ebenso oft wie seine Güter, auf denen er den Sommer verbrachte, wechselte er seinen winterlichen Wohnsitz in der Stadt.

Die weiteren Handänderungen des Hauses können wir übergehen; doch sei daran erinnert, dass der «Kleine Ulm» in jüngerer Vergangenheit während vieler Jahre von dem Kunstmaler Haiggi Müller und dem Komponisten Conrad Beck bewohnt wurde und der junge Friedrich Rintelen vor seiner Wahl zum Inhaber des Lehrstuhls für Augenheilkunde und Chefarzt des Augenspitals hier seine Privatpraxis führte. Nachdem das Haus 1938 mit der Hilfe des Arbeitsrappens durch Architekt Ernst Rehm renoviert worden war, bildete sich 1945 die Genossenschaft «zum kleinen Ulm», deren Anteilscheine in der Folge in die Hände des Heimwehbaslers Marcel W. Müller, des Inhabers der Färberei Schlieren AG, und seiner Gattin gelangten. Sie verkauften die Liegenschaft 1975 an die Basler Baugesellschaft und Stehelin und Vischer AG, wobei sie den gesamten Erlös der Stadt Basel zugunsten verschiedener gemeinnütziger Institutionen überliessen; eine Gedenktafel im Erdgeschoss erinnert an diese hochherzige Schenkung.

Der «Erlacherhof»

Ihre heutige Bezeichnung «Erlacherhof» erhielt die Liegenschaft St. Johanns-Vorstadt 17 erst im 17. Jahrhundert beim Übergang an die Witwe des Generalleutnants Hans Ludwig von Erlach; zuvor stand der seit dem Beginn des 15. Jahrhunderts erwähnte Hof unter verschiedenen Namen meist im Besitz von Adeligen oder Achtburgern. Von 1784 bis 1804 war das Haus der Wohn- und Geschäftssitz des berühmten Kupferstechers Christian von Mechel. 1817 wurde es zum Domizil der bis heute unter der Ragion Senn & Co. AG fortbestehenden Bandfabrik Lucas Preiswerk.

Einige Jahrzehnte früher als das Haus «zum Christoffel» (St. Johanns-Vorstadt 15) tritt die Nachbarliegenschaft, der spätere «Erlacherhof» (Nr. 17), in das Licht der urkundlichen Überlieferung. Sie stand bis 1414 im Besitz von Wilhelm von Wasselnheim, dem Abt des Klosters Murbach im Elsass: doch verkaufte sie in seinem Auftrag im genannten Jahr der Ritter Franz Hagedorn an Henman von Ramstein. Seit 1440 sass auf dem Hof Heinrich Münch, der bei der von Hans Waltenheim und Heinrich Halbysen, dem Begründer der hiesigen Papierfabrikation, gebildeten grossen Basler Handelsgesellschaft des 15. Jahrhunderts schwer verschuldet war, weshalb sie die ihr verpfändete Liegenschaft 1447 an sich zog. Von Halbysens gleichnamigem Sohn gelangte sie 1478 an den Ratsherrn Junker Rudolf von Schlierbach, nach dem sie längere Zeit als «Schlierbachs Hof» bezeichnet wurde. Dort lebte nach dem Tod ihres vom Aussatz befallenen Gatten noch 1498 seine Witwe Anna Wentikum mit Gesinde.

Wechsel am laufenden Band

Schlierbachs Tochter Brida brachte den Hof um 1520 in ihre zweite Ehe mit dem nach dem Tod von Valeria Iselin verwitweten Oberstzunftmeister Junker Balthasar Hiltprand. Später begegnen wir als Eigentümern Junker Lorenz Sürlin-Kilchmann (1525), Vogt auf Waldenburg, dem Berner Ludwig von Tiller (1535) und dem mit Helene Surgant verehelichten Hans Jacob Los, der seinen Besitz zu St. Johann 1549 testamentarisch seinen Vettern, den Söhnen des Hans Jacob Wyrtz in Zürich, vermachte. Von ihnen erkaufte den Hof 1587 der Sohn des Oberstzunftmeisters und späteren Bürgermeisters Lucas Gebhart, der 1605 als Hauptmann in den Niederlanden verstorbene Hans Wernhard Gebhart-Kriegelstein, der ihn 1599 dem aus Paris stammenden Buchdrucker Johann Aubry abtrat. Fast gleichzeitig mit dem Haus «zum St. Christoffel» ging die Nachbarliegenschaft über an den Ratsherrn zu Fischern, Adelberg Meyer zum Pfeil.
Von 1602 bis 1692 blieben die beiden Liegenschaften in einer Hand vereinigt, nach Adelberg Meyer zunächst bei Margaretha von Erlach, der Witwe des im Dienst des Feldherrn Bernhard von Weimar stehenden Generalleutnants Hans Ludwig von Erlach, später bei dem Handelsmann und Ratsherrn Philipp Dienast. Dieser veräusserte die nunmehr «Erlacherhof» genann-

te Besitzung 1694 an Maria Sophia von Planta, eine Freundin der Basler Separatistin, die auf die geistliche Entwicklung des späteren Muttenzer Pfarrers Hieronymus Annoni, des Vaters des Basler Pietismus, bestimmenden Einfluss ausübte. Sie veräusserte den Hof 1719 an den Strumpffabrikanten Hans Georg Deucher, dessen Witwe ihn 1737 an den Gerichtsherrn Johann Jacob Brenner weitergab.

Umbau durch Christian von Mechel

Von Brenners Nachfolger, dem Handelsmann Elias Burckhardt-Sarasin, erwarb den «Erlacherhof» 1784 der Kupferstecher und Kunsthändler Christian von Mechel, dem mit der Entwicklung seiner Kunstgalerie nach seiner Rückkehr von Wien das bisher von ihm bewohnte Haus «zum St. Christoffel» zu eng geworden war. Hier fand er nunmehr den seinem berühmt gewordenen Unternehmen entsprechenden Rahmen, in dem er die zahlreichen hochgestellten Persönlichkeiten aus dem Ausland, die ihn aufsuchten, standesgemäss empfangen konnte. Durch Christian von Mechel, der sich die Mittel durch verschiedene grosse Darlehen zu beschaffen verstand, erhielt das Haus seine neue klassizistische Fassade, die in mancher Beziehung an diejenige des «Kirschgartens» erinnert; möglicherweise war dessen Architekt Johann Ulrich Büchel auch am Umbau des «Erlacherhofs» beteiligt. Besonders repräsentativ ausgestattet wurde der prachtvolle Salon im ersten Stock mit seinen Supraporten, die Motive aus den Bereichen der Jagd, des Handels, des Gartenbaus und der Musik darstellen. In den Räumen rechts von diesem Salon befand sich die Galerie, während die von Mechel beschäftigten Stecher an den Fenstern des hintern rechten Halbflügels arbeiteten.

Von der Galerie zur Bandfabrik

Bis zu seinem Wegzug nach Berlin im Jahr 1804 blieb der «Erlacherhof» Mechels Wohn- und Geschäftssitz. Nach seinem Tod verkauften ihn die Kuratoren seiner Masse 1808 an den Handelsherrn Carl Richard Dietrich von Sulz. Er gab ihn 1817 weiter an den Bandfabrikanten Lucas Preiswerk-Forcart, der hier als erster in Basel das sogenannte Taffetas-Uni-Seidenband in grösserem Massstab fabrizierte und damit ein bedeutendes Vermögen erwarb. Nach seinem Tod im Jahre 1848 führten der Tochtermann Wilhelm Burckhardt-Preiswerk und später dessen Sohn Emil Burckhardt-Koechlin die Firma mit treuen Angestellten fort; unter ihnen figuriert Friedrich Senn, der 1818 im Alter von 15 Jahren als Lehrling in das Geschäft eingetreten war und darin 68 Jahre lang, bis zu seinem Hinschied Anno 1886, mitarbeitete.
Emil Burckhard-Koechlin assoziierte sich beim Ableben seines Vaters 1874 mit Gustav Senn-Simmoth, worauf die Firma Lucas Preiswerk nach der Einführung des Schweizerischen Obligationenrechts 1893 im Interesse der Firmenwahrheit die Bezeichnung Burckhardt & Senn annahm, die 1899 in Senn & Co. geändert wurde. 1894 kaufte die Fabrik zum «Erlacherhof» das Haus «zum St. Christoffel» hinzu. So wurden die beiden, von ihrer Eigentümerin als eigentliche Kleinode der St. Johanns-Vorstadt liebevoll gepflegten Baudenkmäler zum Domizil der Firma Senn & Co. AG, welche die grosse Tradition der einstigen Hauptindustrie Basels bis heute hochhält.

«Die Stätte, die ein guter Mensch betrat»

Über dem Eingang zum Treppenturm des «Erlacherhofs» in der St. Johanns-Vorstadt, des Domizils der Seidenbandfabrik Senn & Co. AG, erinnert eine stilvolle Gedenktafel daran, dass Goethe zweimal hier eingekehrt ist, das erste Mal am 8. Juli 1775.

Zweimal hat Goethe Basel besucht, auf seiner ersten und seiner zweiten Schweizer Reise in den Jahren 1775 und 1779, und beide Male kehrte er zur Besichtigung der Sammlung des berühmten Kupferstechers und Kunsthändlers Christian von Mechel (1737 bis 1817) in der St. Johanns-Vorstadt ein. Daran erinnert die stilvolle Gedenktafel über dem Eingang zum Treppenhaus des «Erlacherhofs», die mit dem schönen und tröstlichen Wort Leonorens zur Prinzessin im ersten Auftritt des ersten Aufzugs von «Tasso» schliesst:

«Die Stätte, die ein guter Mensch betrat,
Ist eingeweiht; nach hundert Jahren klingt
Sein Wort und seine Tat dem Enkel wieder.»

Nicht im «Erlacherhof» selbst freilich empfing der Stecher den Dichter – diesen vornehmen Sitz erwarb Mechel erst im Jahr 1784 –, sondern im daneben gelegenen kleineren Haus «Zum St. Christoffel», das 1767 von den Erben des Wintersinger Pfarrers Magister Samuel Grynäus in seinen Besitz gelangt und von ihm mit einem prachtvollen klassizistischen Portal geschmückt worden war. Am 8. Juli 1775 erblickte also Goethe erstmals unsere Stadt als damals 26jähriger Dichter des «Werther», der, im Widerstreit der Gefühle für die schöne Frankfurter Bankierstochter Lili Schönemann, sich im Land der Freiheit selbst zu befreien hoffte, aber auf der Höhe des Gotthards die Rückkehr antrat – «vaterlandwärts, liebwärts». Nochmals kam es in Zürich zu einer Begegnung mit Johann Caspar Lavater; dort aber befiel den Dichter, wie er 46 Jahre später in einem Schema für die Niederschrift des 19. Buches von «Dichtung und Wahrheit» festhielt, eine «fieberhafte Erneuerung der Neigung zu Lili». Und die Aufzeichnung fährt fort: «Eile über Basel. Vom Mecheln.» Trotz dem mächtigen Zug zurück zur Geliebten nahm sich Goethe demnach Zeit zu einem Halt in unserer Stadt, der wohl im wesentlichen auf zwei Besuche beschränkt blieb: bei Isaak Iselin und Christian von Mechel. Weit ausführlicher als Goethe selbst berichten die beiden in ihren Briefen von der Begegnung mit dem jungen Dichter-Genie, das damals auch in den Basler Salons das Tagesgespräch abgab. «Ce Goethe avec son Wertheren», hatte Christian von Mechel wenige Tage vor dessen Ankunft an einen Freiburger Freund geschrieben, «a fait là une tempête littéraire qui occupe toujours encore nos Gazettes, nos Moralistes et nos Sages. Avouons que son thème est de plus choquant et non pour inspirer la vertu, l'abstinence et la raison.» Mit den «Moralistes» und «Sages» visierte der Kupferstecher wohl vor allem den Ratsschreiber Isaak Iselin an, der, vermutlich auf Lavaters Empfeh-

lung, mit dem Besuch Goethes beehrt wurde. Sein Eindruck war zwiespältig: «J'ai vu hier et avant-hier l'auteur des Souffrances du jeune Werther», meldete er am 10. Juli 1775 seinem Freund, dem in französischen Diensten stehenden Oberstleutnant Johann Rudolf Frey. «C'est un homme d'un commerce charmant. Tout ce qu'il dit porte l'empreinte du génie… Je ne suis cependant point content de tout de l'usage qu'il fait de ses talents. Je crois que le désir de se distinguer est son premier mobile…» Und wenige Wochen später, am 4. August, drückte er sich ähnlich gegenüber dem Zürcher Salomon Hirzel aus: «Es hat mir viel Freude gemacht, Goethen zu sehen. Ich bewundere das Genie dieses Mannes im höchsten Grade, obwohl ich den Gebrauch gar nicht liebe, den er davon macht. Er wird indessen eine neue Bahn öffnen. Es wird nun eine Zeitlang in Deutschland alles sich dahin bestreben, Thätigkeit zu spiegeln, Stärke zu zeigen. Wer die grössten Kräfte beweisen wird, wird der Grösste sein; und auf dieser Bahn sich bemerkbar zu machen, scheinet Goethens vornehmste Absicht zu sein. Auch ist niemand, der mehr im Stande wäre, Aufmerksamkeit auf sich zu ziehen. Dieses soll uns indessen nicht irre machen», fügt Iselin, baslerischen Charakter und baslerisches Raisonnement deutlich widerspiegelnd, bei: «Wir, denen Gott weniger Kräfte verliehen hat, wollen ruhig auf der Bahn fortgehen, die zum Guten führt. Wir werden da weit sicherer und weit rühmlicher arbeiten, und unsere Glückseligkeit wird dadurch nicht vermindert werden.»

Weniger kritisch lautet der Bericht Christian von Mechels, den Goethe im Sturm für sich einnahm, als er in der Werthertracht, in blauem Frack und gelber Weste, über die Schwelle seines Hauses an der St. Johanns-Vorstadt getreten war. Sicherlich schmeichelte es der Eitelkeit des Stechers, dass der berühmte Dichter des «Werther» bei ihm Einkehr hielt. Noch am Abend seines Besuches liess er seinen Freiburger Freund mit folgenden Worten davon wissen: «Aujourd'hui nous goûtons la satisfaction de posséder chez nous Goethe, l'historien du jeune Werdern; original dans ses écrits, il l'est de caractère, mais d'une manière à devenir extrêmement intéressant.» Goethe blieb der Besuch im Hause Mechels eindrücklich; wie aus dem Ausgabenbüchlein des getreuen Dieners Philipp Seidel hervorgeht, richtete er kurz nach der Rückkehr, am 1. August, aus Frankfurt einen Brief an ihn, der leider als verloren zu betrachten ist. Und ebenso verfolgte der Stecher das weitere Schicksal des Dichters mit Aufmerksamkeit: Als im Jahr nach seinem Besuch die Kunde, Goethe sei in den Dienst des Herzogs Carl August von Sachsen-Weimar getreten, nach Basel drang, schien ihm diese Wendung seines Lebensweges eher fragwürdig: «Je ne sais», meinte er, «si l'auteur de Wertheren fait un grand politique, un homme de Cour? Wir haben von Herzen lachen müssen.»

So schrieb Mechel am 2. September 1776. Drei Jahre später erschien Goethe als Staatsminister in Begleitung des 22jährigen Herzogs, dessen Vorbereitung auf seine Regierungsaufgabe er auf dieser Reise nach der Schweiz zu fördern trachtete, wiederum in Basel; auch diesmal kehrte er beim Kupferstecher an der St. Johanns-Vorstadt ein. Auf der letzten Schweizer Reise von 1797 am Vorabend der helvetischen Revolution aber vereitelte das Schicksal seine Absicht, unsere Stadt nochmals wiederzusehen.

Der «Holsteinerhof»

Der Holsteinerhof am Ende der inneren Hebelstrasse (Nr. 30–32), der heutige Sitz von Direktion und Verwaltung des Kantonsspitals, wurde 1752 vollendet. Der prächtige Barockbau, zu Ende des 18. Jahrhunderts von Oberstzunftmeister Peter Ochs bewohnt, war damals ein Zentrum europäischer Politik.

Das Antlitz der heutigen inneren Hebelstrasse, die bis in die 1860er Jahre noch den Namen «Neue Vorstadt» trug, hat sich mit den neuen Spitalbauten stark gewandelt. Eine ganze Zeile der alten gotischen Häuser auf der rechten Strassenseite ist niedergelegt worden; aber noch sind uns an ihrem Anfang und Ende die Bauten des Markgräflerhofs und des Holsteinerhofs bewahrt geblieben, mit denen der Barock seinen Einzug in Basel hielt. Heute steht glücklicherweise auch der Holsteinerhof, der vorübergehend ebenfalls vom Abbruch bedroht war, weil man 1952 an seiner Stelle die Grossgarage für das Spital projektiert hatte, unter Denkmalschutz, ist prächtig restauriert und dient dem Kantonsspital als Sitz der Direktion und Verwaltung.

Das Ende der seinerzeitigen «Neuen Vorstadt», die vom Petersgraben bis zur Stadtmauer (an der jetzigen Schanzenstrasse) reichte, war einst einer der stillsten Winkel unserer Stadt; denn bis im 19. Jahrhundert fehlte auf dieser Seite der Vorstadt ein Ausgang ins Freie. Kleinere und grössere Reb- und Krautgärten dehnten sich hier aus, und in den idyllischen Häuschen in ihrer Mitte fanden die Stadtbürger des Abends erholsame Entspannung von ihrem Tagewerk. Das äusserste Stück rechter Hand, genannt «zur Pfalz», befand sich zu Ende des 17. Jahrhunderts im Besitz des Schwarzfärbers Theodor Ruprecht. Von ihm erwarb es die Herzogin Augusta Maria von Holstein-Gottorp, die Gattin des Markgrafen Friedrich Magnus von Baden: nach ihr heisst die Liegenschaft bis auf den heutigen Tag. Sie liess auf dem Areal ein kleineres Haus und das riesige Kellergewölbe erbauen, an dessen Eingang das Datum 1696 steht.

Der Sohn der Herzogin von Holstein, Markgraf Carl Wilhelm von Baden, der Begründer von Karlsruhe, der am andern Ende der «Neuen Vorstadt» den Neubau des Markgräflerhofs errichtete, war als grosser Blumen- und Gartenfreund darauf bedacht, ein möglichst grosses, geschlossenes Territorium zu gewinnen, um einen seines fürstlichen Baus würdigen Hofgarten anzulegen. 1736 vertauschte er daher die «Holsteinische Behausung» samt Stallung, Garten und Brunnrechten gegen eine an seinen eigenen Garten grenzende Liegenschaft von Valeria Hummel, der Witwe des Ratsherrn Franz Ortmann, der er noch ein Aufgeld von 5000 Pfund in gutem Kapitalgeld «samt einer Ihrer Durchlaucht freigestellten Discrétion» zu bezahlen hatte. Zuvor hatte er den Rat in Kenntnis gesetzt von seiner Absicht, «in künftigen Zeiten abwechslungsweise in Basel zu wohnen», wofür aber der Platz für seine Familie und seinen Hofstaat zu klein sei, weshalb er um die Erteilung der hochobrigkeitlichen Zustimmung zum erwähnten Tausch ersuchte.

Damit gelangte der Holsteinerhof in baslerischen Besitz. 1745 erscheint als dessen Eigentümer der Rechenrat Samuel Burckhardt-Zaeslin (1692–1766), der vornehmste Basler Grandseigneur seiner Zeit, der sich durch den Betrieb des Salzwerks von Bruchsal und mehrerer Eisenschmelzen einen für die damaligen Verhältnisse ungewöhnlichen Reichtum erworben hatte. In dem von ihm erbauten Barockpalast des Ramsteinerhofs über dem Rhein wie in seinem 1752 vollendeten Sommerhaus des Holsteinerhofs entfaltete er einen pompösen und glanzvollen Lebensstil, der selbst denjenigen des Markgräflerhofs in den Schatten stellte. Aus der Zeit Samuel Burckhardts stammt zum grossen Teil die herrliche Innenausstattung des Holsteinerhofs mit ihren hervorragenden Öfen und Stukkaturen tirolischer Künstler sowie den prachtvollen Gobelins, die einzelne Szenen des damals berühmten Amadis-Romans illustrieren.

In das reiche Erbe Samuel Burckhardts hatten sich nur die beiden Söhne seiner einzigen Tochter zu teilen: Samuel Merian-Frey im «Hof» zu St. Alban (an der Stelle des heutigen «Goldenen Löwen») und Jean-Jacques Merian-De Bary im Ritterhof an der Rittergasse. Im Juli 1767 verkauften sie den Holsteinerhof um 40 000 Pfund an den Handelsherrn Albrecht Ochs-His (1716–1780), der in Hamburg in das Unternehmen von Pierre His, dem reichsten Kaufmann Deutschlands, eingetreten war und dessen Tochter zur Frau gewonnen hatte. 1769 zog er sich aus der Hansestadt endgültig ins heimatliche Basel zurück, wo inzwischen die Innenausstattung des Holsteinerhofs mit grösstem Raffinement vollendet worden war. In diesem stilvollen Rahmen verbrachte Albrecht Ochs das letzte Jahrzehnt seines Lebens an der Seite seines hochbegabten Sohns, des späteren Staatsmanns Peter Ochs, der 1779 Salome Vischer, die Tochter des Handelsherrn Leonhard Vischer-Birr, heimgeführt hatte, umgeben von einem Kreis geistreicher Persönlichkeiten, die seine universellen Interessen teilten.

Nach dem Tod des Vaters bewohnte Peter Ochs, der 1782 als Nachfolger Isaak Iselins zum Ratsschreiber gewählt wurde und 1796 zum Oberstzunftmeister aufsteigen sollte, den Holsteinerhof allein. Zu seiner Zeit wurde das Haus an der «Neuen Vorstadt» zu einem wichtigen Schauplatz der europäischen Politik.

Da in diesen Jahren sowohl der Gesandte des französischen Direktoriums in der Schweiz, Marquis François de Barthélemy, wie der preussische Gesandte Bernhard von der Goltz längere Zeit im Holsteinerhof zu Gast weilten, entschloss sich Peter Ochs zu dem kostspieligen Bau des kleineren Nebenhauses, was ihn zur Aufnahme eines Darlehens von 4000 neuen französischen Thalern nötigte. Dank seiner Vermittlung kam am 5. April 1795 der berühmte Basler Friede zwischen Frankreich und Preussen zustande, der Goethe noch in den letzten Stunden seines Lebens beschäftigte; unterzeichnet wurde er von Barthélemy und dem Nachfolger des kurz zuvor in Basel verstorbenen Bernhard von der Goltz, Baron August von Hardenberg. Die Vollmachten der beiden Unterhändler waren vermutlich im Holsteinerhof ausgetauscht worden, wo auch die Verhandlungen stattfanden; doch erfolgte die Unterzeichnung des Vertrages im Rosshof am Nadelberg, dem Haus des Eisenhändlers Hieronymus Staehelin-Passavant.

Im Holsteinerhof signiert wurde dagegen dreieinhalb Monate später der Friede zwischen Frankreich und Spanien, und zwar unter höchst dramatischen Umständen. Der spanische Gesandte Don Domingo d'Yriarte, der sein Land zuvor in Warschau vertreten hatte, war am 4. Mai nach Basel gekommen, hatte sich aber geweigert, Barthélemy in seiner Wohnung aufzusuchen, um nicht die Aufmerksamkeit des sich im Kleinbasel aufhaltenden österreichischen Gesandten zu erregen. Er bezog ein abgelegenes Haus, dessen Garten an denjenigen des Holsteinerhofs anstiess, wo sein französischer Partner auf Einladung von Peter Ochs Wohnsitz genommen hatte; so konnte er sich von seinem Garten aus bald längs eines Rebgeländes, bald von einer Terrassenmauer mit Barthélemy unterhalten. Erst in der Nacht vom 22./23. Juli wagte der vorsichtige Diplomat den Weg in den Holsteinerhof: In finsterer Nacht stieg er, in einen weiten Reitermantel gehüllt, mit einer Blendlaterne und gezücktem Degen über die Mauer hinab, um im Gartensaal des Hauses, der fortan der «Friedenssaal» hiess, seine Unterschrift abzugeben.

Den glanzvollen Jahren des Holsteinerhofs folgte 1799 der politische Sturz von Peter Ochs. Auch seine finanziellen Verhältnisse waren dermassen zerrüttet, dass er sich 1801 gezwungen sah, seinen stolzen Sitz um 100 000 Franken an Johann Conrad Burckhardt-Ryhiner, den Handelsmann zu St. Alban, zu verkaufen und sich in ein benachbartes, abseits gelegenes kleines Haus auf dem Areal der heutigen Schanzenstrasse zurückzuziehen. Der Holsteinerhof vererbte sich von Johann Conrad Burckhardt an seine beiden Söhne, den Bandfabrikanten Emanuel Burckhardt, den Verfasser des berühmten «Ratsherrenkastens», der in erster Ehe eine Tochter von Jakob Sarasin im «Weissen Haus», in zweiter Ehe eine Tochter des «Drei Könige»-Wirtes Johann Ludwig Iselin geheiratet hatte, und den Postmeister Johannes Burckhardt, der mit einer Tochter des Ratsherrn Abraham Iselin-Raillard verehelicht war. In der Folge ging die Besitzung über an Emanuels Sohn, den kinderlosen Bandfabrikanten Johann Conrad Burckhardt-Gemuseus, nach dessen Tod sie in der Familie Gemuseus verblieb, bis sie 1871 von dem Bandfabrikanten Emil Burckhardt-Koechlin übernommen und 1922 von dessen Nachkommen an das Bürgerspital verkauft wurde.

«Zum Eichhörnlein» am Petersplatz

Aus der reizvollen Gruppe von vier Bürgerhäusern zwischen dem klassischen Barockbau des «Grabenecks» und dem Zahnärztlichen Institut der Universität ragt das vorderste (Petersplatz 19), das Haus «Zum Eichhörnlein», dessen Tür mit einem hübschen Sgraffito des an einem Nüsslein knabbernden Tierchens bekrönt ist, heraus.

Über der Tür des Hauses «zum Eichhörnlein» (Petersplatz 19) ist die Jahrzahl 1436 angebracht; doch erscheint die – damals allerdings noch namenlose – Liegenschaft in den Quellen erstmals bereits rund viereinhalb Dezennien vorher, anno 1390, als Greda von Hertenberg dem Konvent des Predigerklosters die jährlichen Einkünfte von einem Gulden, die sie «von dem Haus auf dem Graben neben dem Eckhaus bei dem Platz» bezog, um 15 Gulden verkaufte. Bezahlt wurde dieser Zins von Iselin von Häsingen, der sich noch 37 Jahre später als Bewohner des Hauses nachweisen lässt. Seine Gläubigerin Greda von Hertenberg war als Tochter des Conrad von Hertenberg die Urenkelin des «Conrad ze dem schönen Huse», der als Sohn des Krämers Ludevicus in den Ritterstand aufstieg und jenen stolzen Sitz am Nadelberg baute, in welchem heute verschiedene Seminarien der Philosophisch-Historischen Fakultät unserer Universität untergebracht sind.

Verschuldeter «Bettelvogt»

Vom Predigerkloster ging der erwähnte Zins an das «Spital der armen Lüten», das spätere Bürgerspital, über, in dessen Zinsbüchern die Bewohner der Liegenschaft verzeichnet sind; erst 1850 wurde dieser Zins abgelöst. Wir begegnen unter ihnen 1454 dem Messerschmied Hans Eckhard, 1488 dem mit Elsi Brunnmeisterin verehelichten Meister Peter von Creuznach, dem Scherer, 1496 Joss Seiler, dem Stadtschreiber im mindern Basel, und 1505 der Witwe des «Weinmessers» Hans Kesser. Sie verkaufte die Behausung im genannten Jahr an Heinrich Glaser, den 1522 verstorbenen Kaplan und späteren Chorherrn zu St. Peter, den vermutlichen Stifter der von seinem Bruder, dem Maler Michael Glaser, stammenden Gemälde in der Kaplan-Sakristei des Gotteshauses; denn an deren Fuss ist das Wappen der Familie Glaser (in Schwarz und Weiss zwei gekreuzte Glasbrecher) angebracht. In der Zeit nach der Reformation nahm hier am «Platzgässlein» der Maurer Frölich Einsitz, welchen sein Nachbar Peter Kaufmann 1551 wegen eines «Gebäus», das Frölich an dessen Mauer errichtet hatte, vor das in baupolizeilichen Belangen zuständige Fünfergericht zog. Noch 1577 wurde Frölichs Witwe Margreth, die nach dem Hinschied ihres Gatten Hans Wolferer, dem «Thorhüter unter Bläsi-Thor», die Hand zu einer zweiten Ehe gereicht hatte, dieses Mäuerleins wegen von einem anderen Nachbar, dem Tischmacher Andres Rymlin, gerichtlich angefochten.

1601 erwarb der «Schützenknecht» Michael Glaser von dem beim Almosenamt schwer verschuldeten «Bettelvogt» Peter Meyer Haus und Hofstatt am Platzgässlein; der Schützenhauswirt vermochte die darauf lastenden Hypotheken rasch abzulösen. Seine Nachfolger waren verschiedene Zimmerleute, darunter Jakob Buser, der 1651 als «Knecht an Unserer Herren Werk» bezeichnet wird, das heisst als Meister im städtischen Werkhof tätig war, welcher sich auf dem Areal hinter dem heutigen Gewerbemuseum befand.

Seit dem ausgehenden 17. Jahrhundert war die Liegenschaft am Petersplatz lange Zeit die Wohnstätte verschiedener Witwen. 1740 folgte auf die ehemalige Gattin des Chirurgen Heinrich Flück die Witwe des ein Jahr zuvor als Pfarrer zu Waldenburg verstorbenen Niklaus Gürtler-König, und 1776 ging das Anwesen über an Margreth Biermann-Iselin, die drei Dezennien vorher ihren Gatten, den Johanniterschaffner Samuel Biermann, verloren hatte. Sie war die Tochter des Seidenbandfabrikanten Hans Jacob Iselin-Elbs und die Schwester von zwei weiteren bedeutenden Gliedern ihrer Familie: des Brigadiers Johann Jacob Iselin-Ryhiner, dem der Vater von Johann Peter Hebel als Offiziersbursche diente (während die Mutter des Dichters im Dienst seiner Frau stand) und des Professors Johann Rudolf Iselin-Louis, dem Herausgeber von Aegidius Tschudis «Chronicon Helveticum», der Quelle, aus der Friedrich Schiller den Stoff zu seinem Telldrama schöpfte.

Über Franz Erzberger, den Stubenverwalter der Webernzunft (1776), und Jungfrau Katharina Falkeysen, welche die Wohnbehausung mit dem Höflein gegen die «Neue Vorstadt», die heutige Hebelstrasse 1787 «mit Einschluss der Ofen- und Ofenrohr-Thürlein, des Kunstofenblechs, der Fenster- und Umhangstänglin und des Geliegers im Keller» übernommen hatte, gelangte das Anwesen 1787 an Rosina Thurneysen-Faesch, die Witwe von Professor Johann Rudolf Thurneysen, der nicht nur als Verfasser einer der ersten Schriften über den unerlaubten Nachdruck von Büchern und damit über die Idee des geistigen Eigentums in der Geschichte der Wissenschaft fortlebt, sondern auch als Rektor der Universität im Jahr ihres 300jährigen Bestehens in deren Annalen ruhmvoll verzeichnet ist. Er hielt bei dem mit grossem Pomp gefeierten Jubiläum der Alma Mater Basiliensis von 1760 im Doktorsaal des Bischofshofs eine zweistündige (!) Festrede, die anscheinend durch zwei musikalische Intermezzi unterbrochen werden musste, um die schon durch den ausgedehnten Morgengottesdienst strapazierten Zuhörer vor einem verständlichen Nickerchen zu bewahren.

Einhörnlein und Eichhörnlein

In der Kaufurkunde von 1787 erscheint erstmals eine Namensbezeichnung des Hauses; doch hiess es damals noch «zum Einhörnlein»; erst 1820 taucht der Name «zum Eichhorn» auf, der sich in der Folge wieder zum freundlicheren Diminutiv «Eichhörnlein» wandelte.

Die Erben der Witwe des «Jubiläumsrektors» hatten das «Einhörnlein» 1791 dem Instrumentenmacher Jeremias Schlegel verkauft, der indessen schon ein Jahr später starb, worauf das Anwesen an den Sohn, den Gürtler Johann Rudolf Schlegel-Philibert,

überging. Von den weitern Eigentümern mögen der Ratsbote Christoph Burckhardt (1797), der Posamenter Johannes Linder (1802), Helene Hübscher-Ramsperger, die Witwe des Kürschners und Pfundzollers Emanuel Hübscher (1813), der Handelsmann und Stadtrat Carl Lichtenhahn (1827), Mitglied der Exekutive der von 1803–1876 bestehenden Stadtgemeinde, sowie der Postcommis Johann Georg Biermann (1857) Erwähnung finden. Später gehörte das «Eichhörnlein» dem Dienstmann und Waffelnbäker Karl Friedrich Schelker-Schobel, bis es in den 1920er Jahren an den Coiffeur Arnold Haldimann-Schwarz überging.

Der «Flachsländerhof» an der Petersgasse

Im 13. Jahrhundert nimmt eine bedeutsame neue Periode der Basler Baugeschichte ihren Anfang: Die alte, um den Fischmarkt herum gruppierte Talstadt sprengt ihren engen Rahmen und wächst hinauf auf das Plateau des Peters- und des Nadelbergs, das in eine umfassendere Befestigungslinie einbezogen wird. Hier erstehen in der Folge die stattlichen Sitze der Ritterschaft, die noch heute jener Stadtpartie, welche Professor Emil Dürr einmal scherzhaft die «Dalben des Mittelalters» nannte, ihr markantes Gepräge verleihen. Das prominente Mittelstück im Geviert zwischen Peterskirche, Petersgraben, Herbergsgasse und Petersgasse bildet seit jener Zeit die allerdings urkundlich erst später erwähnte, von der Petersgasse zum Petersgraben durchgehende Liegenschaft, welche nach ihrem bedeutendsten Bewohner, dem Ritter und Bürgermeister Hans von Flachsland, in der Folge Flachsländerhof genannt wurde.

Schönes Beispiel der mittelalterlichen Hofanlage
Vom baugeschichtlichen Standpunkt aus ist der Flachsländerhof darum besonders interessant, weil er die ursprüngliche Form der dortigen Quartierbebauung mit der typischen spätmittelalterlichen Hofanlage deutlich illustriert. Von jeher nämlich befand sich der Hauptbau nicht vorn an der Gasse, sondern lag zurückgesetzt auf halber Tiefe der Parzelle im Hof. Bis ins 19. Jahrhundert hinein blieb der Charakter des Quartiers und damit auch die alte Hofanlage im wesentlichen intakt; dann aber machte sich die stets zunehmende Tendenz geltend, die bisherigen Freiflächen zu überbauen, bis mit der Zeit die verschiedenen, auf dem Hofareal entstandenen Flügelbauten, Magazine und Schöpfe die ursprünglich sinnvolle Gesamtdisposition vollkommen entwerteten und die alten Bauten unerträglich einengten. Es war ein wirklicher Glücksfall, dass der heutige Besitzer der Liegenschaft zu Beginn der 1950er Jahre die Initiative und den Mut aufbrachte, den ganzen Komplex durch Wiederherstellung des ursprünglichen Zustandes grundlegend zu sanieren. Der Arbeitsrappen trat ihm dabei hilfreich zur Seite.

Vorbildliche Restauration
Architekt Giovanni Panozzo hat diese Aufgabe ausgezeichnet gelöst und damit erstmals an einem grösseren Objekt beispielhaft gezeigt, in welcher Richtung die Sanierung der mittelalterlichen Partien der die Talstadt umkränzenden Plateaus angestrebt werden muss; inzwischen sind die glücklichen Renovationen am Nadelberg gefolgt.
Beim Flachsländerhof galt es in erster Linie, den Hof völlig auszuräumen und durch Entfernung der Werkstätten und Schöpfe die ursprüngliche Fassade des Hofgebäudes freizulegen. Heute geniessen wir wieder den Anblick des reizenden Hofes, den man durch das kunstvolle Gittertor der Petersgasse freudig über-

rascht betritt. Neu geworden ist ebenso der alte gotische Hauptsitz, der im Stil der Zeit mit luftigen, rot gestrichenen Holzgalerien geschmückt ist. Im Innern des Hauptgebäudes ist vor allem die prächtige Halle mit ihrer herrlichen Balkendecke gesichert worden – ein eigentlich vergrabener Schatz, der das Entzücken aller Freunde baslerischer Baukultur hervorruft.

Das Risiko, das der Bauherr mit der Auskernung der Liegenschaft einging, hat sich gelohnt: Vor rund dreissig Jahren ist uns das wichtige Stück des Abschnittes der Petersgasse zwischen Kirche und Offenburgerhof in historisch getreuem Zustand neu geschenkt und damit eine Verpflichtung gegenüber dem Patrimonium der baulichen Vergangenheit unserer Stadt in schönster Weise erfüllt worden.

Die Hofstatt «zem Slegel»

Ursprünglich hiess die Hofstatt, die mit ihrer Hinterseite auf den Petersgraben stiess, «zem Slegel», offenbar nach dem 1353 verstorbenen, klugen Bürgermeister Ritter Conrad Münch von Landskron, der den Beinamen «Slegel» trug; er war der Eigentümer der links angrenzenden Liegenschaft «Uf Sanct Petersberg», die im 14. Jahrhundert vermutlich mit dem späteren Flachsländerhof ein Ganzes bildete. 1460 ging der Sitz von dem Edelknecht Junker Friedrich Rot, einem grossen Wohltäter des Augustinerklosters, über an den Ritter Hans von Flachsland, der von 1454 bis 1463 das Bürgermeisteramt bekleidete. Die Familie von Flachsland stammte aus dem gleichnamigen oberelsässischen Dorf zwischen Mülhausen und Altkirch und zählte bereits zu Beginn des 14. Jahrhunderts zu den Dienstleuten des Bischofs von Basel. Der Vater des Bürgermeisters war 1405 zu dessen Erzkämmerer ernannt und mit der Burg Landskron belehnt worden; andere Angehörige des Geschlechts sassen später als bischöfliche Vögte auf den Schlössern von Zwingen und Pfeffingen.

Promotoren der Universität

Das Jahr 1460, in dem Hans von Flachsland den stattlichen Hof auf dem Petersberg erwarb, ist bekanntlich das Jahr der Gründung unserer Universität. Dass Basel damals zu seiner hohen Schule kam, war wesentlich das Verdienst des Bürgermeisters und seines Bruders Hans Werner von Flachsland. Als 1458 Enea Silvio Piccolomini, der einstige Sekretär des Basler Konzilspräsidenten, als Pius II. den Stuhl Petri bestieg, reiste Hans von Flachsland als offizieller Delegierter des Rates nach Rom, um den Freund unserer Stadt zu beglückwünschen und ihm gleichzeitig zwei baslerische Wünsche vorzutragen: Der Papst möchte sich dafür verwenden, dass Basel zu den Privilegien einer jährlichen Messe gelange, und der Stadt zugleich eine hohe Schule stiften. Beiden Wünschen entsprach Pius II.: Er verfasste einen Brief für Kaiser Friedrich III., um ihn zu veranlassen, Basel zur Messestadt zu erheben, und willfahrte in der Folge, vorerst mündlich, auch der ihm durch den Stadtschreiber Magister Konrad Kienlin in Mantua vorgetragenen Supplikation bezüglich der Stiftung einer Universität. Ein zweites Mal reiste hierauf Hans von Flachsland im November 1459 an den päpstlichen Hof; das Ziel seiner neuen Mission bestand vor allem in der Sicherung der Pfründen, deren Gewährung die realistisch überlegenden Basler Behörden als conditio sine qua non für die Errichtung der hohen Schule betrachteten. Des Bürgermeisters Bruder, Hans Werner von Flachsland, der schon in den Zeiten des Konzils in vertraulicher Beziehung zu Enea Silvio Piccolomini gestanden hatte und später zum päpstlichen Kammerherrn ernannt wurde, befand sich zu dieser Zeit ebenfalls in der Umgebung von Pius II. und war für die Ausfertigung der berühmten Stiftungsbulle vom 12. November 1459 besorgt. Bei der feierlichen Eröffnung der Universität, die am 4. April 1460 im Münster stattfand, nahm Hans von Flachsland vom Bischof Johannes von Venningen, dem Kanzler der hohen Schule, die päpstliche Stiftungsurkunde entgegen, wie dies auf der Titelminiatur der Rektoratsmatrikel dargestellt ist.

Dreihundert Jahre in derselben Familie

1463 verzichtete Hans von Flachsland auf das Bürgermeisteramt und wurde im Dienst des Markgrafen von Hachberg Landvogt auf Schloss Rötteln. Infolgedessen veräusserten er und seine Gattin, deren Kosename Susännlin in die Verkaufsurkunde übergegangen ist, ihren Sitz auf dem Petersberg im gleichen Jahr an den Ritter Bernhard Sürlin. Indessen lag es dem erwähnten Bruder des Bürgermeisters, der inzwischen als Domdekan nach Basel zurückgekehrt war, daran, den Hof der Familie zu erhalten, weshalb er ihn kurz hernach zurückerwarb. Rund 300 Jahre lang blieben Haus, Gesässe, Hofstatt und Garten im Besitz des Geschlechtes, dessen Angehörige bis zum Ende des 18. Jahrhunderts Lehensleute des Bischofs waren und daher nach der Reformation die dem neuen Glauben anhangende Stadt verliessen. Ihr Wohnsitz in Arlesheim, der Flachsländerhof, wurde im 18. Jahrhundert durch Übergang an die Familie von Andlau zu dem durch seine Eremitage berühmten Andlauerhof. Erst 1825 erlosch das Geschlecht mit dem damals in Venedig verstorbenen Baron Johann Baptist Anton von Flachsland.

Bei den Herren von Flachsland zu Miete

Der stolze Hof auf dem Petersberg wurde seit der Reformation an Bürgerliche vermietet und durch einen Schaffner verwaltet, der in dem das Eingangstor an der Petersgasse flankierenden Bau sass. Unter den Bewohnern des Hauses begegnen wir im 18. Jahrhundert dem Ratsherrn Hans Conrad Wieland (1688–1760), der als Schaffner des Petersstifts und als Salzschreiber amtete; er war der Grossvater des Bürgermeisters Johann Heinrich Wieland, der die eidgenössische Tagsatzung am Wiener Kongress vertrat.

Obschon die Herren von Flachsland als bischöfliche Beamte Arlesheim als Residenz gewählt hatten, war ihnen die Erhaltung ihres einstigen Familiensitzes in der Stadt ein grosses Anliegen. In ihrem Namen verwahrte sich 1622 Jacob Götz, den sie zu ihrem Schaffner eingesetzt hatten, vor Fünfergericht energisch gegen die Absicht des Nachbarn Franz Brunnschweiler, welcher unmittelbar an den Flachsländerhof eine Stallung anbauen wollte. 1782 kam es vor derselben Instanz zu einer Auseinandersetzung zwischen Baron von Flachsland und Dr. Abel Socin im Offenburgerhof. Herr von Flachsland wünschte damals, eine Ausfahrt aus seinem Hof gegen den Petersgraben anzulegen und zu diesem

Zweck den alten Stadtgraben, den er als sein Eigentum betrachtete, in der Breite seines Hauses aufzufüllen, wie dies auch Oberstlieutenant Ryhiner, der Eigentümer des heute durch das Hotel Blaukreuzhaus überbauten Violenhofs, getan habe. Dagegen erhob Dr. Socin Einspruch, weil durch eine solche Ausfahrt dem Offenburgerhof Luft und Sonne genommen würden. Die Herren von Flachsland, argumentierte er, hätten keinen Anspruch auf den Graben, da sie niemals einen Grabenzins bezahlt hätten; zudem sei in ihrem Hof kein Grabenturm vorhanden, wie in den Nachbarhäusern. Oberstlieutenant Ryhiner hatte «gerade nichts» gegen das Begehren einzuwenden; immerhin machte er darauf aufmerksam, dass die Giebelmauer des Violenhofs Schaden erleiden könnte, wenn «der Flachsländerhof-Garten müsste in den Graben geworfen werden».

Freund von Louis Bonaparte

Wann die Barone von Flachsland auf den Hof bei St. Peter endgültig verzichteten, steht nicht fest; 1798 jedenfalls erscheint er bereits im Besitz des Handelsmanns Isaac Roschet-Magnus, von dessen Witwe er 1817 an Johann Rudolf Lichtenhahn-Kirchberger überging. Inzwischen hatte die Liegenschaft die schon 1782 angestrebte «Aus- und Einfahrt am St. Johanns-Graben» erhalten, wie der untere Teil des Petersgrabens (zwischen Kirche und Blumenrain) damals bezeichnet wurde; die durchgehende Auffüllung des Petersgrabens erfolgte indessen erst in der 1830er Jahren. Witwe Lichtenhahn-Kirchberger zedierte den Flachsländerhof 1832 an ihren Sohn Johann Rudolf Lichtenhahn-Hagenbach. Unter ihm und seinen Nachfolgern, von denen Johannes Wick-Keller und dessen Schwiegersohn, der Spediteur C. A. Vaihinger-Wick, erwähnt seien, wurde der Hof mehr und mehr mit Magazinen und Schöpfen aller Art angefüllt.

1857 kam der Flachsländerhof zur gerichtlichen Versteigerung, wobei er dem Kaufmann Mathias Scheuchzer-von Rosenkampf zufiel, einem Angehörigen des bekannten, bereits 1480 in Zürich eingebürgerten Geschlechts. Seine jungen Jahre hatte er in Russland zugebracht und 1812 noch den Brand von Moskau miterlebt. Dort lernte er auch seine Gattin Charlotte Dorothea von Rosenkampf, eine gebürtige Livländerin, kennen, mit der er sich nach der Rückkehr in die Schweiz zunächst in Ermatingen am Untersee niederliess. Hier wurde er zum Freund des damals auf Schloss Arenenberg residierenden Prinzen Louis Napoléon Bonaparte, dem er nach der Familientradition gewisse Kenntnisse in Chemie beigebracht haben soll. Eine Zeitlang trug sich der spätere Franzosenkaiser mit der Absicht, in der Nähe gemeinsam mit Scheuchzer nach Steinkohlen zu graben; doch machte 1835 der Staatsstreich Bonaparte in Strassburg diesen Plänen ein Ende. Mathias Scheuchzer gelangte in der Folge über Zürich und Chur nach Basel, wo er die schweizerische Vertretung der bekannten Eisengiesserei Dietrich im unterelsässischen Niederbronn übernahm. Erst zuoberst im Totengässlein wohnhaft, verbrachte er die letzten acht Jahre seines Lebens im Flachsländerhof. Unter seinem Sohn Mathias Scheuchzer-Dür wandelte sich die ursprüngliche Eisenhandlung zu einem grossen Geschäft für Haushaltungsartikel; der Verkaufsladen befand sich auf der Rückseite der Liegenschaft (Petersgraben 19), wo sich später der Antiquar Naegelin etablierte, dem inzwischen der heutige Eigentümer des Flachsländerhofs Fritz Glasstetter gefolgt ist. Mathias Scheuchzer-Dür war zu Ende des letzten Jahrhunderts bekannt als grosser Sammler von schönen alten Öfen und Ofenkacheln; 1893 gingen seine wertvollen Kollektionen zum grossen Teil in die Bestände des Historischen Museums und des Gewerbemuseums über. An der Fassade des Hauses am Petersgraben aber liest man noch heute in verwischten Lettern den Namen seiner einstigen Firma...

«Ze Rinach» zuoberst am Totengässlein

Der charaktervolle gotische Bau des Hauses «ze Rinach» (Nadelberg1) mit seiner durch die spitzwinkelige Einmündung des Totengässleins in den Nadelberg bedingten, auffälligen Mauerform lässt vermuten, dass sich an dieser Stelle einst ein Wehrturm als Stützpunkt einer Stadtbefestigung in der ersten Hälfte des 12. Jahrhunderts befand. Erstmals erwähnt ist die Liegenschaft im Jahr 1284, wo sie im Besitz des Peter von Reinach stand; ihr damaliger Bewohner Conrad Gipser zahlte davon, wohl auf Grund der Stiftung einer Jahrzeit für sein Seelenheil, an das Kloster St. Alban einen Zins von vier Schilling und vier Ringen Brot, der 1349 durch den Ratsherrn Peter zem Rosen entrichtet wurde.

In der Folge wurde das Haus Eigentum des Altars des heiligen Stephanus im südlichen Querschiffflügel des Münsters, eines der ältesten Altäre der Kathedrale. Dessen Kaplan, der 1379 verstorbene Johannes von Aarberg, verlieh die Liegenschaft 1367 dem Basler Bürger Dietzschmann von Freiburg. 24 Jahre später erscheint als deren Inhaberin Elisabeth Senn von Buchegg, die Witwe des aus dem «Safrankrieg» bekannten Raubritters Henman von Bechburg, der von seiner stolzen Feste Falkenstein aus einen nach Basel reisenden Kaufmannszug überfallen und dabei unter anderem acht Zentner kostbaren Safran erbeutet hatte. Nach Henmans Fall in der Schlacht bei Sempach geriet die Gattin offenbar in finanzielle Schwierigkeiten; denn 1391 nahm sie bei dem Basler Achtburger Wernher Schilling das beträchtliche Darlehen von 170 Gulden auf, wofür sie ihm neben der Herrschaft Buchegg auch das Eckhaus auf dem Berg von St. Peter verpfändete. Da sie ihre Verpflichtungen indessen nicht zu erfüllen vermochte, fiel das letztgenannte Pfand 1396 dem Gläubiger zu, der es im selben Jahr dem Stadtarzt Berthold Stargk übertrug. Als dieser später als Leibarzt von Herzog Albrecht von Österreich nach Wien übersiedelt, überliess er das Anwesen «in gäbeswise», das heisst als Geschenk, dem Kloster der Karthäuser am Rhein.

1477 begegnen wir als Bewohner des Hauses «ze Rinach» Jost Widmann von Sunthofen, «Meister der freien Künste», der sich 1462 an der zwei Jahre zuvor eröffneten Basler Universität immatrikuliert hatte und später Leutpriester zu Binzen wurde. Von ihm ging es 1480 über an Verena Schlierbach, die Witwe des 1469 verstorbenen Tuchhändlers und Ratsherrn Heinrich Schlierbach, dessen Bruder Hans, Obervogt auf Farnsburg, es 1491 an den Schreiber Berchtold Enker veräusserte. Noch immer ruhte auf der Liegenschaft der Zins an die Pfründe des St. Stephan-Altars im Münster, und zudem war sie jetzt belastet mit einer Hypothek von 110 Gulden zu Gunsten des Tuchhändlers und Ratsherrn Conrad Ottendorf, genannt Rebhuhn, welcher sich 1504 zur Übernahme seines Pfandes gezwungen sah. 1557 erscheinen als Besitzer des Hauses der Gewandmann Valentin Nussbaum und dessen Gattin Justina Holzach, die Tochter des Stadtarztes und Professors Eucharius Holzach, von denen es über verschiedene weitere Eigentümer an den Stadtschreiber und Professor Adam Henric-Petri, den Nachfolger von Basilius Amerbach auf dem Lehrstuhl für Pandekten, gelangte. 1578 zog dann im Haus «ze Rinach» der Theologieprofessor und spätere Antistes Johann Jacob Grynaeus mit seiner aus Bologna stammenden Gemahlin Lavinia de Canonicis ein. Dessen Nachfolger wurde 1584 der Buchbinder Jakob Stockmar-Lotz, der 1584 bei der Witwe von Dr. Thomas Erastus ein Darlehen von 200 Gulden aufnahm. Sie hatte im Jahr zuvor ihren Gatten, einen bekannten Antiparacelsisten, der seit 1558 als Professor der Medizin und Leibarzt des Kurfürsten Friedrich III. von der Pfalz in Heidelberg tätig gewesen, aber gegen sein Lebensende nach Basel übergesiedelt war, verloren. Während mehrerer Generationen blieb das Haus im Eigentum der Buchbinder-Dynastie Stockmar.

1782 wurde die Eckliegenschaft am Nadelberg erworben durch Johann Rudolf Stückelberger, der in der nahen «Alten Treu» eine Seidenstoffabrik betrieb, aber 1790 geschäftlicher Schwierigkeiten wegen das Haus «ze Rinach» seinem Angestellten Conrad Ecklin abtreten musste. Ihm fogte zunächst der Wechselsensal Johann Jacob De Bary-Rhyner und 1812 Johann Conrad Dienast, der letzte Schaffner des Petersstifts, von dem die Universität auch nach der Reformation bedeutende Einkünfte bezog. Seit den Jahren der Französischen Revolution entwickelte Dienast einen grossen künstlerischen Sammeleifer, so dass er bis zu seinem Tod im Jahr 1824 in seinen Händen eine bedeutende Kollektion von Gemälden und Kupferstichen vereinigen konnte, welche durch seine einzige Grosstochter, die in München lebende Malerin Emilie Linder, zu einem wesentlichen Teil unserer Öffentlichen Kunstsammlung geschenkt wurde. Dieser Stiftung verdankt das Kunstmuseum im besondern zwei Tafeln von Konrad Witz, die Dienast bei der Auktion des Kunstbesitzes im Markgräfler Hof hatte ersteigern können (den «Priester des alten Bundes» und «Abisai, vor David kniend»), sowie eine beträchtliche Zahl wertvoller Rembrandt-Stiche. Auch das Haus am Nadelberg vererbte sich auf die Enkelin, die es an den Spitalpfarrer Johann Hess-Hoch vermietete, bis es weitere Handänderungen an den Leinwarenhändler Fritz Egli-Butscher brachten, von dessen Nachkommen es in den 1950er Jahren an den Photographen Peter Heman überging.

Viel Schönes im «Schönen Haus»

Das «Schöne Haus» am Nadelberg (Nr. 6) dient heute verschiedenen Seminarien der Philosophisch-Historischen Fakultät der Universität. Viel Schönes gibt es darin zu bewundern.

Das «Schöne Haus» mit seinem Vorderbau am Nadelberg und dem dahinter gelegenen Hoftrakt stellt wohl das älteste noch erhaltene Wohnhaus unserer Stadt dar. Es geht zurück auf die zweite Hälfte des 13. Jahrhunderts, in die Zeit, in der in Basel die ersten Steinbauten aufkamen. Bereits in einer Urkunde von 1295 wird es als «Schönes Haus» (domus pulchra») bezeichnet, was darauf schliessen lässt, dass es schon damals als besondere architektonische Leistung gewürdigt wurde.
Aller Wahrscheinlichkeit nach war sein Bauherr Conrad, der Sohn Ludwigs, des Krämers, eines grossen Wohltäters der Peterskirche, in deren Eberler-Kapelle er begraben liegt. «Conrad zem schönen Huse», wie sich der Sohn bezeichnete, stieg vom Krämerstand in den Adel auf, indem er die Herrschaft Hertenberg zwischen Wyhlen und Badisch-Rheinfelden erwarb. 1378 gelangte das Haus, welches das grosse Erdbeben von 1356 überstand, in den Besitz des Achtburgergeschlechts der Sürlin, einer Familie, die nach dem Amt, welches ihre Angehörigen im Dienst des Bischofs bekleideten, den Beinamen Münzmeister führte. Während des Konzils war das «Schöne Haus» eine Stätte des Tanzvergnügens, zu dem nach dem Bericht von Aeneas Silvius Piccolomini, dem späteren Papst Pius II. und Gründer unserer Universität, «die schönsten Frauen Basels» erschienen, und wenig später stieg hier der Herzog Philipp von Burgund ab.
Seit dem 16. Jahrhundert, zu dessen Beginn sich die Familie Sürlin genötigt sah, den stolzen Sitz aufzugeben, wechselte die Liegenschaft immer wieder die Hand. Unter ihren Bewohnern begegnen wir dem Druckerherrn Johannes Oporinus und dem baufreudigen Ratsherrn Jeremias Ortmann-Brunschwyler. Seit 1864 diente der Komplex als christliches Vereinshaus; 1959 aber wurde es durch den Staat erworben und in den Jahren 1967 bis 1970 durch Architekt Christoph Hoffmann in Zusammenarbeit mit Denkmalpfleger Fritz Lauber vorbildlich restauriert und für die Zwecke von Seminarien der Philosophisch-Historischen Fakultät unserer Universität umgebaut.
Viel Schönes aus manchen Jahrhunderten gibt es im «Schönen Haus» zu bewundern, vom zweigeschossigen Keller, in dem von Zeit zu Zeit Werke der britischen Dramatik durch das Englische Seminar stilsicher aufgeführt werden, bis zu dem als echter Himmel ausgemalten Dach: die frühgotischen Masswerkfenster, die prachtvoll bemalten Balkendecken mit ihren faszinierenden Motiven aus der Welt der Spätromanik, die als älteste Profanmalerei der Schweiz gelten, der neu zusammengesetzte Wappenbalken, die früheste bemalte Wappenfolge auf dem europäischen Fest-

«Sarburgs Hus» am Nadelberg

Am Nadelberg herrschte 1982 eine rege Renovationstätigkeit. Zwei ihrer Objekte waren die Liegenschaften Nr. 14 und 16 in der Nähe des «Rosshofs». Die erstere, seit 1357 urkundlich bezeugt, bildete bis zur Reformation den Wohnsitz eines am Altar von Cosmas und Damian zu St. Peter amtenden Kaplans.

Die Liegenschaft Nadelberg 14 tritt bereits ein Jahr nach dem grossen Erdbeben von 1356 in das Licht der schriftlichen Überlieferung. Damals verkaufte Nese (Agnes), die Witwe des Ritters Peter Schaler, die Einkünfte von zwei Viernzel Korn, die ihr von dem Haus zustanden, für 20 Gulden an Johann von Sarburg, Kaplan zu St. Peter und Domherr zu Lutenbach. (Ein Viernzel entsprach im Mittelalter zwei Säcken, die acht grosse Sester oder 273 Liter fassten.)

Johann von Sarburg war offensichtlich der Sohn des Gewandschneiders Hugo von Sarburg und seiner Gattin Mechthild, der ersten uns bekannten Eigentümerin der Liegenschaft. Früh verwitwet, schenkte sie Mechthild, die auch als Stifterin einer Pfründe und ewigen Messe für die Andreaskapelle hervortrat, 1376 einer von ihr errichteten Kaplanei am Altar der Heiligen Cosmas und Damian in der beim Westeingang befindlichen Martinskapelle der Peterskirche. Indessen gab ihr das Chorherrenstift das Haus als «Leibgeding» auf Lebenszeit zurück; dafür schuldete sie ihm als symbolischen Zins jährlich ein Huhn.

Pfrundhaus der Kapläne

Das nach der Donatorin noch lange Zeit «Sarburgs Hus» genannte Anwesen überliess St. Peter den Kaplänen, die am Altar von Cosmas und Damian amteten; als solche erscheinen in den Akten Volmar, Stefan Blut, Christian Strub und Johann Loser. Im Reichssteuerrodel von 1497 wird als weitere Bewohnerin des Hauses auch Stefan Bluts «Junckfrow» erwähnt. Johann Loser prozessierte 1517 vor dem in baupolizeilichen Angelegenheiten zuständigen Fünfergericht mit seinem Nachbarn, dem Junker Hans Bernhard Meyer, wegen des Schiedmäuerleins, welches die gegen den Petersgraben gelegenen Gärten hinter ihren Häusern trennte.

Nach der Reformation verkauften die vom Rat eingesetzten Verwalter des Vermögens von St. Peter 1537 «Sarburgs Hus» an den Ratsherrn Christoph Offenburg, Obervogt auf Münchenstein und Herr zu Binningen, und dessen Gattin Cleopha Bär, die Tochter des Tuchmanns Hans Bär des Jüngeren, der als Bannerherr der Basler 1515 bei Marignano fiel. Christoph war der Neffe des späteren Bürgermeisters Henman Offenburg, der das baslerische Kontingent in jener Schlacht anführte. Den Kaufpreis von 200 Gulden für der der Onkel Bürgschaft leistete, hatte Christoph Offenburg mit jährlich 10 Gulden zu verzinsen; doch kam er seinen Verpflichtungen nicht nach, weshalb St. Peter nach erfolgloser Betreibung des Schuldners 1543 die Liegenschaft wieder an sich zog.

land, ein Täferzimmer aus der Zeit um 1400, Stuben aus dem Hochbarock des 17. wie der Rokoko-Periode des 18. Jahrhunderts und der Hof mit dem ältesten laufenden Brunnen der Stadt auf privatem Grund und Boden.

Mehr als ein Jahrhundert lang stand das Haus am Nadelberg seit 1610 im Besitz der Familie Werenfels. 1805 hatte der Handelsmann Johann Rudolf Werenfels gegenüber seinem Nachbarn Simon Blech, Beisitzer des Stadtgerichts im Grossbasel, dem Eigentümer des «Griebhofs» (Nr. 12), einen Revers zu unterzeichnen, in dem er anerkannte, dass ihm der Ausbruch eines Fensters gegen die Blech'sche Liegenschaft nur bis zum Widerruf dieses Privilegs gestattet sei. Fünf Jahre später trat Werenfels die Liegenschaft an den Drechsler Hans Jacob Kryzan ab, der sie 1719 an Johann Rudolf Schorendorf veräusserte; von diesem ging sie schon 1720 an den Handelsmann Lux Linder über.

Unmittelbar nach dem Erwerb des nunmehr «zum Engel» genannten Hauses bekundete Linder die Absicht, in seinem Garten gegen den alten Stadtgraben ein «Gebäuwlein» aufzuführen, was ihm das Fünfergericht unter gewissen Bedingungen gestattete; doch erhoben die beiderseitigen Nachbarn Einspruch. Witwe Blech protestierte vor allem dagegen, dass er von diesem neuen «Zug» in ihr Haus sehen könne, und verlangte dessen Abbruch. Der Streit gelangte vor das Bauamt, das entschied, das «Züglein» dürfe stehenbleiben, wenn Linder es auf beiden Seiten ganz vermauere und nur «vornenhär» offen lasse; dann könne er ja bloss in seinen eigenen Garten sehen!

Helvetischer Staatsmann

Linders Nachfolger im «Engel» waren der Handelsmann Hieronymus Faesch-Schmid (1766), der die Liegenschaft gegen ein Darlehen von 3000 Pfund an das Direktorium der Kaufmannschaft, eine Vorläuferin der heutigen Handelskammer, verpfändete, und Witwe Agnes Merian-Frey (1777). 1805 verkaufte dann ihr Tochtermann Christoph Ehinger das Haus an den einer alten Basler Kürschnerfamilie entstammenden Lizentiaten der Rechte Johann Jacob Schmid (1765–1828), dessen kometenhafte politische Laufbahn drei Jahre zuvor mit dem Zusammenbruch der Helvetik ein jähes Ende genommen hatte. Als überzeugter Unitarier war Schmid nach dem Umschwung von 1798 vom Direktorium der Helvetischen Republik zum Regierungsstatthalter von Basel ernannt, 1800 in den helvetischen Vollziehungsrat gewählt und 1802 noch auf kurze Monate mit dem Staatssekretariat für das Kriegswesen betraut worden. Seinem grundsatztreuen Charakter widersprach es, unter der neuen Gestaltung der Verhältnisse in der Mediation weiter im Staatsdienst zu wirken, und so zog er sich nach Basel zurück, wo er als kenntnisreicher Rechtsgelehrter, kluger Sachwalter und geschäftskundiger Notar das Vertrauen auch seiner konservativen Mitbürger erlangte. Sein Anwalts- und Notariatsbüro erfreute sich bald eines glänzenden Rufs und starken Zuspruchs.

Christoph Merians Testament

Nicht lange nach seinem 60. Geburtstag erkrankte Johann Jacob Schmid schwer. Durch eine Lähmung in seinen physischen und intellektuellen Kräften geschwächt und während Jahren an ein schmerzliches Lager gefesselt, übergab er, selbst ohne eigene Nachkommen, seine Praxis «hinter dem Stöckli» am Barfüsserplatz seinem Neffen Rudolf Schmid-Bloch (1803–1866), der als Anwalt von Christoph Merian-Burckhardt dessen Testament von

1857 verfasste, durch welches «die liebe Vaterstadt» zur Erbin des grossen Merianschen Vermögens eingesetzt wurde. Die Form, die der letzte Wille Christoph Merians erhielt, darf ohne weiteres als das Werk Rudolf Schmids angesprochen werden. Dass sie die Schöpfung eines hervorragenden, der Grösse seiner Aufgabe bewussten und über seine Zeit hinausblickenden Juristen war, illustriert schon die Tatsache, dass die letztwilligen Verfügungen des Stifters – abgesehen von der Bestimmung über die Unveräusserlichkeit der Güter – kaum je Schwierigkeiten der Auslegung und der Anwendung geboten haben.

Rudolf Schmids gleichnamiger Vater, seines Zeichens Metzgermeister und Ratsherr, verkaufte das Haus seines Bruders am Nadelberg 1830 an den Handelsmann Johann Conrad Rapp-Wick, der es 1837 an Anna Maria Burckhardt-Hess weitergab. Sie war die Tochter des Schriftstellers David Hess im Zürcher Beckenhof, des Verfassers der «Badenfahrt» und der Biographie Salomon Landolts, und die Gattin des 1835 jung verstorbenen Ratsherrn und Professors der Rechte Christoph Burckhardt, eines der Initianten der nach der Staatstrennung von 1833 gegründeten Freiwilligen Akademischen Gesellschaft. Von ihr erwarb den «Engel» 1846 der Baumeister Ludwig Carlé, der indessen schon zwei Jahre später fallierte, worauf das Haus durch den Vergolder Johann Baptist Marfort ersteigert wurde.

Nochmals kam die Liegenschaft, die 1852 an den Zahnarzt Johann Josef Häfelin-Mohr aus St. Gallen übergegangen war, beim Konkurs seiner Witwe 1867 zur gerichtlichen Auktion. Sie wurde zunächst von der Handwerkerbank übernommen, gelangte dann an den Schmiedemeister Jacob Gassler-Senn und hierauf an den Malermeister Johann Rudolf Lips-Boss, dessen Söhne die seinerzeit bekannte Lithographische Anstalt am Nadelberg 37 betrieben. Von ihnen ging das Haus 1931 in den Besitz der Einwohnergemeinde über, die es einer gründlichen Renovation unterzog.

Hier wohnte Heinrich Leuthold

Gleich seinen Nachbarn freundlich restauriert, präsentiert sich heute das Haus Nadelberg 32, wenige Schritte vom Spalenberg. Seine Vergangenheit, die sich bis ins Jahr 1311 zurückverfolgen lässt, entbehrt besonders markanter Akzente; den Freunden der schweizerischen Dichtkunst aber ist es lieb als kurzfristiger Wohnort des Lyrikers Heinrich Leuthold, der während seines Basler Aufenthalts im Jahr 1848 hier in einem bescheidenen Mansardenstübchen hauste.

Das in der ersten Hälfte des 14. Jahrhunderts mit der Nachbarliegenschaft Nr. 30 vereinigte Haus Nadelberg 32 tritt 1311 erstmals ins Licht der schriftlichen Überlieferung. Damals überliess es der Konvent des Chorherrenstifts St. Leonhard Agnes, der Witwe des Hugo, genannt Lamparten, offenbar der Nachkomme eines der aus der Lombardei stammenden Wechsler, die sich neben den Juden auch nördlich der Alpen als Geldgeber betätigten. Dass sie auch in Basel vertreten waren, bezeugt der Name Lampartergasse, wie die Streitgasse ursprünglich hiess.

In Frauenhand

1359 schenkte dann Greda, die Friburgerin, die Tochter des Messerschmieds Johannes Friburger, ihrem ebenfalls auf den Namen Johannes getauften Bruder die Einkünfte von einem Pfund, die sie von dem Haus bezog, und ebenso den Prägestempel mit einem Bügel oder Äxtlein, welchen der Vater zur Kennzeichnung der von ihm verfertigten Messer benützt hatte. Neun Jahre später verzichteten Ullmann, der Sohn Johannes Friburgers des Jüngern, und dessen Miterben auf ihre Rechte an der Hofstatt auf dem Nadelberg zugunsten der Nonnen des Klingentals, welche ihnen dafür die dem Kloster geschuldeten «versessenen» (verfallenen) Zinsen erliessen und die Behausung als Erblehen dem Zimmermann Henman Friburger übertrugen. Von ihm und seiner Gattin Janatha von Pruntrut ging sie 1397 an den Fassbinder Werlin von Muspach über, der ein Jahr zuvor aufgrund seiner Teilnahme am Zug der Basler nach Wildenstein mit dem städtischen Bürgerrecht beschenkt worden war. Ihm folgte 1436 der Zimmermann Conrad Hüssler, der Verena, der Fassbindin, vermutlich der Tochter des Werlin von Muspach, die Hand zur Ehe gereicht hatte und mit ihr das Haus am Nadelberg bewohnte. Wie sein Schwiegervater hatte er das städtische Bürgerrecht erlangt, weil er mit dem Fähnlein der Zunft zu Spinnwettern eine baslerische Expedition – diejenige nach dem Wasserschloss Mühlberg in der Nähe des heutigen Karlsruhe im Jahr 1424 – begleitet hatte. Immer wieder wurde Verena in den Jahren 1439–1457 durch ihre Gläubiger, insbesondere die Bruderschaft von St. Johannes auf Burg, bedrängt; mehrfach liessen sie das ihnen verpfändete Haus mit amtlichem Beschlag belegen, bis die Schuldnerin die fälligen Zinsen erstattet hatte.

Nach verschiedenen weiteren Handänderungen gelangte das Anwesen an Dorothea, die Witwe des Weinstichers Hans Frikker, die 1519 bei dem Ochsenwirt Franz Gallizian im Kleinbasel, einem Sohn des bedeutenden Papierers Anthony Gallizian, ein Darlehen von 20 Pfund aufnahm. Sie wurde 1526 abgelöst durch den aus Eglisau stammenden Rebmann Hans Morhart, der zugleich als Zunftknecht im Schlüssel diente. Die Zunftchronik berichtet von ihm, er habe als erster Zunftknecht bei festlichen Anlässen ein mit Atlas verziertes Ehrenkleid aus feinem englischem Tuch getragen, das er auf die grosse Musterung und die «Freudenkilbe» des Jahres 1540 erhalten habe. Die Ausgaben für dieses Gewand, das in die Stadtfarben Schwarz-Weiss und in die Zunftfarben Weiss-Himmelblau geteilt war, sind mit fünf Pfund und 15 Schilling im Rechnungsbüchlein des Seckelmeisters genau vermerkt. Morharts Frau Barbara Frauenfelder stand dem Gatten bei der Ausübung seines Amtes tatkräftig zur Seite; von ihr ist überliefert, dass sie 1546 27 Pfund Garn kaufte und durch einen Weber in der Spalenvorstadt zu Tischdecken für die Zunft verarbeiten liess.

Hans Morharts Erben zedierten das Haus 1578 seiner Tochter Margaretha, der Gattin des im gleichen Jahr verstorbenen Jacob Linder, der zunächst als Schulmeister zu St. Peter und später als «Prediger des heiligen göttlichen Worts» zu Laufen gewirkt hatte.

1593 begegnen wir in der Liegenschaft am Nadelberg dem Schreiner und Büchsenschäfter Martin Lebzelter, vermutlich einem Enkel des aus Ulm eingewanderten Bildschnitzers gleichen Namens, der die kunstvolle Wölbung des Chors der Leonhardskirche ausgeführt hatte. Nach ihm lassen sich der Kleinbasler Amtmann Samuel Fink (1632), der Tischmacher Andreas Grysandt (1644) und dessen Sohn Jacob (1724), seines Zeichens Drechsler, der Schneider Emanuel Haag und der Schuhmacher Philipp Jacob Krayer-Düring (1766) als Eigentümer des Anwesens nachweisen. Die heutige Fassade von 1807 geht auf den Schreiner Johannes Hartmann zurück.

Dichter im Mansardenstübchen

Bei Hartmanns Nachfolger, dem Schreinermeister Samuel Langmesser, war für kurze Zeit der Lyriker Heinrich Leuthold zur Miete. Er war im April 1847 nach Basel gekommen, um hier sein an der Berner Hochschule begonnenes Studium der Rechtswissenschaft fortzusetzen. Nachdem er vorerst in den Gasthäusern «zum Kopf» an der Schifflände und «zum Wilden Mann» an der Freien Strasse Aufenthalt genommen hatte, fand die ihm innig befreundete Emma Brenner-Kron, die Gattin des durch den «Käppisturm» bekannten radikalen Politikers Dr. Carl Brenner, im Sommer 1848 für ihn im Haus am Nadelberg eine Mansarde, die Leuthold bis kurz vor Weihnachten desselben Jahres bewohnte; dann schied er, mit der Familie seiner Gönnerin wie mit seinem Universitätslehrer, dem berühmten Pandektisten Bernhard Windscheid, zerstritten, wieder von Basel und kehrte zu seiner Mutter ins zürcherische Hirzel zurück. Emma Brenner-Kron aber bewahrte ihm zeitlebens eine freundliche Erinnerung; sie klingt liebevoll noch aus ihren 1867 erschienenen «Bildern aus dem Basler Familienleben», mit welchen die Dichterin einem Ratschlag Jacob Burckhardts vom Oktober 1852 Folge gab. Dort

schildert sie in dem reizvollen «Liechtli»-Kapitel das bescheidene, mit Blumen und den Bildern Goethes und Schillers geschmückte Stübchen, in dem Heinrich Leuthold bei seinem einsamen Lämplein sass und oft bis über die Mitternachtsstunde hinaus schrieb,

«... was d Seel Der so mächtig emol thuet bewege,
Was Di zu Thräne riehrt, was zum Lache Die zwingt, wenn Der s Lebe
Us syner Dichtung so wohr entgege tritt, wie De s selber
Scho kenne glehrt hesch mit all syne Schmerzen und Fraide...»

Das Eckhaus «Zur Eremitage» an der Rosshofgasse

Erst um die Mitte des 19. Jahrhunderts hat die markante Eckliegenschaft der Rosshofgasse (Nr. 7) aus uns unbekannten Gründen den Namen «Zur Eremitage» erhalten. Sie befand sich einst in unmittelbarer Nähe des Marstalls, in dem die Wagen und Rosse des städtischen Fuhrwesens untergebracht waren. Daraus erklärt sich die Bezeichnung des Strassenzugs.

Die Rosshofgasse nahm bis im 19. Jahrhundert ihren Anfang unmittelbar hinter dem innern Spalentor, dem Spalenschwibbogen, der den Abschluss der ältesten Stadt am obern Ende des Spalenbergs bildete. Er ist bereits im Jahre 1230 bezeugt, zu einer Zeit, in der die Spalenvorstadt noch nicht bestand; sie wurde erst im ausgehenden 14. Jahrhundert in den städtischen Mauerring einbezogen. Seit alter Zeit diente der Spalenschwibbogen als Gefängnis für Untersuchungshaft und Verwahrung der zum Tod Verurteilten; sehr oft wird er daher «Keffin» oder «Kefig» genannt. Erst 1822 wurde dieses Gefängnis, in dem die Richter die Häftlinge während Jahrhunderten unter Assistenz der Folterknechte ihren hochnotpeinlichen Verhören unterzogen, aufgehoben. 1838 wurde der Turm abgebrochen.

Städtischer Marstall

Rosshofgasse heisst der Strassenzug, weil sich hier schon im 14. Jahrhundert der Marstall befand, in welchem die Wagen und Rosse des städtischen Fuhrwesens und auch die im Mittelalter recht zahlreichen Pferde für die Gesandten und Eilboten des Rates untergebracht waren. Nach der grossen Feuersbrunst des Jahres 1417 stellte man hier ebenso Karren mit Wasserfässern zum Löschen von Bränden bereit.

1531 wurde der Pferdebestand des obrigkeitlichen Fuhrwesens wesentlich reduziert und der Reitstall aufgehoben. Seinem ursprünglichen Zweck diente er letztmals im Revolutionsjahr 1798; damals wurde er zu einer Stallung für «fränkische Pferde» eingerichtet, weshalb die Bürger das Gebäude, das sie seit langem als Magazin benützten, zu räumen hatten. In der Folge wurde der Platz als Dépendance des städtischen Werkhofs auf dem Areal der heutigen alten Gewerbeschule wieder für öffentliche Zwecke in Anspruch genommen; er diente speziell für die Ablagerung von Baumaterialien, weshalb er in den späteren Akten oft unter der Bezeichnung «Kalkhof» erscheint.

Haus der Metzger

Neben dem Marstall befand sich eine Behausung nebst Scheune und Gärtlein, die bereits 1335 erwähnt wird; damals trat der Rebmann Johannes Hurstmann die bis an den Petersgraben reichende Liegenschaft dem Brotbecken Johannes Schalbach ab. Im Erdbeben von 1356 zerstört, wurde sie erst im 15. Jahrhundert wieder überbaut. Bis 1449 sass in diesem «Orthus» (Eckhaus) der

Hafner Henselin Schmid, der 1412 in Anerkennung seiner Teilnahme am Kriegszug der Basler nach Fürstenstein ins städtische Bürgerrecht aufgenommen worden war; doch kam er seinen Verpflichtungen gegenüber dem Münsterbaumeister Oswald Walcher, dem er mit 32 Schilling zinspflichtig war, nicht nach, weshalb der Gläubiger das ihm verpfändete Haus übernahm und es 1451 dem Metzger Hans Schaffner verkaufte. Jacob Schmid, gleichfalls ein Metzger, errichtete hier 1518 sein Testament. Sein ebenso dem Metzgerstand angehörender Nachfolger Jacob Ruffly war der Schuldner des Augustinerklosters, dem er einen jährlichen Zins von acht Schilling zu entrichten hatte.

1537 gelangte die Liegenschaft an den Gastwirt Balthasar Blech von Landser und dessen Gattin, die auf den hübschen Namen Anna Pflümlin hörte. Er war der Vater des Metzgern-Zunftmeisters Simon Blech, der zum Ahnherrn des hiesigen Zweigs der bekannten elsässischen Familie wurde und das Haus beim ehemaligen Marstall noch 1590 bewohnte.

Zu Beginn des 18. Jahrhunderts hatte sich das in baupolizeilichen Angelegenheiten zuständige Fünfergericht immer wieder mit Streitigkeiten zu beschäftigen, die zwischen dem Schreiner Emanuel Stupanus an der Rosshofgasse und seinem Berufskollegen Hans Jacob Biermann im «Kleinen Birseck» am Nadelberg (Nr. 26) ausgebrochen waren. Biermann klagte seit 1711 seinen Nachbar mehrfach ein, weil das Regenwasser aus dem gegen sein Hinterhaus gerichteten Dachkänel in sein Stüblein dringe, wodurch ihm «viel Schaden und Ungelegenheit» entstehe. Stupanus selbst beschwerte sich 1720 beim Rat wegen der Scheidemauer gegen den alten Marstall, durch deren Baufälligkeit er «in grosse Lebensgefahr» geraten sei; doch wollte er zur Beteiligung an den Kosten ihrer Reparatur keine Hand bieten. Er wäre dazu offenbar auch kaum in der Lage gewesen, denn er schuldete dem Goldschmied Hans Jacob Annoni 400 Pfund, die er nicht zu verzinsen vermochte, worauf dieser das ihm verpfändete Haus 1739 zur gerichtlichen Versteigerung brachte.

«Fiscus Philosophicus»

Nicht besser bei Kasse waren die Schuhmacher Hans Martin Seiler Vater und Sohn, welche die Liegenschaft seither bewohnten. Ihnen hatte die Universität aus ihrem «Fiscus Philosophicus», einem Fonds der Philosophischen Fakultät, 1000 Pfund dargeliehen; doch blieb namentlich der Sohn die Zinsen dafür immer wieder schuldig, so dass der seit 1761 mit deren Eintreibung beauftragte «Exactor», der Notar Johannes von Mechel, 1782 die gerichtliche Auktion des Hauses verlangte. Neuer Eigentümer wurde der Schuhmacher Friedrich Dickenmann-Langmesser, der indessen bereits vier Jahre später, gleichfalls schwer verschuldet, starb. Die Witwe konnte die Anwartschaft ihrer sechs Kinder nur durch Einräumung einer «Überbesserung», das heisst einer zweiten Hypothek, auf dem Haus sicherstellen. Als auch sie 1795 das Zeitliche segnete, liessen es die Erben durch den «Gantrufer» Emanuel Horner an einer freiwilligen Versteigerung verkaufen.

Noch zwei weitere Besitzer der Liegenschaft kamen finanziell unter die Räder, der Schuhmacher Johann Jacob Oehlmeyer-Gysin (1803) und der Wagner Johann Benedict Rebsamen (1850), der sich offenbar 1844 bei der Errichtung einer neuen Fassade gegen die Strasse zuviel zugemutet hatte. Im wesentlichen seine spätere Gestalt erhielt das Haus durch den Arlesheimer Holzhändler Eduard Leuthardt, der es nach dem Konkurs Rebsamens von den Geschäftsleuten Hauser und Steigmeyer erworben hatte.

Am Aufstieg des Imbergässleins

Das Haus «zum Eichbaum» (Nr. 27), das mit den Liegenschaften «zum Eichhörnlein» (Nr. 22) und «zum Laubegg» (Nr. 23) zu einer neuen Wohneinheit zusammengefasst wurde, beherbergte im 18. Jahrhundert den bekannten Juristen Johann Rudolf Faesch.

Vom Haus «zum Eichbaum» (Imbergässlein 27) hören wir erstmals im Jahr 1391; damals verkaufte Ullman Wächter von Loffenberg zwei Teile der Liegenschaft an den Spengler Wernher von Kilch und den dritten Teil an Verena Heinzmann, die Gattin des Habermüllers vom mindern Basel. In den Verkauf eingeschlossen war der Eingang, «der da gaht durch das Hus zer Eich (das Eckhaus zum südwestlichen Seitenarm, Nr. 25) von unden an uff untz (bis) obenan uss». Offenbar brachte Wernher von Kilch kurz nachher auch den Anteil der Verena Heinzmann an sich; denn 1393 verkaufte er den «Eichbaum» um 36 Gulden an seinen Berufskollegen Hüglin Schaffner, der 1413 Stubenmeister zu Safran wurde. Dass die Spengler zu Safran und nicht zu Spinnwettern, das heisst in der Korporation der Bauleute, zünftig waren, erklärt sich daraus, dass die frühesten Vertreter dieses Gewerbes, zu denen auch die Gürtler und Scheidenmacher zählten, ausgesprochene Kunsthandwerker waren, die sich vor allem mit der Anfertigung von Spangen, Schnallen, Knäufen und Metallbeschlägen für Wehrgehänge beschäftigten und darum den Krämern, welche mit diesen Erzeugnissen handelten, nahestanden. 1399 veräusserte Hüglin Schaffner die Liegenschaft an Leonhard Tegk, von dem sie 1407 an den spätern Ratsknecht Hans Kupfernagel überging. Auch ihm und seiner Gattin wurde bestätigt, dass sie Anrecht hätten auf den Eingang durch das Haus «zer Eich», «also dass sie und ihre Nachkommen und wer je zu Ziten darin wohnhaft ist, durch denselben Gang mögent gan von Rechts wegen, wie das komlich ist».

Wohltäter von St. Martin

Schon 1408 hatte das Haus am Imbergässlein wiederum die Hand geändert; neuer Eigentümer wurde der Goldschmied Bertschi Eberlin, dem jedoch der Aus- und Eingang durch das Haus «zer Eich» nicht mehr zustand; das Recht dazu war inzwischen gesondert verkauft worden. Eberli, der aus Badenweiler stammte, hatte 1387 vom Domkapitel um 190 Gulden den obern Teil des Hauses «zem Bild» am Kornmarkt, dem heutigen Marktplatz, erworben, des ersten Domizils der Weinleutenzunft, die indessen bereits zu Beginn des 14. Jahrhunderts ins Nachbarhaus «zem Ystein» übergesiedelt war. Er muss früh zu beträchtlichem Wohlstand gelangt sein; denn aus den Akten geht hervor, dass er in den Jahren 1407/08 verschiedentlich Gelder auslieh und für seine Jahrzeit zu St. Martin Zinse vom Haus «zur Löschburg» an der Wienhartsgasse, der heutigen Hutgasse, wie vom Haus «Sunnenfro» am Rheinsprung bestimmte. Die Liegenschaft am Imbergässlein hatte er dem Schneider Klaus von Brandenburg überlassen; doch verzichtete dieser auf alle Rechte daran, als Eberli 1452 den «Eichbaum» der dritten Pfrund am Altar «Unserer Lieben Frau», das heisst der Jungfrau Maria, in der Martinskirche vergabte, «so dass jeder Kaplan der Pfrund in dem Haus wohnen kann».

Beim Hinschied des Goldschmieds stiftete dessen Bruder Hans in seinem Auftrag der genannten Pfründe verschiedene kirchliche Geräte, darunter «ein klein Messbuch, einen Kelch, zwei kleine silberne Kennlin, das alles Bertschmann Eberli selig dazu geordnet hat»; vermutlich waren sie noch in seiner eigenen Werkstatt entstanden.

Von Hand zu Hand

Die Kapläne der Marienpfründe von St. Martin mochten indessen nicht im Haus am Imbergässlein Einsitz nehmen, weshalb es 1455 an den Schlosser Hans Hoffmann verliehen wurde; doch entrichtete dieser anstelle des Kaufschillings von 40 Pfund lediglich einen Zins von 2 Pfund. Der Schlosser wurde abgelöst durch den Schneider Bartlome Gyselhöfer, der den «Eichbaum» 1481 um 47 Pfund an Agnes Hartlieb weitergab; sie bezahlte dem Schneider 7 Pfund und verzinste die 40 Pfund weiterhin an St. Martin. Unter ihren Nachfolgern figurieren wiederum eine Frau, die auf den schönen Namen Elsi Hochgesangin (1488) hörte, der Steinmetz Hans von Esch und der Weinschenk Balthasar Setzlin (1522) sowie der Schneider Hieronymus Murer und dessen Witwe Dorothea, welche die Liegenschaft 1567 an den Leinenweber Hans Claus abtrat. «Haus der Weber» heisst der «Eichbaum» auch in der Stadtbeschreibung Felix Platters vom Jahr 1610, und noch fünfzig Jahre später sass hier ein Vertreter dieses Handwerks namens Gabriel Wagner. Wagner von Beruf waren dessen Nachfolger am Imbergässlein, Jakob Falkeysen (vor 1666) und Hans Ulrich Falkeysen (1692).

Die «Fremde» von Sissach

1680 hatte sich Hans Ulrich Falkeysen um das Zunftrecht zu Spinnwettern beworben, das ihm als Sohn eines ehemaligen Zunftbruders ohne weiteres erteilt wurde; doch wurde seine Aufnahme rückgängig gemacht, als Meister und Sechser erfuhren, dass seine Frau aus Sissach stamme und somit eine «Fremde» sei. Im 16. Jahrhundert galt nämlich die Regel, dass ein Handwerksgeselle keine Fremde heiraten dürfe, wenn er ins Bürgerrecht oder in eine Zunft aufgenommen werden wolle. 1576 wurde von einem Kandidaten fürs Stadtbürgerrecht ausdrücklich verlangt, dass er eine hiesige Tochter oder Witwe zum Altar führe, andernfalls er von Basel weggewiesen werde, und 1695 wurde einem Bürger die Wahlfähigkeit aberkannt, wenn er eine Fremde ehelichte, die weniger Vermögen besass, als das Gesetz forderte. Solch kleinliche Bestimmungen dienten natürlich dazu, die Zahl der Meister eines Handwerks zu beschränken und unerwünschte Konkurrenten fernzuhalten.

Professor der «Antiquarik»

Aus dem 18. Jahrhundert sind uns als Eigentümer des «Eichbaums» unter anderen der Schneider Samuel Ritter und der Schuhmacher Remigius Scherer (1721), Johanna Frey, die Witwe des Sissacher Schulmeisters Hieronymus Holzach, und deren Tochter Anna Maria (1780) sowie der Schneider Johann Lucas Sixt (1789) bekannt, welch letzterer seiner Vorgängerin 1000 Pfund schuldete und darüber hinaus bei dem damaligen Linzentiaten der Rechte Johann Rudolf Faesch (1758–1817) noch 400 Pfund zu 3 Prozent aufzunehmen gezwungen war; als Sicherheit bot er ihm die «Überbesserung», d.h. die zweite Hypothek, des Hauses am Imbergässlein. Faesch, der schon in jungen Jahren den Ruf eines ebenso geschickten wie beredten Sachwalters in Prozesssachen genoss, wurde 1790 durch das Los zum Ratsschreiber anstelle des zum Stadtschreiber vorrückenden Peter Ochs gewählt; ebenso trat er 1796 die Nachfolge von Ochs als Stadtschreiber an, als solcher unterzeichnete er 1798 das «Freiheitspatent» für die Landschaft. 1799 siedelte er mit seiner Gattin, einer Tochter des Bürgermeisters Daniel Mitz, aus seiner Amtswohnung im Regisheimerhof am Münsterplatz in das Faeschische Fideikommisshaus am Petersplatz über, dessen Sammlungen er durch Gemälde altdeutscher Meister wertvoll mehrte. Drei Jahre später wurde er zum Professor der Jurisprudenz und zum (letzten) Rechtskonsulenten der Stadt gewählt. Die Juristische Fakultät befand sich damals auf einem eigentlichen Tiefpunkt; denn von 1798 bis 1815 immatrikulierten sich lediglich achtzehn Studenten, also durchschnittlich einer im Jahr! Faesch war zu seiner Zeit ihr einziger Professor; er trug Pandekten und Institutionen sowie die wichtigsten Kapitel aus dem kanonischen Recht vor, «alles nur, wenn sich Zuhörer einfinden». Besser besucht waren wohl seine Vorlesungen über «Vaterländisches Recht für angehende Geschäftsleute» sowie die Kollegien über Numismatik und «Antiquarik», die er im Lektionenkatalog der Jahre 1807–1815 ankündigte.

Aus dem 19. Jahrhundert ist vom «Eichbaum» kaum mehr Nennenswertes zu berichten. Von Johann Lucas Sixt gelangte das Haus 1801 an den aus dem zürcherischen Altikon stammenden Abraham Müller und hierauf an Johannes Thommen von Füllinsdorf, der es 1827 der Witwe Juliane Ecklin-Hindermann von Oberdiessbach verkaufte. Sie gab es drei Jahre später an die Witwe Anna Margaretha Spörlin-Wolleb weiter, von der es an Johann Rudolf Schilling-Dietschy überging. Von ihm wurde die Liegenschaft 1844 durch den Fabrikarbeiter Kaspar Klett aus Dusslingen (Württemberg) erworben, und im Adressbuch des Jahres 1862 ist als ihr Eigentümer der Fabrikarbeiter Daniel Breu-Speiser aus Wagenhausen (Thurgau) erwähnt.

Wo das Fasnachts-Comité zu Hause ist

Der interessanteste Eigentümer der Liegenschaft Imbergässlein 33 war der Stadtarzt Conrad von Myssen (= Meissen), der 1435 als «Magister Conradus physicus» in den Quellen genannt wird. Verschiedene «Schaubriefe», das heisst Gutachten über Patienten, die er als «der Stadt geschworener Arzt» zu untersuchen hatte, sind von ihm erhalten, vor allem über Aussätzige; einmal hatte er auch die Leiche eines «Geschwemmten» zu besichtigen. Während des Basler Konzils ein hablicher Bürger, nahm Magister Conrad ein trauriges Ende: Seine leichtsinnige Tochter Brigitta stürzte ihn ins Unglück und brachte ihn um sein ganzes Gut. 1444 verkaufte sie auch sein Haus am Imbergässlein und verschwand mit dem Erlös von 86 Gulden zu ihrem Geliebten, dem Konzilsnotar Georg Frey, der sich gleichfalls von Basel «abgesetzt» hatte, nach Passau. Den Vater liess sie zusammen mit dem unehelichen Kind, das hier zur Welt gekommen war, im Elend sitzen. Der Arzt fühlte sich völlig geschlagen: «Ein lahmer, alter Mann», hiess es von ihm, der «weder zu byssen noch zu brechen» hatte und den Hungertod hätte erleiden müssen, wenn ihn der Rat nicht «um Gottes Willen» ins Spital aufgenommen hätte, wo er bald darauf verbittert starb.
Schamlos verlangte nunmehr die Tochter in Basel das väterliche Erbe heraus, und als ihr der Rat erklärte, ein solches sei nicht vorhanden, erhob sie Klage beim Femegericht des Freigrafen von Velgestein, einem jener königlichen Gerichtshöfe Westfalens, deren Wirksamkeit seit dem 14. Jahrhundert trotz der entschlossenen Abwehr von Landsherren und Städten in ganz Deutschland zur eigentlichen Landplage geworden war. Im November 1458 traf in Basel die Nachricht ein, dass der Rat in absentia zur Zahlung von 4110 Gulden an die Klägerin verurteilt worden sei. Natürlich anerkannte er diesen Spruch nicht, und durch seinen Unterschreiber Gerhard Mecking, einen geborenen Westfalen, erlangte er bald die Aufhebung des Urteils. Allein Brigitta gab sich nicht geschlagen: Jetzt mobilisierte sie einen ihrer Kumpanen, Johann zem Wiger, der den Rat von Bacharach aus zur Auslieferung des ja gar nicht existierenden väterlichen Erbes aufforderte, und ebenso brachte sie von neuem den Freigrafen von Velgestein auf ihre Seite. Dieser erklärte die Basler in ungezählten Briefen an die deutschen Städte in Verruf und ihr Gut als vogelfrei; niemand sollte sie «hausen und speisen» und ihnen Sicherheit gewähren. Zudem gesellte sich zu Brigitta in der Folge der rohe Abenteurer Heinrich Mey, der von Schloss Ortenberg aus seine Raubzüge unternahm und einen Basler Läufer auf Ortenberg gefangen setzte. Dorthin wurde auch der Basler Lienhard Grünenzweig verschleppt, der in Rufach Wein einkaufen wollte, und ebenso der Sohn eines Spediteurs, dem auf offener Strasse sieben Rosse ausgespannt wurden. Eine Belagerung des Schlosses durch die Basler im Jahr 1461 blieb ohne Erfolg, und so dauerte der Streit fort, zumal jetzt auch Reinhard Mey auf Hohkönigs-

burg, Heinrichs Bruder, die Sache Brigittas zu der seinigen machte. Erst im Oktober 1462 setzte ein baslerischer Handstreich auf dessen Burg der langwierigen Fehde ein Ende; doch verursachte die Tochter des Stadtarztes mit ihren Ansprüchen dem Rat noch im Jahr 1470 grosse Schwierigkeiten.

Haus und Hofstatt am Imbergässlein hatte Brigitta von Myssen 1444 an die Hebamme Elsy Richartz verkauft, die erste baslerische Vertreterin ihres Berufsstandes, die uns urkundlich bekannt ist. Sie stand in einem Dienstverhältnis zur städtischen Obrigkeit, der sie den «Hebammeneid» zu leisten hatte. In der Folge wurde die Liegenschaft zum Pfrundhaus des Chorherrenstifts von St. Peter. Der letzte geistliche Bewohner des Hauses war der durch seine flammenden Predigten gegen die religiösen Neuerer bekannte Leutpriester Sebastian Müller, der noch Anfang 1529 die Messe las.

Nach der Reformation ging die Liegenschaft über an den Druckerherrn Johannes Herwagen und dessen Gattin Gertrud Lachner, die Witwe seines grossen Vorgängers Johannes Froben, und in der Folge wurde sie vereinigt mit dem Haus «zum Walpach» (Nadelberg 23a), dessen Hinterhaus es fortan bildete. So kam es in den Besitz des Arztes und Humanisten Theodor Zwinger und seines gleichnamigen Enkels, der seit 1630 als Antistes an der Spitze der Basler Kirche stand und als überzeugter Calvinist den lutherischen Tendenzen energisch entgegentrat. 1628 wird die Behausung urkundlich erstmals mit dem Namen «zem Hipenkratz» belegt, ein Beweis dafür, dass das baslerische Neujahrsgetränk des Hypokras schon damals geschätzt war. Nach dem Tod der Witwe des Antistes übernahm der Schwiegersohn Lucas Gernler, Zwingers Nachfolger im Antistitium, die Liegenschaft auf dem Nadelberg samt dem Nebenhaus am Imbergässlein. Von dessen Söhnen gelangte sie 1686 an den Seiden- und Zeugkrämer Abraham Forcart-Faesch, der seit 1675 als Konkurrent der Hosenstricker «Socken von der neuen Gattung» produzierte, und 1747 an den Strumpffabrikanten Niklaus Preiswerk-Iselin. Dessen einzige überlebende Tochter Anna Maria brachte das Haus in die Ehe mit Preiswerks Nachfolger Daniel Legrand. Bei der Belagerung von Hüningen im Sommer 1815 schlug in der Liegenschaft «zum Walpach» eine Bombe ein, welche die Wohnung der Witwe Legrand-Preiswerk zum grössten Teil zerstörte; sie selbst wurde wie durch ein Wunder gerettet. 1817 veräusserten ihre Erben den Komplex am Nadelberg und Imbergässlein an den Handelsmann Johann Jacob Meyer-François, der ihn 1839 an den Hutmacher Daniel Gessler weitergab. Gessler trug das alte Haus «zum Hypokras» ab und ersetzte es um das Jahr 1840 durch den heutigen Neubau; das Haus «zum Walpach» aber verkaufte er an das Almosenamt, womit es zum Sitz der Almosenschaffnerei, der Vorläuferin des heutigen Bürgerlichen Fürsorgeamtes, wurde.

«Zum Obern Aarau» am Heuberg

Das Haus «zum Obern Aarau» am Obern Heuberg 12 ist ein hervorragendes Baudenkmal der Spätgotik mit einer höchst wechselvollen Geschichte. Einem seiner Besitzer, dem Altphilologen Wilhelm Vischer-Bilfinger, verdankte Basel 1869 die Berufung Friedrich Nietzsches auf den hiesigen Lehrstuhl für griechische Sprache und Literatur.

Breit hingelagert steht das Haus «zum Obern Aarau» am Beginn der bedeutenden Liegenschaften des Obern Heubergs, überwölbt von einem mächtigen Satteldach und ausgezeichnet durch die prächtig gestaffelten, drei- und vierfach gekuppelten Fenster des ersten Stockwerks, deren Gewände in den Hohlkehlen durch zarte Rundstäbe und fein ziselierte Vasen bereichert werden. Der Bau dürfte aus dem Anfang des 16. Jahrhunderts stammen; die Geschichte der Liegenschaft aber lässt sich in den Quellen bis ins ausgehende 13. Jahrhundert zurückverfolgen.

1281 erstmals erwähnt

Erstmals wird das Haus in einer Urkunde des Jahres 1281 erwähnt, in welcher das Zisterzienserinnenkloster Olsberg zugunsten des Chorherrenstifts St. Leonhard auf die auf der Liegenschaft ruhenden Zinsen verzichtete. Als deren damalige Bewohnerin tritt uns Hedwig die Gernlerin entgegen, welche die Hofstatt «durch Gott» dem hiesigen Spital vermachte. Das Spital gab sie als Erblehen weiter an den Bäcker Ulrich von Aarau, auf den der Name des Hauses zurückgeht. 1384 ging die Liegenschaft über in den Besitz von St. Leonhard, dessen Schaffner sie dem Zimmermann Uhlmann von Thann verlieh. Nach ihm liessen sich hier – gleich vielen ihrer Berufsgenossen, die am Heuberg Scheunen und Stallungen für ihr Schlachtvieh besassen – die Metzger Veltin Vislis (1402) und Hans Schindler (1429) nieder. 1436 begegnen wir auf dem «Obern Aarau» einem Kürschner, der auf den Namen Bockschädel hörte, und nach ihm wiederum einem Metzger, Peter Langmesser (1452), der indessen finanziell unter die Räder kam: Als er 1469 die Zinsen für ein Darlehen der Klingenthaler Nonnen nicht zu berappen vermochte, nahm das Kloster das ihm verpfändete Haus an sich und übertrug es dem Karrer Konrad Tütelin. Sein Nachfolger wurde 1485 der Metzger Walther Harnischer, der seine Zunft von 1486 bis 1511 im Rat vertrat und 1501 zu dessen Abgesandten zählte, welche am 9. Juni die Verhandlungen mit den eidgenössischen Orten über Basels Beitritt zum Bund in Luzern zu einem glücklichen Ende führten.

Heimliche Gemeinde

Rund zwanzig Jahre lang stand der «Obere Aarau» dann im Besitz des reichen Junkers Joachim van Berchem, der Clara, die älteste Tochter des rätselhaften David Joris, ein Mädchen «schönen Ansehens», zur Frau gewonnen hatte und 1544 mit seinem Schwiegervater aus den Niederlanden nach Basel gezogen war, wo er gleich ihm ins Bürgerrecht aufgenommen wurde. Gemeinsam kauften sie kurz hernach den «Spiesshof» und das Binninger Schloss. Joachim van Berchem war ein prominentes Glied der heimlichen Gemeinde, die sich hier um Joris scharte, und so wurde er zur Rechenschaft gezogen, als drei Jahre nach dem Tod seines Schwiegervaters dessen Ketzereien offenbar geworden waren; der Rat bestrafte ihn mit dem hohen Betrag von 500 Gulden. In der Folge aber blieb er von den Behörden unbehelligt, und als er 1574 auf seinem Binninger Landsitz starb, wurde ihm auf St. Margrethen die letzte Ruhestätte zuteil. Im 17. und beginnenden 18. Jahrhundert sassen auf dem «Obern Aarau» verschiedene Angehörige der Familie Falkner, unter ihnen Emanuel Falkner-Birr, der 1734 mit dem Bürgermeisteramt die höchste Würde der Stadtrepublik erreichte, und dessen Sohn, der Grossrat und Gerichtsherr Daniel Falkner-Iselin. Von den Erben seiner Witwe ging die Behausung samt Hof und dem im einstigen Stadtgraben angelegten Garten 1775 über an den Handelsherrn Emanuel Merian-Birr, welcher zu ausserordentlichem Reichtum gelangte: Als seine kinderlose Witwe 1810 ihre Augen schloss, betrug ihre Hinterlassenschaft nicht weniger als eine Million Livres. Sechs Jahre zuvor hatte sie ihr Testament errichtet, dessen Eröffnung die Verwandtschaft in nicht geringe Unruhe versetzte: Als Haupterbe figurierte darin ihr Vetter Johann Jacob Vischer-Staehelin im «Hohenfirstenhof» an der Rittergasse, den die Cousine vor seinem Bruder Peter ganz bedeutend bevorzugt hatte; daraus erwuchs zwischen den beiden Brüdern ein schmerzlicher Groll.

Die Reihe der Erben

Auch der «Obere Aarau» fiel Johann Jacob Vischer zu, der die Liegenschaft der Firma Vischer & Ryhiner als Geschäftsdomizil überliess. Nach dem Tod seiner Witwe vererbte sich das Haus auf die beiden ledigen Töchter Salome und Susanna Vischer. Von ihnen erwarb es Oberst Benedict Vischer-Preiswerk, der, selbst Befürworter einer friedlichen Regelung des Konflikts mit der Landschaft, 1833 gegen seinen Willen das Kommando der städtischen Truppen im Kampf gegen die Baselbieter übernehmen musste und am schwarzen Tag des 3. August geschlagen von der Hülftenschanz zurückkehrte. Das Haus am Oberen Heuberg übertrug er 1834 seinem Sohn, dem damaligen Privatdozenten der klassischen Philologie Wilhelm Vischer-Bilfinger, der es während 25 Jahren bewohnte. Als Ratsherr, Präsident des Erziehungskollegiums und der Kuratel machte er sich um unsere Universität hoch verdient; seinem Weitblick verdankte Basel 1869 die Berufung des damals 25jährigen Friedrich Nietzsche auf den hiesigen Lehrstuhl für griechische Sprache und Literatur. Als Wilhelm Vischer 1859 in das väterliche Anwesen an der Rittergasse übersiedelte, trat er das Haus am Obern Heuberg ab an Maria Salomea Huber-Schnell, die Witwe des zwei Jahre zuvor verstorbenen Pfarrers Johann Jacob Huber, der bei der Staatstrennung des Jahres 1833 zum Verzicht auf sein Pfarramt in Benken gezwungen worden war und sich seither als Seelsorger in der Strafanstalt und im Spital der Stadt betätigt hatte.

Zentrum des Kulturkampfs

Ein neues Kapitel in der Geschichte des «Obern Aaraus» beginnt zu Anfang der 1890er Jahre mit dem Erwerb des Hauses durch Dr. Ernst Feigenwinter-von Blarer, den hervorragenden Führer der Basler Katholiken im damaligen Kulturkampf und deren ersten Vertreter im Nationalrat; wie seine Nachfolger Dr. Karl von Blarer und Dr. Franz Rosenfeld führte er hier ein angesehenes Advokaturbüro. Von ihm vererbte sich die Liegenschaft auf seine Tochter Maria, die hier ihre Jugend verbracht hatte, sich aber, kaum zwanzigjährig, mit dem um dreissig Jahre älteren Freund ihres Vaters, Ständerat Heinrich von Roten aus Raron, vermählte und bis zu ihrem Hinschied im Jahre 1967 im Wallis lebte. Heute residiert im «Obern Aarau» ihr Sohn, der originelle Jurist, Politiker und Journalist Peter von Roten mit seiner Gattin Iris, der Verfasserin des Buchs «Frauen im Laufgitter», das bei seinem Erscheinen im Jahr 1958 zum Thema erregter Auseinandersetzungen wurde.

Noch soll zum Schluss zweier Gestalten gedacht werden, denen das Haus am Obern Heuberg in unserm Jahrhundert zur Wohnstatt wurde: Meta von Salis und Karl Joël. Als Ernst Feigenwinter 1910 Hedwig Kym, die Tochter des Zürcher Philosophieprofessors Ludwig Kym, nach dem Tod seiner ersten Gattin in den «Obern Aarau» heimführte, folgte Meta von Salis ihrer treuen Jugendgefährtin dahin nach, und bis zu ihrem Ende im März 1929 verbrachte sie hier die Wintermonate, während die Villa Helios auf Capri ihr Sommerasyl blieb. So lebt im Haus am Obern Heuberg die Erinnerung an die Dichterin, Schriftstellerin und Kämpferin für die Gleichberechtigung der Frau wie an die Freundin Friedrich Nietzsches fort, für dessen umstrittene Persönlichkeit sie in ihrem bedeutenden Buch «Philosoph und Edelmensch» vom Jahr 1897 mutig eingetreten war. Unvergesslich bleibt für die ältere Generation der Basler Akademiker der «Obere Aarau» auch als das gastliche Heim von Professor Karl Joël, dem Ordinarius für Philosophie an unserer Universität, der, aus dem schlesischen Hirschberg stammend, sich hier inmitten der Altstadt vom «kulturbeschaulichen Basler Geist» eines Jacob Burckhardt durchdringen liess und zu jener abgeklärten Lebensstimmung fand, die er bis zu seinem Tod im Jahr 1934 als Lehrer und Mensch beglückend ausstrahlte.

Die erste Synagoge stand am Heuberg

Dort wo sich der Untere Heuberg in rechtem Winkel gegen den Gemsberg öffnet, stand an der Stelle des jetzigen Neubaus Nr. 21 in den Jahren 1850 bis 1868 die erste Synagoge der hiesigen Israelitischen Gemeinde. Sie wurde auf dem Areal einer hauptsächlich von Metzgern benützten Liegenschaft errichtet, deren Geschichte sich bis ins 15. Jahrhundert zurückverfolgen lässt.

Die heute neu überbaute Liegenschaft Unterer Heuberg 21 diente während Jahrhunderten vor allem Angehörigen des Metzgerhandwerks als Wohnstätte, Scheune und Stallung. Sie tritt im Jahr 1424 erstmals in das Licht der Quellen; damals verkaufte der Metzger Bugkahenslin Haus und Hofstatt mit dem Höflein dahinter an seinen Berufsgenossen Clewin Seckinger. Das Anwesen war mit einem Pfund, einem Huhn und zehn Schillingen bei einer Handänderung dem Martins- und Laurentius-Altar in der Galluskapelle des Münsters zinspflichtig; weitere zehn Schillinge hatte der Eigentümer an den Marienaltar der Martinskirche für eine Seelenmesse zu entrichten.

«Zem Sitkust»

Auf der Fassade des heutigen Neubaus steht der Hausname «Sykust», verballhornt aus «Sitkust», der Bezeichnung der Liegenschaft Gerbergässlein 6, mit der die Hofstatt am Untern Heuberg mit einem kurzen Unterbruch bis zum Jahr 1723 vereinigt war. «Sitkust» kommt her vom lateinischen psittacus = Papagei, dem Vogel, der als Wappentier in der mittelalterlichen Geschichte unserer Stadt eine besondere Rolle spielte. Ein grüner Papagei im weissen Feld war das Emblem der Psitticher, einer mächtigen, nach dem Papagei benannten Partei des zerstrittenen Basler Adels; sie vertrieb ihre Widersacher, die Sterner, die sich um eine rote Fahne mit weissem Stern scharten, 1273 aus der Stadt ins Feldlager des damals Basel belagernden Grafen Rudolf von Habsburg, bis sie dieser nach seiner Wahl zum deutschen König zurückführte. Möglicherweise aus Sympathie für die Psitticher, vielleicht aber auch einfach aus Liebe zu dem gesprächigen Vogel mag der Doppelliegenschaft am Gerbergässlein und am Untern Heuberg schon im 13. Jahrhundert der Name «zem Sitkust» verliehen worden sein, der beiden Häusern inzwischen zurückgegeben wurde. Am Gerbergässlein 6 erinnerte eine feine Zeichnung des Papageis an der Fassade an diese alte Bezeichnung.

An die Israelitische Gemeinde

Wir können es uns versagen, an dieser Stelle die zahlreichen Handänderungen des Komplexes zwischen Gerbergässlein und Unterm Heuberg zu registrieren, der, wie gesagt, erst 1723 aufgeteilt wurde; seither diente der obere Teil nicht mehr als Wohnhaus, sondern nur noch als Scheune und Stallung, bis er 1850 an

die Israelitische Gemeinde überging, die 1980 das Jubiläum ihres 175jährigen Bestehens feierte. Sie hatte sich seit 1805 in einem bescheidenen Betsaal vereinigt, zuerst im Haus «zum Fälklein» am Schlüsselberg, der Wohnung des ersten Gemeindevorstehers Max Picard, seit 1808 in der Liegenschaft des Zimmermeisters Plattner auf der Lys und seit 1810 im Haus des Lohnkutschers Neuenschwander am Untern Heuberg 9, das während vollen vier Jahrzehnten ihr Versammlungslokal blieb.

Zum Bau einer eigentlichen Synagoge entschlossen, ersuchten dann am 29. September 1849 die damaligen Gemeindevorsteher Leopold Dreyfus, Abraham Picard und Adolf Ruef die Regierung um die Bewilligung zum Ankauf der Liegenschaft Unterer Heuberg 21, die auf einer gerichtlichen Auktion von dem Zimmermeister und Architekten Ludwig Maring ersteigert worden war. Die Regierung stimmte zu, verlangte aber, dass die Verantwortung für den Erwerb von einem einzelnen übernommen und die Liegenschaft auf ihn überschrieben werde. Hiefür stellte sich Leopold Dreyfus-Hirsch zur Verfügung, der damals wohl als Präsident der Gemeinde amtete; er war als Sohn von Isaak Dreyfus, aus dessen Handelsfirma die heutige Bank Dreyfus Söhne & Cie, AG hervorgegangen ist.

Der Kauf der Liegenschaft kam am 13. Februar 1850 um 4050 alte Schweizer Franken zustande; und bereits am 4. September konnte die Synagoge eingeweiht werden. Die Festpredigt hielt der Rabbiner von Hegenheim Moïse Nordmann, der während mehr als vier Jahrzehnten die Funktionen eines Rabbiners auch in Basel ausübte. Verschönert wurde die Feier durch den Israelitischen Gesangverein von Hegenheim, dessen Gesänge die anwesenden Vertreter der Behörden und der reformierten Geistlichkeit tief beeindruckten.

Die Mittel für den Kauf der Liegenschaft am Untern Heuberg und den Bau der Synagoge waren durch freiwillige Beiträge gesammelt worden, deren Spender für sich und ihre Rechtsnachfolger das Eigentum an den 30 Männerplätzen des Gotteshauses erwarben. Diese Plätze durften verkauft werden; doch war für jeden Platz eine Handänderungsgebühr von 20 Franken an die Gemeindekasse zu entrichten.

In den fast zwei Jahrzehnten, in denen sich die erste Basler Synagoge am Untern Heuberg befand, verliehen nach den Erzählungen der Zeitgenossen die gläubigen Juden der Gegend um den Gemsbergbrunnen eine besondere Note. Mit Vergnügen trieben sich am Sabbat die Heuberg-Buben vor dem Gotteshaus herum, bestaunten die Männer im schwarzen Rock und Zylinder wie die Frauen in rauschender Seide, die sich dort versammelten, lauschten am Fenster den Gesängen oder klopften während des Gottesdienstes verstohlen an die Läden, um dann eilends wieder zu verschwinden; oft rauchten sie auch die Zigarren zu Ende, welche die Besucher auf dem Gesimse abgelegt hatten. Mit grosser Spannung wurde vom Nachbarhaus ebenso das Schächten der Hühner verfolgt, das der allgemein gefürchtete Sigrist Blum im Hinterhöflein der Synagoge vornahm. Vom Schächten der Hühner hat das kurze Allmendgässlein, das neben der Liegenschaft zu den Hinterhäusern des Gerbergässleins führt, den heute sogar offiziell anerkannten Namen «Güggeli-Allee» erhalten.

Weggezogen – abgetragen

Schon nach 15 Jahren war die Synagoge am Untern Heuberg zu klein geworden, weshalb die Gemeinde im Dezember 1865 an die Regierung gelangte mit dem Ersuchen, ihr den Platz an der Ecke des Schützengrabens und der inneren Schützenmattstrasse, auf dem heute das Spalenschulhaus steht, für den Bau eines neuen Gotteshauses unentgeltlich zu überlassen. Die Regierung lehnte diese Bitte indessen ab, worauf die neue Synagoge in den Jahren 1867 bis 1868 an der Eulerstrasse zunächst als einkuppliger Bau erstellt und dann 1892 zum heutigen zweikuppligen Bau erweitert wurde. Die alte Synagoge am Untern Heuberg wurde in den 1870er Jahren verkauft und abgetragen. Dabei wurde im Grundbuch die Bestimmung statuiert, dass auf diesem geweihten Boden keine Stallung mehr eingerichtet und das Areal keiner religiösen Bestimmung mehr zugeführt werden dürfe.

Das «Münchendorf» am Heuberg

Am Ende des Heubergs, nahe der stimmungsvollen «Pfalz» von St. Leonhard, steht das spätgotische Haus «zum Münchendorf» (Nr. 33) mit seinem schönen Renaissanceportal. Es ist seit 1762 der Sitz des Frey-Grynaeischen Instituts und die Wohnstätte seiner Lektoren.

Das «Münchendorf» (Heuberg 33) trägt seinen Namen in Erinnerung an den ursprünglichen Grundherrn, das Chorherrenstift St. Leonhard. Das gegenüber dem Hof des Leutpriesters dieser Kirche gelegene Haus war schon 1439 an den Metzger Lienhard Menlin übergegangen, dem drei weitere Vertreter seines Berufs und schliesslich Heinrich Symon, genannt Stämpfer, seines Zeichens «Knecht uf dem Richthus», das heisst oberster Ratsdiener, folgten. Vom letztgenannten kaufte St. Leonhard die Liegenschaft 1494 zurück, um sie 1522 an den Drucker Lux Schouber zu veräussern, aus dessen Offizin populäre Literatur wie Lieder, Spiele, Flugblätter und Volksbücher hervorgingen. In seinem Besitz erscheint auch der vor dem Haus gelegene Garten, der ursprünglich dem Propst des Stifts vorbehalten gewesen war. 1541 traten Schoubers Erben das «Münchendorf» ab an den «Steinschneider» Jost Stöcklin von Herzogenbuchsee, der indessen 1546 als Chirurg an das Berner Inselspital übersiedelte, wo er 1576 drei Freibetten für Kranke in der «Jost Stücklin-Stube» stiftete. Fünf Jahre nach seinem Wegzug verkaufte er Haus und Garten am Heuberg an den Metzger und Ratsherrn Jacob Lautenburger-von Selz, den zweiten Sohn des Stammvaters der in Basel und Bern blühenden Familie Lauterburg. Unter den weitern Eigentümern des Anwesens begegnen wir 1593 dem Metzger Caspar Keller, der von 1617 bis 1640 als Ratsherr seiner Zunft amtete, aber vielfach verschuldet war, unter anderem gegenüber dem streitbaren Medizinprofessor Johann Nicolaus Stupanus und dem Handelsmann Hans Jacob von Bruck, einem Enkel jenes seltsamen Heiligen, der bis zu seinem Tod unter dem Namen Johannes von Brügge in hohem Ansehen im stolzen «Spiesshof» gelebt hatte, bis sich drei Jahre nach seinem Hinschied herausstellte, dass er kein anderer als der wiedertäuferische «Erzketzer» Daniel Joris gewesen war.

Einer von Kellers Nachfolgern im «Münchendorf» war der Junker Hannibal III. von Bärenfels, der Spross des im Mannesstamm erst 1835 ausgestorbenen Adelsgeschlechts, dem Basel im 14. und 15. Jahrhundert sechs Bürgermeiser verdankte. Hannibal III. war es, der als Herr zu Hegenheim 1673 den dortigen Juden einen Acker zur Anlage des israelitischen Friedhofs veräusserte. 1685 gelangte die Liegenschaft am Heuberg an Nicolaus Socim, den Wirt «zur roten Kanten» in der Spalenvorstadt (die heutige «Schwarze Kanne»), und zehn Jahre später an den Metzger Heinrich Senn, der sie bis 1730 besass; nach ihm wird sie in den Akten häufig auch «Sennenhof» genannt. In einem Kaufvertrag

von 1732 taucht sodann erstmals die Bezeichnung «zu den drei Mönchen» auf; sie dürfte sich daraus erklären, dass einer der Besitzer des Hauses daran drei Mönchsfiguren anmalen liess.
1749 war das Anwesen durch den Theologieprofessor Jacob Christoph Beck erworben worden, einen Neffen von Johann Ludwig Frey (1682–1759), der seit 1737 die Professur des Alten Testaments bekleidete. Frey war aufs engste befreundet mit seinem jüngeren Kollegen Johannes Grynaeus (1705–1744), der 1740 dem grossen Samuel Werenfels auf dem Lehrstuhl für Neues Testament nachfolgte. Wie Beck an der akademischen Gedächtnisfeier für seinen Onkel ausführte, habe sich Frey mit Grynaeus oft darüber beraten, auf welche Weise die damals vernachlässigten Studien der orientalischen Sprachen in Basel angeregt werden könnten. Dabei seien sie zum Entschluss gelangt, «zur Beförderung der Ehre Gottes und des theologischen Studiums» eine Stiftung zu errichten und einen in diesen «Wissenschaften, Historien und Sprachen» versierten und mit Lehrgeschick begabten Theologen als Lektor einzusetzen, der den Studenten wöchentlich einige Lektionen zu erteilen und von Zeit zu Zeit auch «etwas über besagte Materien durch den Druck zu publicieren» hätte. 1747 verfasste Frey dann eine Stiftungsurkunde über das «Institutum Freyio-Grynaeanum», das er der Aufsicht einer dreiköpfigen Kommission unterstellte, und kurz vor seinem Tod ernannte er seinen Neffen Jacob Christoph Beck, der 1759 seine Nachfolge als Ordinarius für Altes Testament antrat, zum ersten Lektor.
Als Sitz des Instituts war ursprünglich Freys Haus an der Ecke der Leonhardsstrasse und des Kohlenbergs (heute Leonhardsstrasse 1) in Aussicht genommen worden, das vermutlich Paracelsus während seines dramatischen Basler Gastspiels beherbergt hatte und 1579 von dem Alchimisten Leonhard Thurneys-

ser erworben worden war; doch kam nach Freys Tod ein Vertrag mit dessen Erben zustande, durch den diese ermächtigt wurden, die Liegenschaft zu veräussern unter der Bedingung, dass sie die Hälfte des Kaufschillings den Inspektoren des Instituts überlassen würden. Schon 1759 hatte Jacob Christoph Beck dem Kuratorium das in seinem Besitz befindliche und von ihm bewohnte Haus «zu den drei Mönchen» als denkbar geeignetes Domizil des Instituts angeboten, und elf Tage, nachdem im September 1762 der Verkauf der Freyschen Liegenschaft um 15 000 Pfund zustande gekommen war, machten die Inspektoren mit der ihnen zur Verfügung gestellten Hälfte dieses Betrages von Becks Offerte Gebrauch. Damit wurde das Haus am Heuberg förmlich zum Sitz des Frey-Grynaeischen Instituts.

Der wertvollste Teil der Stiftung, der nunmehr hier untergebracht wurde, war die gegen 800 Bände zählende Bibliothek Freys, welche er nach seinen eigenen Worten «mit vieler Arbeit und für meine Armuth unsäglichen Kösten aus allen Landen gesammlet» hatte. Der grössere Teil dieser Bücherei, insbesondere die reichen Schätze an seltenen Drucken des 16. und 17. Jahrhunderts sowie an kostbaren Manuskripten, sind inzwischen als Deposita der Universitätsbibliothek übergeben worden.

Im Lektorat des Instituts sind sich im Lauf der 234 Jahre seit seiner Gründung acht Lektoren gefolgt, ausnahmslos hervorragende Mitglieder der Theologischen Fakultät unserer Universität: der bereits erwähnte Jacob Christoph Beck (1758–1785), Johann Rudolf Buxtorf, Titular des Lehrstuhls für Altes Testament (1785–1831), der Kirchenhistoriker Karl Rudolf Hagenbach (1831–1874), der später in Tübingen wirkende Hebraist Emil Kautzsch (1874–1880), der Zwingli-Biograph Rudolf Staehelin (1880–1900), der Geschichtsschreiber des schweizerischen Protestantismus im 18. Jahrhundert, Paul Wernle (1900–1936) und der verstorbene Ernst Staehelin (1936–1980); dank ihm und seiner Gattin ist das ehrwürdige Gebäude am Heuberg nicht nur zu einer Stätte der Gelehrsamkeit, sondern in der dunkeln Zeit der Flüchtlingsnot für viele auch zu einem Ort der Hilfe und ebenso zu einem Haus der ökumenischen Begegnung geworden.

«Zer guldin Rosen» an der Stadthausgasse

An die Doppelliegenschaft der «Kleinen Tanne» und der «Buche» schliesst sich an der Stadthausgasse gegen den Fischmarkt das Haus «zur goldenen Rose» (Nr. 18) an, das sich bis zur Marktgasse hinüberzieht. An der Fassade der dortigen Front erinnert eine Inschrift und am Eingang an der Stadthausgasse eine Gedenktafel daran, dass es seit 1520 die Wohnstätte von Urs Graf war.

Anno 1432, also nahezu ein Jahrhundert vor dem Erwerb durch Urs Graf, wird das Haus «zer guldin Rosen» oberhalb des Fischmarkts urkundlich erstmals erwähnt. Damals bewohnte es der Krämer Clewin Kruss, der im genannten Jahr für ein Darlehen von 300 Gulden der Schuldner des Klosters der Reuerinnen der heiligen Maria Magdalena an den Steinen geworden war; ihm verpfändete er zu besserer Sicherheit auch seinen Garten vor dem Aeschentor. Ausserdem ruhten auf der Liegenschaft zwei Zinse von 10 Gulden an die Augustiner sowie von 2 Pfund und 4 Ringen Brot an die nach Johannes dem Täufer benannte Bruderschaft, welche an der Stelle des Bachofenhauses auf dem Münsterplatz, des heutigen Sitzes des Erziehungsdepartements, ihre eigene Kapelle besass. Offenbar drückten diese Lasten den Eigentümer schwer; denn 1444 wurde das Haus «versessener (= verfallener) Zinse wegen» gerichtlich versteigert und dem Augustinerkloster zugeschlagen, welches das Steinenkloster überboten hatte.

Sieben Jahre später veräusserte der Konvent der Augustiner die Liegenschaft an den Maler Hans Gilgenberg, der sich 1430 in die Zunft zum Himmel eingekauft und 1450 für die Bemalung des St. Alban-Tors eine Entschädigung von 6 Pfund bezogen hatte. Er vererbte das Haus auf seinen gleichnamigen Sohn, der ebenfalls Maler war und als solcher zur Innenausstattung des Bischofshofs zugezogen wurde, den die Bischöfe Friedrich ze Rin und Arnold von Rotberg in der zweiten Hälfte des 15. Jahrhunderts zur palastartigen Residenz ausbauten. 1476 bestimmte Hans Gilgenberg der Jüngere, dass die «Goldene Rose» nach dem Tod seiner Gattin Adelheid an das «Grosse Almosen» der Niklauskapelle im Kleinbasel (neben dem heutigen Café Spitz) fallen sollte, welches bis zur Reformation für die Bedürftigen der mindern Stadt sorgte. Indessen setzte sich die Witwe 1482 über diese Verfügung hinweg, indem sie die Liegenschaft an den Ratsherrn und Maler Bartlome Ruttenzwyg, das Glied einer 1461 ins Basler Bürgerrecht aufgenommenen Augsburger Künstlerfamilie, veräusserte. Ein Maler, der aus Mülhausen stammende, durch seine Zeichnungen zu einer deutschen Ausgabe der Fabeln Aesops bekannte Benedict Knup war es auch, der das Haus am 30. Oktober 1520 um 220 Gulden an «den erbarn Urs Graf» abtrat, der kurz zuvor vom Rat zum Münzschneider an der hiesigen Münzstätte gewählt worden war. Er hatte sich schon 1509 in Basel niedergelassen

und wahrscheinlich bereits einige Jahre vor dem Kauf der Liegenschaft dort gewohnt. Mit dem Haus übernahm der Künstler auch die damit verbundenen Lasten, so einen Zins an die Augustiner, der noch 1528 in deren amtlichem Inventar aufgeführt wird mit den Worten: «Item Durs (= Urs) Goldsmids Hus 3 Gulden.»
Als Urs Graf Hausbesitzer am Basler Fischmarkt wurde, hatte der Fünfunddreissigjährige bereits eine bewegte Vergangenheit hinter sich – und noch eine nicht minder bewegte Zukunft vor sich. Zwei Jahre erst waren vergangen, seitdem er sich in einen nächtlichen Raufhandel eingelassen hatte und dann aus Furcht vor der Strafe in seine Heimatstadt Solothurn geflohen war. Auch im Haus «zer guldin Rosen» dürfte es nicht immer «rosig» zugegangen sein; Urs Grafs Ehefrau Sibylla von Brunn, die Tochter des angesehenen Gerbers Hans von Brunn, die sich trotz dem Einspruch ihrer Eltern in blinder Jugendleidenschaft dem stürmischen Draufgänger gesellt hatte, mag dort bis zum frühen, in mysteriöses Dunkel gehüllten Tod ihres Gatten Zeiten bitteren Harms verlebt haben. Denn Urs Graf war und blieb eine ungestüme Kraftnatur, wie sie jene vom Kriegslärm der Reisläufer durchtobte Zeit hervorbrachte und wie sie sich in seinem Œuvre widerspiegelt: Ein Mann von unbändigem Freiheitstrieb und ausgelassener Lebenslust, ein festfroher Kumpan und schlagkräftiger Raufbruder, dem das Wort lose auf der Zunge lag und der Dolch locker im Gürtel steckte, der nach Händeln und Schlägereien immer wieder getürmt wurde, aber trotzdem solche Beliebtheit genoss, dass die 1523 zum Büchsenschiessen in Basel versammelten Eidgenossen vom Rat dringend seine Freilassung verlangten und auch durchsetzten. Im Triumphzug wird er damals aus dem Gefängnis ins Haus «zer guldin Rosen» zurückgebracht worden sein, und Sibylla wird ihn verzeihend in ihre Arme geschlossen haben.
Auf den genialen Goldschmied, Zeichner und Maler, der in sein Monogramm den Schweizer Dolch als linken Stamm des Buchstabens V (= U) einbezog, folgten in der «Goldenen Rose» der Schleifer Thomas Weltz, der Buchhändler Mathis Harscher aus dem aargauischen Baden und mit Peter Hans Segesser nochmals ein Goldschmied. Dann nahmen bescheidenere Handwerker hier Einsitz, so 1690 der Schuhmacher Ambrosius Salathé, 1692 der seit 1658 zu Safran zünftige Knopfmacher Heinrich Leopart, der Angehörige einer 1526 hier eingebürgerten Familie, sowie dessen Sohn Johannes. Dieser verkaufte die Liegenschaft 1750 an den Handelsmann Johann Georg Von der Mühll-Gemuseus, auf den die beiden heute noch blühenden Linien des Geschlechts zurückgehen. Er vertauschte indessen die «Goldene Rose» 1754 gegen das Haus «zum Lichtensteg» (an der Stelle des heutigen Singerhauses) an die Witwe von Johann Rudolf Brodtbeck-Respinger. Zum Witwensitz wurde das Haus auch für die Gattin des 1762 verstorbenen Pfarrers Theodor Falkeysen-Burckhardt zu St. Martin. Von ihr erwarb es 1770 der Handelsmann Alexander Wolleb-Preiswerk. Dessen Erben überliessen es 1779 dem Tochtermann Andreas Sulger-Wolleb, der nach dem Umsturz von 1798 von der Landbevölkerung in die helvetische Nationalversammlung abgeordnet wurde. Sulgers Tochter Judith war die wackere Pfarrfrau von Reigoldswil, die 1833 ihrem Ehemann Karl Ulrich Stückelberger freiwillig in die Gefangenschaft der aufständischen Baselbieter folgte.

Bei Andreas Sulgers Nachfolgern auf der «Goldenen Rose», dem Handelsherrn Lucas Hagenbach-Kolb (1784), dem Perückenmacher Johann Theophilus Mapper (1785) und dem Chirurgen Daniel Rumpf-Dietschy (1832), der von 1842 bis 1869 auf dem Meisterstuhl der Zunft zum Goldenen Stern sass, wollen wir einhalten und zum Schluss noch der Freude darüber Ausdruck geben, dass uns das vom Abbruch bedrohte «Urs-Graf-Haus» mit seiner Gedenktafel an der Stadthausgasse und seiner Inschrift an der Marktgasse dank dem Entscheid des Souveräns vom 26. September 1976 erhalten geblieben ist.

«Zum dürren Sod» am Gemsberg

Auf der rechten Seite des Aufstiegs vom Spalenberg zum Heuberg steht oberhalb des «Löwenzorns» das Haus «zum dürren Sod» (Gemsberg 6). Es trägt seinen Namen nach einem uralten Sodbrunnen, der indessen schon 1318 aufgehoben wurde, weil das Wasser versiegte. Die Geschichte der Liegenschaft lässt sich bis ins Jahr 1299 zurückverfolgen.

Vor ihrer ersten urkundlichen Erwähnung war die ursprünglich dem Kloster St. Leonhard als Grundbesitzerin zustehende Liegenschaft «zum dürren Sod» (Gemsberg 6) bewohnt von dem Kleriker Heinricus, genannt Keiser, vermutlich einem der Domkapläne namens Heinrich, die im 13. Jahrhundert an den Altären der heiligen Maria Magdalena, des heiligen Nikolaus und des heiligen Stefanus sowie am Marienaltar in der vordern und am Johannes-Altar in der hintern Krypta des Münsters zelebrierten.

Später verliehen die Chorherren zu St. Leonhard das Anwesen an Johannes, genannt Bongarten, und nach dessen Hinschied im Jahr 1299 an seine Witwe Hedina, welche es 1310 an den Metzger Dietschi von Redersdorf weitergab. Ihm folgten sein Berufsgenosse Wilhelm von Hasenburg und Vrene, die Gattin des Kürschners Hugo von Laufen, genannt Mutschellenzopf, welch letztere die Liegenschaft 1401 dem Metzger Peter Trütli verkaufte. Von dessen Tochter Agnes gelangte sie 1420 an den Metzger Cunz David, der als Vertreter seiner Zunft im Rat sass, und hierauf an dessen Sohn Heinrich David. Ebenfalls im Metzgerhandwerk tätig waren dessen Nachfolger Hans Voltz (1460), der auf den Namen «Hüpschhans» hörte, sowie der früh verstorbene Heinrich Berchtold (1478), dessen Gattin Ennelin im Haag dem Buchdrucker Martin Flach die Hand zu einer zweiten Ehe reichte, womit das Haus am Gemsberg 1487 an diesen überging.

Streit um den Wein

Martin Flach, ein vielbeschäftigter Drucker von Messbüchern und Brevieren, der trotz seiner Stellung als Ratsherr in zahlreiche Rechtshändel verwickelt war, nahm die aus ihrer ersten Ehe stammenden Kinder seiner Gattin bei sich auf, begehrte aber 1491 plötzlich eine erkleckliche Summe als Kostgeld. Darüber kam es zu einem Streit mit dem Vogt der Kinder Lienhard im Haag; denn dieser weigerte sich, zu solchem Zweck das vom Vater Heinrich Berchtold hinterlassene Vermögen anzugreifen. Schliesslich entschied das Gericht, das Kostgeld solle Martin Flach aus dem in der Verwaltung der Metzgernzunft befindlichen Kapital des Grossvaters Hans Berchtold bezahlt werden, dessen Nutzniessung seinen Enkeln zustehe.

1497 geriet der Buchdrucker in finanzielle Schwierigkeiten. Seine Gläubiger liessen nicht nur das Haus am Gemsberg mit amtlichem Beschlag belegen, sondern verlangten auch die Ausliefe-

rung des im Keller liegenden Weins. Dagegen erhob Flachs Stiefsohn, der Student Johannes Berchtold, Einspruch mit der Begründung, der Wein sei aus seinem Vermögen angebaut worden und gehöre daher ihm, und ebenso wehrte sich die Gattin, welche aufgrund des ehelichen Güterrechts ein Drittel des Weins für sich beanspruchte.

Flachs Kreditoren waren der Weinmann Franz Gallizian, Gastwirt im «Roten Ochsen» im Kleinbasel, und der Lizentiat Andres Helmut, welcher dem Rat als Rechtskonsulent diente, daneben aber als versierter Advokat auch für Private tätig war und mit seinen Plädoyers wesentlich zur Rezeption des römischen Rechts durch das Stadtgericht beitrug. Sebastian Brant, der Verfasser des berühmten «Narrenschiffs», preist ihn als «Fürsten des Rechts und der Eloquenz».

Gallizian und Helmut belangten 1501 auch den offenbar als Flachs Bürgen belasteten, seit 1478 zu Safran zünftigen Ludwig Bottschuh, der, ebenso wie sein Vater und sein Bruder, die damals anscheinend recht einträgliche Kunst eines Karten-, Brief- und Heiligenmalers ausübte. Schliesslich sah sich Franz Gallizian genötigt, den «Dürren Sod» zu übernehmen; doch gelang ihm 1512 dessen Verkauf an den Krämer Martin Lebzelter aus Memmingen, der sich insbesondere als «Lebkücher» betätigte und am Gemsberg alsbald nach dem Erwerb des Hauses einen Backofen errichtete.

Einzüger der Universität

Im weitern Verlauf des 16. sowie im 17. und 18. Jahrhundert erscheinen als Eigentümer der Liegenschaft vor allem Metzger, unter ihnen Fridlin Berger, Ratsherr seiner Zunft von 1596 bis 1612, sowie verschiedene Angehörige der Metzgerdynastien Maeglin, Vest und Lotz. 1765 veräusserte Johann Ulrich Lotz das Haus an den Notar und Gerichtsherrn Johannes von Mechel, dem 1767 von der Regenz die «Exactio censium», das heisst der Einzug der Zinsen des von der Universität verwalteten Fiscus Gymnasii anvertraut wurde.

Da die Hochschule mit ihren «Exactoren» teilweise recht schlimme Erfahrungen gemacht hatte – der seit 1704 in diesem Amt tätige Universitätsnotar Georg Schatzmann hatte sich als liederlicher Einzüger und Betrüger erwiesen, verlangten die Universitätsbehörden bei der Anstellung die hohe Kaution von 2000 Gulden, die Mechel indessen nicht stellen konnte; doch begnügten sich Rektor und Regentialen in seinem Fall mit einer Hypothek auf seiner Liegenschaft.

1808 verkauften die Erben des Notars von Mechel das Haus an Christoph Merian-Miville, einen Beamten im städtischen Kaufhaus, das sich an der Stelle der jetzigen Hauptpost zwischen der Freien Strasse und der Gerbergasse befand; er trug den bescheidenen Titel eines «Wägeliherrn», der später in «Verordneter zur Fuhrwaage» geändert wurde.

Nach Merians Tod erlebte das Anwesen zahlreiche Handänderungen. Um die letzte Jahrhundertwende stand es längere Zeit im Besitz des Schuhmachermeisters Friedrich Reith-Schmelzle. Einer seiner Gesellen, Georg Brenner-Eichenberger, der bei ihm zur Miete wohnte, war einer der letzten städtischen Laternenanzünder.

Das «Bannwartshaus» am Spalenberg

Die beiden Liegenschaften, welche sich auf der rechten Seite des Spalenbergs an «Schloss Dürmenach» anschliessen und die untere Ecke gegen den Nadelberg bilden, waren bis 1373 und nochmals von 1437 bis 1490 miteinander vereinigt; seither erscheinen sie in den Akten getrennt unter den Namen «Bannwartshütte» (Nr. 36) und «Bannwartshaus» (Nr. 38).

Domus Banvardi (Haus des Bannwarts) werden die heutigen Liegenschaften Spalenberg 36 und 38 in einer Urkunde von 1282 genannt, in der Conrad, genannt Gernler, und dessen Gattin Hedwig das ihnen vom Zisterzienserkloster Lützel übertragene Erbrecht an diesem Komplex zum Heil ihrer Seele dem hiesigen «Spital der Armen» schenkten. Abt und Konvent von Lützel stimmten der Vergabung zu unter der Bedingung, dass der dem Gotteshaus zustehende Zins von 4 Pfund, der von dem Ehepaar entrichtet worden war, fortan vom Spital bezahlt werde; dafür haftete dessen Kellermeister. Vom Spital ging das «Bannwartshaus» mit den Hinterhäusern am Nadelberg in der Folge über an Heinrich Iselin, einen Angehörigen des älteren Geschlechts dieses Namens, der es 1325 an den Grautücher Heinrich von Mülhausen verlieh. Den darauf lastenden Zins verkaufte das Kloster Lützel 1334 an den Krämer Peter Sellos; von ihm vererbte er sich auf seine Töchter Anna und Elisabeth, Klosterfrauen zu St. Clara, und später gelangte er an die Barfüsser. Gleichfalls den Barfüssern kamen 1373 die Einkünfte zu, welche Heinrich Iselins Nachkommen von der Liegenschaft zu beanspruchen hatten: Heinrichs Kinder, der Domkaplan Heinrich, Conrad und Verena Iselin, vermachten sie den Bettelmönchen als Erben ihrer Schwester Clara.

Im Besitz von Mariastein

1437 nahm der damalige Bewohner des «Bannwartshauses», der Messerschmied Hans Volleb, bei der Kapelle «Unserer Lieben Frau im Stein» ein Darlehen von 40 Gulden auf. Ritter Arnold von Rotberg hatte diese Kapelle in der Nähe seiner Burg an der Stelle erbaut, wo der Überlieferung zufolge die Gottesmutter erschienen war und ein Kind im Fall über einen fünfzig Meter tiefen Absturz wunderbar errettet hatte. Schon zur Zeit des Basler Konzils wurde das kleine Gotteshaus von zahlreichen Pilgern besucht und mit frommen Schenkungen bedacht, deren Verwaltung Bischof Johann von Venningen dem Basler Augustinerkloster übertrug, das den Wallfahrtsort auch geistlich zu betreuen hatte. In der Folge zog Mariastein, wohl wegen Nichteingangs des Zinses, die Liegenschaft an sich, worauf sie die Augustiner an verschiedene Handwerker verliehen. Im Januar 1528 traten dann der Prior und die noch vorhandenen fünf Brüder des Augustiner-Konvents aus dem Orden aus mit der Begründung, sie seien Gott mehr Gehorsam schuldig als den Menschen, und übergaben ihr

Kloster mit seinem Besitz, in den sie auch das von ihnen verwaltete «Bannwartshaus» einschlossen, Bürgermeister und Rat, «unsern günstigen, lieben Herren». Die Verwaltung des Klostergutes übergaben die städtischen Behörden einem aus der Bürgerschaft gewählten Schaffner, der die Liegenschaft am Spalenberg an den Seckler (Taschenmacher) Erhard Rossnagel veräusserte; dieser gab sie 1537 an den Schuhmacher Hans Münch weiter.

Unbefriedigendes Meisterstück

Fünf Angehörige des gleichen Berufs folgten ihm bis ins Jahr 1695, in dem wir dem Pastetenbeck Nicolaus Erzberger im «Bannwartshaus» begegnen. Es wurde 1706 abgelöst durch den Drechsler Hans Theobald Schneider, der indessen fünf Jahre später fallierte, worauf das Anwesen durch den aus Heidelsheim in der Pfalz stammenden Goldschmied Peter Ketterlin erworben wurde. Dieser hatte sich 1701 um die Aufnahme in die Zunft zu Hausgenossen bemüht; doch fanden die Vorgesetzten, sein Meisterstück, bestehend aus einem Messkelch samt Hostienteller, einem Saphirring und einem silbernen Petschaft, sei ziemlich schlecht ausgefallen, weshalb er zwar das Zunftrecht erhielt, aber zwei Jahre lang weder einen Lehrknaben noch einen Gesellen halten durfte. 1781 zog im Haus am Spalenberg der Magister Nicolaus Hebdenstreit-Dienast ein, der zunächst als Lehrer in Buckten, dann im Waisenhaus und schliesslich an der Knabenschule zu Barfüssern und zugleich als Vorsänger in der Leonhardskirche wirkte. Rund achtzig Jahre später wohnte hier der Uhrmacher Friedrich Schmid von Richterswil, der als einer der ersten Telegraphisten in Basel angestellt wurde.

Von Hand zu Hand

Die «Bannwartshütte» (Nr. 36) stand zusammen mit dem angrenzenden «Schloss Dürmenach» längere Zeit im Besitz der Glockengiesser-Familie Peyga sowie des reichen Krämers und Söldnerführers Ulrich Isenflam. Später lösten sich dort verschiedene Handwerker – Schneider, Kupferschmiede, Schuhmacher, Siebmacher und Schlosser – ab. 1680 erwarb die Liegenschaft der Magister Germanus Hermann, der von 1683 bis 1729 der Schule auf Burg als Rektor vorstand, der Vater des berühmten Mathematikers Jacob Hermann, welcher sein Fach in Padua, Frankfurt an der Oder und Petersburg glanzvoll vertrat. Schon 1686 verkaufte Hermann die «Bannwartshütte» an den ein Jahr zuvor zu Hausgenossen zünftig gewordenen Zinngiesser Hans Rudolf Burckhardt, der sich indessen so sehr verschuldete, dass das Haus 1711 zur gerichtlichen Auktion gelangte, bei der es Lucas Hagenbach im Namen seiner Schwiegermutter Salome Grimm ersteigerte.

Zwei Euler-Familien

Unter den weitern Eigentümern ist der Schneider Johann Georg Euler zu nennen, der die «Bannwartshütte» 1782 zusammen mit seiner Verlobten Dorothea Faust von dem Notar Franz Meyer-Freiburger kaufte. Er war ein Glied der aus Gambach unweit von Giessen stammenden, 1630 in Basel eingebürgerten Familie, der auch Abraham Euler, der Erbauer des Hotels Euler, angehörte, während der Mathematiker Leonhard Euler zu den Nachkommen des Strählmachers Hans Georg Euler von Lindau zählte, der schon 1594 das Basler Bürgerrecht erlangt hatte. 1822 verkaufte die Witwe Euler-Faust die «Bannwartshütte an den Handelsmann Isaak Dreyfuss von Sierenz, der sie vier Jahre später an den Müller Sebastian Burckhardt-Oschgi im St. Alban-Tal veräusserte. Seit 1843 im Besitz von Johann Josef Schulz, einem Maurer aus dem badischen Endingen, erhielt das Haus 1844 durch einen neuen Dachstuhl im wesentlichen seine heutige Gestalt. Noch jetzt ist die Zusammengehörigkeit des Vorder- und des Hinterhauses deutlich erkennbar, indem die in der Doppelliegenschaft domizilierte Sphinx-Buchhandlung sowohl vom Spalenberg wie vom Nadelberg aus zugänglich ist.

«Zum weissen Ring» am Spalenberg

Nach einem ihrer ersten nachweisbaren Eigentümer, dem Schuhmacher Johannes Bannwart, bis in die Mitte des 16. Jahrhunderts als «Bannwarts Hus» bezeichnet, nahm die Liegenschaft Spalenberg 45 im ausgehenden 18. Jahrhundert den Namen «zum obern weissen Ring» an. Während vieler Jahre war sie die Wohn- und Arbeitsstätte von Kürschnern.

Die urkundlichen Nachrichten über die Liegenschaft Spalenberg 45 setzen erst 1444, im Jahr der Schlacht bei St. Jakob an der Birs, ein. Damals verkaufte der Schuhmacher Hans Göbeli Haus und Hofstatt mitsamt dem Hinterhaus und Höflein an seinen Berufsgenossen Johannes Bannwart, nach dem das Anwesen bis in die Mitte des 16. Jahrhunderts als «Bannwarts Hus» bezeichnet wurde. Es war belastet mit einer Abgabe in Geld und Korn an die Bruderschaft der St. Johanns-Kapelle auf dem Münsterplatz, welche an der Stelle des «Bachofenhauses» stand, in dem jetzt das Erziehungsdepartement beheimatet ist. Dazu kam ein weiterer Zins für ein Darlehen, durch das Claus Wartenberg, der Wirt des Gasthauses «zum goldenen Knopf» an der Schifflände, Johannes Bannwart den Kauf der Liegenschaft ermöglicht hatte.

Der unbekannte Nachfolger des Schusters trug indessen für den baulichen Unterhalt des Hauses keine Sorge, und seinen finanziellen Verpflichtungen entzog er sich durch die Flucht, worauf die Bruderschaft das Anwesen «wegen versessener (verfallener) Zinsen und Missbuws als eines flüchtigen Mannes Gut» an sich zog, um es 1498 an den Schneider Peter Schull wieder zu veräussern. Dieser prozessierte 1511 und 1515 mit seinen Nachbarn Margreth Zangenberg und dem Kannengiesser Andreas Suchdentrunk im «Kaiserschwert» (Nr. 43) wiederholt wegen der «presthaftigen» Scheidemauer vor dem für die Beurteilung von Baustreitigkeiten zuständigen Fünfergericht.

Quotidian und Präsenz

Nochmals fiel das Haus, dessen Unterhalt auch von Peter Schull vernachlässigt wurde, 1521 an die Bruderschaft zurück; in ihrem Namen erwarb es ihr Kämmerer, der Domkaplan Walprecht Hüglin. Er amtete zugleich als «Cotidianer», das heisst als Vorsteher der «Quotidian», die, ebenso wie die «Präsenz», als «Amt der täglichen Austeilung» die im Chordienst des Münsters anwesenden Geistlichen zu entschädigen hatte. Sie verfügte zu diesem Zweck über ein eigenes, durch Schenkungen und Stiftungen geäufnetes Vermögen, für dessen Verwaltung der «Cotidianer» mit 30 Pfund honoriert wurde, einem Gehalt, das demjenigen des Kaufhausschreibers entsprach; ausserdem bezog er jährlich 10 Pfund für den Unterhalt eines Reitpferds. Hüglin war überdies Inhaber der Pfründe des Altars von Maria Magdalena in der gleichnamigen Kapelle im Südflügel des grossen Kreuzgangs sowie der ersten Pfründe des Altars «Aller himmlischen Bürger» in der Fröwelerkapelle auf der Südseite des Münsters, welcher den in die Seligkeit eingegangenen Heiligen und Engeln geweiht war. 1524 trat der Domkaplan Lienhard Süssherr, der am St.-Gallus-Altar in der Galluskapelle auf der Nordseite des Münsters und später am Marienaltar der Johanneskapelle zelebrierte und die entsprechenden Pfründen bezog, das Haus am Spalenberg an den Zimmermann Hans Fridli, genannt «Schwytzerhans», ab.

Haus der Kürschner

Seit der Mitte des 16. Jahrhunderts war «Bannwarts Hus» der Wohnsitz verschiedener Kürschner, so des Stoffel Listig, des Claus Stumm (1583) und des Sebastian Murer (1647); dazwischen beherbergte es den Rotgerber Theodor Zimmermann-Bulacher (1613) und später den Wollweber Christoph Meyer (1670) sowie den aus Colmar stammenden Siebmacher Lienhard Strom (1675). 1687 erscheint als Eigentümer der Liegenschaft der Handelsmann Ludwig Iselin im Haus «zum Hasen» am Kornmarkt, an dessen Stelle heute der Rathausturm steht; doch gab er es im gleichen Jahr weiter an den Schuhmacher Hans Jakob Bolli. Auf ihn folgte 1712 Hans Franz Hermann, der als «Weinrufer» im Dienst der Weinschenken auf täglich vier Gängen durch die Gassen der Stadt deren Wein mit lauter Stimme anzupreisen hatte. Ein zweiter Weinrufer begegnet uns im Haus am Spalenberg 1739 in der Person von Andres Salathe. Dann wurde die Liegenschaft nochmals zur Wohn- und Arbeitsstätte von Kürschnern: Drei Generationen der Familie Marbach, die diesen Beruf ausübten, lösten sich hier ab: Hans Heinrich (1745), Johann Georg (1787), der 1783 Zunftmeister zu Kürschnern und Schneidern geworden war, aber 1797 seines Amtes entsetzt wurde, und dessen Sohn Isaak (1825), der später als Gerichtsweibel amtete.

Napoleon und der Pastetenbeck

Seit 1787 war Johann Georg Marbach mit 1000 Pfund verschuldet bei dem Pastetenbeck Wernhard Faesch im heute verschwundenen Haus «zum kalten Brunnen» an der Streitgasse, einem Bruder von Franz Faesch, der in französische Dienste getreten war und auf Korsika Herz und Hand der schönen Witwe Angela Maria Ramolino gewonnen hatte, aus deren erster Ehe Letizia, die spätere Gattin Carlo Bonapartes und Mutter Napoleons, hervorging. Der zweiten Ehe mit dem Basler Offizier entspross 1763 der spätere Kardinal Josef Faesch, der somit zum Stiefonkel Napoleons wurde.

Josef Faesch hatte sich 1795 nach Basel gewandt und auch bei dem kinderlosen und vermöglichen Onkel Wernhard an der Streitgasse angeklopft; doch war ihm dieser nicht sehr freundlich begegnet, denn er konnte es dem Bruder Franz nicht verzeihen, dass er der Korsin zuliebe den reformierten Glauben aufgegeben hatte. So hatte sich der Neffe während seines hiesigen Aufenthalt mit niedrigen Abschreiber- und Haushaltungsdiensten durchs Leben zu schlagen und beim Traiteur Geymüller in der «Schlüsselzunft» Geflügel zu rupfen, Wildbret herzurichten und Pastetchen zu füllen. Zwar wies ihm der Onkel in der Folge ein Hinterstübchen im obern Stock seines Hauses an; doch verdross ihn dieses Entgegenkommen recht bald, und so liess er Josef schliesslich durch einen Notar aus dem Haus wegweisen. Die Stimmung änderte sich erst wieder zugunsten des Neffen, als ihn Napoleon bei seinem Aufstieg zum Oberkommandierenden der italienischen Armee aufforderte, als Kriegskommissär in seinen Dienst zu treten. Jetzt liess sich der Pastetenbeck sogar herbei, Josef Faesch drei Louisdor als Zehrgeld auf die Reise nach Paris mitzugeben. Als dann Napoleon am 24. November 1797 auf seiner triumphalen Fahrt zum Friedenskongress von Rastatt vom Basler Rat in den «Drei Königen» empfangen wurde, nahm an der festlichen Tafel auch der 80jährige Wernhard Faesch Platz, der sich zur Feier des Tages in seinem besten braunroten Rock mit gestickter Weste präsentierte. Ihm wurde von seiten des Eroberers von Italien ganz besondere Aufmerksamkeit zuteil. Napoleon begegnete ihm mit einer Leutseligkeit, die den alten Mann zu Tränen rührte. Von Mund zu Mund erzählte man sich, er habe den Pastetenbeck mit «mon cousin» angesprochen, und der Stolz der Basler auf die Verwandtschaft eines ihrer Mitbürger mit dem Sieger von Lodi und Rivoli kannte keine Grenzen...

Die «Tanne» am Spalenberg

Die um 1300 erstmals erwähnte Liegenschaft zur «Tanne», der heutige Sitz der Stadtfiliale Spalen der Basellandschaftlichen Hypothekenbank Spalenberg 53/Leonhardsgraben 15, bildete ursprünglich einen Teil der gegen den Ausgang des 12. Jahrhunderts angelegten zweiten Stadtbefestigung.

Der gegen den Ausgang des 12. Jahrhunderts angelegte zweite städtische Befestigungsring wurde auf der strategisch bedeutsamen Strecke zwischen der Leonhardskirche und dem innern Stadttor am obern Ausgang des Spalenbergs, dem späteren Spalenschwibbogen, verstärkt durch verschiedene Türme des bischöflichen Dienstadels. Zu dessen Sitzen zählte vermutlich auch die Liegenschaft des heutigen Domizils der Filiale Spalen der Basellandschaftlichen Hypothekenbank (Leonhardsgraben 15/Spalenberg 53); denn beim Umbau traten im Keller ungewöhnlich dicke Grundmauern zutage, und überdies ist in einer Urkunde des Jahres 1437 ausdrücklich von dem hinter der Hofstatt gelegenen «Thurm im Graben» die Rede. Im 15. Jahrhundert hatte die erwähnte zweite Stadtbefestigung allerdings ihren fortifikatorischen Wert bereits verloren; denn nach dem grossen Erdbeben von 1356 hatte die Bürgerschaft den Bau einer neuen, auch die Vorstädte einschliessenden Mauer in Angriff genommen.

Gaststätte während 200 Jahren

Zu Beginn des 14. Jahrhunderts war die Liegenschaft bereits kein Adelssitz mehr. Ihre früheste Erwähnung findet sich in dem um 1300 angelegten Zinsbuch von St. Leonhard; damals wurde das «zer Sumerowe» («zur Sommerau») genannte Haus bewohnt von dem Schmied Johannes, einem Angehörigen des Gewerbes, das in der Nähe des Spalenschwibbogens seine erste Trinkstube besass, und später durch den Gerber Chunradus, genannt Lieber. 1311 schenkte die Laienschwester Diemudis von Oltingen die ihr von der Liegenschaft zustehenden Einkünfte dem Kloster St. Clara, welches sie 1378 an Johannes Harrer verkaufte, der zwei Jahre später einen Altar zu Ehren des heiligen Jakobus in der Martinskirche stiftete und diesen Zins der damit verbundenen Kaplanei überliess.

Nach zahlreichen Handänderungen im Lauf des 15. Jahrhunderts wurde das Haus 1510 zu einer Gaststätte; damals nahm es, wohl nach einem ausgehängten Wirtshausschild, den Namen «zur Tanne» an. Rund 200 Jahre blieb es eine bekannte Herberge, deren Mobiliar 1720 «23 ausgerüstete Gastbetten, jedes mit zwei Lilachen, einen Tisch in der hinteren Stube samt 26 ungleichen Lehnstühlen sowie die Laternen an den Stegen» umfasste. 1729 nahm die Zeit des Gasthofs ein wenig rühmliches Ende: Das zur Leitung von Kirchen und Schulen eingesetzte Deputatenamt, welches dem letzten «Tannenwürth» Hans Jacob Steinbrunn-

Fischer ein Darlehen von 4000 Pfund gewährt hatte, bangte mehr und mehr um sein grosses Guthaben und brachte daher die Liegenschaft schliesslich zur Gant, bei der es sie selbst um 3800 Pfund übernehmen musste.

1734 fanden die Deputaten einen Interessenten für das Haus in der Person des Eisenhändlers und Rechenrates Johann Balthasar Staehelin-Ryhiner am Marktplatz. Über dessen älteste Tochter Elisabeth gelangte es 1779 an den Handelsherrn D. Iselin-Weiss, einen grossen Förderer der 1780 in Basel gegründeten «Deutschen Christentumsgesellschaft», die seit 1801 durch Christian Friedrich Spittler, den nachmaligen Gründer zahlreicher Reichsgotteswerke, geleitet wurde. Der Verkauf an Iselin erfolgte unter der Bedingung, dass in dem Haus trotz dem damit verbundenen Tavernenrecht keine Wirtschaft betrieben werden dürfe, solange der Bruder von Elisabeth Staehelin, Dr. med. Johannes Staehelin-Gemuseus, und «seine Frau Eheliebste» «sich im Leben befinden und neben dieser Behausung wohnen». 1790 ging die Liegenschaft über an den Handelsmann Hieronymus de Lachenal; doch kehrte sie in der Folge nochmals in Iselinschen Besitz zurück: Neuer Eigentümer wurde 1797 der Ratsherr zu Gartnern, A. Iselin-Raillard.

Nach dessen Hinschied traten die Erben die «Tanne» ab an Anton Riggenbach-Huber, den Vater des Architekten Christoph Riggenbach, des Erbauers der Elisabethenkirche, und Onkel von Niklaus Riggenbach, dem Erfinder der Zahnradbahn und Verfasser der «Erinnerungen eines alten Mechanikers». Zusammen mit seinem Bruder Niklaus hatte Anton Riggenbach im elsässischen Guebwiller eine grosse Zuckerrüben-Raffinerie aufgezogen, die aber nach der Aufhebung der napoleonischen Kontinentalsperre zusammenbrach, so dass sich beide insolvent erklären mussten. In die Konkursmasse fiel auch die Liegenschaft am Spalenberg, die 1826 durch den Handelsmann Niklaus Bischoff-Vischer erworben wurde.

Ausbau am Leonhardsgraben

Schon 1812, also bereits zur Zeit von Abraham Iselin, war der Leonhardsgraben zugeworfen worden; doch scheint erst Niklaus Bischoff das Haus auf dieser Seite ausgebaut zu haben, indem er ihm ein «offenes Peristyle» mit einer Altane anfügte, während er den gewölbten Keller unter dem Hof gegen den Graben zuschüttete. Drei Töchter Bischoffs reichten Angehörigen der Familie Staehelin die Hand: Die älteste, Maria, brachte nach dem Tod des Vaters die «Tanne» in die Ehe mit dem späteren Riehemer Pfarrer Johann Christoph Staehelin, einem Sohn des unter dem Namen «Kaffi-Stächeli» oder «Kaffi-Peter» bekannten Kaufmanns Peter Staehelin-Bischoff an der Streitgasse. Schon zu Lebzeiten von Johann Christoph Staehelin wurde das Haus übernommen von seinem ältesten Sohn Christoph Staehelin-Reber, dem Teilhaber der Bandfabrik Staehelin & Seiler zu St. Alban und Vater von Dr. Theodor Staehelin-von Salis, der 1875 am Spalenberg zur Welt kam und von 1925 bis 1942 als Direktor die baselstädtische Zweiganstalt der Basellandschaftlichen Hypothekenbank, der heutigen Eigentümerin der Liegenschaft, leitete. 1895 nahm der Spenglermeister Gottlieb Rutschmann-Hartmann Einsitz in der «Tanne», wo er sein Handwerk bis 1947 betrieb.

Bereits im August 1926 hatte die Basellandschaftliche Hypothekenbank in der neben ihrem heutigen Domizil gelegenen Liegenschaft «zum Limburg» (Spalenberg 51) eine Stadtfiliale Spalen eröffnet. 1925 hatte der Staat dieses Haus gekauft, um den dortigen freien Durchgang vom Spalenberg zum Leonhardsgraben für alle Zeiten zu sichern. Die endgültige Festlegung der inneren Bau- und Fussweglinien zwischen Leonhardsgraben und Spalenberg im Jahr 1951 tangierte indessen auch die von der Bank gemieteten Räumlichkeiten, so dass sie nach geeigneten neuen Lokalitäten, möglichst in der Nähe des bisherigen Standorts, Umschau halten musste. 1956 konnte sie einen Mietvertrag mit Martha Rutschmann, der Tochter des Spenglermeisters und neuen Eigentümerin der «Tanne», abschliessen, und 1972 entschloss sie sich zum Erwerb des Hauses.

Damit war die Voraussetzung geschaffen für die erste Etappe eines umfassenden Umbaus, insbesondere auch für die Aussenrenovation der Liegenschaft. Neben der Erweiterung und zweckmässigen Einrichtung einer mustergültigen Stadtfiliale setzte sich die Basellandschaftliche Hypothekenbank namentlich zum Ziel, den Altstadtcharakter des Hauses wiederherzustellen und die historischen Bauteile der alten Befestigung am Leonhardsgraben, die bei der Restauration zum Vorschein gekommen waren, zu erhalten. Mit der Realisierung dieses Projekts konnte eine glückliche Lösung im Interesse der Bank, ihrer Kundschaft und der Öffentlichkeit verwirklicht werden.

«Zum Richtbrunnen» am Gerbergässlein

Drei Liegenschaften im alten Basel trugen den Namen «zum Richtbrunnen»: diejenige, die durch das Kallersche Geschäftshaus überbaut ist (Gerbergasse 46/48); diejenige, die man heute als «Benny Bar» kennt (Gerbergässlein 28), und diejenige, welche jetzt im Erdgeschoss einen Teil der Do-it-yourself-Firma von Werner Presser-Deiss beherbergt (Gerbergässlein 24).

Zum Richtbrunnen hiessen die drei Liegenschaften wegen ihrer Lage in der unmittelbaren Nachbarschaft des Gerberbrunnens, der auch «Richtbrunnen» genannt wurde, weil hier im frühen Mittelalter der Propst des in diesem Stadtteil reich begüterten Chorherrenstifts St. Leonhard unter einer Linde zu Gericht sass. Später erstand in der Nähe (auf dem Areal des heutigen Schuhhauses Fricker) das Zunfthaus der Gerber mit der Laube, in der sie ihre Leder feilhielten. Auf dem kleinen freien Platz vor der Laube aber wiegten sich hin und wieder die Hochzeitsgäste, die auf der Zunftstube tafelten, in fröhlichem Reigen; denn der «Brautlauf», das heisst die Hochzeit eines Zunftbruders oder des Sohns eines solchen, war ein Fest für die ganze Zunft, das denn auch mit Vorliebe im Zunfthaus gefeiert wurde.

Während Jahrhunderten schwebte über dem Gerberbrunnen das Geheimnis des Basilisken, der nach der Überlieferung einst in seiner Quelle gehaust und der Stadt ihren Namen verliehen hatte. Es beschäftigte die Bevölkerung noch vor fünfzig Jahren; denn der Gerberbrunnen stand, wie uns Arthur Burger in seiner «Brunnengeschichte der Stadt Basel» berichtet, als letzter der alten Lochbrunnen bis 1926 im Betrieb, nachdem er bis dahin ein besonders beliebtes Wasser geliefert hatte. Damals erwies sich ein Umbau der Kallerschen Liegenschaft als notwendig; doch plädierte die Heimatschutzkommission dafür, dass der Brunnen als geschichtliches Denkmal irgendwie erhalten bleiben sollte. Man überdeckte daher den Schacht des Lochbrunnens mit einem Trottoir, während in die tiefer am Berg gelegene Stützmauer ein einfacher, rechteckiger, niedriger Trog eingebaut und ein breiter Ausguss angebracht wurde. Eine Inschrift in leuchtenden Lettern, verfasst von Dr. Paul Siegfried, sollte an die wohl tausendjährige Geschichte des Brunnens erinnern; doch fanden die Bronze-Buchstaben bald Liebhaber, weshalb der Text vom Steinmetzen in die Platten eingehauen werden musste. Er lautet wie folgt:

«In dieses Brunnens dunklem Grund
Haust' einst – die Sage tut's uns kund –
Der Basilisk, ein Untier wild;
Heut' hält er Basels Wappenschild.
Drauf ward hier ein Gericht gehegt,
Auch Tanz und Minnesang gepflegt;
Vom Zunfthaus, das beim Quell dann stand,
Ward Gerberbrunnen er genannt.
Nachdem versiegt er manches Jahr,
Strömt heut' er wieder voll und klar.
Kein Drach' mehr sinnt in ihm auf Mord;
Doch lebt ein andrer Drache fort:
O Basel, mach' von ihm dich frei;
Der Zwietracht tritt den Kopf entzwei!»

Die heutige Pressersche Liegenschaft (Gerbergässlein 24) erscheint in den Quellen bereits 1361, also fünf Jahre nach dem grossen Erdbeben. Damals überliess das Hospital pauperum (das Spital der Armen), das heisst das spätere Bürgerspital, die Hofstatt am Rindermarkt, wie das Gebiet der untern Gerbergasse genannt wurde, Wernlin von Ratolsdorf (Rodersdorf), dem Angehörigen einer von dem Rittergeschlecht der Herren von Ratolsdorf zu unterscheidenden Basler Bürgerfamilie, zu einem jährlichen Zins von 37 Schillingen und vier Ringen Brot; ausserdem mussten dem Spital bei einer Handänderung fünf Schillinge entrichtet werden. Nach einer späteren, nach 1361 zu datierenden Urkunde lastete auf dem Haus im weitern ein Zins von sechs Pfennigen an das Chorherrenstift St. Leonhard sowie – als Entgelt für eine Seelenmesse – die Abgabe einer Urne roten Weins an die Kanoniker des Münsters.

In der Folge scheint die Liegenschaft wieder an das Spital gefallen zu sein sowie an die Bruderschaft zu St. Johann, welche in ihrer eigenen Kapelle an der Stelle des Bachofenhauses auf dem Münsterplatz, des heutigen Sitzes des Erziehungsdepartements, ihre Gottesdienste abhielt. Sie verliehen es an die Gerberzunft, die, wie erwähnt, an der Einmündung des Gerberbergs in die Gerbergasse ihr Zunfthaus mit der Gerberlaube besass. Vor 1358 war die Laube das Eigentum der Gerber gewesen; dann aber veräusserten sie diese um 110 Pfund Stebler an Heinrich Sevogel, der sie ihnen indessen gegen einen jährlichen Zins von vier Pfund wieder überliess. Wohl um sich die Mittel für den Rückkauf der Gerberlaube zu beschaffen, trat die Zunft unter ihrem Meister Konrad Zoller die Hofstatt am Gerbergässlein 1401 um 200 Gulden an einen ihrer Angehörigen, den Gerber Burkhard Lampenberg, ab. Er hatte neben dem Zins an das Spital den Domherren auf Burg jetzt vier Viertel roten Weines zu zinsen und ausserdem ein heiliges Licht vor dem Altar der elftausend Jungfrauen zu unterhalten, welcher 1326 durch den Kanoniker Jakob von Gebwiller in der zwischen den beiden südlichen Strebepfeilern des Hauptschiffs im Münster gelegenen Kapelle gestiftet worden war; die Türe, welche von dort in den Kreuzgang hinausführte, hiess nach dieser Kapelle die «Tür der elftausend Jungfrauen».

Von Burkhard Lampenberg vererbte sich das Haus auf seinen im Tuchhandel tätigen Sohn. Er verkaufte es ums Jahr 1415 an Grede von Villingen, die Eigentümerin der Liegenschaft Unterer Heuberg 27, mit der es während Jahrhunderten vereinigt blieb. 1421 erscheint der Bau unter dem Namen «zer Schindelen», weil er, wie die meisten damaligen Häuser der Innerstadt, ein Schindeldach trug. Im Zinsbuch des Spitals, das zu jener Zeit von dem Haus sechs Schillinge und zwei Ringe Brot sowie ein halbes Viernzel (= 137 Liter) Dinkelgeld beanspruchte, wird im genannten Jahr vermerkt, der Zins sei während längerer Zeit nicht mehr entrichtet worden; die Liegenschaft wurde daher als «ungiebig» bezeichnet. Dies änderte sich 1425, als der Gerber Jacob Treyger hier Einsitz nahm; seit 1454 entrichtete er dem Spital zudem fünf Schillinge von dem Garten, der sich hinter dem Haus gegen den Untern Heuberg hinaufzog. Seine Nachfolgerin wurde Margreth Lampenbergin, offenbar eine Nachfahrin der früheren Besitzer gleichen Namens. Sie hatte auch die Nachbarliegenschaft «zem Kunigsperg» (Gerbergässlein 22) erworben und verschrieb die beiden Häuser 1463 ihrem Gatten Hans von Bisentz (Besançon), dessen Sohn Bernhard die eine Hofstatt 32 Jahre später Hans Heinrich Schreiber und dessen Frau Elsy verkaufte. Schreiber, der 1480 zu Safran zünftig wurde, betrieb das Handwerk der Nestler, die sich mit der Verarbeitung feinen Leders zu Schuhnesteln beschäftigten. Obwohl er laut dem Reichssteuerrodel von 1497 ein vierköpfiges Gesinde beschäftigte, brachte er es in seinem Gewerbe auf keinen grünen Zweig. Im gleichen Jahr noch verschwand er aus Basel, worauf das Haus am Gerbergässlein «als eines flüchtigen Mannes Gut» zur gerichtlichen Versteigerung gelangte; dabei wurde es dem früheren Eigentümer Bernhard von Bisentz zugeschlagen, dem Schreiber offenbar noch einen Teil des Kaufpreises schuldete. Deutlich wird bereits im Kaufbrief von 1495 unterschieden zwischen dem Vorderhaus ob dem Gerberbrunnen und dem Hinterhaus auf St. Leonhardsberg (d.h. dem Untern Heuberg), zwischen denen der erwähnte Garten lag. Noch immer war neben den Zinsen ans Spital den Domherren auf Burg die alte Weinspende zu entrichten, und ferner musste jetzt auch ein Darlehen des Siechenhauses von St. Jakob in der Höhe von hundert Gulden jährlich mit fünf Gulden verzinst werden.

1501 wurde die Doppelliegenschaft durch den Gerber Jacob Einfaltig erworben, der indessen seinen finanziellen Verpflichtungen ebensowenig nachkam wie Schreiber. «Wegen versessener (verfallener) Zinsen und Misbuws (baulicher Vernachlässigung)» betrieben, verduftete er nach Zell im Wiesental, worauf die Gläubiger das Haus einmal mehr zur Auktion brachten. Das Spital und das Gotteshaus St. Jakob beteiligten sich daran; doch wurde das Spital durch die Pfleger von St. Jakob überboten. Fünf Jahre später gelang diesen der Verkauf des Komplexes an den Gerber Hans Hüttner und dessen Frau Margreth, auf welche 1525 die Witwe Margaretha Ehingerin folgte; sie wurde 1527 durch das Lohnamt (Bauamt) wegen des Wassersteins in ihrem Haus vor das Fünfergericht zitiert, das damals die Funktionen der Baupolizei ausübte.

1532 begegnen wir als Eigentümerin der beiden Häuser beim Gerberbrunnen Verena Schwitzerin; sie vermachte sie in diesem Jahr ihrem Gatten, dem Schwertfeger und Schultheissen (d.h. dem Vorsitzenden des Stadtgerichts) Hans Schorendorff, dessen gleichnamiger Vater, seines Zeichens Schneider und Tuchscherer, sich 1461 in Basel eingebürgert hatte. Schorendorff starb indessen vor seiner Gattin, weshalb die Erbeinsetzung als «für sich selbs tod und widerrufen» erklärt wurde. Wiederum ging jetzt die Liegenschaft an einen Gerber, den Ratsherrn Hans Steck, über; er trat sie nach 1542 dem Küfer Jacob Meier ab, der ihm jedoch einen Teil des Kaufpreises und hernach den Zins dafür schuldig blieb. 1551 brachte der Gläubiger deshalb das ihm verpfändete Anwesen zur gerichtlichen Auktion, bei der er es selbst ersteigerte. Von ihm vererbte es sich auf den Sohn, den «Oberstknecht» (d.h. Ratsdiener) Augustin Knecht, der 1560 das jetzt erstmals «zum Richtbrunnen» genannte Haus dem Schneider Jerg Dürr und dessen Gattin Agatha verkaufte.

Mehr als hundert Jahre lang stand der «Richtbrunnen» hierauf im Besitz der Familie Keller, zunächst des Gerbers Jacob Keller

(1598) und dann der beiden Metzger Melchior und Joss Keller. Melchior Keller war ebenfalls nicht mit irdischen Glücksgütern gesegnet; 1617 musste er von den beiden Eisenkrämern, Hans Ludwig und Lux Liechtenhan, die ihm ein Darlehen von 400 Gulden gewährt hatten, betrieben werden. Besser erging es dem Sohn Joss, dessen Witwe 1702 den dem Spital geschuldeten Zins ablösen konnte. Von ihren Erben gelangte die Liegenschaft im gleichen Jahr von neuem an einen Gerber, Sebastian Merian-von Mechel, der indessen «wegen üblen Verhaltens» aus Basel ausgewiesen wurde und später verschollen blieb. Sebastians Sohn Onophrion, der zuerst gleichfalls das väterliche Handwerk ausübte, später aber Verwalter im städtischen Kornhaus wurde, gab den «Richtbrunnen» 1745 weiter an den Gerber Rudolf Gysin. Dieser ersuchte 1761 um die Bewilligung, «das Dach höher zu führen»; doch erhob der seit 1763 zu Safran zünftige Nadler Christian Seiffert als Nachbar am Untern Heuberg dagegen Einsprache: «Er wendet die Finsternus ein, so er befürchtet», heisst's von ihm im Protokoll des Fünfergerichts. 1789 übertrug Gysin die Liegenschaft seinem Sohn Heinrich, der als Spetter im Kaufhaus wirkte. Rudolf und Heinrich Gysin standen mit 2500 Pfund in der Kreide bei dem Rotgerber Johann Rudolf Stickelberger und seinem gleichnamigen Sohn, der im Haus «zum Schaf» an der Obern Rebgasse, dem heutigen Altersasyl «zum Lamm», das Küfergewerbe betrieb. Der letztere war ein weit über die Stadtgrenze hinaus bekanntes Original. Auch Johann Peter Hebel wusste von ihm; denn kurz vor seinem Tod schrieb er an seine Herzensfreundin Gustave Fecht, er hoffe, an seinem Lebensabend in Basel Wohnsitz nehmen und dann täglich nach Weil pilgern zu können «wie der alte Stickelberger im Schaf». Stickelberger unternahm nämlich jeden Nachmittag, präzis um ein Uhr, eine Wanderung nach Weil, wo er sein Schöpplein genehmigte, um dann wieder in die Stadt zurückzukehren. Von seiner Originalität zeugt auch eine Anekdote, die uns Daniel Burckhardt-Werthemann überliefert hat. Stickelberger, erzählte er, liess sich vom Maler Neustück ein Bild seines Leichenbegängnisses malen: Auf der linken Seite war das Begräbnis dargestellt, auf der rechten Seite der Grabhügel, auf dem die Erben einen Ringelreihen tanzten. Da der Küfer streng darauf hielt, dass alle Bildnisse bis ins einzelne wohl getroffen waren, verlangte er von dem Künstler, dass er die Darzustellenden persönlich aufsuche. Wenn nun der Maler Neustück im Haus eines Verwandten vorsprach, um für sein Bild des Tanzes auf dem Grabhügel ein neues Porträt aufzunehmen, war's jedesmal ein frohes Ereignis; denn dann wusste man, dass man im Testament des Junggesellen nicht übergangen worden war!

1793 wechselte der «Richtbrunnen» wieder die Hand: Neuer Eigentümer wurde der Tuchscherer Theodor Christoph Linder, der trotz schweren Bedenken eben in die Schlüsselzunft aufgenommen worden war. 1784 war er nämlich zweimal aus der Lehre beim Tuchscherer Friedrich Bauler entlaufen, worauf man ihn in Haft setzte, schliesslich aber unter Androhung einer Zuchthausstrafe entliess und auf die Wanderschaft schickte mit der eindringlichen Mahnung, «er solle nicht anders als mit guten Zeugnissen zurückkommen». Als er sich nach der Rückkehr aus der Fremde, in der er sich acht Jahre lang aufgehalten, zur Zunft meldete, wurde sein Meisterstück von den Herren zum Schlüssel für schlecht befunden. Sie hatten ihn seinerzeit für 40 Pfund auf die Reise neu einkleiden lassen und mussten nun mit Unmut feststellen, dass «die an ihn gewandten Kosten so viel als vergeblich gewesen».

Als weitere Besitzer der Liegenschaft verzeichnet das Historische Grundbuch den Schuhmacher Peter Pullich (seit 1794), den Handelsdiener Johann Jacob Gerster von Thürnen (seit 1797), die Wäscherin Maria Barbara Bürgy von Rünenberg und ihren Gatten, den Maurer Johann Jacob Grossmann von Hölstein (seit 1818), den Lohnwäscher Georg Schenk von Uerkheim (seit 1826), den Stuhlschreiner Abraham Fichter von Kleinhüningen (seit 1856) und den Buchdrucker Johann Jacob Mast (seit 1859). Seine heutige Gestalt erhielt der «Richtbrunnen» im wesentlichen durch Fichter, der das Vorderhaus auf vier Stockwerke erhöhte. Das Hinterhaus am Untern Heuberg verkaufte er um die Mitte des vergangenen Jahrhunderts; doch spiegelt sich die einstige Zusammengehörigkeit der beiden Häuser noch in dem Grundbucheintrag von 1870, in dem dem «Richtbrunnen» das Recht des Durchgangs und der Durchfahrt durch das Haus am Untern Heuberg attestiert wird.

«Zum roten Krebs» an der Gerbergasse

Am 17. April 1978 waren hundert Jahre verflossen, seitdem die Liegenschaft zum «roten Krebs» an der Gerbergasse 52 durch den Übergang an den Metzgermeister Martin Rickenbacher von Oltingen zum Metzgerhaus wurde. Er war der Vorläufer der «Metzgerdynastie» Lüthy, die hier seit 1905 ihr Geschäft führt.

Die urkundliche Überlieferung über das Haus «zum roten Krebs» an der Gerbergasse (Nr. 52), das 1905 zum Sitz der Metzgerei Lüthy geworden ist, reicht bis ins ausgehende 13. Jahrhundert zurück. Es befand sich damals im Eigentum eines Lombarden namens Albertinus, der – im Gegensatz zur Mehrzahl seiner Landsleute, die, auch nördlich der Alpen, als Wechsler tätig waren – im Tuchhandel und in der Tuchfärberei reich geworden war und daher den Beinamen Färber trug. Zwei seiner Söhne, Nikolaus und Bertschi, traten als Chorherren zu St. Leonhard in den geistlichen Stand ein. Auf den letzteren vererbte sich das neben der Badstube «zum Fürstenberg» (Nr. 50) gelegene Haus an der «Suterstrasse», wie die obere Gerbergasse als Quartier der Schuhmacher im frühen Mittelalter hiess; 1281 schenkte er es seinem Stift. Neben einem Geldzins lastete darauf eine Abgabe von vier Ringen Brot und die Tagesleistung eines Schnitters, die St. Leonhard zur Erntezeit erbracht werden musste.

1355 verkaufte das Chorherrenstift seine Einkünfte von der Liegenschaft an Heinrich Stamler, den Ratsherrn der Safranzunft; schon damals trug sie den Namen «zum roten Krebs». Wie seit dem 16. Jahrhundert war das Vorderhaus vorübergehend bereits seit 1399 mit dem Hinterhaus am Gerbergässlein vereinigt. Bewohnt wurden die beiden Häuser damals von dem Brotbeck Henman von Hirsingen und nach ihm von dem Gerber Clewi Lang und dessen Schwiegervater, dem Schuhmacher Roman Murer, der 1445 das Versprechen abgeben musste, sie innert zwei Jahren mit Ziegeln zu decken. Später gelangte die Liegenschaft an die Präsenz des Domstifts, jenes Amt, welches die im Chordienst des Münsters anwesenden Geistlichen zu entschädigen hatte. Im Lauf der zweiten Hälfte des 15. Jahrhunderts lösten sich im Vorderhaus der Gerber Conrad Frank (1460), der Schuhmacher Lienhard Bettendorf (1482) und der Küfer Engelhard Widmann (1485) ab, während im Hinterhaus 1501 bereits ein Metzger, Uli Mürnach, Einsitz nahm. Nahezu fünf Dezennien standen die beiden Liegenschaften dann im Besitz der Gerberfamilie Recher: Niklaus Recher betrieb hier das Gewerbe eines Weissgerbers, sein Sohn Heinrich dasjenige eines Rotgerbers. Die Rotgerber, so benannt nach der dunkelrot-bräunlichen Farbe ihres Produktes, fertigten das starke, derbere Leder an, während die Weissgerber die feineren Lederarten für Polsterung, Schmuck- und Luxusgegenstände herstellten und damit die Taschner und Seckler belieferten, mit denen sie zu Safran zünftig waren.

1593 erscheint als Besitzer des «Roten Krebses» der Wollweber Friedrich Ryff, der Gastwirt zur Krone an der Schifflände; er nahm mit der Bürgschaft seines Bruders Professor Peter Ryff, des Inhabers des Lehrstuhls für Mathematik, ein Darlehen von 200 Gulden bei der Verwaltung des Vermögens des ehemaligen Steinenklosters auf. Wollweber waren auch seine Nachfolger Jakob Wassermann (1641) und Melchior Imhof (1673). Imhofs Tochtermann, der Gremper (Kleinhändler) Jakob Hersperger, gab das Haus weiter an den Tuchscherer Johann Georg Gessler; nach ihm zogen die Spezierer Reinhard Harscher (1749) und dessen Sohn Niklaus (1766) hier an der Gerbergasse ein. Unter dem Maurer Michael Pfirter von Muttenz wurde die Liegenschaft 1811 «zu einem ganz neuen Wohnhaus» umgestaltet; doch überbaute sich der Eigentümer dabei, weshalb der «Rote Krebs» 1816 zur gerichtlichen Auktion kam, bei der das Haus dem Küfer Melchior Nörbel zufiel. Ihm gestattete die Behörde, anstelle des «Bauchofens» (Waschofens) im Höflein zwei Brennkessel einzurichten. Mit dem Zimmermann Johannes Reinle aus dem aargauischen Stein, der 1852 im Erdgeschoss einen Laden einrichtete, gelangte die Liegenschaft erstmals an einen stadtfremden Besitzer. Vorübergehend beherbergte sie in den 1850er und 1860er Jahren auch die Buchdruckerei von Karl Friedrich Mast, die Kupferschmiede von Heinrich Schweizer aus Oberdorf, die Buchbinderei von Johann Jakob Daniel Singeisen aus Liestal und das Hutgeschäft von Johann Heusler aus dem badischen Merdingen.

Am 17. April 1878 erwarb dann der Metzgermeister Martin Rikkenbacher-Schaffner von Oltingen den «Roten Krebs» um 53 000 Franken von dem Partikular Daniel Schenker-Troxler von Däniken im Kanton Solothurn. Damit wurde die Liegenschaft zum Metzgerhaus, das es bis heute geblieben ist; denn Rickenbacher war der Vorläufer der «Metzgerdynastie» Lüthy, welche den «Roten Krebs» 1905 übernahm. Drei Generationen der Familie – Gottlieb Lüthy-Rohrer, Walter Gottlieb Lüthy-Deiss und Werner Lüthy-Jenzer – haben das Geschäft auf dem alten historischen Boden seither zu der stadtbekannten, angesehenen Metzgerei entwickelt.

Der «Zeisig» am Rümelinsplatz

Am Eingang des Rümelinsplatzes ist zwar die alte Rümelinsmühle verschwunden; doch ist auf der linken Seite gegenüber dem Zunfthaus zu Schmieden eine hübsche Zeile mittelalterlicher Häuser erhalten geblieben. Das Haus zum «Zeisig», dessen Name erst auf das 18. Jahrhundert zurückgeht, war ursprünglich nach einem, im Jahre 1380 dort wohnhaften Bewohner Claus von Zaesingen benannt.

Mit besonderer Vorliebe benannten die Basler ihre Häuser nach Tieren und unter ihnen speziell nach Vögeln. Die ganze bunte Volière von Adler, Falke, Fasan, Kauz, Krähe, Kranich, Meise, Nachtigall, Papagei, Pelikan, Pfau, Rabe, Schneegans, Schwalbe, Schwan, Sperber, Storch, Strauss und Taube erscheint im Register der Hausnamen unserer Stadt, und auch der Zeisig fehlt nicht. Das Haus Rümelinsplatz 13, das diese Bezeichnung trägt, heisst allerdings erst seit dem 18. Jahrhundert so; ursprünglich wurde es nach einem im Jahr 1380 erwähnten Bewohner Claus von Zaesingen, der aus dem oberelsässischen Dorf dieses Namens stammte, mit «zum Zäsingen» bezeichnet. Im Lauf der Jahrhunderte geriet der Ursprung dieser Bezeichnung indessen in Vergessenheit, und so wandelte sich der Hausname zunächst zu «Zeisichen» und später zu «Zeisig».

Im Besitz der Johanniter

Bereits zu Beginn des 14. Jahrhunderts, also noch vor Claus von Zaesingen, tritt die Liegenschaft in das Licht der dokumentarischen Überlieferung: In den Akten des Chorherrenstifts St. Leonhard, das aufgrund der Stiftung einer Seelenmesse für einen früheren Bewohner des Hauses davon einen Zins von vier Schilling bezog, wird ums Jahr 1304 als erster Eigentümer Conrad Lesser erwähnt, der Angehörige einer bekannten Kleinbasler Familie, nach der das «Lesser-Thürlein» benannt wurde, welches vor der Entfestigung neben der Kartause, dem heutigen Bürgerlichen Waisenhaus, zum Rhein führte. Grundherrin war die im Anfang des 13. Jahrhunderts gegründete Kommende der Johanniter in Rheinfelden, deren Kapelle, eines der schönsten Baudenkmäler des Aargaus, in den 1940er Jahren restauriert wurde; noch 1530 war die Liegenschaft den Herren zu St. Johann zinspflichtig. 1459 stand sie im Besitz des Metzgers Hans Grüninger, der sie seiner Schwester Elsi von Vach und deren Kindern verpfändet hatte und ihnen 1462 abtrat. Hierauf ging das Haus an die Küferfamilie der Briefer über, zunächst an Hans Briefer, der von 1476–1482 als Zunftmeister und von 1483–1501 als Ratsherr zu Spinnwettern amtete und die Liegenschaft laut Reichssteuerrodel von 1497 mit Frau, Tochter und Tochtermann sowie zwei Knechten bewohnte; später an Bartholomäus Briefer, der die Zunft seit 1503 ebenfalls im Rat vertrat. Über Hans Werdenberg, einem Beamten im städtischen Kaufhaus, das sich an der Stelle der heutigen Hauptpost zwischen Freier Strasse und Gerbergasse befand, und Hans Brand, Ratsherr zu Weinleuten, gelangte das Haus 1540 an den Karrer Lorenz Scherer, der jedoch schon zwei Jahre später verschied; «viele ehrsame Herren und Bürger», in deren Schuld er gestanden, verlangten hierauf die gerichtliche Versteigerung, bei der die Liegenschaft dem seit 1539 zu Safran zünftigen Wurzkrämer Jop Schenk aus Mumpf zugeschlagen wurde.

Metzger und Gastwirte

1554 wechselte der «Zeisig» von neuem die Hand: Dessen Eigentümer wurde jetzt Philipp Gyssler, seines Zeichens Metzger und Gastwirt «zum Kopf» an der Schifflände. Metzger waren auch seine Nachfolger Conrad von Marwyl (1579), der allerdings wegen seiner hohen Verschuldung gegenüber dem «Grossen Täglichen Almosen», dem Vorläufer des Bürgerlichen Fürsorgeamts, bald unter die Räder kam, Simon Blech (1610), der 1645 auf den Meisterstuhl der Zunft zu Metzgern erhoben wurde, und Hans Ackermann (1614), der nebenbei auch die Gastwirtschaft «zur Gilgen» an der Freien Strasse (auf dem Areal des heutigen Hotels Central) führte, sowie dessen Sohn Hans Ulrich Ackermann (1622).

Nahezu ein Jahrhundert lang schweigen sich hierauf die Quellen über die Schicksale der Liegenschaft am Rümelinsplatz aus. Längere Zeit muss sie im Besitz des Ratsherrn Friedrich Rein und des mit Reins Tochter Katharina verehelichten Strumpffabrikanten Johann Jacob Raillard gestanden haben; doch liess sie Dr. Johannes Thellusson-Passavant (1704–1734), dem Raillard das Haus für ein Darlehen von 313 Pfund verpfändet hatte, mit amtlichem Beschlag belegen. Thellusson gehörte dem 1668 in Basel eingebürgerten Zweig eines gleich der Familie Battier aus St-Symphorien-le-Château bei Lyon stammenden Refugiantengeschlechts an, das hier jedoch schon 1773 wieder erlosch. Nach einer Studienreise durch Frankreich, die Niederlande und Deutschland und der Promotion zum Doktor der Rechte war er als Assessor (Privatdozent) in die Juristische Fakultät aufgenommen worden; doch gelang es ihm nicht, einen Lehrstuhl zu erobern, obschon er sich als wahrer Polyhistor um nicht weniger als fünf vakante Professuren – Physik, Naturrecht und Ethik, Codex und Lehenrecht, Rhetorik, Natur- und Völkerrecht – beworben hatte.

«Aesculapius redivivus»

Nach dem frühen Tod Thellussons wurden die Interessen der Witwe durch Johann Jacob Schlecht (1698–1757) wahrgenommen, der zunächst das Studium der Medizin betrieben hatte, dann aber Handelsmann geworden war und seit 1737 auch das Amt eines Organisten zu St. Theodor versah. In zeitgenössischen Aufzeichnungen wird er als «dischcursifer, zwar zornmühtiger, doch ehrlicher und kurtzweiliger Weltmann, auch im Singen und auf der Violj erfahrener Musicus und Meister auffem Clavier» geschildert. Ergötzlich ist die parodistische Beschreibung seiner eigenen (fingierten) Doktorpromotion, die er 1740 unter dem Titel «Aesculapius redivivus» («Der wiedererstandene Aesculapius») im Druck erscheinen liess. Mit dem Spott über Mediziner und Juristen verband er darin den hohen Lobpreis des Weins, dem er in seinem Stammlokal, dem «Roten Ochsen», eifrig zu-

sprach, bis ein Schlaganfall seinem Leben ein Ende setzte. 1742 hatte der Kaufhausbeamte Benedict Christ den «Zeisig» erworben. Auch er wurde zum Schuldner eines Akademikers, des Professors Nicolaus Harscher, der, obwohl Doktor der Medizin, an der Universität Marburg als Nachfolger von Jacob Christoph Iselin Geschichte und Rhetorik, ja selbst Geometrie und Algebra doziert hatte und nach seiner Rückkehr in die Vaterstadt neben seiner grossen ärztlichen Praxis die Lehrkanzel der Eloquenz, versah. Als Eigentümer des Hauses am Rümelinsplatz wurde Christ abgelöst durch den Weinschenk Johann Jacob Matthis-Burckhardt, der auf dem «Schlüssel» in Binningen wirtete. Er gelangte 1784 an das Fünfergericht, dem er vortrug, er habe seine Behausung hinter der Rümelinsmühle dem Büchsenmacher Jacob Christoph Düring-Roulet verkauft unter dem Vorbehalt, dass diesem erlaubt werde, anstelle der beiden «Bauchöfen» im Höflein eine Esse zu errichten. Die «Fünfer» erteilten diese Bewilligung, nachdem die Nachbarn erklärt hatten, «sie hätten nichts darwider, sofern kein stärkeres Feuer gemacht werde, als es Düring nötig habe»!

Bis 1807 betrieb der Büchsenschmied sein Handwerk auf dem «Zeisig»; bei dessen Übergang an den «Kaufhaus-Spanner» Christoph Soller-Füsslin wurde dann die Esse wieder beseitigt, doch behielt das Haus das Feuerrecht bei. 1839 nahm mit dem spätern «Sternen»-Wirt Johannes Dettwiler nochmals ein Metzger Einsitz in der Liegenschaft, die auf der Rückseite an die Stallungen von Johann Jacob Ritter, dem Wirt «zum Schiff» auf dem Barfüsserplatz (auf dem Areal von Kleider-Frey), stiess. In den 1840er Jahren erfuhr das Haus eine bauliche Umgestaltung. Viele Jahrzehnte lang diente es in der Folge wackeren Küblermeistern als Arbeitsstätte und Wohnsitz, und einige Zeit beherbergte es auch den Gemeinnützigen Verein für Heimarbeit, das heute an der Freien Strasse domizilierte «Heimatwerk».

Der «Erker» an der Spalenvorstadt

Im Gegensatz zu andern Städten der Schweiz, insbesondere Schaffhausen, war in Basel der Schmuck einer Fassade durch einen Erker von jeher eine Seltenheit.

Das Areal der ehemaligen Gewerbeschule an der Ecke von Spalenvorstadt und Petersgraben war bis zur Reformation der Standort des Klosters Gnadental. Auf dem einst noch offenen Gelände vor dem inneren Spalentor am obern Ausgang des Spalenbergs hatten 1231 die Barfüsser ihre erste hiesige Niederlassung gegründet, die sie indessen 1250 aufgaben, um ins Innere der Stadt zu ziehen. Das freigewordene Kloster wurde zunächst von Zisterzienserinnen übernommen, die ihren Sitz in der Folge nach Michelfelden und Blotzheim verlegten, und später von den Clarissen, denen Bischof Heinrich von Neuenburg 1279 das Kloster der Sackbrüder im Kleinbasel anwies. Im Gotteshaus an der Spalen hielt hierauf ein Verband frommer Frauen aus dem Kloster Gnadental bei Bremgarten Einzug, der ebenfalls dem Clarissenorden inkorporiert wurde; den Namen Gnadental behielt das Kloster bei. Nach dessen Säkularisation wurde die baufällige Kirche 1573 abgetragen und an ihrer Stelle das Kornhaus errichtet, in dem sich der städtische Getreidehandel vollzog. Im 19. Jahrhundert diente das Gebäude unter anderem als Choleraspital, als Artillerie-Kaserne und Turnhalle, bis es 1890 dem Bau der drei Jahre später eröffneten Gewerbeschule und des Gewerbemuseums weichen musste, der in seinem altdeutschen Stil die Silhouette des alten Kornhauses wahren wollte.

Zunächst der Kirche, von ihr durch ein schmales, zu dem dahinter gelegenen Klostergarten führendes Allmendgässlein getrennt, befand sich an der Spalenvorstadt (heute Nr. 6) schon vor der Reformation das «Hus mit dem Erkhell», das ursprünglich das Kaplanei- oder Gästehaus des Klosters gewesen sein mochte. Dahinter liess der Rat 1547 die Wohnung des «Herrenkutschers» bauen, die erst 1782 abgebrochen wurde. Er hatte die hier im «Karrenhof» stationierten städtischen Gefährte zu betreuen, insbesondere die «Staatskarossen», in denen die Häupter der Stadtrepublik, Bürgermeister und Oberzunftmeister, ins Rathaus kutschiert wurden.

Die westlich an die Klosterkirche anschliessenden Vorstadt-Liegenschaften gingen schon im 16. Jahrhundert in privaten Besitz über. Im «Hus mit dem Erkhell» lässt sich 1559 ein Drucker, 1583 ein Kornmesser und Bannwart, 1610 der städtische Waagmeister Isaak von Speyr und 1629 der ehemalige «Schützenmattknecht» Jacob Brombacher nachweisen. Dieser frühere Schützenhauswirt stand 1632 in einem Streit mit dem Lohnamt, das heisst dem städtischen Bauamt, der vom Fünfergericht dahin entschieden wurde, dass beide Parteien das Gässlein zum «Karrenhof» «zu halben Kosten» mit einer Tür «beschlüssig machen» und den Mist vor der alten Klostermauer gemeinsam beseitigen sollten. Auf Brombacher folgten die «Balbierer» Hans Jacob Wirth

(1646) und Johannes Giger, welch letzterer den «Erker» 1682 an den Spezierer Emanuel Biermann veräusserte. Dieser wurde 1710 abgelöst durch seinen Berufsgenossen Lucas Just, der im selben Jahr um die Bewilligung einkam, auf seiner Behausung «ein ferneres Gemach» aufbauen zu dürfen.

Nach Justs Tod gab dessen Bruder, der Handelsmann Gregorius Just in Strassburg, die Liegenschaft weiter an den Spezierer Johannes Brandmüller. Gegen dessen Witwe beschwerte sich 1738 der Nachbar im Haus «zum Röllstab» (Spalenvorstadt 8), der Briefträger Rudolf Huber, wegen der ständig überlaufenden Zisterne, die sein «Bauchhaus» (Waschhaus) ruiniere. 1740 erscheint der «Erckel» im Besitz der Witwe von Adolf Hersperger, von der er schon ein Jahr hernach an den Handelsmann Johann Jacob Kraus überging. Kraus beanspruchte für sich auch das hinter dem Haus gelegene Allmendhöflein, das ihm die Behörden indessen damals nicht freigeben wollten. Sein Nachfolger wurde der «Kantenwirt» Hieronymus Müller, der jedoch 1754 starb, worauf seine, wohl von ihren Gläubigern bedrängte Witwe mit einem «Perruquier» aus der Stadt flüchtete, so dass das Haus unter den Hammer geriet. Ersteigert wurde es durch Niclaus Bernoulli, der seit 1744 die «Goldene Apotheke» besass, für seine Schwiegermutter, die Witwe des Spezierers Hans Heinrich Linder-Schorndorf.

Immer wieder wechselte das Haus in der Folge die Hand. Als dessen Eigentümer begegnen wir 1755 dem im städtischen Kaufhaus tätigen «Unterbeständer» Franz von Mechel-Weitnauer und 1762 dem Metzger Hans Georg Dietiger. Dessen Erben überliessen es 1776 der Tochter Ursula, der Gattin des Metzgers Leonhard Schardt, welcher seine Zunft bis 1786 im Rat vertrat und hernach als Landvogt auf Farnsburg amtete, wo er 1794 starb. Sechs Jahre vor seinem Tod hatte er die Liegenschaft an Joseph Burckhardt-Faesch abgetreten, der sich nach seiner Tätigkeit als Landvogt zu Münchenstein seit 1782 mit der Stellung eines «Wägelinherrn» im Kaufhaus zu begnügen hatte. Als auch ihm die Behörden das Verlangen, man möchte ihm ein Stück Allmend hinter dem Haus «gegen billigen Zins» überlassen, ablehnten, veräusserte er den «Erker» bereits 1789 an die «Frau Wachtmeisterin» Chrischona Respinger-Vest. Den Erwerb der Liegenschaft ermöglichte ihr ein Darlehen des «Operators» und Chirurgen Abraham Geigy im «Vogel Strauss» am Barfüsserplatz, des älteren Bruders von Johann Rudolf Geigy-Gemuseus, der 1758 eine Handlung für Drogen, Kolonialwaren und Spezereien ins Leben rief und damit zum Gründer des späteren Weltunternehmens der chemischen Industrie wurde. 1797 erneuerte die damalige Besitzerin des «Erkers», die Witwe des Wollwarenhändlers Hans Bernhard La Roche-Hosch, das von ihren Vorgängern mehrfach gestellte Begehren um Abtretung des umstrittenen Allmendhöfleins hinter dem Haus; ihr willfahrte das Bauamt gegen einen Zins von zwölf Batzen. Seit 1806 sass in der Liegenschaft an der Spalen mehrere Jahrzehnte lang der Pferdearzt und spätere «Postoffiziant» Johannes Hug. Auf einen seiner Nachfolger, den Wein- und Spirituosenhändler Peter Hausammann von Männedorf, geht der neogotische Umbau der Liegenschaft vom Jahr 1872 zurück, bei dem der Erker zweistöckig gestaltet wurde. Im Zusammenhang mit dem Bau der Gewerbeschule sicherte sich dann der Staat um 1890 auch dieses Nachbarhaus.

Der «Wilhelm Tell» an der Spalenvorstadt

Die Geschichte des Hauses «zum Wilhelm Tell» an der Spalenvorstadt (Nr. 38) lässt sich bis ins Jahr 1336 zurückverfolgen. Während Jahrhunderten der Sitz von Schmieden, die hier an der Einmündung der aus dem Sundgau kommenden Strasse in die städtische Ummauerung ein gutes Auskommen fanden, ist sie vor rund 150 Jahren zur beliebten Gaststätte geworden.

Nach Wilhelm Tell benennt sich die Liegenschaft Spalenvorstadt 38; an ihrer Fassade hängt das hübsche Schild, das den Helden der eidgenössischen Befreiungssage mit seinem Knaben zeigt. Der jetzige Name des Hauses dürfte indessen kaum viel mehr als hundert Jahre alt sein. Vom 14. bis ins 17. Jahrhundert hinein heisst es «zum Stachel»; dann bleibt es vorübergehend namenlos, bis 1774 erstmals die Bezeichnung «zur äusseren lieben Frau» auftaucht, die sich indessen aus der schriftlichen Überlieferung nicht erklären lässt, aber noch im Adressbuch von 1862 verzeichnet ist. Offenbar war sie schon damals unverständlich geworden, und zudem wirkte sie für eine Gaststätte zu wenig attraktiv. «Zum Wilhelm Tell» mag das Haus dann in den 1870er Jahren getauft worden sein, als im Kampf um die neue Bundesverfassung die Wogen der patriotischen Begeisterung hoch gingen; aus jener Zeit stammen auch die Bezeichnungen des Tellplatzes und der Tellstrasse, des Winkelriedplatzes, der Sempacher- und der Dornacherstrasse im Gundeldinger Viertel und der Rütlistrasse im Schützenmattquartier.

Von der uns interessierenden Liegenschaft, die mit ihrer Rückfront an das schmale, hinter der städtischen Ringmauer verlaufende Petersplatzgässlein, den heutigen Spalengraben, stiess, hören wir erstmals im Jahr 1336. Damals verkaufte das Kapitel des Chorherrenstifts St. Peter das Haus «beim Voglerstor» an den Kürschner Heinrich von Strassburg. Das seit 1290 erwähnte «Voglerstor» schloss zu jener Zeit an der Stelle des heutigen Spalentors die Vorstadt ab; seinen Namen erhielt es von einem Schmied, der nach dem in der Nähe gelegenen Haus «zum schwarzen Vogel» (Spalenvorstadt 37) Vogler genannt wurde. Das Spalentor ist jüngeren Datums: 1408 ist in den Akten vom «neuen Tor» die Rede, was darauf schliessen lässt, dass es erst im Zusammenhang mit dem Einschluss der Vorstadt in die Stadtmauer zu Ende des 14. Jahrhunderts erstellt wurde.

1356 verliehen die Brüder Syfrit und Henman, die Söhne des Kürschners Heinrich von Strassburg, die väterliche Liegenschaft mit dem Höflein dahinter an den Wirt Claus im gegenüber gelegenen Haus «zur schwarzen Kanne» (Nr. 41, heute Bäckerei Rutschmann); er benützte sie nach dem grossen Erdbeben jenes Jahres offenbar zunächst lediglich als Scheune und Stallung für seine Gäste. Der jährliche Zins, den er dafür zu entrichten hatte, betrug 2½ Pfund und 2 Schilling sowie 2 Hühner. Derartige Zinse, die in jener aktien- und obligationenlosen Zeit eine beliebte

Form der Kapitalanlage bildeten, wechselten immer wieder die Hand. 1419 verkaufte sie der Junker Otteman zem Houpt von Rheinfelden an das Domstift, das sie zur Begehung der Jahrzeit für den verstorbenen Kanoniker Richardus de Lyla verwendete. Zinspflichtig war bis zur Mitte des 15. Jahrhunderts der Metzger Lienhard David, dessen gleichnamiger Sohn von 1487-1494 als Ratsherr seiner Zunft amtete.

Mit dem Verkauf an Rudolf Bersysen, den Tochtermann von Hans Nef, dem Wirt «zum schwarzen Vogel», wurde die Liegenschaft 1456 zur Schmiede, wofür sie sich dank ihrer Lage am Stadteingang aus dem Sundgau vorzüglich eignete. Schmiede und Wagner waren denn auch in der Spalenvorstadt in grosser Zahl vertreten; so betrieb zur Linken von Bersysen ein weiterer Schmied namens Peter Ringysen sein Gewerbe, und zu seiner Rechten hantierte ein Wagner, der auf den Namen Claus Löschdendurst hörte. 1482 verkaufte Rudolf Bersysen, der inzwischen das Haus von Peter Ringysen übernommen hatte, den «Stachel» «samt dem Smidgeschirr» an den Hufschmied Hans Luterysen, der auch im Reichssteuerrodel von 1497 erscheint. 1516 hatte Luterysen ebenso das Nachbarhaus (Nr. 40), das neben dem Schmied Mathis Schwingdenhammer dem Chorherrenstift St. Leonhard mit 6 Schilling, einem Huhn, zwei Ringenbrot und einem halben Pfund des im Mittelalter hochgeschätzten Pfeffers zinspflichtig war, in seinen Besitz gebracht. Acht Jahrzehnte lang blieben die beiden Liegenschaften in den gleichen Händen: Von Fridli Luterysen, Hansens Sohn, gelangten sie 1550 über dessen Schwäger Hieronymus und Jacob Heizmann «samt dem Schmiedgeschirr, Eisen und Kohle» an den Schmied Hans Setzdenstoll und 1582 an seinen mit Katharina Grünysen verehelichten Berufsgenossen Medardus Steineck. In der Stadtbeschreibung Felix Platters vom Jahr 1610 erscheint als Eigentümer der einen Hälfte der Doppelliegenschaft Melchior Setzdenstoll, während die andere Hälfte dem Wagner Jacob Heuer, genannt «Pflaumenjocklin», zugehört. Melchior Setzdenstoll verschuldete sich bei dem Scheidenmacher Burckhard Meyer, dem Schneider und Ratsherrn Niclaus Höhn, bei der Leutkirche «St. Jodern» (St. Theodor) und der Verwaltung des ehemaligen Domstifts, welche die Liegenschaft nach seinem Tod im Jahr 1627 zur gerichtlichen Auktion brachten; dabei ersteigerte sie der Ratsdiener Adalbert Glaser im Namen der «Gnädigen Herren». Der letzte Vertreter des Schmiedehandwerks im «Stachel» war der Nagelschmied Rudolf Klaffzgi, der 1688 wegen einer Mistgrube mit seinem Nachbarn, dem Hufschmied Johannes Obrecht, vor Fünfergericht prozessierte.

Mehr als ein Jahrhundert lang stand das Haus an der Spalen dann im Besitz der Familie Schilling. 1702 ersuchte der Schneider Rudolf Schilling um die Bewilligung, einen «Privatthurm» - so nannte man in Basel damals verschämt das «Hysli» - und «oben auf dem Gang ein Badstübli» zu erstellen; «die Nachbarn mögen es wohl leiden», heisst es dazu im Protokoll des Fünfergerichts. Rudolfs Sohn und Nachfolger war der seit 1724 zu Safran zünftige Kammacher Johann Rudolf Schilling, sein Enkel der gleichfalls als Kammacher tätige Abraham Schilling, der nach des Vaters Tod im Jahr 1773 das Haus zusammen mit seiner Verlobten Johanna Fischer übernahm; 1807 wird er auch in seiner Eigenschaft als Stadtrat, das heisst als Mitglied der Exekutive der von 1803-1876 bestehenden Stadtgemeinde, erwähnt. Abrahams Tochter Elisabeth brachte die Liegenschaft in die Ehe mit dem Geldwechsler Jakob Fischer, der sie 1839 an den Metzgermeister Rudolf Sandreuter-Langmesser weitergab. Dieser errichtete 1842 die heutige Fassade und baute das Haus auch im Innern aus, verausgabte sich dabei aber so sehr, dass er 1845 den Konkurs anmelden musste. Zwei Brüder seiner Gattin, der Güterbestäter (Spediteur) David Langmesser und der Weinhändler Hieronymus Langmesser, übernahmen die Liegenschaft aus der Fallimentsmasse und übertrugen sie ein Jahr hernach ihrem Schwager von neuem. Rudolf Sandreuter war der erste, der neben dem Metzgergewerbe im Haus eine Weinschenke führte; seither ist es bis auf den heutigen Tag eine beliebte Gaststätte geblieben.

«Weisser Wind» am Totengässlein

Obgleich die Liegenschaft Totengässlein 7 erst in neuester Zeit mit dem jetzigen Haus überbaut wurde, lässt sich ihre Geschichte bis in den Anfang des 14. Jahrhunderts zurückverfolgen. In den Akten trägt sie die Namen «zum niedern Wind» oder «zum untern Wind», gelegentlich auch «zum weissen Wind», im Unterschied zum Nachbarhaus Nummer 9, das «zum obern Wind» oder «zum blauen Wind» hiess.

Die Liegenschaften Totengässlein 7 und 9 standen im 14. Jahrhundert im Besitz des nahen Chorherrenstifts St. Peter, dem sie mit 12 Schilling und einem Viertel des im Mittelalter hoch geschätzten Pfeffers zinspflichtig waren; doch gab es sie früh als Erblehen an Private aus, zunächst an Katherine, die Gattin des Gerbers Heinrich von Holtzhein, welche sie 1310 an Schwester Benigna von Krüze, die Angehörige einer frommen Gemeinschaft im Haus «zem Wunderbom», verkaufte. Von ihr vererbten sie sich auf deren Schwester Agnes, die Witwe des Burchard von Schopfheim; sie traf 1320 mit ihren Kindern eine Vereinbarung, wonach der auf den beiden Häusern in der «Totgasse» ruhende Zins ihrem Sohn Niklaus, einem Konventualen des Predigerklosters, zufallen sollte. In der Folge tauschte St. Peter die Einkünfte, die das Stift von der Liegenschaft Nummer 7 bezog, gegen diejenigen von einem Haus an der Webergasse – so hiess ursprünglich der Untere Heuberg – an St. Leonhard ab.

Magister Franz Bolle

Um die Mitte des 15. Jahrhunderts erscheinen als Bewohner der Liegenschaften der junge Magister Franz Bolle und dessen Schwester Katharina. Bolle war damals Domherr, Offizial und Generalvikar der bischöflichen Kurie; später diente er der Stadt als rechtskundiger Berater. Unter anderm betraute ihn die Obrigkeit mit Verhandlungen mit den Herzögen von Österreich im Zusammenhang mit der Erwerbung Kleinbasels, das die Söhne des in der Schlacht von Sempach gefallenen Herzogs Leopold 1386 gegen eine Zahlung von 7000 Gulden als bischöfliches Pfand an den Rat von Grossbasel abgetreten hatten, aber in der Folge nicht ohne weiteres preisgeben wollten. 1393 handelten sie dafür weitere 10 000 Gulden ein, wonach sie auf ihre Ansprüche an die mindere Stadt endgültig verzichteten.
1421 begegnen wir als Besitzer der zwei Liegenschaften Peter zem Wind, dessen Vater Peterhans als Söldner im Dienst der Stadt gestanden war. Er schloss in der Folge ein Abkommen mit seinem Sohn Henmann, in dem er auf seine Forderungen an die beiden Häuser am Totengässlein gegen ein Leibgeding von 40 Gulden Verzicht leistete. Vermutlich hielt der Sohn sein Versprechen nicht, denn 1443 machte Peter zem Wind von neuem seine Ansprüche an diese Liegenschaften geltend.

Dankbarer Kaplan

Seit dem Tod des Niklaus von Schopfheim lastete auf dem «Weissen Wind» ein Zins an das Predigerkloster, der offenbar nicht regelmässig entrichtet wurde, weshalb das Gotteshaus die Liegenschaft zur Sicherung seines Guthabens erwarb; doch verkaufte sie der Konvent 1462 an den Weinmann Ulrich von Laufen und dessen Gattin Ennelin samt dem vordern Teil des Kellers, der sich unter dem Haus «zum blauen Wind» (Nummer 9) befand. Nach einer weitern Handänderung ging die Liegenschaft 1478 an den 1522 verstorbenen Heinrich Glaser, Kaplan zu St. Peter, über, der seit 1487 auch als Bauherr des Chorherrenstifts amtete. Er scheint die Ausmalung der Ostwand der Kaplänesakristei seiner Kirche gestiftet zu haben; denn am Fuss der Darstellung von Kaiser Heinrich II. mit Zepter und Kirchenmodell ist das Wappen der Familie Glaser – zwei gekreuzte Glasbrecher – angebracht. 1502 verordnete Glaser, dass Anna Lutterstorf, die so lange bei ihm gedient habe, zeitlebens im Haus am Totengässlein verbleiben dürfe, falls er vor ihr abberufen werde; doch überlebte er sie, worauf er in seinem Testament von 1516 den vom «Weissen Wind» nach seinem Tod zu beziehenden Zins für eine zu seinem Seelenheil zu feiernde Jahrzeit einsetzte.

Wechsler und Söldnerführer

Zum Nachfolger des Kaplans im «Weissen Wind» wurde der als Schreiber, Geschäftsmann und Wechsler vielseitig tätige Hans Erhard Reinhard, welcher sich später ganz in den Dienst der Krone Frankreichs stellte und für König Franz im weiten Umkreis von Basel Söldner anwarb, als deren Führer er namentlich auf den damaligen französischen Kriegsschauplätzen in Italien erscheint.

Unter den Besitzern der Liegenschaft im späteren 16. Jahrhundert gab der vordere Keller im «Blauen Wind», der zum «Weissen Wind» gehörte, immer wieder Anlass zu Zwistigkeiten, die vor dem in baupolizeilichen Fragen zuständigen Fünfergericht ausgetragen wurden. In einer Verhandlung vom Jahr 1574 tritt auch der Medizinprofessor Isaak Keller auf, der in der Geschichte der Universität eine höchst unrühmliche Rolle spielte; als Verwalter des säkularisierten Chorherrenstifts zu St. Peter, aus dessen Vermögen die Besoldungen der Professoren bestritten wurden, beging er schwere Veruntreuungen, die einen grossen, aber von einer nachsichtigen Regenz in aller Stille beigelegten Skandal verursachten.

Aus der Reihe der Eigentümer des «Weissen Wind» ragt die Persönlichkeit von Johann Lucas Iselin-d'Annone hervor, der 1594 die später «Bärenfelserhof» genannte Liegenschaft an der Ecke des Stapfelbergs und der Martinsgasse erwarb und dafür jenes prunkvolle Renaissancezimmer anfertigen liess, das heute im Historischen Museum bewundert werden kann. Lange vor seinem bösen Ende, das der durch seinen Waffenhandel rasch zu sagenhaftem Reichtum und hohem politischen Ansehen aufgestiegene Bankier im Dreissigjährigen Krieg erlebte, hatte er das Haus am Totengässlein, das für ihn natürlich lediglich eine Kapitalanlage gewesen war, an den Wurzkrämer Hans Rudolf Frey-Gemuseus verkauft, der es 1598 im Tausch gegen die Liegenschaft «zum roten Fahnen» zwischen der Freien Strasse und dem Fahnengässlein dem Weinmann Eucharius Reuwlin, dem Sohn des gleichnamigen, seit 1573 in Zunftämtern der Hausgenossen nachweisbaren Goldschmieds, überliess; als «Carius» führt ihn der Stadtarzt und Professor Felix Platter noch in seiner Stadtbeschreibung von 1610 an.

Schlechte Feuerstatt

Aus dem weitern Verlauf des 17. Jahrhunderts, in dem der «Weisse Wind» an die Familie Weitnauer gelangte, sind uns nur spärliche Nachrichten überliefert. 1741 wurde der Buchbinder Friedrich Weitnauer im Besitz der Liegenschaft durch seine Tochter Maria abgelöst, der zunächst der Kupferschmied Alexander Steiger und dann der angeheiratete, ebenfalls als Buchbinder tätige Emanuel Wieland-Weitnauer folgen. Zu seiner Zeit erhob die Feuerschau wegen der schlechten Feuerstatt und der unsauberen Kamine des Hauses mehrfache Klagen. Der Sohn des Buchbinders, der Handelsbediente Johann Jacob Wieland-Fuchs, belastete die Liegenschaft bis unters Dach mit grossen Hypotheken, so dass er froh sein musste, aus dessen Verkauf an den Handelsherrn Nicolaus Legrand 1795 1450 französische Neuthaler zu lösen.

Im 19. Jahrhundert setzt sich die Reihe der Bewohner des «Weissen Wind» ausnahmslos mit bescheidenen Leuten – dem Tapezierer Abraham Sixt, dem Schneider Philipp Schwarz, dem Weissarbeiter (Spengler) Johann Samuel Golde, dem Schlosser Emanuel Engler, dem Stuhlschreiner Johann August Osiander und dem aus dem luzernischen Escholzmatt stammenden Schneider Joseph Stadelmann – fort. Heute ist das Haus, in dem Michael A. Baumgartner sein Atelier für Geigenbau führt, in Stockwerkeigentum aufgeteilt.

Die «Engelsburg» an der Theaterstrasse

Mit der 1978 erfolgten Restauration der «Engelsburg» (Theaterstr. 22) ist erfreulicherweise einer der markantesten baslerischen Zeugen der Epoche des Jugendstils erhalten geblieben. Die Vergangenheit der schon im 15. Jahrhundert bezeugten Liegenschaft bietet zahlreiche wirtschafts- und familiengeschichtlich interessante Aspekte.

Einst lag die «Engelsburg» im alten Weberviertel an der Steinen, an der gewölbten Brücke, die dort über den noch ungedeckten Birsig führte, gegenüber dem Hof des Steinenklosters, dessen Gebäulichkeiten nach der Reformation teilweise als städtischer «Marstall» zur Unterbringung der Pferde und Kutschen der städtischen Obrigkeit dienten; davor wurde der Schweinemarkt und später der Vieh- und Rossmarkt abgehalten. An die «Engelsburg» schloss sich das «Schauhaus» der Weber an, in dem ihre Ware vor dem Verkauf begutachtet und mit einem speziellen «Schauzeichen» versehen wurde, und weiter das 1655 von der Webernzunft errichtete «Ballenhaus», das ursprünglich zur Belustigung mit dem aus Frankreich eingeführten Ballspiel diente und in der Folge als Theatersaal an durchreisende Schauspielertruppen vermietet wurde, bis 1833 auf der andern Seite der Strasse Basels erstes eigentliches Theatergebäude entstand.

Ursprünglich Bleiche

Nach den frühesten urkundlichen Berichten war die Liegenschaft «zur Engelsburg» zuerst eine Bleiche, die dem städtischen Zinsamt eine jährliche Abgabe von fünf Schilling schuldete. Inhaber dieser Bleiche waren die Weber Bartlome (1486), Herman Langboum (1493), Hans Peter (1520), Peter Heberli (1561), Stoffel Wüest (1576) und Hieronymus Linder (1581). Sie arbeiteten zum Teil als Woll- und Leinenweber; zum Teil aber stellten sie auch «Schürlitz» her, einen Stoff, bei dem sich der leinene Zettel mit dem baumwollenen Einschlag kreuzte; seines billigeren Preises wegen verdrängte er mehr und mehr das reine Leinen. 1585 ging die ehemalige Bleiche von dem Schuhmacher Wolfgang Besserer über an den Scharfrichter Jerg Käser, und um die Mitte des 17. Jahrhunderts gelangte sie an den Bürgermeister Hans Rudolf Faesch-Gebweiler, auf den der frühere Bau mit dem sechseckigen Turm gegen den Birsig zurückgehen dürfte.

Berühmte Bandfabrik

1668 verkauften Faeschs Erben die Behausung mit Garten an Emanuel Hoffmann-Müller. Mit diesem Jahr begann die grosse Zeit der «Engelsburg»: Jetzt wurde sie zum ersten Domizil der berühmten Hoffmann'schen Seidenbandfabrikation, die bis 1740 an dieser Stätte betrieben wurde. Emanuel Hoffmann, der 1664 zu Webern zünftig geworden war, hatte im erlernten Wollweber-Handwerk nur ein kärgliches Auskommen gefunden, weshalb er sich gleich seinem älteren Bruder Hans Jakob nach Holland wandte in der Absicht, sich in der blühenden niederländischen Tuchindustrie eine dauernde Existenz zu schaffen. Während seines dortigen Aufenthalts wies ihm ein glücklicher Stern den Weg in die Bandmanufaktur eines Schwagers seines Bruders in Haarlem. Hier praktizierte er zwei Jahre lang, wobei ihm bald die Erkenntnis aufdämmerte, dass die daselbst verwendeten Mühlstühle sich für die Banderzeugung in Basel höchst nützlich erweisen könnten, da sie die gleichzeitige Herstellung von sechzehn Bändern ermöglichten, während auf den Basler Stühlen nur ein Band auf einmal gewoben werden konnte.

Unter verdecktem Namen

Holland wachte indessen aufs schärfste über der Einhaltung des Ausfuhrverbots für solche Kunststühle, und nur den Wirren des damaligen Krieges mit Spanien war es zu verdanken, dass es Emanuel Hoffmann gelang, «unter verdecktem Namen» eine derartige «Bändelmühle» durch die spanischen Niederlande und Frankreich nach Basel zu schaffen. Hier demonstrierte er selbst auf diesem Stuhl die neue Technik, und an Schreinern, welche die neuartigen Mühlstühle in grosser Zahl herstellten, fehlte es nicht. Dass Hoffmanns Pioniertat für die Entwicklung der Basler Bandfabrikation und damit für die allgemeine wirtschaftliche Entwicklung der Stadt eigentlich entscheidende Wirkungen zeitigen konnte, war der von grossem Weitblick zeugenden Einstellung des Rates in dem nun einsetzenden Kampf des zünftigen Handwerks gegen die «Bändelmühlenen» zuzuschreiben: Die Obrigkeit gab dem Verlangen der Posamenter nach einem Verbot der Kunststühle keine Folge und sicherte damit der hiesigen Bandindustrie ihre Überlegenheit gegenüber andern Produktionszentren, so dass sie bis ins 19. Jahrhundert zur Quelle des städtischen Reichtums wurde.

Von Hand zu Hand

Einer der Nachkommen von Emanuel Hoffmann-Müller, Emanuel Hoffmann-Forcart, verlegte den Sitz der zu grösster Blüte entwickelten Bandfabrikation der Familie 1740 in die heutigen Liegenschaften St. Alban-Vorstadt 12–14; die «Engelsburg» veräusserte er 1743 an den Seidenbandfabrikanten Johann Rudolf Thurneysen-Winkelblech, der auch die bekannte Koenig'sche Buchdruckerei und Buchhandlung übernommen hatte. Von ihm vererbte sich die Liegenschaft auf seine Tochter Salome, die früh verwitwete Gattin des Seidenbandfabrikanten Gedeon Burckhardt und Mutter von Johann Rudolf Burckhardt, dem kunstsinnigen Erbauer des «Kirschgartens». 1776 trat sie die «Engelsburg» tauschweise an den Handelsherrn Hans Heinrich Beck ab, der ihr dafür und für ein «Nachgeld» von 2000 neuen französischen Thalern die heute durch den Schweizerischen Bankverein überbaute Liegenschaft «zum Wilhelm Tell» am Anfang der Aeschenvorstadt überliess. Von Becks Nachkommen ging die «Engelsburg» 1803 über an den Baumeister und Architekten Achilles Huber, der, gleich Melchior Berri ein Schüler des Klassizisten Friedrich Weinbrenner in Karlsruhe, unter anderem das Haus «zur Fortuna» an der St. Alban-Vorstadt (Nr. 19) und die Villa im Margrethenpark schuf. Ihm folgte in den 1860er Jahren nochmals ein Architekt, Friedrich Sartorius, ein Sohn des aus Sachsen stammenden Carl Friedrich Sartorius, der 1822 als Professor der deutschen Literatur an unserer Universität das Basler Bürgerrecht erhielt und zum Stammvater des noch heute blühenden Zweiges seiner Familie wurde. Friedrich Sartorius geriet 1865 in finanzielle Schwierigkeiten, aus denen ihn sein Bruder Karl, der erste Pfarrer der von Christoph Merian-Burckhardt gestifteten neuen Elisabethenkirche, rettete; in der Folge ging die Liegenschaft in andere Hände über.

Der Gegenwart entgegen

1877 wurde die alte «Engelsburg» abgerissen und durch ein Geschäftshaus des Bauunternehmers Emil Abt ersetzt. Gegen das Ende des vergangenen Jahrhunderts beherbergte es die verschiedensten Unternehmen, unter anderem eine Firma von Julius Bernoulli für «amerikanische Bankgeschäfte», eine türkische Handelsgesellschaft sowie die «Société Ottomane pour l'éclairage de la ville de Constantinople»; vorübergehend stand es auch im Eigentum der 1910 liquidierten «Gewerbebank Basel» und der Bank von Elsass und Lothringen. 1912 zog in der «Engelsburg» die 1863 gegründete Allgemeine Krankenpflege, Basels älteste allgemeine private Krankenversicherung, ein, die das Haus um 1925 in ihren Besitz brachte, nachdem es 1919 durch den Architekten Heinrich Flügel einen grundlegenden Umbau im Jugendstil unter Verwendung von dekorativen Renaissance-Elementen erfahren hatte. Im Dezember 1976 wurde die inzwischen stark verwahrloste Liegenschaft durch Kurt L. Reinhardt erworben, der das Haus vor dem drohenden Abbruch rettete.

«Zum schönen Ort» in der Steinen

Vom historischen Baubestand der Steinenvorstadt ist nur wenig erhalten geblieben. Einer der wertvollsten Zeugen ihrer Vergangenheit ist das markante Eckhaus zum Steinenbachgässlein (Nr. 51), ein nur in seinem Erdgeschoss modernisierter Bau des Spätbarocks, der sich vor allem durch sein prächtiges Walmdach mit abgeschrägten Giebelspitzen auszeichnet.

Zum schönen Ort (Ort = Ecke) heisst zutreffend das Haus an der Ecke der Steinenvorstadt und des Steinenbachgässleins, das zusammen mit der schräg gegenüberliegenden alten Steinenmühle ein wertvolles historisches Ensemble bildet. Sein Name erscheint bereits in der frühesten Urkunde, die uns von der Liegenschaft im Jahr 1477 aus Anlass der Erbteilung nach dem Tod des Oberstzunftmeisters Henman Zscheckenbürlin, des Vaters des letzten Priors des Kartäuserklosters (des heutigen Bürgerlichen Waisenhauses), Kenntnis gibt. Mit seiner Rückfront grenzte es an den «Steinenbach», der dem Gässlein den Namen gab; als Steinenbach wurde nämlich auf seiner ersten Strecke nach dem Eintritt ins Stadtinnere der vom Birsig abgezweigte Kanal des Rümelinbachs bezeichnet, der parallel zu dem grösseren Gewässer durch die Innerstadt floss und beim Marktplatz wieder in den Birsig einmündete.

Als früheste Bewohner des Hauses lernen wir 1486 den Zimmermann Jerg Meyer und dessen Gattin Margareth, die Wäscherin, kennen, die offenbar ihren Ehemann bald verlor und dadurch in finanzielle Bedrängnis geriet; denn schon 1487 wurde sie von dem Pastetenmacher Philipp betrieben, worauf sie die Liegenschaft 1491 an Apollonia von Horw verkaufte. Sie war dem Färber Claus Heydelin, einem Ratsherrn und Meister der Webernzunft, zinspflichtig, der das Haus wegen «Missbuws», das heisst wegen Vernachlässigung seines baulichen Unterhalts, 1497 mit amtlichem Beschlag belegen liess. 1501 brachten die Gläubiger des Heinrich Schalch von Binningen das «Schöne Ort» «als eines erblosen Mannes Gut» zur gerichtlichen Auktion, auf der Heydelin den Steinenmüller Hans Norswab überbot; doch verkaufte der Färber die Behausung im folgenden Jahr an Ennelin, die auf den nicht eben schmeichelhaften Beinamen «Filssluss» hörte. Sie war möglicherweise identisch mit Anna, der Witwe des Weinladers Martin Rich, welche 1516 bei der dritten Pfrund des Altars vom heiligen Kreuz zu St. Peter ein Darlehen aufnahm. 1580 begegnen wir als Besitzer des Hauses dem Rebmann Erhard Kühn, der das «Schöne Ort» samt einer halben Juchart Reben im «Schnurrenfeld» vor dem Steinentor an den im Schlüssel zünftigen Tuchscherer Hans Ulrich Baumgartner verpfändete.

In der Stadtbeschreibung Felix Platters von 1610 wird die Liegenschaft als «Daniel Ryffen Eckhus» bezeichnet. Daniel Ryff, seines Zeichens Wollweber und Ratsherr seiner Zunft, war der Sohn von Peter Ryff dem Jüngeren, der erst Augustinermönch und Münsterorganist gewesen war, dann aber die Kutte abgelegt hatte, Weber geworden war und Christiane Kolb, eine ehemalige Nonne im Kloster der Reuerinnen der heiligen Maria Magdalena an den Steinen, geheiratet hatte. Von Daniel Ryff gelangte das Haus über den uns nicht näher bekannten «Krummhans» an Barbara Itin von Wenslingen, welche die Hofstatt 1625 an den Leinenweber Heinrich Frick und dessen Gattin Katharina Weisseneck veräusserte. Der Vogt, welcher der Witwe beim Verkauf des Anwesens beistand, war der aus Schlesien stammende Buchdrucker Johannes Schröter, der in den Jahren 1610 und 1611 die «Ordinari Wochen-Zeitung», die erste in Basel regelmässig erscheinende Zeitung, druckte.

Nach verschiedenen weiteren Handänderungen erscheint 1710 als neuer Eigentümer der Liegenschaft der Metzger Leonhard Lotz, der sie für seinen Sohn Leonhard Lotz-Miville erworben hatte, den ersten Vertreter der zuvor namentlich im Metzgerhandwerk tätigen Familie, welcher den Beruf des Seidenfärbers ergriff, dem zahlreiche Deszendenten des Geschlechts bis ins 20. Jahrhundert hinein treu blieben. Im genannten Jahr gaben die vier Färbkessel, die Lotz für sein Gewerbe benötigte, viel zu reden; doch bewilligte ihm trotz des Widerstands seines Nachbarn, des Leinenwebers Peter Keigel, das Fünfergericht, das damals die Funktionen der Baupolizei ausübte, deren Einbau im Höflein hinter dem Haus, und zugleich erlaubte es ihm, «die Dachung des hinteren Hauptgebäudes vorwärts gegen die Gasse zu führen». Lotz kam indessen mit seinem Handwerk auf keinen grünen Zweig. Er war mit 1000 Pfund bei dem Lohnherrn (Bauherrn) Christoph Burckhardt verschuldet, der nach seiner Heirat mit Barbara Merian, der Tochter des Bürgermeisters Johann Jacob Merian-Faesch, dem theologischen Studium Valet gesagt hatte und sich fortan ganz seinen politischen Ehrenstellen widmete. Auf sein Verlangen wurde 1721 das «Schöne Ort» wiederum gerichtlich versteigert und der Witwe des Bandfabrikanten Johann Lucas Iselin-Birr im «Sessel» am Totengässlein zugeschlagen, in dessen Hof sich noch heute ein Brunnen mit einem in Stein gehauenen Wappen der Familie Iselin befindet. Von Barbara Iselin ging das Haus an der Steinenvorstadt über an den Strumpffabrikanten Peter Ochs-Heusler, der hier die von ihm fabrizierten Strümpfe färbte.

Färberhaus blieb die Liegenschaft auch unter den «Schwarz- und Schönfärbern» Niklaus von Mechel (1739) und Peter Müller (1763). Weil seinem Haus der Einsturz drohe, ersuchte der letztere die «Fünfer» im Jahr 1781, «dasselbe, soweit seine Ausladung geht, zu unterfahren». Während der Steinenmüller Hess nichts dagegen einzuwenden hatte und auch der Buchdrucker von Mechel, Meister E.E. Vorstadtgesellschaft zu den drei Eidgenossen in der Steinen, erklärte, «er möge es wohl leiden», wandte ein dritter Nachbar ein, diese Unterfahrung würde für ihn «einen sehr unkommlichen Ecken abgeben». Beim Konkurs von Witwe Christina Müller-Clausenburger im Jahr 1815 erweiterte der Buchdrucker Jacob Heinrich von Mechel seinen bereits die Liegenschaften Steinenvorstadt 50–54 umfassenden Hausbesitz, indem er auch das «Schöne Ort» hinzukaufte; doch trat er es 1824 an den Seidenfärber Rudolf Würz ab, der hier als letzter das Färberhandwerk betrieb. Sein Nachfolger wurde 1840 der Maler Rudolf Kunz-Meyer, den 1880 sein Berufskollege Albert Gessler-Martin ablöste. Rund ein halbes Jahrhundert lang blieb das Haus im Besitz der Malerdynastie Gessler, bis es sich in den 1930er Jahren auf die mit ihr verwandte Familie Disch vererbte, in deren Eigentum es noch heute steht.

«Zem Hirtzen» an der Bäumleingasse

Wo der «Drummeldoggter» wohnte. Den Fasnächtlern ist das schmuck restaurierte gotische Bürgerhaus «zem Hirtzen» an der Bäumleingasse (Nr. 11), das namentlich in seinen Fenstern noch typische Elemente der Gotik bewahrt hat, besonders teuer; denn es war der Wohnsitz von Dr. Fritz Berger, der als «Drummeldoggter» in die Geschichte der Basler Fasnacht eingegangen ist.

Im Haus «zem Hirtzen» an der Bäumleingasse (Nr. 11) hat Dr. Fritz P. Berger, der bekannte «Frutz», ein Leben lang die bodenständige Überlieferung unserer Trommler- und Pfeiferkunst gehütet und gefördert; hier hat er im Keller als romantische Übungsstätte jenen sagenhaften «Begglisaal» eingerichtet, den zu kennen der Stolz der Eingeweihten war. Seine Verdienste um das Basler Trommeln sind gewürdigt in unserem Buch «Was Basler Gedenktafeln erzählen» (Helbing & Lichtenhahn 1964); denn am 12. Dezember 1963, nicht ganz acht Monate, nachdem «Frutz» im Alter von 68 Jahren das Opfer eines tragischen Verkehrsunfalls geworden ist, haben die Basler Fasnachts-Cliquen das bescheidene Ehrenmal enthüllt, das an seinem Haus die Erinnerung an den Basler «Drummeldoggter» dauernd wachhält.

Schon vor dem Erdbeben von 1356

Urkundlich tritt die Liegenschaft erstmals 1321 in Erscheinung, in einem Dokument, in dem Gisela, die Mutter des Ritters Konrad von Bückheim, bestätigt, dass das Haus mit einem Zins zugunsten von Elsina, der Tochter von Burchard, genannt Blawener, belastet wurde. Elsina war offenbar ein Glied der Familie des Bäckers Heinrich Blawener, dessen Haus zum Komplex des «Delphin» an der Rittergasse gehörte. 1338 schenkte sie die Einkünfte, die ihr auf dem Anwesen zustanden, dem Steinenkloster. Seinen Namen «zem Hirtzen» erhielt das Haus von dem frühesten feststellbaren Eigentümer Cunrat zem Hirtzen: dessen Tochter Siguna, «die Guetelerin», vergabte ihren Anteil an der Liegenschaft den Barfüssermönchen, die für sie eine ewige Messe zu lesen hatten.

Wie Siguna war auch der Brotbeck Henni Zoller um sein Seelenheil besorgt, weshalb er 1418 zusammen mit Johann von Husgöw, einem Kaplan des Domstifts, das Haus «zem Hirtzen» der Quotidian und Präsenz vermachte, jenen Stellen der «täglichen Austeilung» von kleinen Barbeträgen, durch welche die Priester zur regelmässigeren Teilnahme am Chordienst aufgemuntert werden sollten. Von diesen beiden Ämtern gelangte die Liegenschaft in der Folge an den Wirt Heinrich Klein und dessen Bruder Niklaus, die 1447 bei der «Münsterfabrik», dem mit besondern Kapitalien ausgestatteten Bauhaus der Kathedrale, ein Darlehen von 40 Pfund aufnahmen.

Ehrsames Handwerk

In der Folge betrieb hier am Bäumlein der Schuster Claus Murer sein ehrsames Handwerk, bis er und seine Gattin Ennelin die Liegenschaft 1466 um 100 Gulden an den am Altar des heiligen Paulus zelebrierenden Kaplan Conrad Slewitzer veräusserten. Trotz seinem geistlichen Stand scheint er der Venus reichlich geopfert zu haben, hatte er eine natürliche Tochter und einen natürlichen Sohn zu bedenken und überdies eine «Jungfrau» Cilia, die ihm offenbar als «Mädchen für alles» gedient hatte; ihr verlieh er das Haus auf ihr Lebtag als «Lipgeding». In dessen Besitz aber setzte er die Tochter Agnes ein, die inzwischen dem Gerber Lienhard Löw die Hand gereicht hatte, mit der Weisung, die Liegenschaft zunächst an ihren Bruder Christian abzutreten; erst nach dessen Tod sollte sie ihr endgültig zufallen.

Bis gegen das Ende des 16. Jahrhunderts bleiben hierauf die Schicksale des Hauses im dunkeln. 1582 lässt sich als dessen Eigentümer der Gewandmann (Tuchhändler) Hieronymus von Speyr nachweisen, der 1594 bei einem Schiffbruch in der Nähe von Breisach ertrank. Dann stand der «Hirtzen» vorübergehend leer, bis er von der Obrigkeit Lehrern der Lateinschule auf Burg als Amtswohnung zugewiesen wurde.

«Der Pfaffen Schulhaus»

Oft entstammten diese dem geistlichen Stand; doch hatten sie in vielen Fällen lange Jahre bei schlechter Entlöhnung im mühseligen Präzeptoren-Dasein auszuharren, bevor ihnen endlich die Hoffnung auf eine besser dotierte Pfarrei winkte. Einer dieser Magistri im Haus am Bäumlein, das deswegen im Volksmund auch «der Pfaffen Schulhaus» hiess, war Christoph Burckhardt, der nach 19jährigem Schuldienst endlich im Pfarrhaus von Rothenfluh Einzug halten konnte.

Rationalistische Theologie

Den Aufstieg auf eine Kanzel endgültig verscherzt hatte sich ein anderer Präzeptor auf Burg, der im «Hirtzen» wohnte: der «Kandidat» Johannes Frey (1743–1800). Als eifriger und geschickter Lehrer an der untersten Gymnasialklasse war er bei Eltern und Schülern höchst beliebt; das Vertrauen der Behörden aber und damit seine berufliche Stellung untergrub er sich durch seine rationalistische Theologie, die er offen zur Schau trug. Sein Schriftchen «Auswahl der Lehren und Thaten Jesu» war 1790 bei der Zensurkommission unbesehen durchgeschlüpft; als es aber im Druck erschien, rief es bei der Geistlichkeit und beim Kirchenrat einen Sturm der Entrüstung hervor und wurde nach hochnotpeinlichem Verhör des Verfassers konfisziert. Die Behörden untersagten es Frey, weiterhin Religionsunterricht zu erteilen; doch erregte er von neuem das Ärgernis des Erziehungsrats, als er in einer Geschichtsstunde die Autorität der Bibel in Frage stellte, Zweifel an den Wundertaten Jesu vorbrachte und sich vor seinen Schülern gegen die Theologen und gegen den Rektor des Gymnasiums äusserte. Es kam zu einem langwierigen Prozess, der zunächst mit Freys Einstellung in seinem Amt zu enden schien, sich dann aber aufgrund eines Rekurses des Beklagten an die damalige helvetische Zentralregierung weiter fortsetzte und über den Tod des freigeistigen «Kandidaten» hinaus andauerte.

Schliesslich wurden die Basler Behörden durch den Minister der Künste und Wissenschaften im Namen des helvetischen Vollziehungsrates wegen ihres Verhaltens in dieser Angelegenheit ernsthaft gerüffelt, worauf der Präsident des Erziehungsrates, der spätere Bürgermeister Johann Heinrich Wieland, seine Demission einreichte mit der Erklärung, er sei innig überzeugt, «dass die Religion der Bürger als ein heiliges Eigentum betrachtet werden müsse, welches der Staat zu schützen und gegen jede Herabwürdigung zu schirmen verpflichtet sei».

«Schängg nonemol y!»

Der Nachfolger Freys im Haus «zem Hirtzen» wurde der weinfrohe Magister Johann Heinrich Koelner (1780–1835), um dessen Person sich schon zu Lebzeiten viele köstliche Anekdoten rankten. Eines dieser hübschen Histörchen sei unsern Lesern nicht vorenthalten. Zu den Obliegenheiten der Präzeptoren auf Burg zählte die Überwachung ihrer Schüler während des Gottesdienstes im Münster, wo sie auf der sogenannten «Bubenstege» Platz zu nehmen hatten. Diese Aufgabe fiel Magister Koelner besonders schwer an einem Neujahrsmorgen nach durchzechter Silvesternacht. Mitten in der Predigt übermannte ihn der Schlaf, und selbst das «Amen» überhörte er in seinem seligen Schlummer. Da stiess ihn sein Kollege, der Magister Franz Werenfels, an: «Wach uff! 's isch uus!» – worauf Koelner, der im Traum noch immer beim Wein sass, zur Antwort gab: «So schängg nonemol y!»

Zwei «Rücktritte»

Die Reihe der Bewohner des Hauses am Bäumlein mögen drei würdigere Lehrergestalten des 19. Jahrhunderts abschliessen: Daniel La Roche, Johann Rudolf Burckhardt und Daniel Albert Fechter. Daniel La Roche-Heusler (1790–1842) widmete sich, obwohl von Haus aus Theologe, sein ganzes Leben lang dem Lehrerberuf. Seit 1813 wirkte er am Gymnasium, seit 1817 als Konrektor und seit 1831 als Rektor; doch verschied er bereits mit 52 Jahren, am 16. Dezember 1842, seinem Geburtstag. Ganze 55 Jahre im Schuldienst stand Johann Rudolf Burckhardt (1801 bis 1889), der nach dem Abschluss seines Theologiestudiums von 1825 bis 1843 als Lehrer am Gymnasium amtete und dann bis 1876 dessen Rektorat führte. Er war ein vorzüglicher Pädagoge der alten Schule und erwarb sich als langjähriges Mitglied der Kuratel auch besondere Verdienste um die Universität, die ihn mit dem Ehrendoktorhut auszeichnete.
Daniel Albert Fechter (1805 bis 1876) endlich, dem wir die grundlegende Darstellung der Topographie Basels im 14. Jahrhundert (im «Erdbebenbuch» von 1856) verdanken, lehrte am Gymnasium alte Sprachen mit stets gleichbleibender, eiserner Energie während genau fünf Dezennien. Dann war seine Lebensaufgabe erfüllt: Am 1. April 1876, dem Tag seines Rücktritts, verliess er mit dem Amt auch das Leben...

«Zur schwarzen Kugel» am Barfüsserplatz

Wie ein Zwilling zum «Hammerstein» (Nr. 14) erscheint das daran angrenzende Haus «zur schwarzen Kugel» (Barfüsserplatz 15), das seit der Renovation der Gebäudegruppe von 1979 im Erdgeschoss dem Reisebüro Jelmoli dient. Tatsächlich sind beide Bauten im Jahr 1830 erstellt worden.

Im städtischen Brandlagerbuch findet sich zu den beiden Liegenschaften Barfüsserplatz 14 und 15 für das Jahr 1830 derselbe Vermerk: «Neu erbaute Behausung in Mauern, drei Stockwerke hoch...», der den Schluss zulässt, dass sich die damaligen Eigentümer zur gleichen Zeit entschlossen haben, die Altbauten abzutragen und die Liegenschaften – rechnet man das Parterre hinzu – mit einem viergeschossigen Neubau überbauen zu lassen. Die vollkommen gleichartige Ausführung der beiden Häuser berechtigt überdies zur Vermutung, dass die Bauherren ihren Auftrag demselben Architekten anvertraut haben; doch kennen wir dessen Namen nicht.
In ihrer heutigen Gestalt blicken die beiden Häuser also auf eine Vergangenheit von rund 150 Jahren zurück; die Geschichte der Liegenschaften aber ist seit der ersten Hälfte des 15. Jahrhunderts dokumentiert; für Nr. 15, die «Schwarze Kugel», liegt sogar ein Beleg aus der Zeit vor dem grossen Erdbeben von 1356 vor.

Das Kloster «zur seligen Au»

Dieser Beleg vom Jahr 1280 bezieht sich auf den damaligen Verkauf des Hauses durch das Zürcher Kloster Seldenau (Selnau) an das Basler Chorherrenstift St. Leonhard. «Seldenau» war die seinerzeitige Namensform des ehemaligen Gotteshauses der Augustinerinnen auf dem Platz zwischen der öffentlichen Strasse und der Sihl, der dieser Lage wegen kurz nach der Gründung im 13. Jahrhundert die Bezeichnung «zur seligen Au» erhalten hatte. Die Abtretung der Liegenschaft am Barfüsserplatz an St. Leonhard vollzog mit der Zustimmung des Abtes von Wettingen, dem das Kloster Seldenau offensichtlich in gewisser Hinsicht unterstellt war, Elisabeth, die Äbtissin der Schwestern, die später den Orden des heiligen Benedikt nach den strengen Satzungen der Zisterzienser annahmen.

Handänderungen am laufenden Band

1356 offensichtlich zerstört, wurde das noch lange Zeit namenlose Haus am Barfüsserplatz erst in den 1430er Jahren wieder aufgebaut und von St. Leonhard gegen einen Jahreszins von 14½ Schilling, dem Küfer Johannes Süss verliehen, der aufgrund seiner Teilnahme am zweiten Kriegszug der Basler nach Istein 1409 ins Bürgerrecht und Zunftrecht zu Spinnwettern aufgenommen worden war. Fünfzehn Jahre später wurde dieselbe Gunst seinem Berufsgenossen Jacob Struss im Nachbarhaus «zum Vogel Strauss» zuteil, nachdem dieser die militärische Operation der

Basler gegen das Wasserschloss Mühlburg in der Gegend des heutigen Karlsruhe mitgemacht hatte. Wohl für den baulichen Unterhalt des Hauses benötigte Süss das Darlehen von 15 Gulden, das ihm die Konventualin Ennelin Vinsterlerin im Kloster Klingenthal 1436 gewährte. Als der Zins dafür nach dem Tod des Küfers nicht mehr bezahlt wurde, liess der Schaffner des Klosters die Liegenschaft mit amtlichem Beschlag belegen.

Der unmittelbare Nachfolger von Johannes Süss auf dem Barfüsserplatz war ein Schuster, der auf den hübschen Namen «Teygbirlin» hörte. Von 1463 an wurde das Haus bewohnt durch einen Stadtknecht, Wachtmeister Hans Rosenfeld. Im Reichssteuerrodel von 1497 figuriert als Eigentümerin Katherin Nefin, die Gremperin (Kleinhändlerin); sie ist vermutlich identisch mit Katharina Gilgenstein, der Vorgängerin von Peter von Ruschmund (Rougemont bei Belfort), «dem Walch» (dem Welschen). 1505 ging die Liegenschaft an den Maurer Michael Wyss über. Dessen Witwe Elisabeth trat einen fünf Werkschuh umfassenden Teil des Höfleins hinter ihrem Haus an das Chorherrenstift St. Leonhard ab, wobei sie dasselbe ermächtigte, auf diesem Areal ein Fundament zu graben und eine Mauer gegen den Berg des Gotteshauses nach dem Gefallen des Konvents zu errichten.

Blüte der Schürlitz-Weberei

Im 16. Jahrhundert und weit darüber hinaus wurde die Liegenschaft am Barfüsserplatz ein Haus der Weber; dessen Eigentum lag vor allem in den Händen der bekannten Familien Ryff, Scheltner und Scherb, deren Angehörige wiederholt das Meisteramt der Zunft bekleideten. Das Weberhandwerk hatte sich seit dem 14. Jahrhundert, in dem noch das reine Linnen ausschliesslich das Feld behauptet hatte, wesentlich gewandelt; seither hatten neue Artikel die Oberhand über die Leinwandprodukte gewonnen. Als neues wohlfeileres Material stand den Webern nun die von den Krämern aus Süddeutschland importierte Baumwolle zur Verfügung, die ihnen die Herstellung billiger Stoffe ermöglichte, insbesondere des Schürlitz, bei dem sich der leinene Zettel mit dem baumwollenen Einschlag kreuzte. Dieser Artikel wurde in wachsendem Mass produziert und entwickelte sich im 15. und 16. Jahrhundert zur eigentlichen Basler Spezialität; seine Herstellung wurde zu einem der wichtigsten und einträglichsten Erwerbszweige der Stadt.

Den Tendenzen der Mode folgend, entwickelten sie aus dem einfachen Schürlitz mit der Zeit auch den sogenannten «Vogel-Schürlitz», den ersten bunten Stoff, der in Basel in grossem Massstab hergestellt wurde, und dank dem Umstand, dass jetzt vielfach Kette und Einschlag einzig aus Baumwolle bestanden, auch einen höheren Nutzen abwarf. Seinen Namen «Vogel-Schürlitz» trug dieser Stoff nach den Vogel-Ornamenten, mit denen er geschmückt war. Die Obrigkeit legte grossen Wert darauf, dass die Qualität der Schürlitz-Produktion hochgehalten wurde. Die aus drei Ratsmitgliedern zusammengesetzte Kommission der «Schauherren» prüfte die fertigen Stücke und versah die verschiedenen Sortimente mit einem besonderen Schauzeichen: das erste Sortiment mit einem Ochsen, das zweite mit einem Löwen, das dritte mit einer Taube; diesen Tieren wurde in der Folge voll Stolz über das vorzügliche Basler Erzeugnis, welches dasjenige in andern Städten bedeutend übertraf, der Baselstab beigedruckt.

Färber, Hutmacher und Küfer

Einzelne Schürlitzweber gingen von ihrem Handwerk im Lauf der Jahre zum Gewerbe des Färbers über, so Jacob Martin, der die «Schwarze Kugel» von 1560–1586 besass. Färber gleich ihm war sein Schwiegersohn Balthasar Dietrich, der noch in Felix Platters Stadtbeschreibung von 1610 als Bewohner der Liegenschaft auf dem Barfüsserplatz aufgeführt wird. Acht Jahre später hatte er zu bürgen für eine Schuld seines Sohnes Magister Balthasar Dietrich, «Verkünder göttlichen Wortes zu Bennweil», der das väterliche Anwesen dem Rotgiesser Martin Hofmann verpfändet hatte.

Neben Webern und Färbern begegnen wir in der «Schwarzen Kugel» im 17. Jahrhundert verschiedenen Hutmachern, Kürschnern und «Hosenlismern» sowie dem Kupferschmied Jacob Pfriendt, dem auf Betreiben seines Schwiegervaters, des Ratsherrn Wernhard Faesch, die Errichtung einer Esse hinter dem Haus bewilligt worden war. Auf den Innenausbau des Hauses scheint der Weinmann Johann Grimm besondern Wert gelegt zu haben; denn als er die Liegenschaft 1737 an den Küfer Burkhard Lotz-Obrecht veräusserte, behielt er sich vor, «das Kamin von Alabaster, in vier Stücke bestehend, aus dem Säli wegzunehmen». Einen Bestandteil der «mittleren Stube» bildete bei den folgenden Verkäufen das eingebaute Buffet mit zinnernem Giessfass.

«S Santime Spörli»

Unter den Eigentümern der Liegenschaft im 19. Jahrhundert seien zwei Persönlichkeiten hervorgehoben: Magister Johann Jacob Übelin (1820), zweiter Pfarrer zu St. Theodor und später Bauschreiber, dessen reichen Anekdotenschatz Eugen A. Meier 1970 als schmucken Bildband unter dem Titel «Aus dem alten Basel» veröffentlicht hat, und Hieronymus Lotz-Spörlin (1866), der Schwiegersohn der Witwe des Tuchhändlers Lukas Spörlin-Merian, der ihren stadtbekannten Woll- und Mercerieladen auf dem Barfüsserplatz weiterführte. Bei seiner Kundschaft hiess er ganz allgemein «s Santime Spörli» – ein Übername, in dem sich die Genauigkeit und Rechtlichkeit seines Wesens widerspiegelte. Als die Kaufleute beim Übergang von der alten zur neuen Franken-Währung im Zug der von Johann Jacob Speiser durchgeführten Münzreform die Kosten ihrer Waren umzurechnen hatten, rundeten die meisten die Preise auf, wodurch sich die verschiedenen Artikel verteuerten. Nicht so Hieronymus Lotz-Spörlin: Er übertrug die bisherigen Notierungen exakt bis auf den Centime in die neue Währung, so dass mancher Gegenstand bei ihm 13 oder 19 Centimes kostete, während man in einem anderen Laden dafür 15 oder 20 Centimes berechnete. So kam Hieronymus Lotz-Spörlin zu seinem Spitznamen, der im Grunde genommen ein richtiger Ehrentitel war.

«Zum schmalen Ritter» an der Schützenmattstrasse

Wenige Schritte vom Holbeinbrunnen entfernt sind auf der rechten Seite der inneren Schützenmattstrasse noch drei schmucke kleine Häuser aus älterer Zeit erhalten geblieben, die sich an den massigen Eckbau des Hotels «zum Spalenbrunnen» (früher «zum schwarzen Ochsen») anlehnen. Das unterste (Nr. 6) trägt nach seinem jetzigen Besitzer heute den Namen «zum schmalen Ritter».

Erst seit dem 19. Jahrhundert mündet die Schützenmattstrasse beim Holbeinbrunnen in die Spalenvorstadt ein. Vom Schützenhaus ausgehend, verlief sie früher der äussern Seite des Stadtgrabens entlang zum Spalentor. Ihr heutiger innerer Teil hiess zuerst «Kreuzgasse»; denn etwa dort, wo heute das Spalenschulhaus steht, befand sich in ältester Zeit ein steinernes Kreuz, welches die Grenze des damaligen Weichbilds der Stadt markierte; nach ihm benannte sich das «Steinenkreuz-Tor», das dort den Stadtausgang gegen Allschwil bildete.

Das Fröschenbollwerk

Schon im 13. Jahrhundert dürfte die Spalenvorstadt ihre erste Befestigung erhalten haben, längere Zeit bevor sie nach dem grossen Erdbeben von 1356 endgültig in den städtischen Mauerring einbezogen wurde, der dann im 16. Jahrhundert an der Stelle des Steinenkreuz-Tors durch den Bau des Fröschenbollwerks mächtig verstärkt wurde. Es erstand gleichzeitig mit dem Aeschenbollwerk, den Bollwerken zu beiden Seiten des Steinentors, welche die herausfordernden Namen «Dornimaug» und «Wagdenhals» erhielten, sowie dem Bollwerk zu St. Johann, und stellte fortan einen wichtigen Stützpunkt der Mauer zwischen dem Steinen- und dem Spalentor dar. Nach dem Fröschenbollwerk wurde seither die Kreuzgasse, die von der Spalenvorstadt zum Bollwerk reichte, als «Fröschgasse» bezeichnet. Der Name leitete sich her von dem in der Strassenbezeichnung «Weiherweg» fortlebenden «Teuchelweiher» beim Schützenhaus, der für das «Verschwellen» der Teuchel, das heisst der hölzernen Wasserleitungsröhren, geschaffen worden war, in späterer Zeit im Winter als Eisfeld für Schlittschuhläufer diente und erst 1880 ausgefüllt und in die jetzige Anlage umgewandelt wurde; denn auf diesem Weiher gaben die Frösche vom Frühling bis in den Sommer hinein allabendlich ihr Konzert. Das Fröschenbollwerk bestand bis zum Jahr 1861; dann wurde es abgetragen, wodurch ein neuer Stadtausgang entstand. An seiner Stelle erhebt sich heute das 1877–1879 errichtete Spalenschulhaus, das der älteren Generation noch unter dem Namen «Jugendfleiss» bekannt ist. Damals wurde die Schützenmattstrasse bis in die Spalenvorstadt hinabgezogen und auf der Strecke vom ehemaligen Bollwerk zum Spalentor in «Schützengraben» umgetauft.

«Oemelins Hus»

Am Beginn der inneren Schützenmattstrasse haben sich auf deren rechter Seite im Anschluss an den massigen Bau des Hotels «zum Spalenbrunnen» noch drei kleine, alte Häuser erhalten. Das erste (Nr. 6) war bis zum Beginn des 15. Jahrhunderts mit der früher «zum schwarzen Ochsen» genannten Eckliegenschaft vereinigt, die bereits 1258 in das Licht der dokumentarischen Überlieferung tritt. Der Komplex stand damals im Besitz der Schaler, eines schon im 12. Jahrhundert nachweisbaren Geschlechts des bischöflichen Ministerialadels, dessen Angehörige während mehrerer Generationen die Ämter des Schultheissen und Bürgermeisters bekleideten. Im oben genannten Jahr verliehen die Ritter Peter II. und Otto Schaler – der erstere ist bekannt als Stifter der Schalerkapelle im Münster – das Haus vor dem innern Spalentor, dem Spalenschwibbogen am oberen Ende des Spalenbergs, dem Volmar Ozelin von Basel. Dessen Tochter Junta, die Gattin des Conrad von Hornussen, verzichtete 1284 auf das ihr zustehende Erbrecht an der Liegenschaft zu Gunsten von St. Leonhard, worauf sie der Ritter Conrad Schaler, genannt «Rumelher», dem Chorherrenstift übertrug. Nach dem Bäcker Nicolaus Oemelin, der 1302 hier einzog, hiess das Haus noch lange «Oemelins Hus». Den darauf lastenden Zins verkauften die Chorherren 1355 an den Krämer und Ratsherrn zu Safran Heinrich Stamler, der ihn fünf Jahre später seinen Töchtern Greda, Clar und Verena, Klosterfrauen im Gnadental, schenkte.

Seit dem Jahr 1401 sind die zahlreichen Handänderungen des nunmehr vom «Schwarzen Ochsen» abgetrennten Hauses urkundlich sozusagen lückenlos belegt. Als dessen Besitzer lernen wir Ennelin Krebs, die Tochter des Conrad Oemelin, Clewi Besserer von Lüllistorf (1408), Grede Koechlin, die Tochter des Kornmessers Henman Koechlin (1411), den Gremper (Kleinhändler) Clewin Schmidt (1416) und den Kornmesser Peter Walter (1424) kennen; des letztern Witwe Else verständigte sich 1446 mit ihrem Sohn, dem Schuhmacher Heinrich Walter, über das väterliche Erbe. 1469 gelangte «Oemelins Hus» an Hans Keller von Hagenthal, von dessen Sohn Lienhard es heisst, er habe «nützit daran tun wollen», weshalb das Spital, das einen Zins von der Liegenschaft bezog, das Anwesen wegen «Missbaus» und «versessenem (verfallenem) Zins» 1492 zur Gant brachte. Der Höchste im Gebot blieb Peter Furler von Hagenthal, dessen Sohn das Haus 1514 an den Rebmann Hans Rulin weitergab; in seiner Familie blieb es bis 1578.

«Die Bäpstin»

Zum Nachfolger des Papierers Hans Rulin auf der Liegenschaft beim inzwischen errichteten Fröschenbollwerk wurde der im Dienst der Obrigkeit stehende Karrer Lienhard Scherer, dem der Volksmund den Beinahmen «Bapst» beilegte; seine Witwe erscheint 1595 als «die Bäpstin, Meiner Gnädigen Herren Spettkarrerin», in den Akten. Sie wurde 1607 abgelöst durch den Metzger Hans Bulacher. Weitere Eigentümer waren der Wannenmacher Leonhard Lechner (1618), der Kübler Paulus Haas (1653), Anna Rapp, die Witwe des Wagners Wilhelm Pfaff (1682), der Metzger Jacob Werdenberg (1683), der Wollweber Abraham Goebelin (1685), der Metzger Johannes Maeglin (1690) und der Küfer Hans

Georg Oest-Senn (seit 1713); zu seiner Zeit trug das Haus vorübergehend den Namen «zum schwarzen Sternen». 1721 veranlasste Oests gefährlicher Brennofen das in baupolizeilichen Belangen zuständige Fünfergericht zu einem Augenschein. Noch tiefer als der Vater hatte sich sein Sohn Hans Georg Oest-Brändlin verschuldet; seine Liegenschaft mitsamt dem Brennhäuslein an der Ringmauer neben dem Fröschenbollwerk kam unter den Hammer. Unter seinem Berufskollegen, dem Küfer Emanuel Salathe, erhielt das Haus 1846 seine heutige Fassade.

«Zum Omnibus»

Dreissig Jahre später wurde das Haus vorübergehend zur Gaststätte. Es war damals anscheinend die kleinste Wirtschaftslokalität der ganzen Stadt; denn sie besass nur eine Breite von zwei Metern, war dafür aber um so tiefer und wurde ihrer schmalen Form wegen «zum Omnibus» genannt. Zu ihren Besitzern zählte zu Anfang unseres Jahrhunderts der populäre, 1928 verstorbene Wirt Oskar Türke-Staufer aus Penig (Sachsen), der 1874 mit 20 Jahren in Basel Fuss gefasst hatte und zuerst das «Café Türke» an der Bäumleingasse betrieb, dann die Bayrischen Bierhallen «Bavaria», die spätere «Farnsburg» am Kohlenberg, und «Parsifal» an der Freien Strasse übernahm und zuletzt das St. Clara-Bräu und das Hotel «Basler Hof» an der Clarastrasse (an der Stelle des heutigen Polizeigebäudes) führte. 1896 Basler Bürger geworden, zog er auch in den Grossen Rat ein, in dem er 1916 durch einen Anzug den Anstoss zur Gründung der Schweizer Mustermesse gab. Das Restaurant «Omnibus», das zur Kette seiner Betriebe gehörte, gab er um 1905 wieder auf; doch stand das Haus noch weitere zehn Jahre in seinem Besitz. Heute heisst es, wie auf dem kunstvoll geschmiedeten Schild zu lesen steht, nach seinem jetzigen Eigentümer, dem Innenarchitekten Max Ritter, «zum schmalen Ritter» und beherbergt in seinem Erdgeschoss die «Boutique Aladin».

Der «Hohe Pfeiler» an der Schneidergasse

Nach dem Singerhaus und den ihm gegenüberliegenden Bauten an der Stadthausgasse hat 1979 auch das 1529 erbaute Haus «zum hohen Pfeiler» (Nr. 11) an der Ecke zur Schneidergasse eine glückliche Restaurierung erfahren, so dass sich heute dieser Altstadtwinkel als prächtiges Ensemble präsentiert.

In den meisten Fällen lässt sich die Geschichte der Liegenschaften unserer Altstadt aufgrund der Quellen auf Jahrhunderte zurückverfolgen; doch haben die meisten Häuser im Lauf der Zeit wesentliche Veränderungen ihrer baulichen Substanz und Struktur erfahren. Eine glückliche Ausnahme stellt der spätgotische «Hohe Pfeiler» an der Ecke der Stadthausgasse und der Schneidergasse dar, der, abgesehen von einem Ladenumbau in den 1930er Jahren, in seinem ursprünglichen Bauzustand als originelles Handwerkerhaus intakt erhalten geblieben ist.
Der Bau stammt, wie der in einem erhabenen Schild über dem Kielbogen der Türe eingemeisselten Jahreszahl zu entnehmen ist, von 1529. An der Ecke der beiden Gassen stand dem Erbauer nur die beschränkte Grundfläche von 20 Quadratmetern zur Verfügung, die dazu zwang, den Ausgleich in der Höhe zu suchen. So entstand der für die damalige Zeit recht ungewöhnliche, sechsgeschossige Bau – sozusagen ein Hochhaus des späten Mittelalters! Besondere Akzente verleihen dem Gebäude das auskragende oberste Geschoss, das noch den seinerzeit üblichen Dachaufzug enthält, der Sandsteinpfeiler, der die Ecke beidseitig bis über das zweite Geschoss hinaus verstärkt, und das spätgotische dreiteilige Fenster im ersten Obergeschoss auf der Seite der Stadthausgasse. Das Erdgeschoss barg ursprünglich nur einen einzigen Raum, die Werkstätte, die zugleich Verkaufsladen war.
Die sorgfältige Restaurierung durch Architekt Paul Meyer hat den Charakter des Gebäudes unverändert bewahrt. Die schönen, gut erhaltenen Steinhauerarbeiten wurden aufgefrischt und ein altes Fenster im ersten Obergeschoss auf der Seite der Schneidergasse sowie das Riegelfachwerk im fünften Stockwerk freigelegt. Im Erdgeschoss kam unter der Tünche eine bisher durch Bretter vernagelte Decke mit Malereien, die um das Jahr 1600 zu datieren sind, zum Vorschein.
In dem originellen Haus befindet sich das Schmuck- und Antiquitätengeschäft der Hauseigentümerin Nelly Veres, das seit 1964 daselbst beheimatet ist und seinem Namen «Au Bijou» alle Ehre macht, die Obergeschosse dienen Ausstellungs-, Büro- und Wohnzwecken.

Unter Denkmalschutz

Lange schwebte über dem «Hohen Pfeiler» grosse Gefahr; erst die Vorlage über die Altstadtzone vom Jahr 1972 bannte endlich die Furcht vor den Korrektionslinien für die unselige Tal-Entlastungs-Strasse und sicherte unter anderm die Erhaltung der historischen Bauflucht auf der Südseite der Stadthausgasse. Die neue Konzeption schuf die Voraussetzung dafür, dass sich bauliche Eingriffe an diesem Haus, die nicht zu verantworten gewesen wären, vermeiden liessen. Die Regierung gelangte damals zur Einsicht, dass dieses wertvolle Bauwerk auch in seiner Funktion als attraktiver Eckpfeiler am Eingang zum bergseitigen Altstadt-Quartier in der Schneidergasse sehr hoch bewertet werden müsse, weshalb sie es entsprechend einem Antrag der Eigentümerin der Liegenschaft unter Denkmalschutz stellte.

Die dokumentarische Überlieferung über die Hofstatt reicht mehr als anderthalb Jahrhunderte hinter die Entstehung des Baus von 1529 zurück. Erstmals ist bereits 1374 ein Haus an diesem Standort gegenüber der Trinkstube des Adels im Haus «zum Seufzen» an der Stelle des heutigen Singerhauses und in der Nähe der hier den offenen Birsig überquerenden «Nüwen Bruck» und der untern Brotlaube bezeugt. Seit 1408 wohnte dort der «Gunterfeyer» Fritzschmann von Ulm, ein uns sonst nicht weiter bekannter früher Vertreter der Porträtkunst. Er hatte dem «Spital der armen Lüten ze Basel» von dem Haus «zem nüwen Ort» (Ort = Ecke), wie der «Hohe Pfeiler» damals hiess, einen am St. Martinstag und an der Fasnacht je zur Hälfte fälligen Geldzins sowie ein halbes Pfund des im Mittelalter sehr begehrten Pfeffers zu entrichten, eine Abgabe, welche vom Junker Hug zer Sunnen an das Spital verkauft worden war.

Spenglermeister und Lehrling

Der Nachfolger des Malers wurde ein ehrsamer Handwerker, der Spengler Lienhard Ortenberg, der Haus und Hofstatt 1422 um 190 Gulden erwarb und sie gleichzeitig für ein Darlehen von 80 Pfund dem Junker Hans Fröwler verpfändete. Lienhard Ortenberg war zu Safran zünftig; 1444, im Jahr der Schlacht bei St. Jakob an der Birs, bekleidete er das Amt eines Stubenmeisters.

Die Aufsicht über das Lehrlingswesen bildete ein besonderes Anliegen des Zunftvorstandes. Mit welch patriarchalisch weisen Umsicht die Vorgesetzten dabei zu Werk gingen, zeigt ein Lehrvertrag aus dem Jahr 1434, durch den die Zunftmeister Conrad zum Haupt und Hans von Hegenheim Jerg, des seligen Hans Müllers Sohn von Konstanz, bei Lienhard Ortenberg verdingten, «dass er ihn sein Handwerk lehren soll nach dem Besten.» Die Lehrzeit, die der Knabe im Haus «zem nüwen Ort» zubrachte, wo ihm auch Verpflegung und Unterkunft geboten wurden, dauerte sechs Jahre. Während der ersten beiden Jahre sollte der Lehrling selbst für seine Kleider aufkommen; für die weitern vier Jahre aber sollte ihn sein Meister bekleiden, «als es dem Knaben nützlich und ihm ehrlich sei». Nach dem Abschluss der Lehre hatte indessen der Lehrling dem Meister zwei Pfund an seine Kleiderausgaben zu vergüten. Wenn der Knabe während der Lehrzeit stürbe oder dem Meister davonliefe, dann sollten die Vorgesetzten der Safranzunft entscheiden, was zu tun sei. Wären beim Todesfall keine leiblichen Erben vorhanden, dann sollte das, was der Lehrling besessen, «meinen Herren den Räten», das heisst dem Gemeinwesen, verfallen sein. Dem Lehrherrn übergab die Safranzunft zur Verwahrung für den Knaben 70 Gulden und überdies den erforderlichen Hausrat, bestehend aus einem

Bett mit acht Blachen, drei Kissen und einem kleinen Kissen, einer Serge-Decke und einer «Güttern», das heisst einer gefütterten Steppdecke, einem Strohsack und einem Spannbett, einem Kasten und einer Lade. All dies mitsamt dem Geld sollte der Meister am Ende der Lehre dem Zunftvorstand zurückerstatten. Im übrigen aber sollte der Knabe den Vorgesetzten zu Safran empfohlen sein, «und sollten sie ihm ihr Bestes tun».

Ob Lienhard Ortenberg mit dem Lehrling Jerg viel Freude erlebte, wissen wir nicht; jedenfalls aber machte ihm die eigene Tochter Agnes viel zu schaffen. 1450 eröffnete er dem Rat, dass ihn das Mädchen «swerlich erzürnt» habe, so dass er willens sei, sein Gut nur den beiden andern Kindern, Fridli und Just, zukommen zu lassen, wovon die Obrigkeit in zustimmendem Sinn Kenntnis nahm.

In seinen alten Tagen lud sich der Spenglermeister noch verschiedene Schulden auf: 1461 hatte er elf Gulden an das Chorherrenstift St. Leonhard zu entrichten, wovon zwei Gulden für die Abhaltung einer Seelenmesse für den verstorbenen Propst Erhard de Burius verwendet wurden; zwei Jahre hernach musste er seine Liegenschaft für ein weiteres Darlehen an das Kloster Klingental verpfänden. Als Lienhard Ortenberg wegen «versessener» (verfallener) Zinse überdies durch Junker Bernhard von Laufen, der jährlich vier Gulden von der Liegenschaft bezog, betrieben wurde, verkaufte er das Haus 1481 an den Goldschmid Hans Beheim, einen Hintersassen, der sich indessen nicht lange hier halten konnte. Mehrfach liess der Herr von Laufen, der von neuem vergeblich auf den Eingang seiner Zinse wartete, das Haus mit amtlichem Beschlag belegen, und 1486 erwarb er es «als eines erplosen Mannes Guot», um es ein Jahr später an den Trompeter Conrad Knüsel von Colmar um 95 Gulden wieder zu veräussern.

Seckler und Nestler

Im letzten Dezennium des 15. Jahrhunderts wurde die Liegenschaft bewohnt von Vertretern der beiden safranzünftigen Gewerbe der Seckler (Taschenmacher) und Nestler, welch letztere feineres Leder zu Nesteln verarbeiteten. Der Seckler Rudolf Scherner war 1489, der Nestler Vincentius Strobel 1491 in die Zunft aufgenommen worden; doch verlor Strobel wegen beruflicher Vergehen sein Zunftrecht wieder. 1503 bat er demütig um Neuaufnahme; denn ohne Zugehörigkeit zur Zunft war ihm die Ausübung seines Handwerks in der Stadt nicht erlaubt. Die Vorgesetzten entsprachen seinem Begehren; doch hatte er einen Eid zu Gott und den Heiligen zu schwören, dass er, falls er je sein Zunftrecht wieder aufgeben sollte, «in zweyen Mylen Wegs schybwise um die Stadt», das heisst im Umkreis von zwei Meilen, weder selbst noch durch Gesellen eine Werkstatt errichten werde. Damit sollte den eingesessenen zünftigen Nestlern das Monopol des Absatzes in der Stadt gesichert sein.

1495 ging die Liegenschaft erstmals an einen Schuhmacher über. Fünf Schuster folgten sich hier bis zum Jahr 1622, und von 1635 bis 1786 schlossen sich ihnen fünf weitere Repräsentanten des gleichen Handwerks an. Dazwischen stand das Haus einige Jahre im Besitz des Kleinuhrmachers Johannes Löhrer von Bischofszell, der 1613 ins städtische Bürgerrecht aufgenommen worden war. Und nochmals wurde im 18. Jahrhundert die Liegenschaft, die 1779 in den Akten erstmals «zum hohen Pfeiler» genannt wird, zum Sitz von Uhrmachern: 1786 kaufte sie der 1814 verstorbene Johann Heinrich Schneider, der Angehörige einer Familie, die während Generationen das Amt des Stadtuhrmachers versah und daneben in der Herstellung von Wanduhren tätig war. Unter Johann Heinrich und seinem Sohn Johann Jacob Schneider erklang nun statt der Hammerschläge der Schuster der Stundenschlag der Uhren aus dem Haus in der Altstadt, und gute Stunden seien allen gewünscht, die in Zukunft im «Hohen Pfeiler» aus- und eingehen.

Küfers «Brennhüslin» am Kohlenberg

Gegenüber der «BaZ am Barfi» liegen am Kohlenberg zwei an die Lohnhofmauer angelehnte, bescheidene Häuser, die durch ihre vertiefte Lage unter dem Strassenniveau an den alten inneren Stadtgraben erinnern, wie er bis zur Korrektion des Kohlenbergs in den 1860er Jahren bestand. Im 18. Jahrhundert unterhielten an dieser Stelle verschiedene Küfer ihre Brennhäuslein (Kohlenberg 4 und 6).

In Erweiterung der von Bischof Burchard geschaffenen Mauer war noch im 12. Jahrhundert der Befestigungsring um die Stadt gelegt worden, der vom St. Alban-Graben über den Steinenberg zum Hügel von St. Leonhard und von dort über den Petersgraben bis zum Blumenrain verlief. Er entsprach also der Linie der in den heutigen Strassenbezeichnungen noch immer in Erscheinung tretenden inneren Gräben, welche die Stadtgrenze bildeten, bis diese zu Ende des 14. Jahrhunderts an die äusseren Gräben vorgeschoben wurde und seither bis zur Entfestigung der Stadt in der zweiten Hälfte des 19. Jahrhunderts unverändert blieb.

Einen Teil der erwähnten inneren Grabenlinie, die ihre fortifikatorische Bedeutung somit schon früh verloren hatte, bildete der Kohlenberg, der aus der Talsohle des Birsigs vom «Eselsthürlein» (an der Stelle des heutigen Stadt-Casinos) der Lohnhofmauer entlang zur Höhe von St. Leonhard aufstieg. Während die linke Seite des Kohlenbergs bereits vor dem grossen Erdbeben von 1356 überbaut war, wie wir dies in der Broschüre «Die BaZ am Barfi» (BaZ-Verlag) dargestellt haben, befanden sich an dessen Fuss zur Rechten noch kleinere freie Parzellen der städtischen Allmend, die erst im 17. Jahrhundert nutzbar gemacht wurden.

Küfer im «Ochsengraben»

Die Initiative dazu ergriff der Berufsstand der Küfer im Zeitpunkt, in dem er sich neben seiner eigentlichen Aufgabe, dem Fassbau und der Weinpflege, auch dem Brennen von Branntwein zuwandte, was ihm lange Zeit verwehrt gewesen war. «Ein Küfer soll ein Küfer sein, ein Branntweinbrenner aber sich des Küferhandwerks entschlagen und die Weinleutenzunft annehmen», hatte der Rat in einem Erlass vom Jahre 1534 «für ewige Zeiten» verordnet und zugleich das feuergefährliche Handwerk der Weinbrenner mit ihren Öfen in das St. Alban-Tal und hinter die Clara-Mühle, das heisst in das Areal zwischen den Teichen beim Rappoltshof, verwiesen. Rund hundert Jahre später aber setzten sich die Küfer über das erwähnte Verbot hinweg, ohne dass sie deswegen von der Obrigkeit angefochten wurden. Jetzt errichteten verschiedene unter ihnen ihre «Brennhüslin» auch im «Ochsengraben», wie das untere Stück des Kohlenbergs damals genannt wurde.

Auf der Hofstatt, auf der sich heute die namenlose Liegenschaft unterhalb Nr. 4 befindet, begegnen wir den Küfern Hans Georg Wild (1676), Hans Georg Müller und dessen Witwe (1726) sowie ihrem Sohn Johann Rudolf Müller (1734). Für das Brennhäuslein, das sie im «Ochsengraben» unterhielten, hatten sie dem «löblichen Ladenamt», das heisst der Staatskasse, einen jährlichen Zins von 3 Pfund zu entrichten. Nach dem Tod von Johann Rudolf Müller überliessen dessen Angehörige 1781 «das Brennhaus im Ochsengraben mit Inbegriff des Bauch- und Brennkessels» sowie einer neben der Arbeitsstätte entstandenen «Eckwohnbehausung» um den hohen Preis von 1000 Neuthalern dem gleichnamigen Sohn, der ebenfalls das Küferhandwerk ausübte.

«Nicht so schief wie ehemals»

Von diesem Johann Rudolf Müller II. erwarb die Liegenschaft im Jahr 1799 der von «Liechstall» gebürtige Maurer Heinrich Hoch in Diegten, der hiezu in jener Zeit der Helvetik keiner obrigkeitlichen Bewilligung bedurfte. Alsbald nach dem Abschluss des Kaufs brachte Hoch dem in baupolizeilichen Fragen zuständigen Fünfergericht zur Kenntnis, er sei gewillt, an dieser Stelle ein «Wohnhäuslein» aufzuführen; doch wünsche er, die Vordermauer «nicht so schief wie sie ehemals gestanden», zu errichten. Nachdem der Nachbar Johannes Bloch im «Farbhaus» oberhalb der späteren «Farnsburg» gegen dieses Vorgehen nichts einzuwenden hatte, verwirklichte Hoch seinen Plan durch den Bau des an die Lohnhofmauer angelehnten kleinen Hauses mit Mansardendach, wofür ihm und seiner Gattin Anna Barbara Brodtbeck die Witwe Judith Eglinger-Würz ein Darlehen von 300 Pfund gewährte, allerdings nur zu dem damals exorbitanten Zinsfuss von 5 Prozent; höchst selten wurden nämlich für erste Hypotheken mehr als 3 Prozent verlangt.

Von Hand zu Hand

Noch im Baujahr gelang es dem Ehepaar Hoch, den «untern Boden» des Hauses auf vier Jahre zu einem jährlichen Zins von 60 helvetischen Franken an die «Maschinenmacher» Georg Jacob Lehr und Gottlob Nickel zu vermieten. Bereits vor Ablauf des mit ihnen abgeschlossenen Vertrages verkaufte Hoch das Häuslein indessen 1803 an die «hier in Dienst stehende» Jungfer Dorothea Siegrist von Colmar, die offenbar ihren Sparstrumpf in Basel gut hatte füllen können und als Hauseigentümerin bald auch einen Mann fand, der jedoch früh verstarb. Als auch sie 1817 die Augen schloss, kam die Liegenschaft zur freiwilligen Versteigerung, bei der sie dem Pastetenbeck Andreas Schaler in Colmar zugeschlagen wurde. Der von ihm bevollmächtigte Notar Franz Gysendörfer veräusserte sie indessen bereits sechs Monate später an den zum Erwerb behördlich ermächtigten Hilarius Wild aus Schwanden im Glarnerland. Von ihm gelangte das Häuslein 1829 an Johann Friedrich Übelin-Marbach, der den Adressbüchern als Commis, Bürolist und Notariatsgehilfe wie als Schreiblehrer erscheint. Bis 1864 verblieb Übelins Witwe, welche die Familie als Glätterin durchbrachte, hier am «Ochsengraben». Nach ihrem Hinschied ging das Eigentum an der Liegenschaft an ihre vier Söhne über. Der älteste von ihnen, Georg Übelin-Mollinet, der zuerst Dessinateur gewesen war, dann aber eine Wirtschaft an der Grenzacherstrasse betrieben hatte, hatte eben seinen Konkurs anmelden müssen, so dass sein Anteil am Haus in die Fallimentsmasse fiel; doch wurde die Liegenschaft von seinem Bruder, dem Waren-Courtier Rudolf Übelin-Abt, übernommen, der sie 1872 an den Postcommis Benedict Fischer-Bauer weitergab.

Das «Vordere Gundeldingen» an der Gundeldingerstrasse

Zusammen mit seinem Eigentümer Dr. Carl Favè, der das Schlösschen ein gutes halbes Jahrhundert bewohnte – länger als irgendein Besitzer vor ihm! – bemühte sich ein geschickter Architekt, den Stil und das Äussere des historischen Baus zu bewahren und ihn dennoch den Bedürfnissen unserer Zeit anzupassen. Am malerischsten präsentiert sich das «Vordere Gundeldingen» von der Dittingerstrasse aus; auf dieser Front wird man besonders beeindruckt durch den wehrhaften Treppenturm. Aber ebenso bietet der nach der Gundeldingerstrasse hin orientierte Haupteingang mit dem barocken gespaltenen Giebel einen sehenswerten Aspekt. Pietätvoll sind auch im Innern Decken, Getäfer und Stuck konserviert worden; eine besonders schöne Stuckdecke stammt vom gleichen Künstler wie die Stuckarbeit im «Löwenzorn» am Gemsberg.

Von Iselin zu Iselin

Der erste Bauherr des «Vorderen Gundeldingen» war Hieronymus Iselin (1522–1584), der Gatte von Ursula Offenburger, der Tochter des Bürgermeisters Amandus Offenburger. Offenbar schwächte der anspruchsvolle Bau die Finanzen Iselins sehr; denn seine Gläubiger sahen sich mehrfach veranlasst, die Liegenschaft mit amtlichem Beschlag belegen zu lassen, um die Zahlung der ihnen geschuldeten Zinsen zu erwirken. Iselin selbst erwähnt in einer Supplikation an den Rat vom Jahr 1567 den «grossen, merklichen, schweren Buw der gar von Grund auf gebuwenen newen Behusung». Nach seinem Tod vermochte die Gattin die Besitzung nicht zu halten; 1596 liess sie dieselbe durch ihren Sohn Amandus, der eine Apotheke an der Eisengasse führte, veräussern. Der Käufer war Johann Lucas Iselin der Jüngere (1553–1632), der reiche Handelsherr im «Rosshof» am Nadelberg; er legte für das «Vordere Gundeldingen», «so Sanct Jacobsberg genannt wird», 1030 Gulden aus. Indessen blieb er nur sechs Jahre im Besitz des Gutes; schon 1602 gab er es um 8500 Kronen an den Hauptmann Hans Ulrich Abegg von Schaffhausen weiter. Ihm folgte 1615 Caspar Krug, der Angehörige eines Geschlechts, welches im Eisenhandel ein grosses Vermögen erworben hatte. Später gelangte die Campagne an die Familie Faesch und nach weiteren Handänderungen im Jahr 1666 um 2200 Gulden an die Familie Thierry, die um ihres evangelischen Glaubens willen ins Elsass und von dort in die Schweiz geflüchtet war. Rund fünf Dezennien blieb sie in ihrem Eigentum.

Neubau nach 1710

1710 wechselte das «Vordere Gundeldingen» wiederum den Besitzer: Jetzt ging es um 16 000 Pfund und 100 Gulden Trinkgeld über an Professor Johann Rudolf Beck, der den Lehrstuhl der Logik an der Universität innehatte. Von ihm stammt vermutlich der Neubau im barocken Stil seiner Zeit. Eine Nichte Becks verehe-

lichte sich mit dem Handelsmann und Grossrat Hans Balthasar Burckhardt, der die «neuerbaute Behausung» 1740 um 25 000 Pfund und 300 Pfund Trinkgeld erwarb. Nach seinem Hinschied vererbte sie sich zunächst in der Familie Burckhardt weiter, bis sie 1801 um 39 500 Pfund an den Güterfuhrhalter Hieronymus Hosch verkauft wurde, der sie seinerseits 1812 um 96 000 Franken alter Währung an Christoph Merian-Hoffmann (1769–1849), den Vater des Stifters, veräusserte.

Hochzeitsgeschenk für die Tochter

Mit dem Übergang an den «reichen Merian», der als Teilhaber der Firma Frères Merian während der Napoleonischen Kontinentalsperre zu sagenhaftem Vermögen gelangt war, beginnt die Glanzzeit des «Vorderen Gundeldingen». Neben seinem Sohn besass Christoph Merian-Hoffmann eine einzige Tochter, Susanna (1798–1823); um ihre Hand bewarb sich 1817 der um ein Jahrzehnt ältere Carl Wilhelm Forcart (1788–1838), der jüngste Sohn des Bandfabrikanten Johann Rudolf Forcart-Weis im «Württembergerhof» am St. Alban-Graben (an der Stelle des heutigen Kunstmuseums). Forcart war im Handelsstand, dem er sich nach dem Willen des Vaters hätte widmen sollen, mehrfach gescheitert und hatte deshalb den Beruf eines Ökonomen ergriffen; am Landwirtschaftlichen Institut von Philipp Emanuel von Fellenberg in Hofwyl erwarb er dafür das erforderliche Rüstzeug. Christoph Merian-Hoffmann schenkte dem Paar das «Vordere Gundeldingen», in dessen Bewirtschaftung Forcart jetzt die lang ersehnte ideale Lebensaufgabe fand. Hier waren ihm und seiner Frau frohe Tage des jungen Glücks beschieden, das die Geburt zweier hoffnungsfroher Kinder noch erhöhte.

Mit beiden Kindlein zum Himmel

Bald aber zogen an dem heiteren Himmel dunkle Wolken auf: Nach einem halben Jahr wurden den Eltern das Mädchen und nach neun Monaten auch das Knäblein wieder entrissen. Die Wunden, welche diese Verluste dem Herzen der tief erschütterten Mutter zufügten, sollten nicht mehr heilen: Die Trauer warf sie auf ein zweieinhalbjähriges, beschwerliches Krankenlager, das sie in christlicher Fassung klaglos ertrug; bis zu ihrem Sterben soll von ihr tröstende Kraft ausgegangen sein. Am 26. April 1823 geleiteten sie die Ihrigen zum frühen Grab im Kreuzgang des Münsters, in dessen südöstlichem Flügel man noch heute bewegt der jungen Frau gedenkt, der ein so kurzes Lebensziel gesetzt war: Auf einem roten Sandsteinrelief verewigte dort der Meissel des Nidwaldner Bildhauers Joseph Maria Christen (1769-1838) ihr Schicksal durch die ergreifende Darstellung einer Mutter, die, ihre beiden Kindlein im Arm, zum Himmel schwebt.

Mit Susanna Forcart-Merian hatte das Gundeldinger Schlösschen seinen guten Geist verloren. Schwer litt der Gatte unter dem Tod der Gefährtin, die seinen Weg nur während kurzer sieben Jahre hatte begleiten dürfen. Auch die landwirtschaftliche Betätigung vermochte ihn über seinen tiefen Schmerz nicht hinwegzutrösten, so dass er sich auf den Vorschlag seiner besorgten Angehörigen entschloss, eine längere Reise nach Übersee zu unternehmen. Das ganze «Vordere Gundeldingen» verpachtete er deshalb an die im Oktober 1824 gegründete «Landwirtschaftliche Armenschule», deren Zöglinge unter der Leitung des Hausvaters die Feldarbeiten besorgten.

Neue Schatten

Mit neuem Lebenswillen und neuer Lebensfreude kehrte Carl Wilhelm Forcart in die Vaterstadt zurück, und so fand er den Mut, bei dem Bankier und Obersten Theodor von Speyr-Ryhiner um die Hand seiner um zwanzig Jahre jüngeren Tochter Maria (1808-1866) anzuhalten. Am 16. Februar 1830 wurde die Hochzeit gefeiert. Wiederum nahm Forcart seine landwirtschaftliche Tätigkeit im «Vorderen Gundeldingen» auf, nachdem die Landwirtschaftliche Armenschule inzwischen in das Spitalgut unterhalb von St. Margarethen übergesiedelt war. Allein schon in den ersten Jahren der kinderlos gebliebenen zweiten Ehe wurde er von einer unheilvollen, schleichenden Krankheit ergriffen, die sich zusehends verschlimmerte, so dass ihm die Ärzte im Herbst 1837 nahelegten, die Wintermonate an der Côte d'Azur zu verbringen. Indessen sollten sich die Hoffnungen, die sie auf die Heilkraft des Südens gesetzt hatten, nicht erfüllen; Fern der Heimat erlosch am 21. Februar 1838 in Nizza das Lebenslicht des Herrn vom «Vordern Gundeldingen». Bei der Erbteilung fiel das auf 100 000 Franken veranschlagte Landgut der Witwe zu; ihr diente der schöne Sitz weiterhin zur Wohnung während der Sommermonate, bis sie im Herbst 1840 mit Dr. Albert Ostertag (1810-1871) eine zweite Ehe einging.

Hermann Hesses Mutter

Im Frühjahr 1837 war Ostertag, ein aus Stuttgart stammender Theologe, in den Dienst der Basler Mission getreten. Bald lernte er die junge Witwe Carl Wilhelm Forcarts kennen, die «durch ihre stille, tiefe Innigkeit, ihr besonnenes, ruhiges Urteil, ihren feinen Anstand und ihre stille Güte» das Herz des vielseitig gebildeten Missionslehrers gewann. Ihr Vater, Oberst Theodor von Speyr, nahm Ostertag herzlich in seine Familie auf, und im Frühsommer 1840 trat dieser mit Marie Forcart-von Speyr vor den Altar.

Das «Vordere Gundeldingen» wurde von neuem zur Stätte des Glücks, das sich noch vertiefte, als sich die kinderlosen Eheleute während längerer Zeit der Erziehung von Töchtern ausgesandter Missionare widmeten. Eines ihrer ersten Pflegekinder war Marie Gundert (1842-1902), die spätere Mutter des Dichters Hermann Hesse, die «dem schönen Gartenland der ersten glücklichen Kindheit» im «Vorderen Gundeldingen» eine leuchtende Erinnerung bewahrte. Ostertag, den seine schwache Gesundheit mehr und mehr dazu nötigte, sich von seiner Lehrtätigkeit zu entlasten, entfaltete in späteren Jahren eine wertvolle schriftstellerische Tätigkeit, durch die er in weiten Kreisen den Sinn und das Verständnis für die Aufgabe der Mission zu wecken wusste. Friedrich von Bodelschwingh, der Gründer der Anstalten von Bethel-Bielefeld, wurde durch ein Traktat Ostertags seiner späteren segensreichen Wirksamkeit zugeführt.

Im Stil von Louis XIV

Über Immanuel Burckhardt-Burckhardt und den Architekten Johann Jacob Stehlin-Burckhardt gelangte das «Vordere Gundeldingen» 1876 an Frédéric Engel-Gros, den Chef der Mülhauser Firma Dollfus, Mieg & Co., der nach dem Übergang von Elsass-Lothringen an das Deutsche Reich seinen dortigen Wohnsitz aufgab und sich schliesslich in Basel niederliess. Das Schlösschen mit den inzwischen verschwundenen, links daran anstossenden Scheunen und Stallungen liess er im Hintergrund als geschlossene Gruppe weiterbestehen; für sich aber erbaute er rechts davon, ziemlich nahe der Strasse, im Versailler Stil von Louis XIV die luxuriöse Villa mit Balustraden, grossen Wasserbecken, Lustgarten und Pavillon. Täglich fuhr er sechsspännig von hier nach Mülhausen. Nach seinem Tod nahm 1924 die Parzellierung und sukzessive Überbauung des «Vorderen Gundeldingen» ihren Anfang; glücklicherweise blieben dabei das alte Schlösschen wie die Engelsche Villa gerettet. Mit der Übernahme der letzteren durch Roger Mayer, den Inhaber der bekannten Werbeagentur, der sieben Handänderungen vorausgingen, schloss sich 1971 der Kreis.

Das «Mägdlein-Schulhaus» an der Rheingasse

An das Haus «zem Birbom» grenzt die breite Liegenschaft Rheingasse 86, die während nahezu 200 Jahren als Mädchenschulhaus der St. Theodorsgemeinde diente. Die Rheingasse-Front des Hauses mit ihren barocken Fensterkreuzen stammt vermutlich aus dem 17. Jahrhundert.

In das Licht der Akten tritt die heutige Liegenschaft Obere Rheingasse 86 erst zu Beginn des 17. Jahrhunderts. Zuvor gehörte sie zum Areal des sogenannten «Oberen Ziegelhofs» am Lindenberg, welcher neben dem alten Ziegelhof an der Rheingasse (Nr. 31/33) nach dem Stadtbrand von 1417 errichtet worden war. Jene Katastrophe hatte den Rat zum Erlass einschneidender bau- und feuerpolizeilicher Verfügungen veranlasst; insbesondere verbot er damals, die Häuser weiterhin mit Schindeln zu decken und erklärte die Ziegel-Bedachung als obligatorisch. Zugleich wurden im Interesse bedürftiger Hausbesitzer die Ziegelpreise herabgesetzt und, wo es sich als notwendig erwies, städtische Beiträge an die Kosten eines Ziegeldachs gewährt.

Rüstmeister und Turmbläser

Wann auf dem Areal neben dem «Birbom» eine eigentliche Wohnbehausung erstellt wurde, steht nicht fest; doch wissen wir, dass dort, wohl schon im 16. Jahrhundert, der Rüstmeister seinen Wohnsitz hatte, das heisst der Leiter der Bauarbeiten im Kleinbasler Werkhof, der sich an der Oberen Rebgasse befand. Offenbar stand die Liegenschaft im Besitz der Stadt, denn aus einem noch zu besprechenden Dokument von 1660 geht hervor, dass sie in der Folge dem Kleinbasler Turmbläser zugewiesen wurde. «Der Herren (das heisst des Rates) Bläser» wird denn auch in der Stadtbeschreibung des Stadtarztes und Professors Felix Platter vom Jahr 1610 als Bewohner des Hauses an der Obern Rheingasse angeführt.

Zu den Turmbläsern auf dem Münster und zu St. Martin, wo sie sich schon zu Beginn des 14. Jahrhunderts nachweisen lassen, trat, spätestens seit dem Jahr 1402, ein solcher «ennet Rhins»; er waltete seines Amtes ursprünglich auf dem Türmlein der St. Niklaus-Kapelle neben dem Kleinbasler Richthaus (an der Stelle des heutigen Café Spitz), später auf demjenigen des Richthauses selbst. Als Diener des Rates hatten die Turmbläser Tag und Nacht «anzublasen», die Stunden während der Nacht anzuzeigen und vor allem bei Ausbruch eines Brandes mit ihrem Horn, später mit der Trompete Feueralarm zu geben. Für seine Tätigkeit bezog der Kleinbasler Turmbläser einen Wochenlohn von 7 Schilling und ausserdem ein «Kohlengeld» zur Beheizung seines Turmstübleins, überdies wurde er vom Rat mit einem Sommerkleid und einem Winterrock, später mit einem Pelz und einem Paar Filzschuhen ausgestattet. Die Sitte des Turmblasens bestand, jedenfalls auf dem Münster, bis vor hundert Jahren fort. Es

schien, «als könnte Basel ohne den Münster-Nachtwächter niemals in Sicherheit schlummern» – so schrieb der in der «St. Johanns-Capelle», dem heutigen Sitz des Erziehungsdepartements, wohnhafte und dort durch die Stundenzeichen immer wieder in seiner Nachtruhe gestörte Professor Johann Jacob Bachofen, der Erforscher des Mutterrechts, noch in einem Brief vom 23. Januar 1880 an Rudolf Iselin, den Seckelmeister des Münster-Vereins.

«Für die Töchterlin von Kleinbasel»

Seit dem Jahr 1660 bis in die Mitte des 19. Jahrhunderts diente die Liegenschaft an der Oberen Rheingasse als Mädchenschulhaus der Kirchgemeinde St. Theodor. Schon 1638 hatte der Rat eine «ordentliche und öffentliche Schul für die Töchterlin von Kleinbasel» errichtet und auch einen Schulmeister bestellt; doch hatte er es unterlassen, der Schule gleichzeitig ein bestimmtes Gebäude anzuweisen, so dass der Unterricht bald hier, bald dort erteilt werden musste, meist in allzu kleinen Stuben, «daher besonders in Winterzeit wegen des Dampfes nicht wenige von den Kindern erkrankten». So heisst es in einer «Supplication» vom Jahr 1660, in der sich die Pfarrer der mindern Stadt und die Meister der Drei Ehrengesellschaften an die «Gnädigen Herren» wandten, indem sie diese ersuchten, Kleinbasel eine Liegenschaft zu Schulzwekken zu überlassen.

Sie lenkten dabei die Aufmerksamkeit des Rates auf das im Besitz der Stadt befindliche Haus an der Rheingasse, «welches sampt seinem Höflein an den Rhein stösst, darinnen vor diesem der Rüstmeister, von etlichen Jahren her aber aus Bewilligung der Thurnbläser gewohnt». Der Rat hiess den Vorschlag gut, worauf in dieser Liegenschaft das «Lehr-, Zucht- und Schulhaus für die Meidlin von St. Theodor» eingerichtet werden konnte.

1824/25 erfuhr das «Gemeind-Mägdlein-Schulhaus» einen gründlichen Umbau. Es erfüllte seinen Zweck, bis das neue Gemeinde-Schulhaus bei der St. Theodors-Kirche bezogen werden konnte. Ende September 1856 brachte der Stadtrat, die Exekutive der von 1803 bis 1875 bestehenden Stadtgemeinde, das entbehrlich gewordene alte Schulhaus an der Obern Rheingasse zur Versteigerung, die indessen erfolglos blieb. Erst im April 1857 gelang es, die Liegenschaft zu verkaufen. Deren Eigentümer wurde der Schiffmann und Holzhändler Johann Conrad Dechslin-Riedtmann von Schaffhausen, der sie zum Wohnhaus umgestaltete.

«Zum Kaiserstuhl» an der Rheingasse

Das heutige, aus der Mitte des vergangenen Jahrhunderts stammende, massive Geschäfts- und Wohnhaus «zum Kaiserstuhl» an der Rheingasse 23 lässt nichts mehr von der ruhmvollen Vergangenheit dieser Liegenschaft ahnen, die während mehr als 100 Jahren der Wohnsitz der drei Generationen der Drucker- und Gelehrtenfamilie Amerbach war, die Stätte, an der jene einzigartige Sammlung des Amerbachschen Kabinetts aufgebaut wurde, welches dank der Weitsicht des Rates 1662 für die Stadt erworben wurde und mit den Meisterwerken Hans Holbeins den Grundbestand unseres Kunstmuseums bildet.

Die urkundlichen Nachrichten über die Liegenschaft «zum Kaiserstuhl» an der Rheingasse 23 reichen zurück bis ins Jahr 1352; damals wurde sie bewohnt von dem reichen Achtburger Johannes Relin und seiner Gattin Anna, der Witwe des Wechslers Werner Fuchs. Von ihnen ging sie über an den offenbar unverehelicht gebliebenen Sohn Johannes, um sich dann an dessen Schwester Agnes, die Gattin des Ritters Werner von Ramstein, und Anna, die Gattin von Dietrich Münzmeister, zu vererben. Erbin der Anna Münzmeister-Relin wurde deren Schwägerin Elsin Münzmeister, die Gattin des «Edelknechts» Jecklin von Wildenstein, welche die Hofstatt 1416 an Heinzman von Tunsel, den Gastwirt der damaligen Herberge «zum Silberberg», abtrat. Später erscheinen als Bewohner des «Kaiserstuhls» der Schiffmann Clewi Singer (1418) und der seit 1455 zu Hausgenossen zünftige Henni Seger, der sich noch 1477 auf der Liegenschaft nachweisen lässt.

Der Buchdrucker Johannes Amerbach ...

Die grosse Zeit des «Kaiserstuhls» beginnt 1482 mit dessen Erwerb durch den nach seinem Geburtsort Amorbach in Unterfranken benannten Johannes Amerbach (gestorben 1513), der nach seiner Studienzeit in Paris und einem Aufenthalt in Venedig im Lauf der 1470er Jahre als Buchdrucker in Basel festen Fuss gefasst, hier 1483 eine nachmals berühmte Offizin gegründet hatte und als Persönlichkeit von umfassender Bildung und hohem beruflichen Können bald zu einer zentralen Gestalt der älteren hiesigen Buchproduktion und zu einem Förderer des Humanismus wurde. Seine monumentalen Druckwerke, an deren Entstehung er selbst bis ins Detail beteiligt war, erschienen im «Sessel» am Totengässlein, der in der Folge zur Stätte des Wirkens von Johannes Froben (1460–1527) wurde. Johannes Amerbach war umgeben von einem grossen Kreis bedeutender Helfer und Mitarbeiter; um ihn scharten sich hervorragende Gelehrte wie Johannes Heynlin von Stein, mit dem er schon aus seiner Pariser Zeit befreundet war, Johannes Reuchlin, Sebastian Brant, Conrad Pellican und Beatus Rhenanus, die auch im «Kaiserstuhl» an der Rheingasse ein- und ausgingen.

...und seine Familie

Unmittelbar nach dem Erwerb der Liegenschaft an der Rheingasse begründete Johannes Amerbach, der damals die Schwelle des sechsten Dezenniums bereits überschritten hatte, den eigenen Hausstand, indem er 1483 die Spenglerstochter Barbara Ortenberg heimführte; ein Jahr später wurde ihm auch das Bürgerrecht der Stadt zuteil. Drei Söhne gingen aus der Ehe hervor; für deren umfassende Ausbildung waren dem Vater keine Opfer zu gross. Bruno (geboren 1485) und Basilius (geboren 1488) vertraute er in jungen Jahren dem hoch angesehenen Gymnasium von Schlettstadt im Elsass, einem Zentrum des Frühhumanismus, an; später sandte er sie nach kurzem Besuch der hiesigen Hochschule zum Studium an die Universität Paris, den damaligen Hauptsitz der scholastischen Philosophie, Basilius auch zu dem Juristen Ulrich Zasius nach Freiburg im Breisgau.

Dessen Schüler wurde auch ihr jüngster Bruder, der 1495 geborene Bonifacius, der im Todesjahr des Vaters (1513) den Magistergrad der heimatlichen Hochschule erwarb und 1525 in Avignon zum Doktor der Rechte promovierte, nachdem er bereits im Jahr zuvor mit der juristischen Professur an der Basler Universität und dem Amt des Rechtskonsulenten des Rates betraut worden war. Er ragt in der Geistesgeschichte unserer Stadt hervor als Mittelpunkt des glänzendsten Humanistenkreises und als intimster Freund und Erbe des Erasmus, als Persönlichkeit von hoher Kultur und beglückender menschlicher Ausstrahlung.

Das Amerbachsche Kabinett

Bis zu seinem Tod im Jahr 1562 blieb der «Kaiserstuhl» der Wohnsitz von Bonifacius Amerbach, der 1547 noch zwei angrenzende kleine Häuser am «Silbergässlein», dem heutigen Schafgässlein, hinzuerwarb; dann ging er über an den Sohn Basilius, der auch als Professor der Jurisprudenz und als Rechtsberater der Obrigkeit die Nachfolge seines Vaters antrat. Er war es, der das reiche Erbe an Antiquitäten und Kunstwerken, welches bereits der Grossvater und Vater geäufnet hatten, in jahrzehntelanger, systematischer und grosszügiger Sammlertätigkeit nach den verschiedensten Richtungen hin zu einem eigentlichen Kunstkabinett ausbaute, dem berühmten «Amerbachschen Kabinett», dessen Bestände an Gemälden, Handzeichnungen, Holzschnitten und Kupferstichen, an Statuetten, Münzen und Medaillen wie Musikinstrumenten zum kostbarsten Besitz der Öffentlichen Kunstsammlung, des Historischen Museums und der Universitätsbibliothek zählen (vgl. hiezu Elisabeth Landolt, Kabinettstücke der Amerbach im Historischen Museum Basel, Basel 1984). 1578 liess Basilius Amerbach auf der an das grosse Wohnhaus anstossenden Waschküche einen gewölbten Saal aufbauen, in dem er die Sammlungen in besonders sorgfältig katalogisierten Schränken unterbrachte, die der seit 1556 zu Spinnwettern zünftige Tischmacher Mathis Giger von Pfullendorf nach seinen Anweisungen angefertigt hatte. Das «Amerbachsche Kabinett» im «Kaiserstuhl» war eine der grössten Sehenswürdigkeiten der Stadt, und Basilius Amerbach freute sich, seine Schätze erlauchten Gästen der Stadt zu zeigen und ihnen aus einem heute im Historischen Museum verwahrten Globus-Pokal seinen edlen Wein zu kredenzen.

Von Amerbach zu Iselin

Mit dem Tod von Basilius Amerbach starb die berühmte Drucker- und Gelehrtenfamilie 1591 bereits in der dritten Generation aus. Nunmehr gelangte der «Kaiserstuhl» an den Neffen von Basilius, Ludwig Iselin-Ryhiner, den Sohn des bereits 1564 an der Pest verstorbenen Professors Johann Ulrich Iselin und der Faustina Amerbach, der Tochter des Bonifacius. Nach dem frühen Hinschied des Vater von Basilius Amerbach als Vormund betreut, hatte Ludwig Iselin 1589 als erster schweizerischer Doktorand der Rechte in Basel promoviert und unmittelbar darauf die Professur für Institutionen angetreten, mit der er seit 1598 das Amt des städtischen Rechtskonsulenten vereinigte. Durch sein fruchtbares Wirken trug er wesentlich zur damaligen Blüte der Juristischen Fakultät bei. Seine letzten Lebensjahre wurden dunkel überschattet durch die Pest, die ihm sechs Kinder entriss, wie durch schwere körperliche Leiden, von denen er 1612 durch den Tod erlöst wurde.

Als einziger Sohn überlebte den Vater der 1611 geborene Basilius Iselin-Beck, der sich nach anfänglichen Studien an den Universitäten von Basel und Bourges dem Handelsstand zuwandte, als Sechser zu Rebleuten dem Grossen Rat und als Beisitzer dem Gericht der mindern Stadt angehörte; ebenso amtete er als Mitmeister E.E. Gesellschaft zur Hären. Nach seinem Tod im Jahr 1648 scheint der «Kaiserstuhl» noch längere Zeit im gemeinsamen Besitz seiner Erben geblieben zu sein; das Amerbach'sche Kabinett aber wurde 1662 vom Rat um 9000 Reichstaler erworben und damit auf alle Zeiten für die Stadt gerettet.

15 Jahre später entschloss sich dann Ursula, die ältere Tochter von Basilius Iselin-Beck, die 1662 dem «Goldarbeiter» Jacob Voilloume, einem Mitglied des Konsistoriums der Französischen Kirche, die Hand gereicht hatte, zur Übernahme der Behausung an der Rheingasse mit dem bis an die Utengasse reichenden Garten. Ihre Erbin war die unverehelichte Tochter Anne Voilloume; sie gab die Liegenschaft 1720 an Elisabeth Staehelin-Iselin, die jüngere Schwester ihrer Mutter und Witwe des Eisenhändlers Balthasar Staehelin, weiter. Von ihr vererbte sich der «Kaiserstuhl» auf deren Tochter Magdalena Respinger-Staehelin, die Gattin des Handelsmanns Johann Wernhard Respinger, deren Nachkommen sie 1770 an Hans Balthasar Heusler veräusserten. Dieser erhielt vom Rat die Bewilligung, im «Kaiserstuhl» eine Seidenfärberei einzurichten und «zu seiner Profession von dem Bächlein an der Utengasse das nötige Wasser durch einen Teuchel in seine Behausung zu leiten».

Nach verschiedenen weiteren Handänderungen ging die Liegenschaft 1809 von Anna Maria Iselin, der Witwe des «Obristmeisters» und Stadtrats Achilles Miville über an den Handelsmann Emanuel Otto, dessen Firma indessen 1847 unter seinem Schwiegersohn Samuel Barth-Otto fallierte. Um die Mitte des vergangenen Jahrhunderts liess dann der neue Eigentümer, der aus Warmbach stammende Kostgeber und Kutscher Johannes Kaiser, auf dem Areal des alten «Kaiserstuhls» das neue Wohngebäude aufführen und zugleich das Hinterland an der Utengasse und am Schafgässlein überbauen.

«Auf dem Zwingel» an der Rheingasse

Das Haus «Auf dem Zwingel» steht zwischen der Rheingasse (Nr. 74) und dem Oberen Rheinweg (Nr. 69). Sein Name weist hin auf die vor der Häuserreihe der Rheingasse verlaufende Zwingmauer, welche im 16. Jahrhundert zum Schutz der Rheinfront zwischen der Mittleren Brücke und der Kartause, dem heutigen Bürgerlichen Waisenhaus, angelegt worden war.

Auf dem Zwingel heisst das Haus Rheingasse 74/Oberer Rheinweg 69 nach der alten Zwingmauer, welche im 16. Jahrhundert von der Obrigkeit zum Schutz der Rheinfront zwischen der Mittleren Brücke und der Kartause, dem heutigen Bürgerlichen Waisenhaus, vor der Häuserreihe der Rheingasse angelegt worden war und einen davor verlaufenden «Rondenweg» mit einschloss. «Stösst hinten an Miner Herren (d.h. des Rates) Zwingelhof» – so wird die Lage der Liegenschaft denn auch seit ihrer ersten Erwähnung um das Jahr 1531 charakterisiert. Die genannte Mauer nahm ihren Anfang oberhalb des Café Spitz bei der einstigen Niklaus-Kapelle und wurde an drei Stellen durch kleine Torbogen durchbrochen, welche den an der Rheingasse wohnhaften Fischern und Schiffleuten den Zugang zum Strom ermöglichten. Im 18. Jahrhundert errichteten dann die Eigentümer der Häuser an der Rheingasse auf deren Hinterseite vielfach hölzerne Lauben, die in den alten Rondenweg hinausragten, und ums Jahr 1800 erweiterten sie ihre Liegenschaften bis zur Zwingmauer, an deren Stelle sie heute stehen. Ihren Abschluss fand die Mauer dort, wo die Riehentorstrasse gegen den Rhein gelangt; hier erhob sich das «Obere Rheintor», vor dem sich der Landeplatz für die Holz- und Steinschiffe befand. Im Jahr 1863 wurde dann der Obere Rheinweg aufgeschüttet, und damit verschwand auch das dortige Rheintor; erhalten blieben dagegen bis heute der «Pulverturm» sowie der Eckturm der Kartause.

Fischer und Schiffleute

Fischer und Schiffleute begegnen uns immer wieder auf der Liegenschaft «Auf dem Zwingel», deren Hauptfront sich nach der Rheingasse orientierte. Als erster Bewohner lässt sich ums Jahr 1531 Barthlome Knobloch, der ehemalige Schaffner des Kartäuser-Klosters, nachweisen, welcher der Kirche zu St. Theodor als Grundherrin von seinem Haus jährlich auf Martini einen Schilling und drei Pfennig zu zinsen hatte; später verringerte sich diese Abgabe auf einen symbolischen «Kaisergroschen», der jeweils auf den Kaiser Heinrichs-Tag, den 13. Juli, entrichtet wurde. 1585 sass hier der Fischkäufer Heinrich Güffin, der zusammen mit dem Fischer und Ratsherrn Jacob Roth in der St. Johanns-Vorstadt beim Schaffner des nach der Reformation säkularisierten Klosters Klingenthal ein Darlehen von hundert Gulden aufnahm, das, 1601 in zwei Posten aufgeteilt, 1602 und 1668 zurückbezahlt

wurde. Fischkäufer war auch Ulrich Gysin, der in der Stadtbeschreibung des Stadtarztes und Professors Felix Platter vom Jahr 1610 als Eigentümer des Hauses erwähnt wird.

Ihm folgte 1653 der Schiffmann Stoffel Thommen. Als er 1666 unter Hinterlassung von drei Kindern starb, wurde die von ihm verpfändete Hofstatt «wegen unterschiedlichen Kapitalien und vielen davon ausstehenden Zinsen, welche er schuldig verblieben», von den Gläubigern zur gerichtlichen Auktion gebracht, an der sie Thommens Berufsgenosse Peter Thüring ersteigerte. Von ihm ging sie 1675 an den Fischer Jacob Karle über. 1738 befand sich das Haus im Besitz des Schiffmanns Johannes Pfannenschmied-Fininger, der, verbürgt durch den Metzger Emanuel Pfannenschmied-Steinhauser, von Sara Iselin, der Witwe des Werkmeisters Johann Jacob Pack, 150 Pfund und von dem Schuhmacher Abel Hersperger weitere 100 Pfund erhältlich machen konnte, obschon die Liegenschaft bereits mit 700 Pfund belastet war. Offenbar musste sie indessen schon drei Jahre später durch die Verwandten Pfannenschmieds, den Sattler Friedrich Fininger und dessen Sohn Heinrich übernommen werden.

Streit um ein Brennöfelein

Unmittelbar nach dem Kauf der Behausung durch den Küfer Johannes Jäcklin im Jahr 1741 stellte dieser beim Fünfergericht, das damals die Funktionen der Baupolizei ausübte, das Begehren, man möchte ihm gestatten, darin einen Brennofen zu errichten; doch stiess er auf den Widerstand seiner Nachbarn, des Fischers Jacob Matzinger und des Rebmanns Jacob Mangold. Trotzdem scheint er seinen Kopf durchgesetzt zu haben; denn 1743 wurde er bei den «Fünfern» «wegen eines Brennöfeleins» verzeigt. Grösseres Entgegenkommen fand der Hafner Johannes Moser, der 1771 um dieselbe Bewilligung ersuchte; damals erklärten die Eigentümer der angrenzenden Häuser ihr Einverständnis, «wenn alles gefahrlos eingerichtet wird». Als Moser die Liegenschaft 1770 um 1100 Pfund erwarb, meldete der Notar Johannes von Mechel namens der Juristischen Fakultät der Universität ein darauf ruhendes Kapital von 850 Pfund an, und ebenso präsentierte der Steinmetz Lucas Pack seine Rechnung über noch ausstehende 18 Schilling und 3 Pfennig «für Arbeit und Materialien zur Hausrestauration».

«Für Liebe und Treue»

1790 traf Johannes Moser mit der Jungfrau Margaretha Stocker, der er die Hand zu einer zweiten Ehe reichte, eine «Heiratsabrede», in der es heisst: «Stirbt der Hochzeiter im kinderlosen Fall zuerst, soll die Hochzeiterin des Hochzeiters Wohnbehausung im mindern Basel an der Rheingasse auf Lebenszeit, sofern sie sich nicht wieder verheiratet, zu einem Witwensitz ruhig zu besitzen und zu bewohnen haben, dagegen aber das Haus in gutem Zustand erhalten und im Fall dann noch ein Kapital darauf stünde, dasselbe verzinsen.» Schon drei Jahre später war der «Hochzeiter» tot und die Witwe bereits mit dem Hafner Heinrich Rapp ein zweites Mal vor den Altar getreten. Trotz Wiederverheiratung blieb die Liegenschaft in ihrem Besitz, und obschon die Ehe eben erst begonnen hatte, legte die Neuverheiratete zu Gunsten ihres zweiten Gatten aus Dank «für ihr erwiesene Liebe und

Treue» fest, das Haus an der Rheingasse solle ihm «samt Zugehörd um 1500 Pfund angeschlagen und übergeben» werden; doch habe er die «passiven Schulden auf Rechnung und Abschlag bemeldten Kaufschillings» zu übernehmen. Frau Margaretha überlebte indessen auch ihren zweiten Lebensgefährten. 1819 verkaufte sie die Liegenschaft mit dem Beistand ihres Vogtes, des Hafners Georg Laubheim, dem Polizeidiener und späteren Weinschenken Heinrich Riedtmann, der neun Jahre später eine neue Fassade gegen den Rhein errichten liess und die Erweiterung des Hauses bis zur Zwingmauer zur Einrichtung neuer Zimmer benützte. Wohl sein Sohn war der Rheinzoller Heinrich Riedtmann, der den Zoll auf den Frachten zu erheben hatte, welche hier geländet wurden. Auf ihn geht die aus dem Jahr 1839 stammende «neue Behausung» zurück, deren Renovation jetzt zu einem glücklichen Abschluss gelangt ist.

«Zum Waldvögeli» an der Rebgasse

«Zum Waldvögeli» steht auf der Fassade der Liegenschaft an der Rebgasse 40 geschrieben, und beigefügt ist die Jahrzahl 1526. Seine Bezeichnung freilich, die durch den kunstreichen Schmuck der Haustür illustriert wird, ist wesentlich jüngeren Datums; sie scheint auf den hübschen Einfall eines romantisch veranlagten Eigentümers im 19. Jahrhundert zurückzugehen, der das zuvor namenlose Haus «zum Waldvögeli» taufte.

Die heutigen Bezeichnungen «Obere Rebgasse» und «Untere Rebgasse» stammen aus neuerer Zeit; die Untere Rebgasse jedenfalls wurde noch 1572 «Clarengasse» genannt, weil sie vom St. Clara-Kloster ausging. Die Verbindung zwischen dem St. Clara-Kloster und dem Riehentor beziehungsweise der Kirche von St. Theodor trug dagegen schon 1390 die Bezeichnung «Rebgasse»; 1686 hiess sie auch die «lange Strass». Johannes Gast, der als Pfarrer zu St. Martin das Reformationswerk seines Freundes Johannes Oekolampad unterstützte, bemerkt in seinem Tagebuch, dass man 1546 begonnen habe, diese Gasse mit Kieselsteinen zu pflastern. An der Rebgasse sassen seit alters im besonderen Rebleute; denn der damals noch unbebaute Hang von der Rebgasse gegen die Utengasse und den Lindenberg war mit Reben bepflanzt. Der Wein, den sie spendeten, wurde schon im 15. Jahrhundert in der Trotte gekeltert, die sich hinter dem Haus Rebgasse 38, dem spätern Pfarrhaus von St. Theodor, befand; bereits im Jahr 1496 wird es «Trottenstein» genannt.

Ein Rebmann mag auch Peter Tüfel gewesen sein, der als erster Bewohner der angrenzenden Liegenschaft (Nr. 40), des heutigen «Waldvögeli», im Reichssteuerrodel des Jahres 1497 erwähnt ist. Neu überbaut wurde die Hofstatt dann im Jahr 1526 durch Claus Singer, «miner Herren Steinknecht über Rhin». Er arbeitete im Kleinbasler Werkhof der städtischen Obrigkeit, der wenige Schritte von seinem Wohnsitz entfernt zu Beginn des 16. Jahrhunderts auf dem Areal Rebgasse 32/34 geschaffen worden war. Sein Neubau brachte Singer verschiedentlich in Konflikt mit dem Lohnamt, wie das damalige Bauamt hiess, sowie mit dem Kämmerer des Domstifts, das ursprünglich einen Bodenzins von der Liegenschaft bezogen hatte, in der Folge aber darauf verzichtete. Finanziert hatte er den Bau mit einem Darlehen von 50 Pfund, das ihm Salomon Brunschwiler, der Schaffner der Leutkirche zu St. Martin, gegen Verpfändung des Hauses und des dahinter gelegenen, bis an den Lindenberg reichenden Gartens sowie von zwei Stücken Rebland vor dem Riehentor an der Riehen- und Grenzacherstrasse gewährt hatte; das eine dieser Rebareale war mit zehn Schilling auch der «Gesellschaft der Schererknechte», das heisst der Vereinigung der Gesellen der Wundärzte, zinspflichtig. 1537 nahmen Singer und seine Gattin Elisabeth Teck bei St. Martin weitere 25 Pfund auf, womit sich ihr Zins von

zweieinhalb Pfund um ein Pfund und fünf Schilling erhöhte. Acht Jahre später verkaufte das Ehepaar die Liegenschaft um 111 Pfund an den Karrer Clemens Wagner, Bürger zu Liestal, und dessen Gattin Verena Firtag. Wegen des Brennofens, den er hinter dem Haus erstellt hatte, zog ihn 1549 das Lohnamt vor das Fünfergericht, dem damals die Funktionen der heutigen Baupolizei übertragen waren.

Bauhändel entstanden auch unter Wagners Nachfolger Heinrich Feldbach; 1608 prozessierte dieser gegen den Wagner Hans Jacob Gräter im «Trottenstein» wegen eines Mäuerleins, das letzterer im Garten an seinem «Badstüblein» errichtet hatte, sowie wegen des an diesem Mäuerlein angeschlossenen «Privatturms». In der Folge erwarb Gräters Sohn Christoph die Liegenschaft Feldbachs; doch hatte er damit seinen Finanzen allzuviel zugemutet: 1663 und 1665 blieb er dem Bürgermeister Niclaus Rippel und Michael Hertenstein die Zinsen für deren Darlehen von 200 und 125 Pfund schuldig, worauf er von beiden Seiten betrieben wurde. Ärger erlebte er auch im Streit mit seiner Sohnsfrau Ursula Ritterin, die später dem Steinmetzen Jacob Reyff die Hand zu einer zweiten Ehe reichte und die Behausung mit Garten 1681 um 1300 Pfund an den Schiffmann Sebastian Matzinger und dessen Gattin Judith Erlacher veräusserte.

Von deren Erben ging die Liegenschaft 1708 an den Metzger Hans Rudolf Biermann über, der dafür den hohen Preis von 3325 Pfund bezahlte. Er wandte sich alsbald an die «Fünfer» mit dem Gesuch, ihm den Bau eines grösseren Stalls sowie eines «Bauchofens» (Waschofen) hinter dem Haus zu bewilligen. Der Schneider Johann Lämmlin, sein Nachbar im «Laufen» (Nr. 42), «mochte es wohl leiden»; mit dem andern Anstösser aber, dem Handelsmann Johann Jacob Werenfels in der «Trotte» (Nr. 38), dem Grossvater des Architekten Samuel Werenfels, kam es bald zum Prozess. Werenfels klagte Biermann im Jahr 1710 ein, weil er die Scheidemauer durch Einsetzung eines «Wassersteins» geschwächt habe. Vier Jahre lang währte dieser Händel, bei dem es hin und wieder sehr lebhaft zugegangen sein muss; denn der Rat sah sich veranlasst, Biermann wegen der von ihm bei einem Augenschein des Fünfergerichts ausgestossenen Flüche ernsthaft zu verwarnen. Auch mit dem Nachfolger von Werenfels, dem Ratsherrn Niclaus Fritschin, verstand sich Biermann nicht zum besten: 1737 erhob sich ein neuer Zwist, in dessen Verlauf es Biermann schliesslich durchsetzen konnte, dass ihm das Fünfergericht gestattete, «am Eingang seines Gartens auf der Seite gegen Herrn Ratsherrn Fritschins Garten eine Baugrube zu graben, seinen Gang bis in den Garten zu führen, an dessen Ende ein Privat (ein «Hysli») zu machen und die alte, an Herrn Fritschins Scheidemauer gelegene Baugrube für trockene Sachen offen zu lassen».

Nach dem Tod des streitbaren Metzgers vererbte sich das Haus auf den Sohn, den Ratsherrn Rudolf Biermann-Meyer, der von 1763 bis 1772 als Meister der Metzgernzunft amtete. Im «Inventarium und Theilbuch», das bei seinem Hinschied im Jahr 1772 erstellt wurde, figurieren unter den «liegenden Gütern» des Verstorbenen an erster Stelle die «Wohnbehausung, Hofstatt, Stallung, Heubühne und Baugrube, auch Garten im mindern Basel», die mit 3333 Pfund 6 Schilling angeschlagen wurden. Nachfolger des Vaters im Haus und Beruf wurde der Sohn Rudolf Biermann-

Brüderlin, welcher der Mutter Chrischona Biermann-Meyer den Kaufschilling zu 3 Prozent zu verzinsen hatte. 1789 stand er mit 5000 Pfund in der Kreide bei dem Ratsherrn Lucas David und 1798 mit 4000 Pfund bei Hieronymus Falkeysen, dem damaligen Pfarrer zu St. Leonhard und späteren Antistes; doch gelang es ihm, die Liegenschaft 1799 um die schöne Summe von 8300 Pfund an den Küfer Johann Werdenberg-Ecklin zu verkaufen, der hiefür 5600 Pfund bei der Verwaltung des Kirchen- und Schulguts aufnehmen musste; er richtete im Garten auch ein «Brennhäuslein» ein. Wenige Jahre nachher ging die Liegenschaft an Werdenbergs Berufskollegen Heinrich Langmesser über; dann wurde sie 1805 mit dem Verkauf an den Metzger, Artillerieleutnant und Ratsherrn Melchior Münch nochmals zum Metzgerhaus. 1858 folgte auf den «Conducteur» Heinrich Vögelin von Gächlingen (Kanton Schaffhausen) der Gipser Eduard Berlinger, den schon 1859 Johann Jacob Winkler von Gundelfingen und 1860 der Mechaniker Karl Aenishänslin-Gränacher ablösten. In den Händen der Nachkommen Aenishänslins ist das «Waldvögeli» noch während Jahrzehnten verblieben.

Gegenüber dem «Hattstätterhof» am Lindenberg

Schräg gegenüber dem Hattstätterhof am Lindenberg, dem Sitz der Verwaltung der Römisch-katholischen Kirche, stehen die beiden Liegenschaften «zum Biberstein» (Rheingasse 65) und «zum Vogelgesang» (Nr. 67), die bereits zu Beginn des 15. Jahrhunderts miteinander vereinigt waren und nun im Rahmen der zweiten Etappe des staatlichen Sanierungsprogramms (1977-1978) wiederum zu einer Einheit zusammengefasst wurden.

Zu Beginn des 15. Jahrhunderts, im Zeitpunkt, in dem die beiden Liegenschaften Rheingasse 65 und 67 erstmals ins Licht der dokumentarischen Überlieferung treten, bildeten sie eine Einheit. Ihr Eigentümer war der Schuhmacher Johannes, genannt Biberstein, der 1405 dem Kloster Klingental um 15 Gulden die jährlichen Einkünfte von einem Goldgulden verkaufte, welche ihm von dem Haus zustanden. Es war überdies belastet mit einem Bodenzins von einem Pfund, auf den Katharina, genannt Tribockin, Anspruch hatte; 1416 schenkte sie diese Einkunft Grede Ennelin Esslinger, einer Nonne des Klosters Gnadental, das sich an der Stelle der Alten Gewerbeschule in der Spalen befand. Als erster Bewohner der Liegenschaft tritt uns der Weber Petrus Eberstein entgegen, von dem sie sich auf dessen Tochter Elsi, die Gattin des Webers Clewi Thomann, vererbte. 1438 nahmen die Eheleute bei den Nonnen im Klingental 30 Gulden auf ihr «Sesshus» an der Rheingasse auf, die sie mit anderthalb Gulden zu verzinsen hatten.

Vorwiegend Rebleute

Seither lassen sich die Schicksale der beiden «Gehüse» gesondert verfolgen. Der «Biberstein», wie das Haus Nr. 65 nach seinem ersten Eigentümer auch später noch hiess, wurde laut dem Reichssteuerrodel des Jahres 1497 um die Wende zum 16. Jahrhundert bewohnt von dem Bannwart Hans Meyger und seiner «Hausfrau» Ursel. Ihm folgte der Gremper (Kleinhändler) Peter Hans Vix, der Haus und Höflein samt einem Stück Blossgelände und Reben in den Neusätzen 1518 um 10 Gulden an Hans Uffhuser, den Rebknecht zu St. Clara, und dessen Gattin Regeli verkaufte. Rebleute waren ebenso Henman Felix und Jokly (Jakob) Galler, genannt Schwitzer, denen wir 1559 und 1561 auf der Liegenschaft begegneten, sowie Hans Tägen (Degen), «der Oberländer», der sie 1573 um 82 Pfund und 10 Schilling von dem Weidlingmacher Hans Nüwenstein übernahm.

Die Kapelle zum Heiligen Kreuz

Damals ruhte auf dem «Biberstein» neben den Zinsen an die Klöster Klingental und Gnadental noch eine bescheidene Abgabe an die Kapelle zum Heiligen Kreuz, die der Rat 1403 auf der rechten Seite der nach Riehen führenden Landstrasse vor dem Riehentor

hatte errichten und 1418 durch den Maler Hans Tiefental von Schlettstadt kunstvoll ausmalen lassen. Die Kapelle verfügte über ein bedeutendes Vermögen, dessen Anfänge in die Zeit zurückreichten, in der an der Stelle des kleinen Gotteshauses nur ein von vielen Wallfahrern besuchtes Kreuz stand. Nach der Gründung der Universität im Jahr 1460 bildete die Kaplanei des Heiligen Kreuzes eine der Pfründen der hohen Schule. Im Verlauf der Reformation zog der Rat den Silberschatz der wohl noch im 16. Jahrhundert abgetragenen Kapelle ein; doch wurde ihr Vermögen anscheinend weiterhin gesondert verwaltet.

Seit 1578 stand das Haus an der Rheingasse im gemeinsamen Besitz von Jerg Gessler und Jacob Lengweiler, die wir bereits aus der Geschichte des «Salmen» (Nr. 63) kennen; später erwarb es der im Nachbarhaus wohnhafte Kuhhirt Hans Schaub, der noch in Felix Platters Stadtbeschreibung vom Jahr 1610 als Eigentümer erwähnt wird. Nach ihm sassen der Rebmann Heinrich Vollenweider (1646) und dessen Witwe (1658), der Rebmann Peter Schaub (1670), der Wiesenbannwart Christen Münch (1683) und der Fischer Franz Süffert auf dem «Biberstein».

Schulmeister mit 88 Jahren

Nach Süfferts Hinschied im Jahr 1714 ersteigerte der Küfer Sebastian Jäcklin den «Biberstein» um 300 Pfund. Lange Zeit blieb er hernach der Wohnsitz des Magisters Andres Jäcklin, der hier 1765 im Alter von 92 Jahren starb. Er hatte 1691 an der Universität den Grad eines Baccalaureus artium erlangt und war dann zum Studium der Theologie übergegangen; doch fand er erst 1737 eine Stellung, zunächst als Mädchen-, dann als Knabenschulmeister zu St. Theodor, die er bis zu seinem 88. Lebensjahr bekleidete; hierauf wurde er unter Belassung seines Salärs und einer Kompetenz von jährlich drei Saum (rund 410 Litern) Wein ehrenvoll entlassen. Das Haus an der Rheingasse übernahm die Tochter, Jungfrau Katharina Jäcklin; sie wurde 1783 von ihrer Nachbarin im «Salmen» eingeklagt, weil sie ihr Höflein hinter dem Haus höher «besetzt» habe, weshalb das Wasser ins Höflein der Klägerin ablaufe.

Über den Apotheker Emanuel Brandmüller im «Goldenen Ort» am Bäumlein (heute Engel-Apotheke) gelangte der «Biberstein» 1792 um 1100 Pfund an den Steinmetzen Lucas Pack-Rosenburger, den letzten Ratsherrn der Spinnwetternzunft vor der Staatsumwälzung von 1798; doch verkaufte er das Haus schon drei Jahre später für 600 neue französische Thaler dem Metzger Rudolf David, der ihm 400 Thaler schuldig blieb und, wie wir aus der Geschichte der Nachbarliegenschaft wissen, 1807 fallierte. In der Folge wechselte das Haus zwischen verschiedenen städtischen «Einsassen» immer wieder die Hand: Glaser, Schneider, Schlosser, Bandscherer und Schuster machten es zu einem richtigen Handwerkerhaus.

Armer Steinknecht

Aus der Vergangenheit des Nachbarhauses «zum Vogelgesang» (Nr. 67) erfahren wir nicht viel mehr als die Namen seiner Bewohner. 1455 überliess der Amtmann Hans Glaser die Liegenschaft um 6 Gulden dem Steinknecht Hans Harthenni, der wohl im Kleinbasler Werkhof an der Obern Rebgasse arbeitete. Die beiden Zinse von 10 Schilling an das Kloster Gnadental und einem halben Pfund an das Kloster Klingental lasteten schwer auf ihm, so dass er 1484 zugunsten der Kleinbasler Nonnen auf das Haus verzichtete, weil er nicht in der Lage war, es auf eigene Kosten zu unterhalten. Hierauf verlieh der Klingentaler Schaffner die Liegenschaft um 10 Gulden in Gold dem Steinknecht Peter Wisslin, der den Kaufschilling jedoch schuldig blieb. Sein Sohn und Nachfolger Peter Wysslin sah sich gezwungen, zusätzlich noch ein mit einem Gulden verzinsliches Darlehen des Domstifts aufzunehmen; doch wurde die Liegenschaft 1521 vom Schaffner der Präsenz wegen Nichteingangs dieser Abgabe mit amtlichem Beschlag belegt.

1539 ging das Haus um 15 Pfund von dem Rebmann Matthäus Eberhard an dessen Bruder und Berufsgenossen Ulrich Eberhard über. Bei dessen Tod im Jahr 1561 verkauften es die Vögte seiner Kinder samt einer Juchart Reben und Blossgelände vor dem Riehentor an der Grenzacherstrasse um 10 Pfund an den Rebmann Michelin Meyger von Oberwil, der diesen Besitz indessen schon 1562 an den Rebmann Werlin Steiger weitergab. Bereits ein Jahr später trat Steiger die Liegenschaft um 110 Pfund dem Spanner und Gabelmacher Hans Matzinger ab. Unter ihren weitern Eigentümern sind zu erwähnen Hans Rosmarin, der Klingentaler Holz-Bannwart (1586), der Steinmetz Marx Zimmermann (1596), der auch in Platters Stadtbeschreibung genannte Schiffmacher Michel Hügin (1608), der Rebmann Michel Barth (1614) und der Soldat Johannes Schürm «unter dem Thor» (1662). 1618 gelangte sie an das Spital, welches sie um 110 Pfund der Witwe des Schiffmanns Rudolf Thomann verlieh. Ihr Sohn Melchior, der ebenfalls den väterlichen Beruf ergriffen hatte, kam 1706 beim Fünfergericht um die Bewilligung ein, sein Häuslein zu erhöhen und anstelle der Dielenwand eine Mauer aufzuführen.

Von Hand zu Hand

Thomanns Nachfolger, der Metzger Johannes David, der die Liegenschaft 1711 erworben hatte, zog 1737 seinen Nachbarn Jäcklin vor die Schranken wegen des von ihm errichteten Stuben- und Backofens, worauf die «Fünfer» einen Augenschein wegen des «feuergefährlichen Feuerwerks» nahmen. Haus und Metzgergewerbe vererbten sich 1769 auf den Sohn Heinrich David, der 1786 unbeweibt starb und seiner Magd Katharina Hablützel testamentarisch das Recht einräumte, weitere zwölf Jahre zinslos an der Rheingasse zu wohnen. Er war der Onkel des mehrfach erwähnten Metzgers Rudolf David, der von den übrigen Erben auch diese Liegenschaft um den Preis von 2000 Pfund übernahm, sie aber zugunsten seiner Schwester Ursula mit 1400 Pfund belastete. Nach seiner Fallite folgten sich die Handänderungen am laufenden Band: Eigentümer des Hauses wurden der Maler und Glaser Ludwig Nicolai (1808), der Schneider und Turmbläser Hieronymus Munzinger (1814), der Informator Johann Balthasar Brandmüller (1826), der Maurer Johann Jakob Hug von Ziefen (1828), der Schuhmacher Konrad Lotz (1832), die Witwe des Metzgers Rudolf Burckhardt-Devet (1836) und deren Sohn, der Metzger Johann Burckhardt (1855). 1842 erhielt das Haus, dem ein Schopf und Schweineställe in Holz beigefügt wurden, durch Erhöhung um ein Stockwerk seine heutige Gestalt.

Das «Schafeck» am Schafgässlein

Vom «Bäumlein» zum «Schafeck». Ein «Bäumlein» gab es einst auch im Kleinbasel: So hiess das heutige «Schafeck» an der Einmündung des Schafgässleins in die Utengasse nach der Liegenschaft «zum Baum», dem grossen Komplex auf der linken Seite des Schafgässleins (Nr. 1–7), der erst im Laufe der Jahrhunderte in einzelne Parzellen aufgeteilt wurde. Seit dem Jahre 1842 besteht im obersten Haus dieser Strassenzeile eine Gaststätte.

Von der obersten Liegenschaft der Häuserzeile auf der linken Seite des Schafgässleins (Nr. 7) liegen dokumentarische Nachrichten erst seit dem Jahr 1681 vor; damals verkaufte der Schneider Johannes Soldt das Anwesen an der Ecke zur Utengasse an den Steinmetz Jacob Ryff-Ritter. Das Schafgässlein hiess zu jener Zeit noch «Silbergässlein» nach der stattlichen Liegenschaft «zum Silberberg», das Haus trug den Namen «zum Bäumle». Bereits ein Jahr nach dessen Erwerb entspann sich ein Streit zwischen dem neuen Eigentümer Minder und seinem Nachbarn Hans Müller, dem Inhaber der «Drachenmühle» im Klingental, weil Minder «Liechter» gegen das Haus von Ryf ausgebrochen hatte; darüber kam es zum Prozess vor dem in baupolizeilichen Belangen zuständigen Fünfergericht.

Ulrich der «Hosenstricker»

Nach dem Tod des Steinmetzen verkaufte die Witwe Ursula Ryff die Behausung 1699 an den «Hosenstricker» Hans Jacob Ulrich. Die «Hosenstricker» oder «Hosenlismer» bildeten seit dem Beginn des 17. Jahrhunderts, in dem die Strumpfhose in Mode kam, ein stark verbreitetes Handwerk, das sich bis zum Fabrikbetrieb auswuchs; dessen wichtigste Vertreter waren die Familien Preiswerk im Grossbasel und Brenner im Kleinbasel. Hans Jacob Ulrich zählte nicht zu diesen Grossverlegern, sondern zu den Kleinmeistern, die mehr und mehr in Abhängigkeit von den bedeutenden Strumpffabrikanten gerieten, welche die Arbeit in Akkord vergaben; er dürfte wohl im Dienst von Johannes Brenner-Euler (1639 bis 1700) gestanden sein, dessen Betrieb im Clarahof lag. Ulrich kam auf keinen grünen Zweig; im Gegenteil: «Ist Schulden halber davon geloffen», melden von ihm die Akten der Safranzunft aus dem Jahr 1701.

Rund vierzig Jahre später sass im «Bäumlein» der Gerber Wernhard Glaser, den die Nachbarn wegen eines «Bauchofens» (Waschofens) bei den «Fünfern» einklagten; vor allem der Kupferschmied Andreas Faesch im «Lorbeerkranz» verlangte dringend, Glaser solle ihn «wegen diesem Feuerwerk ausser Gefecht setzen». Er wie die Eigentümer der Hinterhäuser an der Rheingasse widersetzten sich 1745 ebenso dem Begehren des neuen Bewohners des «Bäumleins», des Hafners Jacob Binz, der um die Bewilligung nachgesucht hatte, dort einen Hafnerofen aufstellen

167

zu dürfen. Dennoch scheint ihm die Erlaubnis erteilt worden zu sein; denn bei den späteren Handänderungen des Hauses wird regelmässig dessen «Feuerrecht» als besonderes Privileg in den Verkauf eingeschlossen.

Professor ohne Studenten

Vermutlich die Tochter und Erbin des Gerbers Werner Glaser war Anna Margaretha Glaser, die Witwe des Färbers Jacob Hindermann, welche schon 1776 die Liegenschaft am Schafgässlein für ein in der Folge auf 1000 Pfund angestiegenes Darlehen an die Inspektoren des Zucht- und Waisenhauses verpfändet hatte und sie 1788 mit einer weiteren Hypothek von 50 französischen Neuthalern nochmals belastete. Ihr neuer Gläubiger war der damalige Lizentiat der Rechte und Notar Johann Rudolf Faesch (1758 bis 1817), «ein ebenso geschickter als berühmter Sachwalter in Prozessachen», wie es von ihm in der Faeschischen Familienchronik heisst. Er wurde 1790 Ratsschreiber und 1796 Stadtschreiber, beidemal als Nachfolger von Peter Ochs, und stieg nach der Revolution von 1798 zum Präsidenten des provisorischen Basler Regierungskomitees und der Basler Verwaltungskammer auf. Die helvetische Politik behagte ihm indessen immer weniger, und so bewarb er sich 1802 mit Erfolg um den Lehrstuhl für Pandekten und kanonisches Recht.

Diese Professur scheint indessen eine eigentliche Sinekure gewesen zu sein; denn 1810 verzeichnete die Juristische Fakultät keinen einzigen Studenten, so dass sich Faesch darauf beschränken musste, vor angehenden Geschäftsleuten eine Vorlesung über «Vaterländisches Recht» in deutscher Sprache zu halten. Im gleichen Jahr wurde ihm jedoch noch das einflussreiche Amt des «Stadtkonsulenten», das heisst des Rechtsberaters der Regierung, übertragen, das er als letzter bekleidete. Ebenso war er der Letzte in der langen Reihe der Rechtsprofessoren seines Geschlechts und auch der letzte Verwalter des Faeschischen Kunstkabinetts, das er durch eine Reihe von Werken als deutscher Meister bereicherte. Wie manche Basler Juristen – bis zu Guido Kisch! – widmete er sich daneben mit besonderer Liebe der Numismatik.

Vermisster Schwiegervater

Den Namen Johann Rudolf trug auch der Kupferschmied und Zeugwart Faesch, der das «Bäumlein» als Vogt der Kinder von Margaretha Hindermann-Glaser 1793 an den Kaminfeger und Stubenverwalter zur Hären Johann Jacob Meyer und dessen Gattin Katharina Schmidt veräusserte. Im selben Jahr wurde der Schwiegervater und Vater der neuen Eigentümer vermisst, worauf diese aus dessen Erbmasse 700 Pfund zinslos bezogen; doch hatten sie dem Rat gegenüber das Versprechen abzulegen, diese Summe zu bezahlen, «wenn ihr Schwiegervater und Vater wieder zum Vorschein kommt». Seither ruhte auf dem Haus eine «Überbesserung» (zweite Hypothek) in der genannten Höhe; denn die Liegenschaft war bereits für ein Darlehen von 1700 Pfund an das Waisenhaus verpfändet.

In der Reihe der Besitzer des «Bäumleins» folgten dem Kaminfeger 1801 der Flachmaler Alexander Ryff-Rupp, 1815 der Metzger Nicolaus Bulacher, 1816 die Witwe Anna Dorothea Meyerhofer-

Keller von Riehen und 1834 der Schlossermeister Johann Jacob Sternenberger-Lindenmeyer. 1836 ging das Anwesen an Ludwig Pfirter von Muttenz, den Gastwirt des «Roten Ochsen» an der Ochsengasse, über, der es 1842 an Ludwig Niederhauser aus dem bernischen Eriswil abtrat. Dieser überliess die Behausung nach wenigen Monaten dem Fabrikaufseher Jacob Schneider, der im «Bäumlein» nunmehr eine Pintenwirtschaft» eröffnete, aber bereits 1847 finanziell unter die Räder geriet, worauf Pfirter die Liegenschaft an einer gerichtlichen Auktion zurückerwarb und sie zwei Jahre hernach dem Wirt Heinrich Metzger von Möhlin verkaufte. Mit einigen kurzen Unterbrüchen blieb das inzwischen in «Schafeck» umgetaufte Haus seit mehr als 140 Jahren eine Gaststätte.

1957 übernahmen es Lisa und Fritz Hunziker, bei denen die Kleinbasler gerne Einkehr halten. «S letzscht alt Baizli» heisst es auf dem Wirtshausschild, und wenn man das Lokal mit seinen sechs Tischen und dem Glück verheissenden holzgeschnitzten Schaf betritt, fühlt man sich in der Tat in die Vergangenheit der mindern Stadt versetzt. Wer dort seinen Zweier Weissen geniesst nimmt zugleich ein Quäntchen der heiteren Lebensphilosophie mit, welche die originellen Wandsprüche verkünden. Einer sei unsern Lesern nicht vorenthalten:
«Schätze die Ruhe; denn sie ist heilig; Nur die Verrückten haben es eilig...»

Der «Jagdberg» an der Webergasse

Der «Jagdberg», ein Schmuckstück der Webergasse, ist ein Beispiel für den Wohlstand der Bürgerschaft der mindern Stadt im Ancien Régime. In der zweiten Hälfte des 18. Jahrhunderts dürfte die Liegenschaft ihre heutige Gestalt erhalten haben.

Trotz den in den letzten Jahrzehnten eingetretenen Verlusten besitzt das alte Kleinbasel noch eine Reihe stattlicher Bürgerhäuser aus der Zeit des Spätbarocks, welche den Wohlstand der Bürgerschaft der mindern Stadt im Ancien Régime erkennen lassen. Zu ihnen zählt das Haus «zum Jagdberg» oder «zum Jagberg» (Webergasse 27), das in der zweiten Hälfte des 18. Jahrhunderts seine heutige Gestalt erhalten haben dürfte. Es bildet ein eigentliches Schmuckstück auf der linken Seite der Webergasse, deren Häuser mit ihren Hinterfronten an den Riehenteich grenzten, welcher vom Rappoltshof her der Klingentalmühle zuströmte. Bis heute haben sich die drei charaktervollen Korbbogen des Erdgeschosses erhalten, von denen der mittlere, der Portalbogen, ein prächtiges Oberlicht-Gitter besitzt. Auffallend für die Zeit des Spätbarocks sind die vier geraden Fensterstürze der beiden Obergeschosse, und ebenso überrascht das mittlere Dachfenster durch seine Stichbogenform mit dekorativer Volutenverzierung. Gesamthaft fügt sich der Bau ausgezeichnet in die kleinbürgerliche Umgebung des ganzen Strassenzugs ein.

Schon 1346 erwähnt

Die erste Erwähnung der Liegenschaft datiert vom Jahr 1346, also zehn Jahre vor dem grossen Erdbeben: Damals nahm ihr Eigentümer Wernher von Kilchheim mit seiner Frau Katharina bei dem Wechsler und Ratsherrn zu Hausgenossen Heinrich Sevogel ein Darlehen von 15 Pfund auf, das er mit 15 Schilling zu verzinsen hatte. Fünf Dezennien später erhielt der Brotbeck Cueni Kessler vom Kloster St. Clara den «Swinstal» hinter seinem Haus «zem Jagberg oben uff dem Tisch im minren Basel» verliehen, wofür er dem Gotteshaus jährlich zwei Fasnachtshühner entrichtete. Den oben erwähnten Zins, der auf der Liegenschaft lastete, verkaufte Junker Hans Bernhard Sevogel, Heinrichs Urenkel, 1409 an den Ratsherrn und Oberstzunftmeister Peter zem Angen, von dem er an seine Tochter Agnes zem Angen, die Gattin des Ratsherrn Conrad Sintz, überging. Als sie nach dem Tod ihres Gemahls ins Kloster der Reuerinnen der heiligen Maria Magdalena an den Steinen eintrat, vergabte sie mit andern Einkünften auch diese Abgabe an das Gotteshaus, in dessen Zinsbüchern die Donatorin noch im Jahr 1500 als «unser liebi Mueter Agnes zem Angen selig» verzeichnet wird.

Im Besitz der Zunft zu Schmieden

Das Haus an der Webergasse, «als man wider Sant Blasien Thor gaht», war inzwischen von Cueni Kessler an Anna Lostorfin, die

Witwe eines Bäckers, gelangt, welche es ihrem Tochtermann Heinrich Hasler vererbte, der gleichfalls dem Bäckerstand angehörte. Wohl auf Grund einer Schuld Haslers an einen zu Schmieden zünftigen Müller wurde die Liegenschaft in der Folge durch die Zunft zu Schmieden übernommen, in deren Namen sie der Meister Burkhart Segesser, seines Zeichens Hufschmied, und ein Sechser, der Müller Burkhart Schnell, mit der Zustimmung von Jacob Jung, dem Schaffner des Steinenklosters, 1464 um 80 Gulden an den Bäcker Michel Held veräusserten. Dieser blieb der Zunft vom Kaufschilling 60 Gulden schuldig, die er mit jährlich 3 Gulden verzinste. 1479 verkaufte die Witwe Michel Helders, Ennelin von Brugk, Haus und Hofstatt zum selben Preis, zu dem sie ihr Gatte seinerzeit erworben, an Hans Liechtkammerer, einen Berufskollegen des Verstorbenen. Sie selbst scheint in das «Spital der armen Dürftigen» eingetreten zu sein, das im Jahr 1493 als Erbin der Bäckerswitwe erscheint.

«Husbecken» und «Feilbecken»

Auf Hans Liechtkammerer war seither im «Jagdberg» nochmals ein Bäcker gefolgt, der «Husbeck» oder «Hausfeurer» Hans Egloff, der sich im Gegensatz zu den «Feilbecken» lediglich als Lohnbäcker für seine Kundschaft betätigte. Auch er war nicht in der Lage, den vollen Kaufpreis zu bezahlen; mit 30 Gulden blieb er in der Schuld seines Vorgängers, der dafür einen jährlichen Zins von anderthalb Gulden bezog. Diese Abgabe wurde im Jahr 1500 vor dem Schultheissen Johann von Altdorf, genannt «Schriberli», an die Witwe Margrit Wyssnäglin zediert, welche sie vor ihrem Ableben im Jahr 1506 zum Heil ihrer Seele der Leutkirche von St. Martin vermachte. Hans Egloff, der laut Reichssteuerrodel von 1497 das Haus an der Webergasse mit Clement, seiner «Hausfrau», Hans seinem Knecht, und «Dichili», einer Jungfrau, bewohnte, sah sich 1509 gezwungen, zusammen mit Burkhart Spar, einem andern Kleinbasler Bäcker, und dem Lebkücher Jacob Gross bei Elis Fuchs von Liechtenstein 100 Gulden gegen einen Zins von 5 Gulden aufzunehmen; als Pfand diente der Gläubigerin unter anderm auch der «Jagdberg». Dort sassen zu Beginn des 16. Jahrhunderts weitere drei Brotbecken: Meister Symon – wohl Symon Sumer, der bereits 1496 als Ratsherr seiner Zunft bezeugt ist – sowie Caspar Sebolt, Vater und Sohn.

Gerber und «Hosenstricker»

Dann wurde das Haus mehr als ein Jahrhundert lang das Domizil von Gerbern. Ihre Namen sind uns lückenlos überliefert – Jörg Rorer (1570), Felix Bentz, der Rotgerber (1585), Alexander Meyer (1610), Martin Wenck (1642), Caspar Saxer, (1681), Heinrich Geigy, der «Läderbereiter» (1692), und Martin Saxer (1710) –; doch berichten die Akten nichts Näheres über sie.
1726 verkaufte die Witwe Martin Saxers den «Jagdberg» an Andreas Heusler-Bauler, der bereits neun Jahre zuvor an einer Gant die Nachbarliegenschaft «zum Rebstock» (Webergasse 25) mit Gerberei und «Färbhäuslein» ersteigert und dort eine Strumpffabrik mit Färböfen eingerichtet hatte. 1732 gewann er den Hosenstricker Johann Jacob Iselin-Lämmlin (1680 bis 1752) sowie Lucas Zaeslin als Partner für dieses Unternehmen. 1763 übernahm der Sohn Johann Georg Heusler, der Anna Margaretha Iselin,

eine Enkelin von Johann Jacob Iselin, zum Altar geführt hatte, die Fabrik samt den Behausungen «zum Rebstock» und «zum Jagdberg», auf welche das Ehepaar 1765 beim Direktorium der Kaufmannschaft, der Vorläuferin der Basler Handelskammer, 6000 Pfund zu 2¾ Prozent aufnahm. Um dieses Darlehen ablösen zu können, wandte sich Heusler sieben Jahre später an seine «Grossschwieger», die Witwe Ursula Iselin-Lämmlin, die ihm 4500 Pfund zu 3 Prozent vorstreckte; doch verkaufte er die beiden Liegenschaften samt dem Färbhaus noch im gleichen Jahr um 8200 Pfund an seinen Schwager Johann Jacob Thurneysen, der Heuslers Schwester Anna Maria nach dem Tod seiner ersten Gattin geehelicht hatte. Damit nahm die Strumpffabrikation im «Jagdberg» ein Ende.

Neubau durch J. J. Thurneysen

Johann Jacob Thurneysen, von Beruf Dr. med. und «Aggregatus» (Privatdozent) der Medizinischen Fakultät der Universität in den Jahren 1759 bis 1780 – er las als erster über venerische Krankheiten –, scheint sich als Mediziner nicht glücklich gefühlt zu haben; jedenfalls liess er sich 1763 die Verwaltung der Dompropstei und 1780 die Landvogtei Münchenstein übertragen. Finanziell befand er sich nicht in der besten Situation, was möglicherweise mit dem Neubau des «Jagdbergs» zusammenhängt, der ihm zugeschrieben werden darf: Für den Ankauf der Häuser an der Webergasse hatte er bei Johann Jacob Beck, «einem guten Freund», 3600 Pfund borgen müssen, und als im Jahr hernach der unverehelichte Schwager Hans Heinrich Heusler, der Bruder Johann Georgs, zu seinen Lebzeiten Thurneysens Kindern 5500 Pfund vermachte unter der Bedingung, dass ihm diese Summe bis zu seinem Tod mit 3 Prozent verzinst werde, beanspruchte der Vater auch diesen Betrag; doch verpflichtete er sich in einer «Versicherungsschrift», wofür er Hans Heinrich Heusler den «Jagdberg» samt dem «Waschhaus» (dem alten Färbhaus») im Klingental verpfändete.

Von Hand zu Hand

Beim Hinschied von Johann Jacob Thurneysen wechselte das Haus an der Webergasse von neuem die Hand: Die Erben überliessen es 1789 um 6000 Gulden samt 8 Louisdor Trinkgeld dem Handelsmann Hieronymus de Lachenal-Zwinger, dem Vater des Theologen Professor Friedrich de Lachenal-La Roche. Von ihm ging es 1792 zum selben Preis über an den Major Bernhard Faesch, Mitmeister der Gesellschaft zum Rebhaus, der in dem heute durch den «Globus» überbauten Haus «zum Arm» am Marktplatz zusammen mit seinem Schwiegersohn Johann Jacob Kern (1752 bis 1831) eine Seiden- und Florettbandfabrik betrieb. 1816 zog sich Kern von der Leitung dieses Unternehmens zurück und liess sich im Kleinbasel nieder, wo er von seinem Schwiegervater bereits 1807 den «Jagdberg» und 1814 – um 21 000 Franken – ebenso den Gasthof «zum Weissen Kreuz» an der Rheingasse (heute Hotel Hecht) samt der dazu gehörenden, damals als Stallung und Remise verwendeten ehemaligen St. Niklaus-Kapelle erworben hatte. Den Betrieb des Gasthofs überliess er dem Gatten seiner Tochter Anna Elisabeth, dem aus dem badischen Müllheim stammenden Carl Friedrich Willin, welcher 1821 Eigentümer des «Weissen Kreuzes» wurde. Nach dem zehn Jahre später erfolgten Hinschied von Johann Jacob Kern traten die Erben den «Jagdberg» 1831 an Johann Jacob Imhof-Mieg ab, von dem er sich auf den Schwiegersohn Johann Marcus Rohner-Imhof vererbte. Dieser betrieb im Haus an der Webergasse das Gewerbe eines Weinhändlers, sein Nachfolger Heinrich Gysin-Roser im Jahr 1871 aber dasjenige eines Milchhändlers...

Das «Bichtigerhus» im Klingental

Das «Bichtigerhus» (Klingental 13/15) war, wie sein Name besagt, ursprünglich der Sitz der Beichtväter des Kleinbasler Klosters Klingental. Diese und die Kapläne hatten ausserhalb der eigentlichen Klosterbauten zu wohnen.

Tritt man von der Untern Rheingasse her unter dem 1942 wiederhergestellten, ziegelbedachten Torbogen in den traulichen Klosterbezirk des Klingentals ein, so trifft man zur Linken zunächst auf den Kleinbau Nr. 13/15 mit seiner schönen, rosettengeschmückten Holztüre und seinem mächtigen Satteldach. Sein reizvoller gotischer Charakter kommt vor allem in den in der Mitte überhöhten Gruppen der Fenster zum Ausdruck, die noch die typischen alten Gewände mit ihren Hohlkehlen zeigen.

Als die Schwestern aus dem Wehratal 1274 im Klingental einzogen, traten ihnen der Brotmeister Heinrich von Ravensburg und seine Tochter Agnes von Dachsfelden (Tavannes) die Hofstatt mit dem damals im Bau begriffenen Gebäude ab, das bis zur Reformation im Besitz des Klosters blieb und als Sitz der Beichtväter und Kapläne diente, welche ausserhalb der eigentlichen Klosterbauten zu wohnen hatten. Die Beichtväter waren rund anderthalb Jahrhunderte lang Mönche des Predigerklosters, deren geistlicher Leitung das Klingental unterstand. Als dann aber der Predigerkonvent 1429 zur strengen Observanz überging, ersuchten die Schwestern Papst Eugen IV., sie von der Jurisdiktion des Dominikanerordens zu befreien und dem Bischof von Konstanz zu unterstellen. Dieser setzte als Beichtväter Angehörige des Konvents der Augustiner ein. Bei der dem Kloster aufgezwungenen Reform kehrten zunächst die Prediger ins Klingental zurück; doch verstanden es die Nonnen, sich ihnen wiederum zu entziehen. Bischof Caspar zu Rhein, der die Reform im Auftrag des Papstes durchführen sollte, verfügte, dass die Beichtväter der Klingentalerinnen fortan Benediktiner sein müssten.

Aus der Zeit vor der Refomation liegen nur wenige Nachrichten über das «Bichtigerhus» vor. Ursprünglich besassen die Nonnen zwei Beichtväter, von denen der ranghöhere «Lesemeister» genannt wurde; daher wird das Haus in den Akten gelegentlich auch als «Lesemeisters Hus» bezeichnet. Im Reichssteuerrodel des Jahres 1497 sind als dessen Bewohner Lorenz, der Sigrist, und Gertrud, «des Herrn Jungfrow», erwähnt, nicht aber der Beichtvater selbst, wohl darum, weil er als Geistlicher von der Steuer befreit war. Nach der Säkularisierung des Klosters wies der Rat die Liegenschaft dem von ihm eingesetzten Schaffner oder «Zinsmeister» an, der die Güter des Gotteshauses unter der Oberaufsicht des Kollegiums der Pfleger zu verwalten und die daraus resultierenden Einkünfte einzuziehen hatte. «Zinsmeisters Hus» wurde in den Jahren 1572 bis 1574 von dem Steinmetz Othmar Gessner, dem Zimmermann Ulrich Schnell und dem Tischmacher Claus Schott neu erbaut, und 1629/30 überholte «Wanuetsch, der Moler» – vermutlich der 1609 in die Himmelszunft aufgenommene Glasmaler Jacob Wannenwetsch (gestorben 1654) – sämtliche Stuben des «Zinshauses». Um die Mitte des 17. Jahrhunderts wurde indessen die Administration der Vermögenswerte aller ehemaligen geistlichen Stifte beim «Direktorium der Schaffneien» konzentriert, womit das Amt des Klingentaler Zinsmeisters wegfiel und dessen Amtssitz frei wurde. Seither erlebte das einstige «Bichtigerhus» ein wechselvolles Schicksal. Zunächst beanspruchte es die Stadtschreiberei der mindern Stadt als Wohnsitz des Inhabers dieses Amtes. 1690 klagte der Stadtschreiber Simon Battier den Hufschmied Matthis Simon, genannt «Strussysen», an der Untern Rheingasse beim Fünfergericht ein, weil er und seine Nachbarn den Ablauf von ihren «Wassersteinen» auf die Gasse richteten; doch erklärten diese, der Unrat rühre von dem Kupferschmied Nicolaus Gugolz an der Webergasse her. Ebenso beschwerte sich Battier darüber, dass die Witwe und Töchter von Hans Rudolf Staehelin auf die zum Garten der Stadtschreiberei gehörende Mauer eine Dielenwand gesetzt hätten.

Nachdem die Liegenschaft seit 1803 als Kanzlei des Appellationsgerichts gedient hatte, wurde sie nach durchgreifender Renovation durch den Stadtbaumeister Amadeus Merian, den Erbauer des Café Spitz, im Jahr 1840 vorübergehend vermietet und dann dem Kirchen- und Schulgut zugeschlagen. Es verwendete sie seit dem Wegfall der alten Pfarrwohnungen zu St. Clara als Pfarrhaus eines Geistlichen von St. Theodor. Nach der Trennung von Kirche und Staat blieb das Haus im Besitz der Evangelisch-reformierten Kirche, welche es zuletzt dem ersten Kirchenverwalter Louis Bürgin, dem unvergessenen Meister der Himmelszunft, überliess.

Wohnstätte der Dichterin Lisa Wenger

Als er dann zu Beginn der 1920er Jahre in den renovierten Bischofshof wechselte, verkaufte die Kirche das Haus an den Stahlwarenfabrikanten Theo Wenger und dessen Gattin, die Schriftstellerin Lisa Wenger, die 1926 aus dem Jura nach Basel zogen und im «Bichtighus» Wohnsitz nahmen. Lisa Wenger verlor ihren Lebensgefährten bereits zwei Jahre später; aber sie selbst blieb bis zu ihrem Tod, der sie mit 83 Jahren 1941 wegnahm, in dem schönen alten Haus am Rheinufer. Der Strom rauschte ihr sein Lied in ihr stilles, sonniges Arbeitszimmer, wo ihre köstlichen Spätwerke «Im Spiegel des Alters» und «Was mich das Leben lehrte» heranreiften, und in dem kleinen Musiksaal wurden manche Werke junger Basler Komponisten aus der Taufe gehoben. Nach dem Hinschied der Schriftstellerin ging das Haus über an Meret Oppenheim, die Trägerin des Basler Kunstpreises des Jahres 1975, und nacheinander wurde es zum Heim für Professor Hans Erlenmeyer, für den BIZ-Generaldirektor Roger Auboin, für Professor Rudolf Nissen, der hier seine ersten Basler Jahre verlebte, und für den Chemiker Walter Winter. Inzwischen hat die Liegenschaft von neuem die Hand gewechselt: Unter dem Dach des prächtig restaurierten Hauses sind heute die Büros zweier bekannter Architekten und die Praxis eines angesehenen Arztes vereinigt.

Zem «Holzachs Hof» an der Utengasse

Über der Türe der Liegenschaft Utengasse 15 steht die Aufschrift «zem Holtzachs Hof 1359». Es handelt sich aber nicht, wie man nach der Inschrift meinen könnte, um einen einstigen Adelssitz, sondern um einen alten Ziegelhof.

Bei der Vertiefung in die einschlägigen Quellen gelangen wir rasch zur Erkenntnis, dass zwar mit der Jahrzahl 1359 die erste dokumentarische Erwähnung der Liegenschaft richtig wiedergegeben, die Bezeichnung «Holzachs Hof» aber hier zu Unrecht angebracht worden ist; denn die erhaltenen Urkunden besagen eindeutig, dass das kleine Haus – zwar nicht schon im 14., wohl aber seit dem Ende des 15. Jahrhunderts – «gegenüber Holzachs Hof» lag. «Holzachs Hof» war nämlich nichts anderes als der stolze Kleinbasler Sitz, den wir unter dem Namen «Hattstätterhof» heute als das Zentrum der Römisch-katholischen Gemeinde unserer Stadt kennen.

Ziegelhof während zweier Jahrhunderte

Der grosse, vom Obern Rheinweg, der Riehentorstrasse und dem Lindenberg umschlossene Komplex mit dem in der Mitte des Hofes frei stehenden, markanten zweistöckigen Bau, der durch das hohe Walmdach und die achtseitigen Türmchen an allen vier Ekken sein besonderes Gepräge erhält, könnte darauf schliessen lassen, dass hier von jeher ein Edelmann residiert habe. Dem war indessen nicht so: Während zweier Jahrhunderte befand sich auf diesem Areal ein Ziegelhof, der im Gegensatz zu demjenigen an der Rheingasse (in der Liegenschaft der Teppichfirma Graf & Raaflaub AG) der «Obere Ziegelhof» genannt wurde. Bereits 1293 wird dieser Ziegelhof urkundlich bezeugt; damals verkaufte ihn der Basler Bürger Jakob Zebel, der ihn vom Kloster St. Alban zu Erbrecht verliehen erhalten hatte, um 16 Mark lötigen Silbers Basler Gewichts an das Kloster Klingental. Die Priorin und die Nonnen des Gotteshauses überliessen den Hof in der Folge den Zieglerfamilien von Hiltalingen und Schaler; die Schaler hatten ihn während mehrerer Generationen von 1363 bis 1486 inne. Sie erweiterten das Anwesen durch den Ankauf des Hauses «zum Rüst» (Lindenberg 8), in dem sich ein weiterer Ziegelhof befand, welchen sie mit ihrem Betrieb vereinigten. Konrad Schaler, auch Konrad Ziegler genannt, war der letzte der Zieglerdynastie, der hier am Lindenberg sass; er bekleidete zugleich das Amt des Kleinbasler Schultheissen, das heisst des Vorsitzenden des Gerichts der mindern Stadt. Sechs Jahre vor der Vereinigung der beiden Stadtteile verkaufte er die staatliche Besitzung mit Haus, Hofstatt, Garten, Ställen und Scheunen an Jörg Meyer, der hier bis 1497 das Zieglergewerbe fortführte. Wie aus dem Rodel der Reichssteuer dieses Jahres hervorgeht, bewohnte er den Hof damals mit seiner Gattin Katherina, einer «Jungfrau», zwei Karrerknechten und zwei «Knaben» oder Lehrlingen.

Übergang an Eucharius Holzach

Mit dem Übergang an Eucharius Holzach wurde der Ziegelhof zum vornehmen Bürgersitz. Der neue Eigentümer war der Sohn des Meisters zu Safran und Oberstzunftmeisters Oswald Holzach. Als erster seiner Familie, aus der seither ohne Unterbruch bis heute zahlreiche Akademiker hervorgegangen sind, hatte er sich 1479 an unserer Universität immatrikuliert, war aber dann zum Kaufmannsstand übergegangen. Zunächst zu Safran zünftig, erwarb er überdies das Zunftrecht zum Schlüssel, zu Schmieden, zu Gartnern und zu Hausgenossen, womit er sich die Möglichkeit einer weitgespannten kommerziellen Tätigkeit sicherte. Seine politische Laufbahn vollzog sich im Rahmen der Zunft zu Hausgenossen, die ihn 1507 in den Rat delegierte und 1518 zu ihrem Meister wählte. 1516 liess er sich durch Heinrich von Gachnang auf 25 Jahre mit Gross-Hüningen belehnen, und noch im selben Jahr erwarb er das Dorf um 500 Gulden; doch übertrug er dasselbe 1521 an die Stadt Basel. Der Anlass hiefür mag der Umstand gewesen sein, dass er der Neunerkommission des Rates angehörte, die in den Jahren 1520/21 eine Änderung der städtischen Verfassung vorbereitete, welche es den Basler Bürgern untersagte, ein fremdes Lehen zu übernehmen; um ein solches aber handelte es sich bei Hüningen, das ein altes habsburgisch-österreichisches Besitztum gewesen war. Als dann im Lauf des Jahres 1521 der Streit um die französischen Pensionen ausbrach, verlor Eucharius Holzach mit sechzehn Kollegen sein Mandat als Ratsherr; wohl aus Gram darüber starb er noch zu Ende desselben Jahres.

«Holzachs Hof», wie der frühere Ziegelhof nunmehr hiess, gelangte von Eucharius Holzach an seinen gleichnamigen Sohn, der ihn bis zu seinem Tod im Jahr 1558 bewohnte. Er entstammte der ersten Ehe des Vaters mit Brida Zscheckenbürlin der Tochter des bedeutenden Bankiers Hans Zscheckenbürlin; sämtliche späteren Angehörigen der Familie sind Nachfahren der Söhne, die aus dieser Verbindung hervorgegangen sind. Eucharius Holzach der Jüngere studierte zusammen mit den Söhnen des Buchdruckers Johannes Amerbach in Schlettstadt und Paris und promovierte in der Folge zum Doktor der Medizin in Montpellier. Ein von dort an den Vater seiner Studienfreunde gerichteter Brief ist das erste Schriftstück eigener Hand eines Angehörigen der Familie Holzach, das uns erhalten geblieben ist. 1512 nach Basel zurückgekehrt, betätigte sich Eucharius Holzach als praktischer Arzt. Seit 1524 gehörte er auch der Medizinischen Fakultät der Universität an, in der er als Gegner von Paracelsus hervortrat. Der bedeutendste seiner Söhne war Hans Cosmas, der in der Folge als Stadtarzt in Schaffhausen wirkte; im Kreuzgang des Klosters Allerheiligen findet sich noch heute sein Epitaph.

«Holzachs Hof» wird «Tiergarten»

Nach dem Hinschied von Dr. Eucharius Holzach verkauften die Erben den Hof im Kleinbasel an Marquard Döbelin, den aus Sulz stammenden Gatten von Veronika Holzach, der ältesten Tochter des Arztes. Ihr Lebensgefährte, der seit 1546 das Basler Bürgerrecht besass und hier als Handelsmann und Weinmann tätig war, wird uns als Rohling und Raufbold geschildert. Indessen war er offenbar ein gewiegter Kaufmann; denn kurz nachdem er das

Anwesen seines Schwiegervaters an sich gebracht hatte, veräusserte er dasselbe mit erklecklichem Gewinn an den Freiherrn Franz von Mörsberg, der dem stattlichen Sitz den Namen «zum Tiergarten» verlieh, vermutlich weil er nach der Sitte vieler Fürsten seiner Zeit in dem weiten Areal verschiedene Tiere ansiedelte.

Der Namengeber: Claus von Hattstatt

Die heute geläufige Bezeichnung «Hattstätterhof» erhielt das Besitztum von dem berühmten Kriegshelden Claus von Hattstatt, der im Solddienst für die verschiedensten Fürsten seiner Zeit – die Könige von Frankreich und Schweden, den deutschen Kaiser, den König von Spanien und den Prinzen von Oranien – ein bewegtes und unstetes Leben führte. Nachdem er 1568 das Basler Bürgerrecht erlangt hatte, erwarb er 1576 von Hans Jacob Frey und dessen Gattin Susanna von Waldkirch um 3500 Gulden den Hof im Kleinbasel; ebenso nannte er am Ende seines Lebens das Binninger Schloss sein eigen. Unbeweibt, aber als Vater einer ganzen Reihe unehelich gezeugter Kinder, von denen mehrere durch kaiserlichen Erlass nachträglich legitimiert wurden, schloss er 1585 seine Augen. In seinem Testament setzte er Basel zur Erbin von zwei Dritteln seines beträchtlichen Vermögens ein. Den Hattstätterhof, der damit der Stadt zufiel, verkaufte der Rat 1594 an einen Angehörigen der Familie Burckhardt, in deren Händen er nahezu achteinhalb Dezennien verblieb.

Die Iselin als Güterfuhrhalter

Von den Erben des Andreas Burckhardt, eines Ratsherrn und Lizentiaten der Rechte, ging der Hattstätterhof 1778 über an den Güterfuhrhalter Johann Jakob Iselin-Ritter (1727–1794), dessen Grabmal an der Aussenwand der Theodorskirche zu sehen ist. Gleich seinem Vater Hieronymus Iselin wusste er sich mit grossem organisatorischem Talent eine beherrschende Stellung im damaligen Güterverkehr der Eidgenossenschaft zu sichern. Der Vater hatte bereits die einträgliche «Zürcher Ordinarifuhr» besessen, welche die Transporte nach der Ostschweiz ausführte; dazu erwarb der Sohn 1762 die «Luzerner Ordinarifuhr» für den namentlich im Blick auf den wichtigen Gotthard-Transit höchst bedeutsamen Güterverkehr nach der Zentralschweiz, den er mehr und mehr zu seinen Gunsten zu monopolisieren verstand, so dass er schliesslich zum Alleinherrscher in diesem Bereich wurde.
Gleich ihm war sein Schwiegersohn Achilles Miville, der Gatte seiner ältesten Tochter Anna Maria (1752 bis 1827), eine markante Persönlichkeit im schweizerischen Transportgewerbe der Zeit; auf ihn vererbte sich nach dem Tod von Johann Jakob Iselin auch der Hattstätterhof. 1831 gelangte das Anwesen dann an den Sohn aus der Ehe Miville-Iselin, den Stadtrat Achilles Miville-Socin, der die ehemals Iselinschen Güterfuhren weiter betrieb.

Zentrum des katholischen Basels

Im Lauf der ersten Hälfte des 19. Jahrhunderts wurde die Liegenschaft in mehrere Teile zerstückelt, bis sie in der Folge durch die Römisch-katholische Gemeinde wiederum in einer Hand vereinigt wurde. Sie fasste 1836 erstmals Fuss im Hattstätterhof, indem sie einen Teil desselben tauschweise gegen zwei in ihrem Besitz befindliche Häuser an der Utengasse von dem Kandidaten Johann Rudolf Lindenmeyer, «Oberlehrer am Waisenhaus», erwarb und als Pfarrerwohnung einrichtete. Einen zweiten Teil verkaufte die Witwe des Stadtrats Miville 1843 an den Metzger und Holzhändler Niklaus Riedtmann, der ihn zwei Jahre später dem Holzhändler Olivier Alfred Carnal überliess. Dessen Nachfolger wurde das Bankhaus Emanuel La Roche Sohn, das dieses Stück der Liegenschaft 1863 ebenfalls an die Römisch-katholische Gemeinde veräusserte. Im Lauf des 19. Jahrhunderts stand der Hattstätterhof als Hochburg der katholischen Institutionen, namentlich der katholischen Schule, in der zeitweise gegen 1300 Kinder unterrichtet wurden, im Mittelpunkt des Kulturkampfs, der auch in Basel hohe Wellen warf; doch auch nach der zwangsweisen Schliessung der Schule blieb er bis heute das Zentrum der Gemeinde und ihrer verschiedener Sozialwerke, die geliebte «Heimat» des katholischen Basel.

Hier wohnte Franz Feyerabend

In der Reihe der Eigentümer der Liegenschaft Utengasse 58 tritt neben zahlreichen Handwerkern der Kunstmaler und Radierer Franz Feyerabend, einer der hervorragendsten Basler Karikaturisten zur Zeit der Staatsumwälzung, hervor. Er bewohnte das Haus von 1786 bis 1795, in welchem Jahr es zur gerichtlichen Versteigerung gelangte; offenbar kam er mit seiner Kunst auf keinen grünen Zweig.

Die Geschichte der Liegenschaft Utengasse 58 ist eng verbunden mit der Familie Pack, einem bekannten Kleinbasler Geschlecht von Maurern und Steinmetzen, das sich 1568 mit dem Fischer Leonhard Pack und 1623 mit dem Maurer gleichen Namens hier einbürgerte, aber 1828 ausstarb. Auf den vor 1758 verstorbenen Lucas Pack den Älteren geht vermutlich der Bau der beiden obersten Häuser auf der rechten Seite der Utengasse im Stil des Spätbarocks zurück. Während er die Liegenschaft Nr. 60 1751 seinem Schwager Rudolf Lindenmeyer-Pack abtrat, blieb das Nachbarhaus Nr. 60 sein Eigentum; bis 1784 wurde es von seiner Witwe, Ursula Pack-Wolleb, bewohnt. Offenbar besass das Ehepaar keine Söhne, denn 1784 beauftragte Ursula Pack «einige ihrer Neveux» ihre sämtlichen Güter – ihre Behausung an der Utengasse, ihr Gut vor dem Aeschentor, ihre Matten zwischen St. Alban- und Aeschentor sowie ein Stück Wiesland in «Ruch-Eptingen» – bestmöglich zu veräussern; zuvor schon war ihr Haus «zur Weyhen» an der Aeschenvorstadt verkauft worden. Aus dem Erlös sollten zunächst die auf den Liegenschaften lastenden Hypotheken abgelöst werden; der Rest sollte so angelegt werden, dass sie aus den Zinsen eine jährliche Leibrente von 50 Neutalern beziehen konnte.

«Obristmeister» zum Rebhaus

Für das Haus an der Utengasse interessierte sich alsbald der Steinmetzmeister und Grossrat Lucas Pack-Rosenburger (1737–1809), der es im gleichen Jahr um 1380 Pfund in seinen Besitz brachte. Er zählte zu den prominenten Kleinbasler Persönlichkeiten: 1784 wurde er auf den Stuhl des «Obristmeisters» E.E. Gesellschaft zum Rebhaus erhoben; von 1786 bis zur Staatsumwälzung von 1798 amtete er als letzter Ratsherr E.E. Zunft zu Spinnwettern und seit 1803 als Mitglied des Stadtrates, der Exekutive, der bis zur Revision der Kantonsverfassung von 1875 bestehenden Stadtgemeinde. Von ihm stammt das 1766/67 erbaute schöne Haus Rebgasse 19, der spätere Wohnsitz von Johann Jacob Speiser-Hauser, dem genialen Schöpfer der eidgenössischen Münzreform.
«Obristmeister» zum Rebhaus wurde später auch der Steinmetzmeister Jacob Christoph Pack (1768–1814), der Verfasser einer bis zum Jahr 1839 reichenden Chronik, in der er berichtete, wie standhaft er 1802 dem in der Helvetik erlassenen Verbot der Abhaltung des «Vogel Gryff» trotzte.

Karikaturen des Ancien Régime

1786 verkaufte Lucas Pack seine Liegenschaft an der Utengasse um 700 neue französische Thaler dem Kunstmaler und Radierer Franz Feyerabend (1755–1800) und seiner Gattin Christina David, welche im selben Jahr 500 neue französische Thaler bei der «Löblichen Haushaltung», das heisst der Staatskasse, und denselben Betrag beim Direktorium der Schaffneien aufnahmen, das die Vermögenswerte der in der Reformation säkularisierten Klöster und Stifte verwaltete; mit einem weitern Darlehen von 250 Pfund, das ihnen Anna Barbara Feyerabend-Rosenburger gewährte, belasteten sie überdies 1790 ihre bescheidene Liegenschaft. Das bittere Ende blieb nicht aus: Als Feyerabend die Zinsen nicht mehr bezahlen konnte, brachten die Gläubiger das Haus an der Utengasse 1795, zur öffentlichen Versteigerung, an der es Lucas Pack um 1850 Pfund zurückerwarb.

Mit seiner Kunst war Franz Feyerabend somit auf keinen grünen Zweig gekommen; die Nachwelt aber bewundert noch heute sein Schaffen, das in seinen prägnanten politischen Karikaturen kulminierte. Trefflich sind ihm namentlich die Darstellungen der letzten Basler Landvögte des Ancien Régime gelungen, deren Charakter und vie intime er schonungslos schilderte und vielfach noch in bissigen Versen glossierte. Eine besondere Zielscheibe seines Spotts war der in Kleinhüningen amtierende Landvogt Schorndorf, der vom Lachsfang im Rhein ein ansehnliches Einkommen bezog. Da er stets die schwersten Fische für sich beanspruchte, erteilten ihm, wie ein Chronist erzählt, die Fischer einst den Rat, er solle sich doch selbst an ihre Stange hängen – ein Dictum, das Feyerabend flugs illustrierte. Dem Standesdünkel desselben Landvogts rückte er mit folgenden Zeilen zu Leibe:

«Wenn im Bewusstsein seiner Würde
Er oft aus lauter Dummheit schwitzt
Und als der Rheinbruck schönste Zierde
Sodann auf jenes Bänklein sitzt,
Dann glaubst du im Vorübergehn
Zwei Lällenkönige zu sehn!»

Von Hand zu Hand

Die weitere Geschichte der ehemals Feyerabendschen Liegenschaft ist rasch erzählt. Lucas Pack veräusserte sie 1802 von neuem, diesmal an den aus Luzern stammenden Schneider Balthasar Schmidlin, dem 1807 der Schreiner Johannes Rapp folgte. Von ihm erwarb sie 1811 nochmals ein Angehöriger der Familie Pack, Peter Pack, dem offenbar das von ihm betriebene Handwerk eines Weissbeckens mit der Zeit zu mühsam wurde, weshalb er die Stelle eines Kornhausschreibers annahm. 1828 trat er das Haus an den Gerbergesellen Christian Blindenbacher von Niederhasli ab, den 1851 der Färber Rudolf Studer von Balsthal ablöste. Acht Jahre später eröffnete hier Aloys Lüssi von Stands eine Kostgeberei, und gegen das Ende des Jahrhunderts beherbergte die Liegenschaft eine beliebte Gaststätte. Als pikantes Detail mag dazu vermerkt werden, dass einer ihrer Inhaber, Paul Schepperle-Ramstein, der im Adressbuch von 1887 registriert ist, sich zugleich als Milchhändler und Wirt betätigte.

Haus der Metzger

Hier sei gleich noch die Betrachtung der Nachbarliegenschaft Nr. 56 angeschlossen, die von dem Maurer Peter Hans Geiss 1546 an Andreas Floytter, den Schaffner des säkularisierten Klosters Gnadental, überging. Als spätere Eigentümer des Hauses lernen wir unter andern Hans Göbelin (1610), den Strehlmacher Johannes Pfriend (1693) sowie Hans Ulrich Glaser, den Wirt des Gasthauses «zum Salmen» an der Rheingasse, kennen. Im 18. Jahrhundert wurde die Behausung zur Wohn- und Arbeitsstätte der Metzger Johann Jacob Schardt, Emanuel Pfannenschmied-Steinhauser (1727), Johann Rudolf Pfannenschmied-Heusler (1769) und Christoph d'Annone-Matzinger (1770). Die Witwe des Letztgenannten brachte die Liegenschaft, «bestehend aus einer Behausung mit einer Stube und Nebenkammer und vier andern Kammern, Keller mit Fass, in Eisen gebunden, Bauchhaus (Waschhaus), Estrich, Höflein und Stallung», 1802 zur freiwilligen Versteigerung, bei der sich indessen kein zahlungskräftiger Interessent einfand; doch gelang ihren Erben in der Folge der Verkauf an den Fabrikarbeiter Johann Jacob Gass von Liestal. Wesentliche Umgestaltungen im Innern erfuhr das Haus unter dem Hafner Heinrich Isenegger (seit 1817) und dessen Tochtermann, dem Flachmaler Ludwig Schweizer von Lauwil (seit 1825). Er verkaufte es 1828 an den Steinhauer Samuel Plüss von Zofingen, der hier eine Wäscherei betrieb. Sein Nachfolger, Johann Ulrich Jucker (seit 1835), liess den Bau um ein Stockwerk erhöhen. Mit den Kaminfegermeistern Andreas Meyer von Ennetbaden (1871) und Wilhelm Burkhardt-Hauser (1893) endet die Geschichte des Hauses im 19. Jahrhundert.

Artikel von Gustaf Adolf Wanner über Basler Häuser

BN = Basler Nachrichten
BaZ = Basler Zeitung
* = in diesem Buch abgedruckt

Aeschengraben

Aeschengraben 21
Das Haus im Dornröschenschlaf.
BN 11.6.66

Aeschengraben 26
Abschied vom Aeschengraben 26.
BN 26.5.73

Aeschenvorstadt

Aeschenvorstadt 52/54
BaZ 31.1.1981

Aeschenvorstadt 1
100 Jahre Schweizerischer
Bankverein. *BN 26.5.72*

Aeschenvorstadt 13
Das «Paradies» an der
Aeschenvorstadt. *BaZ 7.7.79*

Aeschenvorstadt 34, 36, 38
«Zum vordern Hasen» (38); «Zur
Rose» (36); ohne Namen (34).
BN 15.9.63

Aeschenvorstadt 44
Vom «Schwarzen» zum «Goldenen
Sternen». *BN 10.10.64*

Aeschenvorstadt 45
Vom «Nepper» zur Kantonalbank.
BN 11.11.72

Aeschenvorstadt 50
Abschied vom «Hirzen». *BN 11.11.64*

Aeschenvorstadt 56
«Zum gelben Rad» seit über 550
Jahren in der Aeschen. *BaZ 7.2.81*

Aeschenvorstadt 58
«Als Zins zwei Hühner». *BaZ 14.2.81*

Aeschenvorstadt 60
Schmied-Wohnstätte. *BaZ 21.2.81*

Aeschenvorstadt 62
«Zum Winkelin»: Von Rebleuten zu
einer Confiserie geworden.
BaZ 28.2.81

Aeschenvorstadt 64
«Zur Armbrust» in der Aeschen.
BaZ 14.3.81

Aeschenvorstadt 66
Galgenfrist für «Aeschentörli».
BaZ 28.3.81

Aeschenvorstadt 68
«St. Jakobs-Hus» seit 1473. *BaZ 4.4.81*

St. Alban-Kirchrain

St. Alban-Kirchrain 2. *BaZ 19.11.77*
St. Alban-Kirchrain 14

Die Hirzlimühle am
St. Alban-Kirchrain. *BN 6.9.75*

St. Alban-Rheinweg

St. Alban-Rheinweg 70
Wiedersehen mit dem «Goldenen
Sternen». *BN 8.2.75*

St. Alban-Tal

St. Alban-Tal 2
(jetzt St. Alban-Rheinweg 60)
BaZ 12.6.76

St. Alban-Tal 2
(jetzt St. Alban-Rheinweg 60)
«Wo einst die Spittelmühle stand».
BaZ 19.9.76

St. Alban-Tal 35 (jetzt 37)
Neues Leben in der Galliciani-Mühle.
BN 29.5.76

St. Alban-Tal 37
Stegreifmühle soll neu erstehen.
BN 5.6.76

St. Alban-Tal 37 (jetzt 35)
Stegreifmühle – seit 600 Jahren.
BaZ 15.5.82

St. Alban-Tal 41
Die Rychmühle. *BN 31.7.76*

St. Alban-Tal 44/46
*Der «Schindelhof» im St. Alban-Tal.
BN 30.8.75. (S. 58)

St. Alban-Vorstadt

St. Alban-Vorstadt (allgemein)
BaZ 21.7.77 und *BN 30.8.71*

Vom Pfaffengarten zur
Ratsherrenresidenz.
BaZ 21.7.77/BN 30.8.71

St. Alban-Vorstadt 5
Von den Besitzern des «Sausenbergs».
BN 3.2.73

St. Alban-Vorstadt 7
*«Sausenberg» und «Sausewind».
BN 24.4.76. (S. 28)

St. Alban-Vorstadt 7
*Hier wohnte Hermann Hesse.
BN 1.5.76. (S. 26)

St. Alban-Vorstadt 9
*«Klein Eptingen» zu St. Alban.
St. Alban-Vorstadt *BaZ 24.4.82*. (S. 30)

St. Alban-Vorstadt 11
Vom «Obern Schauenberg» und
seinen Besitzern. *BN 29.3.75*

St. Alban-Vorstadt 11/13
Johannes Wieland in der
«Schauenburg». *BN 15.3.75*

St. Alban-Vorstadt 12
Von der «Herrenfluh» zum «Braunen
Haus». *BaZ 22.7.78*

St. Alban-Vorstadt 13
Vom «Obern Schauenberg» und
seinen Besitzern. *BN 22.3.75*

St. Alban-Vorstadt 14
«Zu allen Winden». *BaZ 15.7.78*

St. Alban-Vorstadt 15
*«Zum Sulzberg». *BN 26.6.76*. (S. 32)

St. Alban-Vorstadt 16
«Zu den Matten» in St. Alban.
BaZ 13.1.79

St. Alban-Vorstadt 17
Einst hiess das Haus «Zum heiligen
Geist». *BN 14.8.71*

St. Alban-Vorstadt 18
Die «Hohe Tanne» zu St. Alban.
BN 7.12.74

St. Alban-Vorstadt 19
Von der Kaplanei zur
Generalsresidenz. *BN 22.2.75*

St. Alban-Vorstadt 19
*Markante Gestalten im Haus «Zur
Fortuna». *BN 1.3.75*. (S. 34)

St. Alban-Vorstadt 21
Das Haus «Zum Zank» zu St. Alban.
BN 21.7.73

St. Alban-Vorstadt 22
BN 1.2.75

St. Alban-Vorstadt 23
«Zur schwarzen Pfanne». *BN 10.7.76*

St. Alban-Vorstadt 25
«Zahnlücke» auf historischem Boden.
BN 15.5.76

St. Alban-Vorstadt 26
Der «Grüne Adler» zu St. Alban.
BaZ 6.1.79

St. Alban-Vorstadt 27
Das «Kutscherhaus» zu St. Alban.
BaZ 16.12.78

St. Alban-Vorstadt 28
«Ulrich Lörtschers des Schindlers
Hus». *BN 17.6.72*

St. Alban-Vorstadt 29/31
Neben der «Zahnlücke». *BN 16.7.66*

St. Alban-Vorstadt 31
*Papierer und Hosenlismer
zu St. Alban. *BaZ 18.11.78*. (S. 40)

St. Alban-Vorstadt 30/32
Der «Wildensteinerhof» in neuem
Glanz. *BN 4.1.75*. (S. 36)

St. Alban-Vorstadt 31
Neben der «Zahnlücke» zu St. Alban.
BaZ 28.10.78

St. Alban-Vorstadt 33
Die «Hasenburg» zu St. Alban.
BaZ 21.10.78

St. Alban-Vorstadt 34
Das Haus «Zum Roggenburg»
zu St. Alban. *BN 18.1.75*

St. Alban-Vorstadt 35
«Oben am Esel». *BN 24.7.76*

St. Alban-Vorstadt 35
*Der «Hohe Dolder». *BaZ 4.2.78*.
(S. 42)

St. Alban-Vorstadt 37/39
*«Oben am Esel» in der
St. Alban-Vorstadt. (S. 44)

St. Alban-Vorstadt 41
*Hier wohnte Jacob Burckhardt.
BN 7.8.76 und:
*«Auf Jacob Burckhardts Spuren zu
St. Alban». (S. 46)

St. Alban-Vorstadt 43
Am Schöneckbrunnen. *BN 14.8.76*

St. Alban-Vorstadt 44
Rebleute und Schlosser zu St. Alban.
BaZ 19.3.77

St. Alban-Vorstadt 45
Vom Truchsess zum Schlössli.
BN 21.8.76

St. Alban-Vorstadt 46
Geburtstag im «Dalbehysli».
BN 25.9.71

St. Alban-Vorstadt 49
«Zum Schöneck», Klosterspital und
Bürgermeisterhaus. *BN 4.8.73*

St. Alban-Vorstadt 50
Beim Augustiner-Garten von
St. Alban. *BaZ 5.8.78*

St. Alban-Vorstadt 52
Vom «Pfaffenhaus» zur Kunstgalerie.
BaZ 12.8.78

St. Alban-Vorstadt 55/57
Das Bäckerhaus zu St. Alban.
BaZ 2.4.77

St. Alban-Vorstadt 58
Das Haus «Zum Brigittenthor».
BN 15.1.76

St. Alban-Vorstadt 59
Das Haus «Beym Bridenthor» zu
St. Alban. *BN 31.12.76*

St. Alban-Vorstadt 60
Im Rebgarten vor dem Bridenthor.
BN 7.8.71

St. Alban-Vorstadt 61
Die «Giesshütte» zu St. Alban.
BaZ 7.5.77

St. Alban-Vorstadt 63
Die «Ehrenburg» zu St. Alban.
BaZ 14.5.77

St. Alban-Vorstadt 64
In der «Roten Tanne» bei Jacob
Burckhardt. *BN 18.12.71*

St. Alban-Vorstadt 69
*Das «Hohe Haus» zu St. Alban.
BN 22.5.76. (S. 48)

St. Alban-Vorstadt 72
«Neuer Kettenhof» in der Dalbe.
BaZ 21.3.81

St. Alban-Vorstadt 74
St. Alban-Stübli: 75 Jahre und doch
jung geblieben. *BaZ 26.8.78*

St. Alban-Vorstadt 87
Bauten des 19. Jahrhunderts in der
St. Alban-Vorstadt. *BaZ 24.3.79*

St. Alban-Vorstadt 91
Das «Grüne Haus» zu St. Alban.
BaZ 31.3.79

St. Alban-Vorstadt 94
Die «Zosse» in der St. Alban-Vorstadt.
BaZ 14.7.79

St. Alban-Vorstadt 108/110
Am Ende der St. Alban-Vorstadt.
BaZ 10.2.79

Andreasplatz

Andreasplatz (allgemein)
Am Tag des Heiligen Andreas.
BaZ 29.2.82

Andreasplatz 3 (Imbergässlein 6)
«Der Wachtmeisterin Hofstatt» zu
St. Andreas. *BN 6.3.71*
«Im Schatten von St. Peter».
BN 13.3.71

Andreasplatz 4 (Imbergässlein 4)
Im Winkel hinter St. Andreas.
BN 30.1.71

Andreasplatz 5
«Zwischen Andreasplatz und
Imbergässlein». *BN 19.4.75*

Andreasplatz 14
Am Eingang zum «Imberhof».
BN 16.1.71

Andreasplatz 15
Von den Badstuben «Unter den
Krämern». *BN 9.1.71*
Am Andreasplatz – im Herzen der
Altstadt. *BN 12.4.75*

Andreasplatz 16
Am Gang zum «Goldbrunnen».
BN 6.2.71

Andreasplatz 17 (= Schneider-
gasse 16)
Hinter dem Turm «ze Schalon».
BN 13.2.71

Augustinergasse

Augustinergasse (allgemein)
Am Ende der Augustinergasse.
BN 20.4.68

Augustinergasse 1
Das «Meerwunder» über dem Rhein.
BN 4.5.68

Augustinergasse 3
Zwischen «Syrene» und «Goldenem
Staufen». *BN 11.5.68*

Augustinergasse 4
Das «Moritürli» an der
Augustinergasse. *BN 18.5.68*

Augustinergasse 5
Der «Goldene Staufen» an der
Augustinergasse. *BN 9.3.68*

Augustinergasse 7
Sechseinhalb Jahrhunderte «Zum
Rappenfels». *BN 17.2.68*

Augustinergasse 8
Wo einst «Kraftos Tor» stand.
BN 30.9.67

Augustinergasse 9
*«Zun vier Hüsern» an der
Augustinergasse. *BaZ 22.12.79.*
(S. 66)

Augustinergasse 11
Aus der Vergangenheit des
Münsterpfarrhauses. *BN 10.2.68*

Augustinergasse 13
«Zem wilde Ma». *BN 27.1.68*

Augustinergasse 15
Pfrundhaus, Lehrerwohnung und
Dichterheim. *BN 3.2.68*

Augustinergasse 17
Der Hauptmann vom «Kleinen
Markgräflerhof». *BN 13.1.68*

Augustinergasse 19
*«Der Augustinerhof» an der
Augustinergasse. *BN 16.12.67*. (S. 67)

Augustinergasse 21
Ein «Hochhaus» an der
Augustinergasse. *BN 25.11.67*

Bachofenstrasse

Bachofenstrasse 1
Wo Johann Jakob Bachofen wohnte.
BN 18.12.65

Bachofenstrasse 1
Abschied vom Bachofenschlösschen.
BN 17.3.73

Bäumleingasse

Bäumleingasse 1/3
Die drei Häuser «Zum Kalb», «Zum
Kamel» und «Zum Reichenstein», die
auf dem Areal des heutigen
Gerichtsgebäudes standen. *BN 6.6.70*

Bäumleingasse 1/3
Vom Münchenhof zum Justizpalast.
BN 14.3.70

Bäumleingasse 4
Die Engel-Apotheke auf historischem
Boden. *BN 5.12.70*

Bäumleingasse 5/7
Vom Obern und Untern Sternenfels.
BN 14.2.70

Bäumleingasse 5/7
Kuhstall für den Geheimen Finanzrat.
– Aus der Geschichte des
«Sternenfels» am Bäumlein.
BN 21.2.70

Bäumleingasse 9
Von der Kaplanei zur Kunstgalerie.
BN 7.2.70

Bäumleingasse 11
*Wo der Basler «Drummeldoggter»
wohnte. *BN 31.1.70*
und «Zem Hirtzen» an der
Bäumleingasse. *BaZ 23.2.80.* (S. 145)

Bäumleingasse 13
Der «Pharisäer» am Bäumlein.
BN 24.1.70

Bäumleingasse 14
Daniel Bruckner im Haus «Zum
Vergnügen». *BN 4.4.70*

Bäumleingasse 16
Das «Philotechnische Institut» am
Bäumlein. *BN 25.4.70*

Bäumleingasse 16
Die Vischer von der «Eisernen Thür».
BN 2.5.70

Bäumleingasse 18
Im Ruhmesglanz des Erasmus von
Rotterdam. *BN 25.10.69*
Im Nachglanz der Vergangenheit. *BN 10.69*
Vgl. BN Nr. 120

Bäumleingasse 18
«Durch Leben und Sterben des
Erasmus geadelt». *BN 28.7.63*
Wo Erasmus von Rotterdam lebte und
starb. *BN 21. und 28.3.70*

Barfüsserplatz

450 Jahre Barfüsserplatz. *BaZ 15.2.79*

Barfüsserplatz 14
«Klein Kienberg» am Barfüsserplatz.
BaZ 4.2.84
«Zum Steinhammer» am
Barfüsserplatz. *BaZ 11.2.84*

Barfüsserplatz 15
*«Zur schwarzen Kugel» am
Barfüsserplatz. *BaZ 18.2.84.* (S. 146)

Barfüsserplatz 16
«Zum Strauss» am Barfüsserplatz seit
500 Jahren. *BN 14.6.69*

Barfüsserplatz 17
Die «Arche Noah» am Barfüsserplatz.
BaZ 10.3.79

Barfüsserplatz 18
«Hegenheim» auf dem Barfüsserplatz.
BaZ 25.2.84

Barfüsserplatz 20
Die Künstlerhöhle im «Grünen Eck».
BN 7.11.70

Barfüsserplatz 21
Im Haus «Zum Narren» am
Barfüsserplatz. *BN 16.10.70*

Barfüsserplatz 22
Die «Schützenmatte» auf dem
Barfüsserplatz. *BN 3.10.70*

Barfüsserplatz 23
Durchs Allmendgässlein zum
«Privatsitz». *BN 15.8.70*

Bernoullistrasse

Bernoullistrasse 32
Hundert Jahre Bernoullianum.
BN 28.12.74

Blumenrain

Blumenrain 8/10
Drei originelle Gastwirte auf den
«Drei Königen». *BN 8.11.67*
Zweimal drei Könige in den «Drei
Königen». *BN 5.4.75*

Blumenrain 26
Teil einer reizvollen Zeile: Haus «Zum
roten Zuber». *BaZ 26.11.77*

Blumenrain 28
Das Malerhaus am Blumenrain.
BaZ 3.12.77
*«Des Süssen Haus» am Blumenrain.
(S. 82)

Blumenrain 30
Das Haus «Am Wege» am
Blumenrain. *BN 13.12.75*

Blumenrain 34
*Als Kaiser Alexander in Basel Messe
hielt. Aus der Geschichte des
«Seidenhofs». *BN 25.3.63.* (S. 84)
*Rudolf von Habsburg im
«Seidenhof». *BN 17.8.64.* (S. 87)

Centralbahnplatz

Centralbahnplatz 1
Hundert Jahre Hotel Schweizerhof.
BN 15.12.64

Claragraben

Claragraben 38
Alt-Basel auf dem Weg zur
Mustermesse. *BN 1.4.70*

Dittingerstrasse

Dittingerstrasse 20
Das «Vordere Gundeldingen».
BN 24.3.73

Dolderweg

Dolderweg
Vom Iltisgässlein zum Dolderweg.
BaZ 12.11.83

Elisabethenschanze

Elisabethenschanze
Vom «Dorn-im-Aug» zum
«Wag-den-Hals». *BN 2.4.66*

Elisabethenstrasse 4
Die «Schere» zu St. Elisabethen.
BaZ 17.2.79

Elisabethenstrasse 6
Die «Haselburg» zu St. Elisabethen.
BaZ 24.2.79

Elisabethenstrasse 18
Beim Brunnen von St. Elisabethen.
BaZ 3.3.79

Elsässerstrasse

Elsässerstrasse 184
«La Belle Epoque» 1869–1969. Von
der «Ochsenmetzg» zur
Grossschlächterei.
Basel 1969, Buchdruckerei VSK

Falknerstrasse

Falknerstrasse 1
Das Haus «Zum schwarzen Rüden».
BaZ 20.10.79

Falknerstrasse 3/Freie Strasse 26
Von der «Brotbeckenzunft» zum
Hotel Central. *BN 31.1.76*

Falknerstrasse 33
Seit 100 Jahren von Weiss behutet und
bemützt. *BN 19.10.74*

Fischmarkt

Fischmarkt 10
Wo einst das Zunfthaus zu Fischern
stand... *BN 23.10.67*

Freie Strasse

Freie Strasse (allgemein)
Die Freie Strasse im Wandel der Zeit.
BN 10.4.65
Die Freie Strasse 1971. *BN 14.5.71.*
Beilage: «Kennen Sie Basel?»

Freie Strasse 1
Bankhaus auf historischem Boden.
BaZ 3.7.78
Von der Apotheke zur Bankfiliale.
BaZ 10.7.82

Freie Strasse 2
Siebenhundert Jahre «Roter Turm».
BN 4.10.75

Freie Strasse 9
Im «Regio-Keller» des «Goldenen
Falken». *BN 8.7.72*

Freie Strasse 10
Mord im «Eberstein». *BN 24.11.73*

Freie Strasse 12
Vom Kaufhaus zur Hauptpost.
BN 18.3.65
und *BN 14.5.71*

Freie Strasse 25
Vom Zunfthaus zum Schlüssel.
BN 15.3.65
Der Ofen als Denkmal. *BN 16.10.65*

Freie Strasse 43
Das Haus «Zum rothen Fahnen» an
der Freien Strasse. *BaZ 16.7.83*
Papeterie seit 150 Jahren. *BaZ 2.7.83*

Freie Strasse 63
Metzgerhaus seit 162 Jahren.
BN 27.2.70
Der «Rote Bock» glücklich gerettet.
BN 12.6.71

Freie Strasse 70a
Dienst an der Musik auf historischem
Boden. *BN 30.11.68*

Freie Strasse 83
«Wie der alte Knab im Schaf...»
BN 11.7.71

Freie Strasse 90
«Ze nechst by dem inneren
Eschenerthor...» Aus der Geschichte
des Schilthofs. *BN 18.2.65*

Freie Strasse 93
Das «Schärhaus» am Bäumlein.
BN 4.7.70

Freie Strasse 95
Barbiere und Schmiede «an den
Schwellen». *BN 27.6.70*

Freie Strasse 97
Papierer und Turmuhrmacher im
«Kupferberg». *BN 13.6.70*

Gartenstrasse

Gartenstrasse 93
Vom «Ulmenhof» an der
Gartenstrasse. *BN 8.3.75*

Gellertstrasse

Gellertstrasse (allgemein)
Bauliche Wandlungen im Gellert.
BN 14.2.64

Gemsberg

Gemsberg 2/4
Das Haus «Zum Löwenzorn» im
Wandel der Zeiten. *BN 15.10.66*

Gemsberg 5
«Zum grünen Helm» am Gemsberg.
BaZ 13.5.81

Gemsberg 6
*«Zum dürren Sod» am Gemsberg.
BaZ 12.12.81. (S. 121)

Gemsberg 8
Der Musikprofessor im «Liebenstein».
BN 27.7.74

Gemsberg 9
Altes Küferhaus am Gemsberg – «Zur
Scheune». *BN 23.6.73*

Gemsberg 11
Beim Abstieg zum Gemsberg.
BaZ 7.11.81

Gerbergasse

Gerbergasse (allgemein)
Zwischen Birsig und
Rümelinbachweg. Das Haus «Zum
grünen Stein». *BN 14.9.68*
Die Gerbergasse im Wandel der
Zeiten. *BN 13.10.72*

Gerbergasse 65/67
«Zwillingspaar» an der Gerbergasse.
BN 16.2.74

Gerbergasse 64–68
Zwischen Birsig und Rümelinsbach.
«Igelburg» (62); «Zur langen Leiter»
(60); «Obere Burg» (58); «Niedere
Burg» (56). *BN 19.1.74*

Gerbergasse 11
Historische Stätte der Messefreuden.
Aus der Vergangenheit des
Zunfthauses zu Safran. *BN 15.4.67*
Neubau des Zunfthauses zu Safran?
BN 16.2.73

Gerbergasse 52
*Metzgerhaus seit 100 Jahren.
BaZ 15.4.78. (S. 132)

Gerbergasse 55
Vom «Guten Stein» zum «Stäge-Hus».
BN 15.7.72

Gerbergasse 56 und 58
«Burgen» an der Gerbergasse.
Oberburg und Niederburg. *BN 9.2.74*

Gerbergasse 57
«Zu den drei Bären mit der Ell».
BN 2.10.71
Pastetenbeck in den «Drei Bären».
BN 10.10.71

Gerbergasse 60
Die «Lange Leiter» an der
Gerbergasse. *BN 2.2.74*

Gerbergasse 62
Zwischen Birsig und Rümelinsbach.
«Zur Igelburg». *BN 19.1.74*

Gerbergasse 70
«Zem Hoger» und «Zem Sliffstein».
BaZ 7.4.84

Gerbergasse 74
«Zem guldin Knopf» an der
Gerbergasse. *BaZ 14.4.84*

Gerbergasse 76
Vom «Känel» über die «Balance» zum
«Zorba». *BaZ 31.3.84*

Gerbergasse 77
Haus «Zur Kerze» an der
Gerbergasse. *BaZ 3.12.83*

Gerbergasse 78 und 80
«Zum blauen und zum roten Ring» an
der Gerbergasse. *BaZ 24.3.84*

Gerbergasse 81
Das Haus «Zur Schär» hinter dem
Stöckli. *BN 8.8.70*

Gerbergasse 82
Das Haus «Zum Lämmlein» an der
Gerbergasse. *BaZ 17.3.84*

Gerbergasse 83
«Zur Puppenfee» an der Gerbergasse.
BaZ 26.2.83

Gerbergasse 84
«Zum Bättwoler» – das heutige Hotel
Stadthof. *BaZ 3.3.84*

Gerbergasse 87
Das Haus «Zum Marder» bei den
Barfüssern. *BN 19.12.70*

Gerbergässlein

Gerbergässlein 2
Vom «Mühleck» zur «Alten Gerbe».
BN 19.5.73

Gerbergässlein 6
«Zum Sitkust» am Gerbergässlein.
BaZ 1.7.78

Gerbergässlein 8
Der «Telsperg» am Gerbergässlein.
BaZ 24.6.78

Gerbergässlein 10
«Zum roten Hahnen» am
Gerbergässlein. *BaZ 17.6.78*

Gerbergässlein 12
Der «Rauchenstein» am
Gerbergässlein. *BaZ 17.11.79*

Gerbergässlein 14
Der «Weisse Mann» am
Gerbergässlein. *BaZ 13.10.79*

Gerbergässlein 16
St. Niklaus zu Ehren. *BaZ 8.12.79*

Gerbergässlein 18
Die «Niederburg» am Gerbergässlein.
BN 20.9.75

Gerbergässlein 18
*Niederburg» am Gerbergässlein.
BaZ 3.11.79

Gerbergässlein 22
«Königsberg» am Gerbergässlein.
BaZ 30.6.79

Gerbergässlein 24
*«Zum Richtbrunnen». *BN 23.10.76*
(S. 129)

Gerbergässlein 22/24
«Eines flüchtigen Mannes Gut».
BaZ 16.1.82

Gerbergässlein 25/27
Die niedere und die obere Burg.
BaZ 5.6.82

Gerbergässlein 26
«Birs» am Gerbergässlein.
BaZ 15.12.79

Gerbergässlein 28
«Zum Richtbrunnen». *BaZ 10.6.78*

Gerbergässlein 30
«Kreuzberg» am Gerbergässlein.
BaZ 23.6.79

Gerbergässlein 30
Die Sans-Gêne im uralten
«Kreuzberg»... *BaZ 19.2.83*

Gerbergässlein 32
Vom «Königsfeld» zum
«Mohrenkopf». *BaZ 21.5.77*

Gerbergässlein 34
Der «Staufenberg». *BaZ 24.11.79*

Greifengasse

Greifengasse 2/4
Vom Richthaus zum Hotel Merian am
Rhein. *BN 21.10.72*
Greifenmeister vor 100 Jahren:
Amadeus Merian. *BN 26.1.74*

Greifengasse 18
Vom «Roten Löwen» an der
Greifengasse. *BN 6.1.68*

Greifengasse 21
«...als man wider Sant Claren uffhin
gat». Vom einstigen Haus E.E.
Gesellschaft zum Greifen. *BN 17.12.66*

Greifengasse 38
Das Haus «Zur Tanne» an der
Greifengasse. *BN 24.12.76*

Grenzacherstrasse

Grenzacherstrasse 206
«Solitude» seit 50 Jahren im
Staatsbesitz. *BN 5.10.74*

Grünpfahlgasse

Grünpfahlgasse 8
Bäckerhaus auf historischem Boden.
BN 4.9.76

Gundeldinger Quartier
Hundert Jahre Gundeldinger Quartier.
BN 29.6.74

Gundeldingerstrasse
Gundeldingerstrasse 280
Das «Vordere Gundeldingen» an der Gundeldingerstrasse.
*Thomas Platter und sein Gundeldinger Gut. *BN 14.9.74* (S. 154)

Hammerstrasse
Hammerstrasse 23
Geburtsstätte der Schappeindustrie. Alt-Basel auf dem Weg zur Mustermesse. *BN 25.4.70*

Hardstrasse
Hardstrasse 87
Beim Abschied von der Hardstrasse.
BN 27.8.66

Hasengässlein
Hasengässlein
Osterspaziergang ins Hasengässlein.
BN 10.4.71
Sebastian Häslis Obersthelferhaus.
BaZ 25.3.78

Hebelstrasse
Hebelstrasse 7
Von den Bewohnern des «Gyrengartens». *BN 3.7.71*
«Gyrengarten» – Bürgersitz und Altersheim. *BaZ 16.6.84*
Hebelstrasse 12
Vom Bettlerhaus zum Adelssitz.
BN 13.11.65
Hebelstrasse 15
«Franziska-Mähli» und Brunschwyler-Haus. *BN 23.10.71*
Der Schatz an der Hebelstrasse.
BN 30.10.71
Hebelstrasse 16/18
Zwischen «Taupalderhof» und «Kegelins Hus». *BN 11.12.65*
Hebelstrasse 17
Das Alumneum unter Denkmalschutz.
BN 19.6.71
Hebelstrasse 22
Erster Abschied an der Hebelstrasse.
BN 8.5.65
Hebelstrasse 26
Kleiner Nachruf auf die «Alte Treu».
BN 21.8.65
Hebelstrasse 30/32
*Der Holsteinerhof. *BN 3.7.76*. (S. 94)
Hebelstrasse 30/32
Der Holsteinerhof in neuem Glanz.
BaZ 5.5.79

Herbergsgasse
Herbergsgasse 2
Königsquartier, Elendenherberge und Musikschule. Der «Münchenhof» am Petersberg. *BN 21.1.67*
Vom Münchenhof und der Elendenherberge. *BaZ 14.10.78*

Oberer Heuberg
Oberer Heuberg 4
«Zu den drei grünen Bergen».
BaZ 6.6.81
Oberer Heuberg 6
Metzger und Professoren im «Paradies». *BN 18.9.71*
Oberer Heuberg 8
«Zer Schüren» am Heuberg.
BaZ 13.6.81
Oberer Heuberg 10
«Schaub» am Obern Heuberg.
BaZ 20.6.81
Oberer Heuberg 12
*«Zum Obern Aarau» am Heuberg.
BaZ 5.2.77. (S. 113)
Oberer Heuberg 13
«Zem Louffen uff Sant Lienhartzberg». *BaZ 12.3.77*
Oberer Heuberg 14
Der «Seidenhut» auf dem Heuberg.
BN 28.4.73
Oberer Heuberg 15
Vom «Sitkust» zum «Specht».
BaZ 5.3.77
Oberer Heuberg 16
«Zum Breisach» am Heuberg.
BaZ 27.6.81
Oberer Heuberg 17
650 Jahre «Zum Lorbeerkranz».
BaZ 19.2.77
Oberer Heuberg 18
Der «Engelberg» unter Denkmalschutz. *BN 19.9.70*
Oberer Heuberg 19
Das «Tröttlein» am Heuberg.
BaZ 2.6.79
Oberer Heuberg 20
«Zum Helfenberg» am Heuberg.
BaZ 4.7.81
Oberer Heuberg 21
Haus «Zum Benken» am Heuberg.
BaZ 30.10.81
Oberer Heuberg 22
«Zum Waldshut» am Heuberg.
BaZ 11.7.81
Oberer Heuberg 23
Ein Heuberg-Haus ohne Namen beherbergte bedeutende Leute.
BaZ 10.10.81
Oberer Heuberg 24
«Zum Mörsberg» am Heuberg.
BaZ 18.7.81
Oberer Heuberg 25
«Schwarze Herberge» am Heuberg.
BaZ 3.10.81
Oberer Heuberg 28
Vom alten Truchsesserhof.
BN 10.10.71
Oberer Heuberg 33
Im Haus «Zu den drei Mönchen» am Heuberg. *BN 24.7.69*
Weihnachtsfreude in den «Drei Mönchen». *BN 24.12.71*
*Das «Münchendorf» am Heuberg.
BaZ 26.4.81. (S. 117)
Traditionsreiches theologisches Zentrum. Neuanfang im Frey-Grynaeum. Zum 300. Geburtstag des Stifters. *BaZ 13.11.82*
Oberer Heuberg 34
Der «Gluggerturm» am Obern Heuberg. *BN 23.11.74*
Oberer Heuberg 36/38
«Zur Traube» am Obern Heuberg.
BaZ 25.7.81
Oberer Heuberg 38
«Zur weissen Taube». *BaZ 1.8.81*
Oberer Heuberg 42
«Zum roten Mann» am Heuberg.
BaZ 15.8.81
Oberer Heuberg 44
Zwischen Heuberg und Leonhardsgraben. *BaZ 11.11.78*
«Zum Sondersdorf» am Heuberg.
BaZ 22.8.81
Oberer Heuberg 46
Neben dem Haus «Zum Oelenberg».
BaZ 27.8.81
Oberer Heuberg 50
«Zum Engelskopf» am Heuberg.
BaZ 12.9.81

Unterer Heuberg
Unterer Heuberg 31, 29, 27
«Schindlen» am Untern Heuberg.
BaZ 9.1.82
Unterer Heuberg 3
Die Metzger «Zem Scharben».
BaZ 13.3.82
Unterer Heuberg 4
«Zum schwarzen Ritter» am Untern Heuberg. *BaZ 14.11.81*
Unterer Heuberg 7
Beim Abstieg ins Trillengässlein.
BN 4.10.68
Unterer Heuberg 13
Unterer Heuberg: «Zer Staywand».
BaZ 20.2.82
Unterer Heuberg 15
«Hombergs Hus» am Untern Heuberg. *BaZ 13.2.82*
Unterer Heuberg 18
«Zum Wildenstein» am Untern Heuberg. *BaZ 19.12.81*
Unterer Heuberg 19
Das «Tanneck» am Untern Heuberg.
BN 20.12.75
Unterer Heuberg 21
*Erste Synagoge war am Heuberg.
BaZ 6.2.82. (S. 115)
Unterer Heuberg 23
Haus ohne Namen am Heuberg.
BaZ 30.1.82
Unterer Heuberg 25
Das Haus mit der Schramme.
BaZ 23.1.82
Unterer Heuberg 40
«Zum roten Widder» am Heuberg.
BaZ 8.8.81

Hirschgässlein
Spaziergang durchs Hirschgässlein.
BN 17.7.65

Hirzbodenweg
*Hirzbodenweg 95. (S. 55)
Privatdruck 83
*Hirzbodenweg 103. (S. 52)
Privatdruck 83

Imbergässlein
*Am Aufstieg des Imbergässleins.
BN 5.7.75. (S. 110)
Imbergässlein 1
«Als man uffhin geht zem Imber».
BN 2.3.74
Imbergässlein 3
Die «Hintere Fläsche» am Imbergässlein. *BN 3.5.75*
Die «Schwarze Fläsche» am Imbergässlein. *BN 9.3.74*
Imbergässlein 5
Die «Hintere Fläsche» am Imbergässlein. *BN 3.5.75*
Imbergässlein 7
«Am Creutzweg» des Imbergässleins. «Haselstaude». *BN 23.3.74*
Die «Haselstaude» am Imbergässlein.
BN 10.5.75
Imbergässlein 20
Vom «Orient» zum «Spalenhof».
BN 24.5.75
Imbergässlein 21/22
«Das Eichhörnlein» am Imbergässlein.
BN 14.6.75
Imbergässlein 23
Das Haus «Zum Laubegg» am Imbergässlein. *BN 28.6.75*
Imbergässlein 27
Am Aufstieg des Imbergässleins.
BN 5.7.75
Imbergässlein 29
«Bei der ersten Stapflen im Imbergässlein». Haus «Zum Eichbaum». *BN 12.7.75*
Imbergässlein 31
Basels erste Hebamme im Imbergässlein. Haus «Zum grossen Christoffel». *BN 19.7.75*
Imbergässlein 33
Der Stadtarzt am Imbergässlein.
BN 6.7.74

Imbergässlein 33
*Wo das Fasnachts-Comité zu Hause ist. *BaZ 11.2.78.* (S. 112)

St. Jakobs-Strasse

St. Jakobs-Strasse 234
«...zu allen Zeiten zu St. Jakob eine Wirtschaft halten lassen». *BN 6.6.61*

St. Jakobs-Strasse 377
450 Jahre Wirtshaus St. Jakob. *BN 28.8.76*

St. Johanns-Vorstadt

Kontraste in der St. Johanns-Vorstadt. Aussen breit – innen gotisch. *BaZ 19.8.77*

St. Johanns-Vorstadt 2
St. Johann im Zeichen des Kreuzes. «Zum Kreuz». *BN 13.4.74*

St. Johanns-Vorstadt 4
Das «Roseck» in der St. Johanns-Vorstadt. *BN 22.11.75*

St. Johanns-Vorstadt 7
«Kleiner Ulm» in der «Vorstadt ze Crütze»*. *BN 29.9.73*

St. Johanns-Vorstadt 7
*«Zum kleinen Ulm». *BN 6.11.76* (S. 88)

St. Johanns-Vorstadt 9
Das Haus «Zum goldenen Horn» in der St. Johanns-Vorstadt. *BaZ 30.7.83*

St. Johanns-Vorstadt 11
«Zur Schäferei» in der Santihans. *BaZ 6.8.83*

St. Johanns-Vorstadt 13
Vom «Wildenstein» zum «Pfauen». *BaZ 13.8.83*

St. Johanns-Vorstadt 14
«...neben dem Thürlin, als man zem Rhyn gaht». *BN 12.10.68*

St. Johanns-Vorstadt 15
Von Lucas Preiswerk zu Senn und Co. AG. «Erlacherhof». *BN 21.6.75*

St. Johanns-Vorstadt 17
*«Die Stätte, die ein guter Mensch betrat...» *BN 7.7.75.* (S. 92)

St. Johanns-Vorstadt 17
Seidenraupenzucht – im Erlacherhof. *BN 17.8.67*
*Geschichte des «Erlacherhofs». *BaZ 3.9.83.* (S. 91)

St. Johanns-Vorstadt 15/17
«Zum Christoffel» in der Santihans. *BaZ 27.8.83*

St. Johanns-Vorstadt 19/21
Der «Ackermannshof», das Haus der Basler Buchdruckerkunst. *BaZ 24.9.83*

St. Johanns-Vorstadt 23
Die «Bannwartshütte». *BaZ 1.10.83*

St. Johanns-Vorstadt 25
Spenglerhaus schon vor 600 Jahren. Das Doppelhaus «Yberg» und «Ze Crüze». *BN 13.4.69*
«Spenglerhaus» – vor 600 Jahren. *BaZ 8.10.83*

St. Johanns-Vorstadt 22
Hans Holbein als Basler Hausbesitzer. *BN 15.7.63*

St. Johanns-Vorstadt 27
Sanierung im Formonterhof abgeschlossen. *BaZ 19.11.83*

St. Johanns-Vorstadt 32
«St. Wendolin» an der Santihans. *BN 27.5.72*

St. Johanns-Vorstadt 33
Das «Klösterli» in der St. Johanns-Vorstadt. *BN 26.2.72*
Das «Klösterli» zu St. Johann. *BN 27.11.76*

St. Johanns-Vorstadt 34
Beim Brunnen der faulen Magd. *BN 22.4.72*

St. Johanns-Vorstadt 60
Schmales Haus am Rhein: Neubau «im alten Stil». *BaZ 4.4.78*

Kellergässlein

Kellergässlein
Vom «Grossen Keller» am Petersberg. *BN 4.12.71*

Kleinriehenstrasse

Kleinriehenstrasse 30
50 Jahre St. Claraspital. *BaZ 27.1.78*

Klingelbergstrasse

Klingelbergstrasse 16
Hundert Jahre Bernoullianum. *BN 28.12.74*

Klingental

Klingental 5
700 Jahre Hintere Klingentalmühle. *BN 18.8.73*

Klingental 7
Samuel Gessler-Merian und die Vordere Klingentalmühle. *BN 25.8.73*
Klingentalmühle
700 Jahre Klingentalmühle. *BaZ 7.10.78*

Klingental 13/15
*Das «Bichtigerhus» im Klingental. *BaZ 20.1.79.* (S. 172)

Klosterberg

Klosterberg
Gegenüber dem Klosterhof. *BN 6.8.66*

Klosterberg 7
«Im Sturgow an der Steinen». *BN 26.9.70*

Klosterberg 17 und 19
«Zum gelben Hammer» am Klosterberg. *BN 10.8.74*

Klosterberg 21
«Au petit trésor» am Klosterberg. *BN 3.8.74*

Kohlenberg

Kohlenberg
Bierproduktion im «Ochsengraben». *BaZ 14.1.84*

Kohlenberg 8/10
*Küfers «Brennhüslin» am Kohlenberg.
Vom feuergefährlichen Handwerk am Kohlenberg. *BaZ 21.1.84.* (S. 153)

Kohlenberg/Barfüsserplatz
Von der Nagelschmiede zum McDonald's. *BaZ 28.1.84*

Kohlenberg 7
Auf altem historischem Boden. *BaZ 16.2.83*

Lautengartenstrasse

Lautengartenstrasse 23
Ein Melchior Berri-Bau ist verschwunden. *BN 8.1.72*

Leonhardsberg

Leonhardsberg 4
Vom «alten Spital» zum «Trumpf». *BN 16.3.68*

Leonhardsberg 4
«Zer Clussen» am Leonhardsberg. *BaZ 6.5.78*

Leonhardsberg 6
«Rote Tür» am Leonhardsberg. *BaZ 12.6.82*

Leonhardsberg 8/10
Der «Sennhof» am Leonhardsberg. *BaZ 27.5.78*

Leonhardsberg 12
«Zum kleinen Frieden» am Leonhardsberg. *BaZ 30.12.78*

Leonhardsberg 14
«Zum schwarzen Rüden» am Leonhardsberg. *BaZ 29.4.78*

Leonhardsberg 16
«Schwarzer Wind» am Leonhardsberg. *BaZ 8.4.78*

Leonhardsgraben

Leonhardsgraben 34
Beim Eglofsturm auf der Lyss. *BN 18.12.76*

Leonhardsgraben 45
«Truchsesserhof» am Leonhardsgraben. *BaZ 11.12.82*

Leonhardsgraben 52
«Usserthalb St. Lienhartz-Türlin». *BN 27.4.74*

Leonhardsgraben 61
Zwischen Heuberg und Leonhardsgraben. *BaZ 11.11.78*

Leonhardsgraben 63
Das Pfarrhaus am Leonhardsgraben. *BN 8.4.67*

Leonhardskirchplatz

Leonhardskirchplatz 1
Das Sigristenhaus zu St. Leonhard. *Kirchenbote Juni 1979*

Leonhardskirchplatz 3
Vom Chorherrenstift zum Gefängnis. *BaZ 28.1.78*

Leonhardsstrasse

Leonhardsstrasse 4, 6, 8
«Ennet dem steinen Brucklin ze Sant Lienhard». Der Sitz der Musik-Akademie. *BN 4.2.67*

Lindenberg

Lindenberg 12
«Holzachs Hof» lag gegenüber. *BN 24.2.73*
Der letzte Ritter von Hattstatt. *BN 3.3.73*

Lindenberg 21
«Zum stillen Wind» am Lindenberg. *BaZ 16.6.79*

Malzgasse

Malzgasse: Trotz Wandlungen noch reizvolle Häuserzeile. *BaZ 24.9.77*

Malzgasse 3
«Zur köstlichen Jungfrau» an der Malzgasse. *BaZ 1.10.77*

Malzgasse 5
*Das Haus «Zum Schnäggedanz». *BaZ 8.10.77.* (S. 50)

Malzgasse 7
Die «Trotte» an der Malzgasse. *BaZ 15.10.77*

Malzgasse 9
Malzgasse 9: «Alt-Beginenhaus». *BaZ 22.10.77*

Malzgasse 16
Bedeutendes Werk gerettet: Berri-Haus unter Denkmalschutz. *BaZ 1.12.79*

Marktplatz

Marktplatz 9
Marktplatz und Rathaus im Wandel der Zeiten. *BaZ 8.4.80*
Munatius Plancus – seit 400 Jahren im Rathaushof. *BaZ 1.11.81*

Marktplatz 11
Zwischen Rathaus und Geltenzunft. *BaZ 27.10.79*

Marktplatz 13
Die «Weinleutenzunft» – innen aufgefrischt. *BN 11.3.67*

Marktplatz 34
Wo heute das Singerhaus steht. *BN 19.11.66* und *BaZ 28.8.79*

Martinsgasse

Martinsgasse 16
«Eisenburg» und «Feuergässlein». *BN 28.5.66*

Martinsgasse 12
*Das Geburtshaus des Entdeckers der Nukleinsäure. BN 29.3.69
*Der «Ehrenfelserhof» an der Martinsgasse. (S. 78)

Martinskirchplatz
Martinskirchplatz 1, 2, 3
Auf dem Berg von St. Martin. BN 15.5.65
Martinskirchplatz 2/3
Sinnvolle Verwendung des Pfarrhauses zu St. Martin. BN 13.5.65

Mittlere Strasse
Mittlere Strasse 91/93
Hundert Jahre Augenspital. BN 24.4.64

Mühlenberg
Mühlenberg 1
Am Mühlenberg gegenüber dem Brunnen. BN 1.7.72
Mühlenberg 6
«Ze sanct Alban an dem Sprung». BN 5.6.71
Mühlenberg 10
*Bei Jacob Burckhardt zur Miete. «Zer Eich» am Mühlenberg. BN 29.5.71. (S. 60)
Mühlenberg 12
*Im St. Alban-Pfarrhaus am Mühlenberg. BN 22.5.71. (S. 63)

Münsterberg
Münsterberg 2
Wo Jacob Burckhardt zur Schule ging. Das Haus «Zum Vogelsang» am Münsterberg. BN 4.1.69
Beim Brunnen gegenüber dem alten Spital. BN 25.1.69
Münsterberg 8
Vom «Schwarzen Öchslin» zum «Roten Ochsen». BN 2.11.65
Hier wohnte Glasmaler Jörg Wannenwetsch. Vom Doppelhaus «zum schwarzen Oechslein» und «zum Plattfuss». BN 28.12.68
Münsterberg 10
Von der «Meerkatz» zum «Bärenloch». BN 23.11.68
Altes «Bärenloch» wird neu. BN 2.10.76
Münsterberg 11
Von der Kaplanei zum Café. Das Haus «Zum untern Hochberg» am «Spittelsprung». BN 1.2.69
Münsterberg 12
«Wo man vom hohen Stift zum Spital gaht». «Zum Ehrenstein» und «Zum untern Freiburg». BN 16.11.68
Münsterberg 13
Der «Blaue Berg» am «Spittelsprung». BN 15.2.69

Münsterberg 13/15
Das «Cachet» besitzt Cachet. BN 8.2.69
Münsterberg 13
*Einst Pfrundhaus «Zum Heiligen Geist». BaZ 28.5.77. (S. 11)
Münsterberg 14/16
«Dormenter» und Münsterorganist im Haus «Zum Freiburg». BN 24.8.68

Münsterplatz
Münsterplatz 1
«Zur Capelle». BN 3.6.67
Münsterplatz 4/5
*«Auf Burg» am Münsterplatz. BaZ 9.7.83. (S. 9)
Münsterplatz 6, 7
«Unter den Linden». BN 1.7.67
Münsterplatz 8
Vom «Bauhaus Unserer Lieben Frauen» zum Sitz der Lesegesellschaft. BN 15.7.67
Münsterplatz 10
Domherren und Oberstzunftmeister wohnten hier. Aus der Geschichte des «Regisheimerhofs». BN 5.8.67
Münsterplatz 11
Labor im Bürgermeisterhaus. Aus der Geschichte des «Falkensteinerhofs». BN 8.8.67
Münsterplatz 12
Altes und Neues vom Domhof. BN 31.5.63
Rund um den Domhof. BN 19.8.67
Münsterplatz 13
Sigristenhaus seit mehr als 350 Jahren. BN 2.9.67
Münsterplatz 14
Vom Mentelinhof und seinen Bewohnern. BN 26.3.66
Münsterplatz 15
«Den guten Sitten und den Wissenschaften geweiht». BN 19.3.66
Münsterplatz 16
Stadtplanung am Amtssitz Isaak Iselins. BN 26.8.67
Aus der Geschichte des Reischacherhofs. BN 3.3.76
Münsterplatz 17
Vom Domherrensitz zum Schulrektorat. BN 12.3.66
Münsterplatz 18
Einst Bischofssitz – heute «Münsterplatz-Schulhaus». BN 9.10.67
Münsterplatz 19
Gratiswein aus dem «Oberstpfarrhaus». BN 16.9.67
Münsterplatz 20
Vom Rollerhof und seinen Bewohnern. BN 23.9.67

Nadelberg
Nadelberg 1
*«Ze Rinach». Zuoberst am Totengässlein. BaZ 11.3.78. (S. 102)

Nadelberg 3
Das Haus der Schwestern Schorndorff. BN 15.4.72
Nadelberg 4
Der «Engelhof» – ein Stück Basler Stadtgeschichte. BaZ 28.4.84
Nadelberg 5
Die «Mägdeburg» am Nadelberg. BaZ 25.2.78
Nadelberg 6
*Viel Schönes im «Schönen Haus». BaZ 26.9.79. (S. 103)
Nadelberg 7
«Zum kleinen Wind». BaZ 18.3.78
Nadelberg 8
Von den Besitzern des «Schönen Hofs». BN 28.1.67
Nadelberg 10
Adelssitz wird theologische Arbeitsstätte. Aus der Vergangenheit des Zerkindenhofs. BN 10.1.66
Nadelberg 12
Wo heute der «Breo» der Zofinger steht. BN 15. und 22.11.69
Nadelberg 14
*«Sarburgs Hus» am Nadelberg. BaZ 22.5.82. (S. 104)
Nadelberg 15
In der «Dalbe» des Mittelalters. BN 4.1.65
Nadelberg 16
«Zum Kellenberg» am Nadelberg. BaZ 25.6.83
Nadelberg 17
Die «Alte Treu» am Nadelberg. BN 5.11.66
Nadelberg 19
Das Haus «Zem Slitten» am Nadelberg. BN 22.6.74
Nadelberg 21
Zuoberst am Imbergässlein «Zum Rösslinberg». BN 15.6.74
Nadelberg 24
«...da man zu Spalentor gaht». BN 18.9.63
Nadelberg 26
«Kleiner Birseck» am Nadelberg. BaZ 3.4.82
Nadelberg 28
«Grosser Birseck» am Nadelberg. BaZ 17.4.83
Nadelberg 30
«Zur Liebburg» am Nadelberg. BaZ 8.5.82
Nadelberg 32
*Hier wohnte Heinrich Leuthold. BaZ 11.4.81. (S. 106)
Nadelberg 33
Die «Rosenburg» am Nadelberg. BaZ 27.3.82
Nadelberg 36
Das Haus «Zur roten Henne» am Nadelberg. BN 18.11.72

Nadelberg 37
Das Haus «Zum Bracken und zum Schneeberg» am Nadelberg. BN 26.7.75
Nadelberg 41
Der «Schwarze Sternen» auf dem Nadelberg. BN 1.8.75
Nadelberg 43
«Ein Hüslin gelegen uff dem Nadelberg». BN 24.6.67 und BN 8.4.72

Ochsengasse
Ochsengasse 2
Vom «Mühleck» zum «Red Ox». Aus der Geschichte der Ochsengasse. BN 18.2.67
Ochsengasse 14
«Schwarzeselmühle» an der Ochsengasse. BaZ 16.4.77

Petersgasse
Petersgasse 20
Das Stammhaus der Socin an der Petersgasse. BN 18.10.75
Petersgasse 23
Der «Ringelhof». BN 4.12.76
Petersgasse 26
Der «Vordere Kolerhof» an der Petersgasse. BN 15.11.75
Petersgasse 36/38
Laufenhof – Andlauerhof – Weitnauerhof. BN 3.9.66
Petersgasse 46
*Der Flachsländerhof bei St. Peter. BN 27.3.71. (S. 98)
Petersgasse 48
«Uf Sant Petersberg». BN 3.4.71
Petersgasse 50/51
Auf der Höhe des Petersbergs. BN 9.9.72
Petersgasse 54
«Gelegen an dem Ort by St. Peter». BN 7.10.72
Petersgasse 54
Das Sigristenhaus zu St. Peter. Kirchenbote 15.9.78

Petersgraben
Petersgraben 24
Vom «Blauen Esel» zum Café Hebel. BN 27.10.73

Peterskirchplatz
Peterskirchplatz 8
Vom Adelshof zum Pfarrhaus von St. Peter. BN 27.5.67

Petersplatz
Petersplatz 2
Der «Rosenberg» an der Spalen. BaZ 8.3.80
Petersplatz 4
«Zum Hintern Rosenberg». BaZ 23.10.82

Petersplatz 5
Der «Engel» auf dem Petersplatz.
BN 27.9.75

Petersplatz 14
Vom Werden und Wachsen des
Zahnärztlichen Institutes. *BN 30.12.67*
Rund um das Faeschische
Fideikommiss. *BN 22.7.72*
Von der Kaplanei zum Zahnärztlichen
Institut. *BN 29.7.72*

Petersplatz 16
Eine Rose auf dem Petersplatz.
BaZ 18.12.82

Petersplatz 17
Petersplatz: «Überreiters Hus».
BaZ 4.12.82

Petersplatz 18
Neuer Name für Haus am Petersplatz.
BaZ 20.11.82

Petersplatz 19
*«Zum Eichhörnlein» am Petersplatz.
BaZ 30.10.82. (S. 96)

Pilgerstrasse
Die Pilgerstrasse unter
Denkmalschutz. *BN 28.2.76*

Rebgasse
Rebgasse 5
«Zum Sandhof» an der Rebgasse.
BaZ 15.10.83

Rebgasse 7
«Zur Rose» an der Rebgasse.
BaZ 22.10.83

Rebgasse 9/11
«Michelfelden» an der Rebgasse.
BaZ 29.10.83

Rebgasse 13
An der Ecke des Dolderwegs.
BaZ 5.11.83

Rebgasse 16/Utengasse 11/13
Gold und Silber in Kleinbasel.
BN 29.6.65

Rebgasse 16
Aus der Vergangenheit des «Lamms».
BN 11.12.71

Rebgasse 19
An der Kleinbasler Ringmauer.
BN 2.12.72

Rebgasse 30
Das «Paradies» an der Oberen
Rebgasse. *BN 22.12.73*

Rebgasse 32/34
Der «Steinhof» an der Oberen
Rebgasse. *BN 10.1.70*

Rebgasse 36
Neben dem Kleinbasler «Steinhof».
BaZ 12.5.79

Rebgasse 38
Das Haus «Zur Trotte» an der Oberen
Rebgasse. *BN 14.12.74*

Obere Rebgasse 40
*«Zum Waldvögeli». *BN 29.11.76*
(S. 163)

Obere Rebgasse 42
Der «Laufen» an der Rebgasse.
BaZ 15.3.80

Rebgasse 50
«Schryners Hus» an der Rebgasse.
BaZ 8.1.83

Reverenzgässlein
Rund um das Reverenzgässlein.
BN 11.8.73

Rheingasse
Rheingasse 1
Der «Maienberg» an der Rheingasse.
BN 22.1.77

Rheingasse 2
Das «Schwalbennest» beim Café
Spitz. *BN 30.3.68*

Rheingasse 3
Zum Kupferturm an der Oberen
Rheingasse. *BN 11.12.76*

Rheingasse 4
Im Wandel der Zeiten. Von den
Schicksalen des Hauses
E.E. Gesellschaft zum Hären.
BN 31.12.66

Rheingasse 10
Die «Iustitia» an der Rheingasse.
BaZ 9.7.77

Rheingasse 20
Vom «Tuttenkolben» zum
«Traubenkeller». *BaZ 16.7.77*

Rheingasse 22
Vom «Hünenberg» und seinen
Bewohnern. *BN 28.7.73*

Rheingasse 23
*Die Amerbach im «Kaiserstuhl».
BaZ 12.3.83. (S. 159)
*«Zum Kaiserstuhl» an der
Rheingasse. (S. 159)

Rheingasse 24
Zum «Falkenberg» – Unterkunft für
«ellende Lüte». *BaZ 23.7.77*

Rheingasse 26
Haus «Zum Schlegel»: Aspekte zur
Wirtschaftsgeschichte. *BaZ 30.7.77*

Rheingasse 28
Der «Enker» an der Oberen
Rheingasse. *BaZ 6.8.77*

Rheingasse 31/33
Der «Ziegelhof» an der Oberen
Rheingasse. *BN 9.12.72*

Rheingasse 29
Der «Kronenberg» an der Rheingasse.
BaZ 26.1.80

Rheingasse 42
«Zum Lachs» an der Rheingasse.
BaZ 22.3.80

Rheingasse 44/46
Am «hochobrigkeitlichen»
Rheingässlein. *BaZ 13.8.77*

Rheingasse 45
Die «Goldgrube» an der Rheingasse.
BN 8.9.73

Rheingasse 48
«Zum Lindau» an der Rheingasse.
BaZ 19.9.81

Rheingasse 50/52
Geglückte Renovation an der
Rheingasse. *BaZ 12.1.80*

Rheingasse 45/47
«Zum schwarzen Anker» an der
Rheingasse. *BaZ 19.1.80*

Rheingasse 55
Vom «Hohen Turm» zur «Goldenen
Pforte». *BN 17.4.76*

Rheingasse 53
Sevogels Turm. *BN 10.4.76*

Rheingasse 57
«Der Istein» an der Rheingasse.
BN 10.1.76

Rheingasse 59/61
«Zur vordern Henne» an der Oberen
Rheingasse. *BN 24.1.76*

Rheingasse 63
Der «Salmen» an der Oberen
Rheingasse. *BN 14.2.76*

Rheingasse 65/67
*Gegenüber vom Hattstätterhof am
Lindenberg. *BN 23.2.76*. (S. 165)

Rheingasse 69
Das «Schöne Eck» an der Oberen
Rheingasse. *BN 6.3.76*

Rheingasse 74
*«Miner Herren Zwingelhof».
BN 29.1.77. (S. 161)
*«Auf dem Zwingel» an der Oberen
Rheingasse. (S. 161)

Rheingasse 86
*«Mägdlein-Schulhaus» an der
Rheingasse. *BaZ 9.2.80*. (S. 158)

Rheingasse 84
Der «Birbom» an der Rheingasse.
BaZ 2.2.80

Rheingasse 88
Von der «Meise» an der Oberen
Rheingasse. *BN 6.4.74*

Rheingasse 90
Zuoberst an der Rheingasse.
BaZ 16.2.80

Untere Rheingasse
Untere Rheingasse 11
Vom «Pflug» zum «Rheinkeller».
BN 8.11.75

Rheinsprung
Rheinsprung 2
*«Als man die Stägen uffhin ze
St. Martin gaht». *BN 3.8.68*. (S. 70)

Rheinsprung 6/8
«Waltpurg» und «Wilder Mann» am
Rheinsprung. *BN 27.7.68*

Rheinsprung 10
*Am Fuss des Kirchgärtleins von
St. Martin. *BN 13.7.68*. (S. 72)

Rheinsprung 16
Kaiserin Marie-Louise im «Blauen
Haus». *BN 2.5.64*

Rheinsprung 17
*«Zue St. Oswaldt Pfruendhus».
BN 15.6.68. (S. 75)

Rheinsprung 21
Das Mathematische Seminar in der
«Hölle». *BN 25.5.68*

Rheinsprung 22
«Zur kleinen Augenweide» am
Rheinsprung. *BN 29.6.68*

Rheinsprung 24/Martinsgasse 9–15
Vom alten Markgräfischen Hof am
Rheinsprung. *BN 22.6.68*

Rheintor
Der Lällenkönig am Rheintor.
BN 31.8.74

Oberer Rheinweg
Oberer Rheinweg 3
Vom «Meerwunder» zum «Hecht».
BaZ 29.3.80

Oberer Rheinweg 65/67,
Rheingasse 70/72
«Ehe» zwischen zwei Häusern.
BN 20.9.67

Oberer Rheinweg 69
«... stösst an Miner Herren
Zwingelhof». *BN 29.1.77*

Unterer Rheinweg
Unterer Rheinweg (allgemein)
Hier stand einst die Eisfabrik.
BaZ 4.3.78

Unterer Rheinweg 17
Die Mechel-Mühle am Vogel
Gryff-Gässlein. *BN 11.1.75*

Unterer Rheinweg 17
Bijou im Kleinbasel: Die
Mechel-Mühle. *BaZ 8.7.78*

Riehenstrasse
Riehenstrasse 42, 46, 50
Letzte Zeugen verschwundener
Pracht. Zur Erinnerung an das
Faesch-Leissler'sche Landhaus.
BN 24.4.66

Riehenstrasse 11
Von der Rebleuten Trinkstube im
mindern Basel. *BN 12.12.66*

Riehenstrasse 14
im Schatten des Riehentors.
BN 11.9.71

Riehentorstrasse
Riehentorstrasse 29
Das «Klösterli» beim Riehentor.
BN 6.11.71

Riehentorstrasse 27
Vom «Ochsen» zum «Torstübli».
BN 13.11.71
Vom «Ochsen» zum Torstübli.
BaZ 12.2.83

Rittergasse

Rittergasse 1
Wo der Bischof von Basel residierte.
BN 3.1.70
Der Bischof. Historische Bauten der Basler Kirche. *Kirchenbote 15.11.77*
Rittergasse 2
Das Antistitium. *BN 29.7.67*
Rittergasse 10
*Schönstes Basler Dixhuitième – Der «Delphin». *BN 29.11.69.* (S. 19)
Widerspenstiger Quartiergeber im «Delphin». *BN 6.12.69*
*Feind und Freund der Kunst im «Delphin». *BN 13.12.69.* (S. 22)
Rittergasse 11
Das «Ulrichsgärtlein» an der Rittergasse. *BaZ 26.11.83*
Rittergasse 12
«Das Orthus ze Eptinger Brunnen».
BN 27.9.69 und 29.10.77
«Im Höfli» an der Rittergasse.
BaZ 12.11.77
Rittergasse 14
Vom Haus «Zum Gemar» zum «Eptingerhof».
BN 20.9.69 und BaZ 2.5.77
Rittergasse 16
*«Im Höfli» an der Rittergasse.
BN 6.9.69 und BaZ 12.11.77. (S. 13)
Rittergasse 17
*«Zum grossen hintern Ramstein».
BN 12.7.69. (S. 15)
*Der Grosse Ramsteiner von Carl Hemeling. *BN 19.7.69.* (S. 15)
Rittergasse 19
Der Hohenfirstenhof über dem Rhein.
BN 21.6.69
Rittergasse 20
Bitterlinshof – Bitterhof – Ritterhof.
BN 9.8.69
Johann Jakob Bachofens Geburtshaus.
BN 16.8.69
Rittergasse 21
Die «Hohe Sonne» im Wandel der Zeiten. *BN 24.5.69*
«Ihre Augen möblierten die Rittergasse». Das Haus «Zur hohen Sonne» im Wandel der Zeiten.
BN 31.5.69
«Hohe Sonne». *BN 8.11.77*
Rittergasse 22
An der Ecke von Rittergasse und St. Albangraben. *BN 27.7.69*
Rittergasse 22/24
Vor 150 Jahren: Das erste Missionshaus. *BN 2.8.69*
Rittergasse 23
Vor Zeiten St. Michaels Pfrundhaus.
Vom Haus «Zum Engel» an der Rittergasse. *BN 10.5.69*
Rittergasse 25
Vom Rittersitz zur Privatbank. Der «Rothbergerhof» in Vergangenheit und Gegenwart. *BN 17.5.69*
Rittergasse 27
Auf den Spuren von Samuel Werenfels. Aus der Geschichte des «Olspergerhofs». *BN 3.5.69*
Rittergasse 31
Sechs Vischer-Generationen an der Rittergasse. *BN 16.11.74*
Rittergasse 33
«By dem Kunos Thor» an der Rittergasse. *BN 2.11.74*
Rittergasse 35
Altes und neues «Deutschritterhaus».
BN 19.4.69
*Vom alten und neuen Deutschritterhaus. *BaZ 2.12.78.* (S. 24)

Rosshofgasse

Rosshofgasse 7
*Das Eckhaus «Zur Ermitage» an der Rosshofgasse. *BaZ 23.7.83.* (S. 108)
Rosshofgasse 11/13
Der «Frauenwirt» hinter dem Spalentor. *BN 9.8.75*
Rosshofgasse 13
Von «Löblins Hus» zum «Grünen Laub». *BN 16.8.75*

Rüdengasse

Rüdengasse 2
Vom Kaufhaus zur «Hauptpost».
BN 15.5.71

Rümelinsplatz

Rümelinsplatz 5
Wo Leonhard Eulers Ahnherr wohnte.
BN 7.3.70
Rümelinsplatz 6
Der Schmiedenhof und das Iselin-Denkmal. *BN 18.5.74*
Rümelinsplatz 7
«Das Rosenfeld» am Rümelinsplatz.
BaZ 10.9.77
Rümelinsplatz 7 (früher 9)
Der «Strauss» am Rümelinsplatz.
BaZ 17.9.77
Rümelinsplatz 11
Zum Karspach am Rümelinsplatz.
BaZ 3.9.77
Rümelinsplatz 13
*Der «Zeisig» am Rümelinsplatz.
BaZ 27.8.77. (S. 133)
Rümelinsplatz 15
400 Jahre «Zem dürren Sod».
BaZ 11.6.77

Sägergässlein

Sägergässlein 7
Einst Badstube am «vordern Teich».
BN 19.2.72

Schafgässlein

Schafgässlein 1
Am Anfang des Schafgässleins.
BN 20.3.76
Schafgässlein 3
«Lorbeerkranz» am Schafgässlein.
BaZ 21.5.83
Schafgässlein 5
«Zum hintern Störchlein». *BaZ 28.5.83*
Schafgässlein 7
*Vom «Bäumlein» zum «Schafeck».
BaZ 4.6.83. (S. 167)
Schafgässlein 8
«Zum Igel» am Schafgässlein.
BaZ 18.6.83
Schafgässlein 10 siehe Utengasse 18

Schlüsselberg

Schlüsselberg 5
Florentiner Bankiers am Schlüsselberg. Aus der Geschichte des *Hauses «Zum weissen Bären».
BN 15.3.69. (S. 80)
Redaktionsstube der «Basler Mittwoch- und Samstag-Zeitung». Aus der Geschichte des Hauses «Zum weissen Bären». *BN 22.3.69*
Schlüsselberg 13
Vom Andreasplatz zum Schulrektorat. Das Haus «zum Schönenberg» am Schlüsselberg. *BN 1.3.69*
Schlüsselberg 15
Auf der Höhe des Schlüsselbergs.
BN 22.2.69
Schlüsselberg 19
Der «Burghof» am Schlüsselberg.
BN 21.10.67

Schneidergasse

Schneidergasse 4
Vom «Saarburg» an der Schneidergasse. *BN 29.1.72*
Schneidergasse 6
31 Gulden für Heilung eines Bruchleidens. *BN 5.2.72*
Schneidergasse 8
Vom «Tagstern» zum «Morgenstern».
BN 12.2.72
Schneidergasse 8/10
Das Haus «Zum rothen Mund».
BN 16.9.72
Schneidergasse 18/Andreasplatz 18
Am Eingang zum Andreasplatz.
BN 20.2.71
Schneidergasse 20
Vom «Emmerach» zum «Château Lapin». *BN 27.2.71*

Schützengraben

Schützengraben 47
Nietzsche in der «Baumannshöhle».
BN 2.6.73

Schützenmattstrasse

Schützenmattstrasse 6
*Das Haus «Zum schmalen Ritter».
BaZ 21.7.79. (S. 148)
Schützenmattstrasse 7/9
«Zem Frösch» beim Holbeinbrunnen.
BaZ 20.3.82
Schützenmattstrasse 8
Das Haus beim «Sackpfeiferbrunnen».
BaZ 28.7.79
Schützenmattstrasse 10
«Bey Brunnmeisters Thurm».
BaZ 4.8.79

Sevogelstrasse

Sevogelstrasse 11
Gefahr für den «Pfeffingerhof»?
BN 3.7.74

Socinstrasse

Socinstrasse 32
Gefahr für die Eckvilla
Euler-/Socinstrasse. *BN 13.3.76*

Spalenberg

Spalenberg 2
Die «Ente» am Spalenberg.
BaZ 12.4.80
Spalenberg 4
Der «Kirschgarten» am Spalenberg.
Spalenberg 6
Das «Wildeck» am Spalenberg.
BaZ 3.5.80
Spalenberg 8
«Zem niederen Liecht» am Spalenberg. *BaZ 17.5.80*
Spalenberg 9
Abschied vom «Sperber» am Spalenberg. *BN 5.10.68*
Spalenberg 10
«Zem obern Liecht» am Spalenberg.
Spalenberg 12
Vom Bürgermeistersitz zum «Fauteuil». *BN 31.5.75*
Spalenberg 14
«Zur Hattstatt» am Spalenberg.
BaZ 14.6.80
Spalenberg 16
«Bugginers Hus» am Spalenberg.
BaZ 21.6.80
Spalenberg 18
«Wildenstein» am Spalenberg.
BaZ 21.6.80
Spalenberg 20
«Zem Gyren» am Spalenberg.
BaZ 28.6.80
Spalenberg 22
Der «Wolf» am Spalenberg.
BaZ 23.9.78
Spalenberg 23
«Neuer Keller» am Spalenberg.
BaZ 12.7.80
Spalenberg 24
Vom «Gelben Pfeil» am Spalenberg.
BN 2.3.68
Spalenberg 25
«Der Pfeil» am Spalenberg.
BaZ 27.1.79

Spalenberg 26
«Halbes Rad» am Spalenberg.
BaZ 19.7.80

Spalenberg 27
Die «Kleine Tanne» am Spalenberg.
BN 16.12.72

Spalenberg 28
«Zum Kernenbrot» am Spalenberg.
BaZ 26.7.80

Spalenberg 29
«Zum grossen Schaf» am Spalenberg.
BaZ 2.8.80

Spalenberg 30
«Zum Morgenstern» am Spalenberg.
BaZ 9.8.80

Spalenberg 31
«Zum obern Pfeiler» am Spalenberg.
BaZ 16.8.80

Spalenberg 32
«Blaue Glocke» am Spalenberg.
BaZ 23.8.80

Spalenberg 33
Messerschmiede – schon vor
630 Jahren. Haus «Zur obern Tanne».
BN 8.12.73

Spalenberg 34
«Schloss Dürmenach» steht am
Spalenberg. *BaZ 30.8.80*

Spalenberg 35
120 Jahre Zuckerbäcker am
Spalenberg. *BaZ 2.9.78*

Spalenberg 36/38
*«Bannwartshaus» seit 490 Jahren von
«Bannwartshütte» getrennt.
BaZ 6.9.80. (S. 123)

Spalenberg 37
«Zum Attiswyl» am Spalenberg.
BaZ 13.9.80

Spalenberg 39
«Zum grünen Kränzlein». *BaZ 4.10.80*

Spalenberg 40
Der «Obere Pflug» am Spalenberg.
BaZ 11.10.80

Spalenberg 41
«Zum Wacker» am Spalenberg.
BaZ 18.10.80

Spalenberg 42
«Zum Freiburger» am Spalenberg.
BaZ 25.10.80

Spalenberg 43
Vom «Renken Hus» zum
«Kaiserschwert». *BaZ 16.9.78*

Spalenberg 44
Der «Steinkeller» am Spalenberg.
BaZ 9.9.78

Spalenberg 45
*«Zum weissen Ring». *BaZ 8.11.80.*
(S. 125)

Spalenberg 46
«Zu den drei grünen Bergen».
BaZ 15.11.80

Spalenberg 47
«Schöner Mann» am Spalenberg.
BaZ 29.12.80

Spalenberg 48
«Wartenberg» am Spalenberg.
BaZ 6.12.80

Spalenberg 49
«Zum Meerwunder» am Spalenberg.
BaZ 13.12.80

Spalenberg 50
«Zum Löwenberg» am Spalenberg.
BaZ 7.6.80 und BaZ 20.12.80

Spalenberg 51
«Zum Limburg» am Spalenberg.
BaZ 27.12.80

Spalenberg 52
Vom «Baumgarten» zur «Rose».
BaZ 10.1.81

Spalenberg 53
Von der «Sommerau» zur «Tanne».
BN 15.12.73
*Die «Tanne» am Spalenberg.
BaZ 4.11.78. (S. 127)

Spalenberg 54
«Zum Kränzlein» am Spalenberg.
BaZ 17.1.81

Spalenberg 55
«Zum Pelikan» am Spalenberg.
BaZ 24.1.81

Spalenberg 56
«Zum Löwenstein». *BaZ 25.4.81*

Spalenberg 57
«Oberwil» am Spalenberg. *BaZ 3.2.79*

Spalenberg 58
Vom «Löwenstein» zur «Hohen
Sonne». *BaZ 2.5.81*

Spalenberg 59
«Zum roten Helm». *BaZ 9.5.81*

Spalenberg 60
Der «Felsenstein» am Spalenberg.
BaZ 19.5.79

Spalenberg 61
Im Schatten des Spalenschwibbogen.
BN 2.9.72

Spalenberg 62
Das Mehlhaus am Spalenberg.
BaZ 26.5.79

Spalenberg 63
Von der «Elendenherberge» zur
Apotheke. *BaZ 16.5.81*

Spalenberg 64
Zuoberst am Spalenberg. *BaZ 23.5.81*

Spalenberg 65
Abschluss des Spalenbergs.
BaZ 30.5.81

Spalengraben

Spalengraben 3
Zwischen Vorstadt und Graben: Das
Haus «Zu usseren Engel». *BaZ 11.8.79*

Spalengraben 7
Der «Knopf» an der Spalen.
BaZ 18.8.79

Spalenvorstadt

Die Spalenvorstadt blieb gerettet.
BaZ 11.8.77

Spalenvorstadt 6
*Der «Erker» an der Spalenvorstadt.
BaZ 4.7.79. (S. 135)

Spalenvorstadt 8
Bäckerhaus während drei
Jahrhunderten. *BaZ 14.4.79*

Spalenvorstadt 10
Das «Mühleisen» an der
Spalenvorstadt. *BaZ 21.4.79*

Spalenvorstadt 12
«Zum springenden Hirzen».
BN 27.9.76

Spalenvorstadt 13
«Die Gesellen, so ze Kreyen ze Stuben
gond...» Vom Haus und der
Vorstadtgesellschaft «Zur Krähe».
BN 21.1.63

Spalenvorstadt 14
Das «Mueshus» an der
Spalenvorstadt. *BaZ 28.4.79*

Spalenvorstadt 19
Hundertjährige Spalenapotheke auf
historischem Grund und Boden.
BN 15.2.75

Spalenvorstadt 21
«Unterer Karren» an der Spalen.
BaZ 11.9.82

Spalenvorstadt 23
«Oberer Karren» in der Spalen.
BaZ 4.9.82

Spalenvorstadt 24
«Herrenschmiede» an der Spalen.
BaZ 16.2.82

Spalenvorstadt 26
«Zum Meyenberg» an der Spalen.
BaZ 21.10.82

Spalenvorstadt 29
Vom «Steinernen Kreuz» zur
«Goldenen Laus». *BN 17.8.74*

Spalenvorstadt 30
Das Fideikommishaus in der «Spalen».
BaZ 20.5.78

Spalenvorstadt 31
Vom «Schwarzen Rad» zum «Hohen
Haus». *BN 28.9.74*

Spalenvorstadt 33
«Oesterreich» liegt in der Spalen.
BaZ 21.8.82

Spalenvorstadt 34
Der «Rote Hut» an der Spalen.
BaZ 22.9.79

Spalenvorstadt 35
«Fasan» an der Spalenvorstadt.
BaZ 7.8.82

Spalenvorstadt 36
Das «Rätzdorf» an der Spalen.
BaZ 6.10.79

Spalenvorstadt 37
«Zum weissen Rösslein». *BN 13.11.76*

Spalenvorstadt 38
*«Wilhelm Tell» an der
Spalenvorstadt. *BaZ 13.5.78.* (S. 137)

Spalenvorstadt 39
«Grosser Vogel» in der Spalen.
BaZ 31.7.82

Spalenvorstadt 41
Bäckerhaus seit 300 Jahren.
BaZ 24.7.82

Spalenvorstadt 43
«Zum Hasen» in der Spalen.
BaZ 5.4.80

Spalenvorstadt 45
Im Schatten des Spalentors.
BaZ 17.3.79

Spitalstrasse

Spitalstrasse 21
Das «Versorgungshaus»
verschwindet. *BN 22.8.70*

Spitalstrasse 22
Das Haus der «Vettern Sarasin».
BN 6.5.72

Stadthausgasse

Stadthausgasse
Wo das Singerhaus steht. *BN 19.11.66*

Stadthausgasse 7/9
«Gelegen by der nüwen Bruck...».
BN 15.8.72

Stadthausgasse 9
Vom «Leopard» und seinen
Bewohnern. *BN 17.8.72*

Stadthausgasse 11
Gute Botschaft für den «Hohen
Pfeiler»*. *BN 12.8.72*
Denkmalschutz für den «Hohen
Pfeiler». *BN 4.5.74*
*«Hoher Pfeiler» glücklich restauriert.
BaZ 10.11.79. (S. 150)

Stadthausgasse 13
Die «Postremise» beim Stadthaus.
BN 27.11.71

Stadthausgasse 16
«Zur kleinen Tanne» an der
Stadthausgasse. *BaZ 10.12.77*

Stadthausgasse 14
«Zur untern Buche» zwischen
Stadthaus- und Marktgasse.
BaZ 16.4.83

Stadthausgasse 16
«Zur kleinen Tanne» zwischen
Stadthaus- und Marktgasse.
BaZ 23.4.83

Stadthausgasse 18
*Urs Graf und das Haus «Zer guldin
Rosen». *BN 3.7.63 und BaZ 12.12.77*
(S. 119)

Stadthausgasse 20
Der «Greifenstein» an der
Stadthausgasse. *BaZ 31.12.77*

Stadthausgasse 22
Stadthausgasse 22: «Zum Hirzen».
BaZ 14.5.83

Stapfelberg

Stapfelberg 2/4
Im Dienst an jungen Menschen. «Das
Fälklein». *BaZ 8.9.79*

Stapfelberg 6
Stapfelberg: Museumsräume statt Herberge und Spital. *BaZ 27.9.80*

Stapfelberg 9
Der Bärenfelserhof am Stapfelberg. *BaZ 18.2.78*

Steinenbachgässlein

Steinenbachgässlein
Steinenmühle. *BN 14.8.64*

Steinenbachgässlein 51
*«Zum schönen Ort» in der Steinen. *BaZ 3.6.78*. (S. 143)

Steinenberg

Steinenberg 19
Wandlungen am untern Steinenberg. *BaZ 9.12.78*

Steinentorstrasse

Steinentorstrasse 1/3/5
Gegenüber dem Klosterhof. *BN 8.8.66*

Steinentorstrasse 19/23
Mitten in der «Thorsteinen». *BN 31.3.73*

Steinentorstrasse 33
«Zum Meerschwein» an der Steinen. *BaZ 3.1.81*

Steinenvorstadt

Steinenvorstadt: Vom Weberviertel zum Vergnügungsboulevard. *BaZ 4.8.77*

Steinenvorstadt 1a
«Alte Bayrische» in neuem Kleid und schon fast hundert Jahre alt. *BaZ 30.11.78*

Steinenvorstadt 4
«Schwarzer Widder» unter Denkmalschutz. *BaZ 29.12.79*

Steinenvorstadt 6
Das «Schwarze Rad» an der Steinen. *BaZ 5.1.80*

Steinenvorstadt 10
Der «Rosenfels» an der Steinen. *BaZ 17.9.79*

Steinenvorstadt 19/21
«Ritter St. Georg» und «Blauer Stern» an der Steinenvorstadt. *BaZ 31.5.80*

Steinenvorstadt 36
«Ein Gärtlein in der Vorstadt an der Steinen». *BN 27.11.65*

Steinenvorstadt 51
Der «Seidenhof» an der Steinen. *BN 27.1.73*

Steinenvorstadt 65
«Zum schönen Dorf» an der Steinen. *BN 9.11.68*

Sternengässlein/Hirschgässlein

Zwischen Sternen- und Hirschgässlein. *BN 14.11.64*

Sternengässlein 17, 19, 21
«Im Panorama». *BN 10.6.67*

Stiftsgasse

Stiftsgasse 5
Im Schatten von St. Peter. «Zum Tiergarten». *BaZ 25.6.77*

Stiftsgasse 9/Petersgasse 33
Einst Pfarrhaus von St. Peter. *BaZ 2.7.77*

Streitgasse

Streitgasse 8
Letztes Idyll an der Streitgasse. *BN 12.7.65*

Theaterstrasse

Theaterstrasse 22
*«Engelsburg» in neuem Glanz. *BaZ 29.7.78*. (S. 141)
Die «Engelsburg» an der Theaterstrasse.

Theodorskirchplatz

Theodorskirchplatz 7
Seit 300 Jahren in der Kartause am Rhein. *BN 30.8.69*
Vom Zschekkenbürlin-Zimmer im Waisenhaus. *BN 13.9.69*

Totengässlein

Totengässlein 9/11
In der Zeichnungsschule des Landvogts. *BN 15.9.64*

Totengässlein 1/3
Von der Badstube zum Apothekermuseum – Aus der Geschichte des Hauses «zum Sessel». *BN 29.10.66*

Totengässlein 5
«Zum Altdorf» am Totengässlein. *BaZ 2.4.83*.

Totengässlein 7
*«Weisser Wind» am Totengässlein. *BaZ 9.4.83*. (S. 139)

Totentanz

Totentanz 2
In Hebels Geburtshaus zu Gast. *BN 7.8.63*

Totentanz 9
Vor dem Kreutzer zu St. Johann. *BN 30.3.74*

Totentanz 11
Das «Höfli» am Totentanz. *BaZ 19.8.78*

Totentanz 15
Gegenüber dem Kirchhof der Prediger. *BN 28.8.71*

Totentanz 16
Rund um den «Goldenen Türkis» am Totentanz. *BN 20.4.74*

Totentanz 17/18
Vom «Bochsteinerhof» und seinen Bewohnern. *BN 27.4.68* und *BN 21.12.64*

Trillengässlein

Trillengässlein 2
Sechshundert Jahre «zum Schnabel». *BaZ 30.9.78*

Utengasse

Zuoberst an der Utengasse. *BaZ 15.1.83*

Utengasse 11
Aus der Vergangenheit des «Silberbergs». *BN 12.12.70*

Utengasse 15
«Zum Rosengarten» an der Utengasse. *BaZ 10.12.83*

Utengasse 15
*«Zem Holzachs Hof» an der Utengasse. *BN 24.2.73* (S. 174)

Utengasse 18
Ecke Schafgässlein-Utengasse. *BN 27.3.76*

Utengasse 18/Schafgässlein 10
Vom «Schwarzen Schuh». *BN 3.4.76*

Utengasse 20/22
«Zum hintern Kaiserstuhl». *BaZ 5.3.83*

Utengasse 31
Die «Himmelspforte» unter Denkmalschutz. *BN 7.1.67*
«Edelstein in bescheidener Fassung». Die Erhaltung der «Himmelspforte». *BN 10.1.67*

Utengasse 50/52
«Jos des Zimmermanns Hus» unter Denkmalschutz. *BN 5.8.72*

Utengasse 54
«Hennenweib» an der Utengasse. *BaZ 29.1.83*

Utengasse 58
*Hier wohnte Franz Feyerabend. *BaZ 22.1.83*. (S. 176)

Webergasse

Webergasse 1
Am Eingang zum Klingental. «Zum roten Stein». *BaZ 23.4.77*

Webergasse 5
700 Jahre «Zum Lämmlein» an der Webergasse. *BN 7.9.74*

Webergasse 27
*Der «Jagdberg» an der Webergasse. *BN 6.12.75*. (S. 169)

Weisse Gasse

Von «weissen» Basler Häusern und Familien. *BN 10.69*

Weisse Gasse 3
Der «Neue Keller» an der Weissen Gasse. *BN 23.2.74*

Weisse Gasse 14
«Zur freien Stadt Worms». *BaZ 22.4.78*

Inhaltsverzeichnis

Zum Geleit	5
Vorwort	7
«Auf Burg» am Münster	9
Einst Pfrundhaus «zum Heiligen Geist»	11
«Im Höfli» an der Rittergasse	13
«Zum grossen hintern Ramstein»	15
Prunkstück des Basler Dixhuitième	17
«Zum Delphin» an der Rittergasse	19
Feind und Freund der Kunst im «Delphin»	22
Vom alten und neuen Deutschritterhaus	24
Hier wohnte Hermann Hesse	26
«Sausenberg» und «Sausewind»	28
«Zum Klein Eptingen»	30
«Zum Sulzberg»	32
Markante Gestalten im Haus «zur Fortuna»	34
Der «Wildensteinerhof» in neuem Glanz	36
Papierer und Hosenlismer zu St. Alban	40
Der «hohe Dolder»	42
«Oben am Esel» in der St. Alban-Vorstadt	44
Auf Jacob Burckhardts Spuren zu St. Alban	46
Das «Hohe Haus» zu St. Alban	48
«Zum Schnäggedanz» an der Malzgasse	50
Villa Hirzbodenweg 103	52
Villa Hirzbodenweg 95	55
Der «Schindelhof» im St. Alban-Tal	58
«Zer Eich» am Mühlenberg	60
Im St. Alban-Pfarrhaus am Mühlenberg	63
«Zun vier Hüsern» an der Augustinergasse	66
Der «Augustinerhof» an der Augustinergasse	67
«Als man die Stäge uffhin ze St. Martin gaht»	70
Am Fuss des Kichgärtleins von St. Martin	72
«Zue St. Oswalt Pfruendhus» am Rheinsprung	75
Der «Ehrenfelserhof» an der Martinsgasse	78
«Zum weissen Bären» am Schlüsselberg	80
«Des Süssen Hus» am Blumenrain	82
Als Kaiser Alexander in Basel die Messe hielt	84
Rudolf von Habsburg im «Seidenhof»	86

«Zum kleinen Ulm» in der St. Johanns-Vorstadt	88
Der «Erlacherhof»	91
«Die Stätte, die ein guter Mensch betrat»	92
Der «Holsteinerhof»	94
«Zum Eichhörnlein» am Petersplatz	96
Der «Flachsländerhof» an der Petersgasse	98
«Ze Rinach» zuoberst am Totengässlein	102
Viel Schönes im «Schönen Haus»	103
«Sarburgs Hus» am Nadelberg	104
Hier wohnte Heinrich Leuthold	106
Das Eckhaus «Zur Eremitage» an der Rosshofgasse	108
Am Aufstieg des Imbergässleins	110
Wo das Fasnachts-Comité zu Hause ist	112
«Zum Obern Aarau» am Heuberg	113
Die erste Synagoge stand am Heuberg	115
Das «Münchendorf» am Heuberg	117
«Zer guldin Rosen» an der Stadthausgasse	119
«Zum dürren Sod» am Gemsberg	121
Das «Bannwartshaus» am Spalenberg	123
«Zum weissen Ring» am Spalenberg	125
Die «Tanne» am Spalenberg	127
«Zum Richtbrunnen» am Gerbergässlein	129
«Zum roten Krebs» an der Gerbergasse	132
Der «Zeisig» am Rümelinsplatz	133
Der «Erker» an der Spalenvorstadt	135
Der «Wilhelm Tell» an der Spalenvorstadt	137
«Weisser Wind» am Totengässlein	139
Die «Engelsburg» an der Theaterstrasse	141
«Zum schönen Ort» in der Steinen	143
«Zem Hirtzen» an der Bäumleingasse	144
«Zur schwarzen Kugel» am Barfüsserplatz	146
«Zum schmalen Ritter» an der Schützenmattstrasse	148
Der «Hohe Pfeiler» an der Schneidergasse	150
Küfers «Brennhüslin» am Kohlenberg	153
Das «Vordere Gundeldingen» an der Gundeldingerstrasse	154
Das «Mägdlein-Schulhaus» an der Rheingasse	158
«Zum Kaiserstuhl» an der Rheingasse	159

«Auf dem Zwingel» an der Rheingasse 161
«Zum Waldvögeli» an der Rebgasse 163
Gegenüber dem «Hattstätterhof»
am Lindenberg 165
Das «Schafeck» am Schafgässlein 167
Der «Jagdberg» an der Webergasse 169
Das «Bichtigerhus» im Klingental 172
Zem «Holzachs Hof» an der Utengasse 174
Hier wohnte Franz Feyerabend 176
Artikel von Gustaf Adolf Wanner
über Basler Häuser 179